第二版前言

“财务会计实务”是会计专业、税务专业、审计专业、财务管理专业等的核心专业课程之一，是会计知识结构的主体部分，是对会计基本理论、基本方法、基本技能的进一步深化。该门课程要求学生既掌握理论知识，又掌握岗位操作技能。然而，以往的财务会计教材大多以会计要素为主线来介绍财务会计的基本理论和基本方法，将经济业务人为地割裂开来，造成理论与实务的脱节。本教材改变了多年来按会计六要素的顺序编写的传统，改按实际会计工作中的具体业务活动分岗位编写，以岗位职责、工作任务、岗位核算程序为依托，系统地介绍了企业会计各岗位的相关知识和技能，把知识点、能力要素落实到具体教学内容中，实现了课堂教学与企业岗位的零距离对接。

本教材的特色还体现在分模块教学模式上。该模式按照履行岗位职责应具备的基本素质和基本技能优化整合教学资源，设计了对应的教学模块，以应掌握的基本知识和基本技能构筑知识平台，并将教学目标定位为培养学生具备专业的岗位胜任能力，为掌握更深层次的会计技能奠定基础。

本教材是山东省精品课程“财务会计实务”的主教材，是山东省特色专业建设项目成果教材，也是山东省高水平应用型培育立项建设专业群系列教材之一。本教材结合国际财务报告准则的最新动态，准确贯彻财政部于近几年陆续修订、制定的企业会计准则等最新精神，并体现了现行的企业所得税法及公司法在会计中的运用，体现其实效性，与企业会计实务工作密切联系，并能指导会计实务工作。

本教材共分14个项目，具体包括总论、出纳岗位、往来结算岗位、存货核算岗位、固定资产核算岗位、无形资产和其他资产核算岗位、职工薪酬核算岗位、筹资核算岗位、投资核算岗位、财务成果岗位、总账报表岗位、特殊岗位——非货币性资产交换、特殊岗位——债务重组、特殊岗位——借款费用。

本教材由山东省会计咨询专家王洪丽担任主编，韩晨、牛建芳担任副主编。各项目的具体分工为：项目一由孙丽雅撰写，项目二、项目三、项目四由王洪丽撰写，项目五由刘振晶撰写，项目六由牛建芳撰写，项目七、项目十四由韩晨撰写，项目八由鞠永强撰写，项目九由王雪撰写，项目十由魏本婷撰写，项目十一由马林撰写，项目十二由张文霞撰写，项目十三由卞晓姗撰写。主编负责章节结构的设计和安排，并在一定范围内征求意见后拟定大纲；初稿完成后经过主编、副主编反复审阅修改，最后由主编负责总纂和定稿。

本次修订根据《关于深化增值税改革有关政策的公告》（财政部税务总局海关总署公告2019年第39号）、《关于修订印发2019年度一般企业财务报表格式的通知》（财会〔2019〕6号）、《关于印发修订〈企业会计准则第7号——非货币性资产交换〉的通知》（财会〔2019〕8号）、《关于修订印发〈企业会计准则第14号——收入〉的通知》（财会〔2017〕22号）、《关于修订印发〈企业会计准则第22号——金融工具确认和计量〉的通知》（财会〔2017〕7号）、《关于修订印发〈企业会计准则第25号——保险合同〉的通知》（财会〔2020〕20号）及相关文件对书中内容和例题进行修改，力求与实务同步。由于时间仓促，修改工作量大，加之作者经验和水平有限，书中错误之处在所难免，欢迎广大读者和同行批评指正。

编　者

2021年1月

目　录

项目一

总　论

学习目标

知识目标：　　通过本项目的学习，要求理解财务会计的含义及特征，明确财务会计的目标、财务会计核算的基本前提，掌握财务会计信息质量要求、财务会计要素的确认方法和计量方法。

技能目标：　　通过本项目的学习，要求掌握会计计量属性及其应用原则，熟练运用会计要素确认条件及会计信息质量要求提供财务报告信息，掌握会计工作岗位设置。

模块一　财务会计概述

一、财务会计的概念

会计是随着社会生产力的发展和经济管理的需要而产生的，是随着经济的发展和科学技术的进步而不断发展和完善的，特别是现代管理科学渗透进入会计学科，使传统的会计获得了发展的动力，为会计学科发展开拓了新的领域。从20世纪50年代开始，传统的会计逐步发展成为两个新的领域，即财务会计和管理会计。

管理会计旨在向企业内部管理当局提供经营决策所需信息，是在财务会计和成本会计的基础上，采用一系列专门方法对企业内部各级责任单位现在的和未来的经济活动进行规划、控制与评价，并编制内部报表，向企业管理当局提供多种可供选择的、特定的管理信息，以便其做出最佳决策。因此，管理会计又称对内报告会计。

而财务会计就是按照公认的会计原则和会计法规制度的要求，运用会计学的基本理论和特有的方法，向财务报告使用者提供有关企业财务状况、经营成果和现金流量的财务信息的一个信息系统，旨在向企业外部的投资者、债权人和其他与企业有利害关系的外部集团提供投资决策、信贷决策和其他类似决策所需的会计信息。为此，财务会计又称对外报告会计。

二、财务会计的特点

财务会计与管理会计均是会计信息系统的子系统，它们之间既有密切联系，又有明显区别，互为补充，互相配合，在企业经营管理中发挥着各自不同的作用。财务会计与管理会计相比，主要具有以下几个特点：

（一）财务会计的服务对象主要是企业外部

财务会计虽然也向企业内部传输财务信息，但主要是通过对企业日常经济业务进行记录、整理、汇总和定期编制财务报告，向投资者、债权人、政府及其有关部门和社会公众等企业外部关系人提供信息，使之可以定期而且准确地了解企业的财务状况、经营成果和现金流量，以保障有关各方的切身利益。

（二）财务会计工作的重点是反映过去已经发生或已经完成的会计信息

财务会计主要是对企业已经发生的经济业务进行事后记录和总结，对过去的生产经营活动进行如实的反映和严格的控制。虽然财务会计工作进程中有时也面临带有预计性或未来成分的经济事项，但并没有改变财务会计主要提供历史性财务信息的本质特征。

（三）财务会计以传统复式簿记系统为基础

复式簿记系统是现代会计的一块重要基石，自意大利商人发明复式簿记以来，它已盛行500多年。财务会计的账务处理正是基于复式簿记系统进行记录、分类、调整、汇总和定期编制财务报表的，以使产生的会计信息条理化、系统化。

（四）财务会计提供的财务信息主要由通用财务报表加以揭示

财务报表是对企业财务状况、经营成果和现金流量的结构性表述。财务报表至少应当包括下列组成部分：

（1）资产负债表；

（2）利润表；

（3）现金流量表；

（4）所有者权益（或股东权益）变动表；

（5）附注。

（五）财务会计必须遵循一般公认会计原则

由于财务会计旨在向企业外部的投资者、债权人和其他与企业有利害关系的外部集团提供投资决策、信贷决策和其他类似决策所需的会计信息，所以为了维护企业外部所有利害关系人的利益，财务会计的数据处理过程和财务报表的编制均应严格遵循一般公认会计原则。

所谓一般公认会计原则，是指在特定时期对经济业务和会计事项进行确认、计量、账务处理，以及提供财务信息种类、报表格式等方面的一致意见。也就是说，一般公认会计原则是站在所有利益集团的立场对财务会计工作做出的权威性指导规范，以保证所提供的财务会计信息不至于引起不同使用者的利益冲突，尽可能地如实反映情况，增强会计信息的可靠性和可比性。但是世界各国一般公认会计原则的名称及其代表文献并不相同：美国称其为“公认会计原则”；英国称其为“标准会计惯例公告”；日本称其为“企业会计原则”；法国称其为“全国统一会计制度”；我国称其为“企业会计准则”等。

三、财务会计的目标

财务会计的目标就是通过编制财务报告向财务报告使用者提供与企业财务状况、经营成果和现金流量等有关的会计信息，反映企业管理层受托责任履行情况，有助于财务报告使用者做出经济决策。财务报告使用者主要包括投资者、债权人、政府及其有关部门和社会公众等。

会计监督的内容

具体来说，财务会计的目标主要体现在以下几个方面：

（一）向财务报告使用者提供与企业财务状况、经营成果和现金流量等有关的会计信息

向财务报告使用者提供与企业财务状况、经营成果和现金流量等有关的会计信息，帮助财务报告使用者做出经济决策，尤其是帮助投资者和债权人做出科学、合理的投资决策和信贷决策，是财务会计的最主要目标。一般认为，最关注企业会计信息的莫过于投资者和债权人，而投资者和债权人的投资和信贷决策对资源的分配具有重大影响。财务报告使用者所需的经济信息包括企业某一时点的财务状况、某一期间的经营绩效和财务状况的变动。但从决策有用性的观点看，不论是投资者还是债权人甚至是企业职工，其经济利益都同企业未来的现金流动密切相关。例如，投资者应分得的股利、债权人应收回的贷款本金和应得到的贷款利息、职工应得的薪酬等，都需要预期现金流量的信息。

如何更好地发挥会计的监督职能

（二）反映企业管理层受托责任的履行情况

企业的经济资源均为投资者及债权人所提供，委托企业经营者保管和经营，投资者和经营者之间存在着一种委托-受托代理关系。投资者和债权人要随时了解和掌握企业经营者管理和运用其资源的情况，以便考评经营者的经营绩效，适时改变投资方向或更换经营者。这就要求财务会计通过财务报告提供这方面的信息，反映企业管理层受托责任的履行情况，以便明确其经营责任。

“受托责任观”与“决策有用观”

四、财务会计法规

（一）财务会计法规体系

会计法规是组织会计工作、处理会计事务应遵循的有关法律、制度、规章的总称。会计工作是一项重要的经济管理工作。加强会计工作的法治建设，建立和健全会计法规体系，对规范会计工作、维护社会主义市场经济秩序有着十分重要的意义。

我国目前基本上形成了以《中华人民共和国会计法》（以下简称《会计法》）为中心，以国家统一的会计制度为基础的相对比较完善的法规体系。该体系包括三个层次：会计法、行政法规和会计制度。

《会计法》是我国会计工作的根本大法，是从事会计工作，制定其他各种会计法规的依据。它规定了会计工作的基本目的、会计管理权限、会计责任主体、会计核算和会计监督的基本要求、会计人员和会计机构的职责权限，并对会计法律责任作了详细规定。

行政法规是指国务院规定的有关会计工作的法规、条例等，主要有《总会计师条例》《会计专业职务试行条例》等。

会计制度是由《会计法》授权、财政部制定的有关会计工作的规章，如企业会计准则

体系等。

（二）会计法

《会计法》于1985年1月21日第六届全国人民代表大会常务委员会第九次会议通过，自1985年5月1日起施行。1993年12月29日，第八届全国人民代表大会常务委员会第五次会议通过了《关于修改〈中华人民共和国会计法〉的决定》，自公布之日起施行。1999年10月31日，第九届全国人民代表大会常务委员会第十二次会议再次对《会计法》进行了修订，自2000年7月1日起施行。修订后的《会计法》共52条，分为7章：总则；会计核算；公司、企业会计核算的特别规定；会计监督；会计机构和会计人员；法律责任；附则。2017年11月4日，第十二届全国人民代表大会常务委员会第三十次会议通过了《关于修改〈中华人民共和国会计法〉等十一部法律的决定》，修改了《会计法》中“从事会计工作的人员，必须取得会计从业资格证书”等规定，并自2017年11月5日起施行。

（三）会计制度

会计制度是指国务院财政部门根据会计法制定的关于会计核算、会计监督、会计机构和会计人员以及会计工作管理的制度。会计制度在会计法规体系中处于十分重要的地位，包括两部分，即部门规章和规范性文件。部门规章由国务院主管部门以部长令公布；规范性文件由国务院主管部门以部门文件形式印发。我国自2007年1月1日起施行的会计制度主要是指企业会计准则体系，即基本准则、具体准则、应用指南。其中，基本准则属于部门规章，是由财政部部长签署并公布的；具体准则及应用指南属于规范性文件，是由财政部以财会字文件印发的。

1.基本准则

我国的原基本准则发布于1992年11月30日，自1993年7月1日起在全国所有企业施行。新基本准则发布于2006年2月15日，自2007年1月1日起在上市公司范围内施行，鼓励其他企业执行。新企业会计准则体系包括基本准则和具体准则。基本准则是纲，处于第一个层次，是“准则的准则”，对具体准则起统驭和指导作用，主要规范财务报告目标、会计基本假设、会计基础、会计信息质量要求、会计要素的确认、财务报告等。

2.具体准则

2006年2月15日，财政部发布了22项新制定的具体会计准则，修订了原有的1项基本准则和16项具体准则。完善后的企业会计准则体系由39项会计准则组成，分两个层次：第一层次为基本会计准则；第二层次为具体会计准则。这套会计准则体系自2007年1月1日起施行。这是我国财政部为适应新形势下国内外经济发展需要和与国际会计准则接轨而做出的重大会计改革。

在新会计准则体系中，具体准则处于企业会计准则体系的第二层次，是根据基本准则制定的，用来指导企业各类经济业务确认、计量、记录和报告的具体规范。这些具体准则的制定颁布和施行，规范了中国会计实务的核算，大大改善了中国上市公司的会计信息质量和企业财务状况的透明度，对企业经营机制的转换和证券市场的发展、国际经济技术交流起到了积极的推动作用。

自2011年以来，国际会计准则理事会先后发布、修订了公允价值计量和合并财务报表等一系列准则，发起了国际财务报告准则的新一轮变革。为保持我国会计准则与国际财务报告准则的持续趋同，财政部在2012年发布了一系列准则征求意见稿后，修改了《企业会计准则——基本准则》中关于公允价值计量的表述。

2014年1月至7月，财政部陆续修订和新增了8项企业会计准则，要求自2014年7月1日起施行，其中新增《企业会计准则第39号——公允价值计量》《企业会计准则第40号——合营安排》《企业会计准则第41号——在其他主体中权益的披露》。

为了适应社会主义市场经济发展需要，规范金融工具和收入的会计处理，提高会计信息质量，2017年，财政部先后对《企业会计准则第22号——金融工具确认和计量》《企业会计准则第23号——金融资产转移》《企业会计准则第24号——套期会计》《企业会计准则第14号——收入》进行了修订。为了规范持有待售的非流动资产、处置组和终止经营的会计处理，2017年4月28日，财政部制定了《企业会计准则第42号——持有待售的非流动资产、处置组和终止经营》。

会计准则的不断修订，使企业会计信息的质量和透明度进一步提高，企业会计信息在国际范围内交流、使用、判断和评价的基础和平台得以建立与不断完善，有助于更好地满足投资者、债权人和其他利益相关者对会计信息的需求，进一步规范企业会计行为和会计秩序，更好地维护公众利益。

42项具体会计准则见表1-1。①

表1-1　**42项具体会计准则**

序号	名称	序号	名称
1	存货	22	金融工具确认和计量
2	长期股权投资	23	金融资产转移
3	投资性房地产	24	套期保值
4	固定资产	25	原保险合同①
5	生物资产	26	再保险合同
6	无形资产	27	石油天然气开采
7	非货币性资产交换	28	会计政策、会计估计变更和差错更正
8	资产减值	29	资产负债表日后事项
9	职工薪酬	30	财务报表列报
10	企业年金基金	31	现金流量表
11	股份支付	32	中期财务报告
12	债务重组	33	合并财务报表
13	或有事项	34	每股收益
14	收入	35	分部报告
15	建造合同	36	关联方披露
16	政府补助	37	金融工具列报
17	借款费用	38	首次执行企业会计准则
18	所得税	39	公允价值计量
19	外币折算	40	合营安排
20	企业合并	41	在其他主体中权益的披露
21	租赁	42	持有待售的非流动资产、处置组和终止经营

① 2020年12月，财政部发布《关于修订印发〈企业会计准则第25号——保险合同〉的通知》（财会〔2020〕20号），根据《企业会计准则——基本准则》，对《企业会计准则第25号——原保险合同》进行了修订，修订后的准则自2023年1月1日起施行。执行新准则的企业，不再执行财政部于2006年2月印发的《企业会计准则第25号——原保险合同》和《企业会计准则第26号——再保险合同》。

这些具体准则的制定、颁布和实施，规范了我国会计实务的核算，大大改善了中国上市公司的会计信息质量和企业财务状况的透明度，对企业经营机制的转换和证券市场的发展、国际经济技术的交流起到了积极的推动作用。

3.应用指南

在新企业会计准则体系中，应用指南是补充，处于企业会计准则体系的第三个层次，是根据基本准则和具体准则制定的、指导会计实务的操作性指南。应用指南主要解决在运用具体准则处理经济业务时所涉及的会计科目、账务处理、会计报表及其格式等问题。

模块二　会计基本假设与会计基础

一、会计基本假设

会计基本假设是企业会计确认、计量和报告的前提，是对会计核算所处的时间、空间环境等所作的合理假定。会计基本假设包括会计主体、持续经营、会计分期和货币计量。

（一）会计主体

会计主体，是指企业会计确认、计量和报告的空间范围，是会计为之进行会计工作的特定单位或组织。会计主体可以是一个特定的企业，也可以是一个企业的某一特定部分，如分厂、分公司、门市部等，也可以是由若干家企业通过控股关系组织起来的集团公司，甚至还可以是一个具有经济业务的特定的非营利组织。界定会计主体的目的就是要确立会计核算的范围，明确哪些经济业务应当予以确认、计量和报告，哪些不应包括在其核算范围内。

《企业会计准则——基本准则》第一章总则第五条明确规定：企业应当对其本身发生的交易或者事项进行会计确认、计量和报告。

（二）持续经营

持续经营，是指在可以预见的将来，企业将会按当前的规模和状态继续经营下去，不会停业，也不会大规模削减业务。也就是说，在可预见的未来，会计主体将不会面临破产清算。在持续经营的前提下，会计确认、计量和报告应当以企业持续、正常的生产经营活动为前提。明确这个基本假设，就意味着会计主体将按照既定用途使用资产，按照既定的合约条件清偿债务，会计人员就可以在此基础上选择会计政策和会计估计方法。例如，企业对于它所使用的机器设备、厂房等固定资产，只有在持续经营的前提下，才可以在机器设备的使用年限内，按照其价值和使用情况，确定采用某一折旧方法计提折旧。

（三）会计分期

会计分期，是指将一个企业持续经营的生产经营活动划分为一个个连续的、长短相同的期间。会计分期的目的在于通过对会计期间的划分，将持续经营的生产经营活动划分成连续、相等的期间，据以结算盈亏，按期编制财务报告，从而及时向财务报告使用者提供有关企业财务状况、经营成果和现金流量的信息。

在会计分期假设下，企业应当划分会计期间，分期结算账目和编制财务报告。会计期间通常分为年度和中期。中期，是指短于一个完整的会计年度的报告期间。在会计实务中，通常以日历年度为一个会计期间，即会计年度。此外，企业还需按半年度、季度、月份编制财务报表，即把半年度、季度、月份也作为一种会计期间。由于会计分期，才产生了当期与以前期间、以后期间的差别，出现了权责发生制和收付实现制的区别，才使不同类型的会计主体有了记账的基准，进而出现了应收、应付、折旧、摊销等会计处理方法。

（四）货币计量

货币计量，是指会计主体在会计确认、计量和报告时以货币进行计量，反映会计主体的生产经营活动。

在会计的确认、计量和报告过程中，之所以选择货币作为基础进行计量，是由货币本身属性决定的。货币是商品的一般等价物，是衡量一般商品价值的共同尺度，具有价值尺度、流通手段、贮藏手段和支付手段等特点。其他计量单位，如重量、长度、容积等，都只能从一个侧面反映企业的生产经营情况，无法在量上进行汇总和比较，不便于会计计量和经营管理，只有选择货币尺度进行计量，才能充分反映企业的生产经营情况，所以，《企业会计准则——基本准则》规定，会计确认、计量和报告应选择货币作为计量单位。

当然，统一采用货币计量也存在缺陷。例如，某些影响企业财务状况和经营成果的因素，如企业经营战略、研发能力、市场竞争力等，往往难以用货币来计量，但这些信息对于财务报告使用者进行决策也很重要。为此，企业可以在财务报告中补充披露有关非财务信息来弥补上述缺陷。

二、会计基础

企业会计的确认、计量和报告应当以权责发生制为基础。权责发生制基础要求，凡是当期已经实现的收入和已经发生或应当负担的费用，无论款项是否收付，都应当作为当期的收入和费用，计入利润表；凡是不属于当期的收入和费用，即使款项已在当期收付，也不应当作为当期的收入和费用。

在实务中，企业交易或者事项的发生时间与相关货币收支时间有时并不完全一致。例如，款项已经收到，但销售并未实现；或者款项已经支付，但并不是为本期生产经营活动而发生的。收付实现制是与权责发生制相对应的一种会计基础，它是以收到或支付的现金及其时点作为确认收入和费用等的依据。为了更加真实、公允地反映特定会计期间的财务状况和经营成果，《企业会计准则——基本准则》明确规定，企业在会计确认、计量和报告中应当以权责发生制为基础。

目前，我国的行政单位会计采用收付实现制；事业单位会计除经营业务可以采用权责发生制以外，其他大部分业务采用收付实现制。

模块三　财务会计信息质量要求

一、可靠性

可靠性要求企业财务会计应当以实际发生的交易或者事项为依据进行会计确认、计量和报告，如实反映符合确认和计量要求的各项会计要素及其他相关信息，保证会计信息真实可靠、内容完整。

二、相关性

相关性要求企业财务会计提供的会计信息应当与投资者等财务报告使用者的经济决策需要相关，有助于投资者等财务报告使用者对企业过去、现在或者未来的情况做出评价或者预测。

会计信息质量的相关性要求，企业在确认、计量和报告会计信息的过程中，应充分考虑财务报告使用者的决策模式和信息需要。但是，相关性是以可靠性为基础的，两者之间并不矛盾，不应将两者对立起来。也就是说，会计信息在可靠性前提下，尽可能地做到相关性，以满足投资者等财务报告使用者的决策需要。

三、可理解性

可理解性要求企业财务会计提供的会计信息清晰明了，便于投资者等财务报告使用者理解和使用。

企业编制财务报告、提供会计信息的目的在于使用，而要使使用者有效使用会计信息，应当能让其了解会计信息的内涵，弄懂会计信息的内容，这就要求财务报告所提供的会计信息应当清晰明了、易于理解。只有这样，才能提高会计信息的有用性，实现财务报告的目标，满足向投资者等财务报告使用者提供决策有用信息的要求。

四、可比性

可比性要求企业财务会计提供的会计信息应当相互可比。这主要包括两层含义：

（一）同一企业不同时期可比

为了便于投资者等财务报告使用者了解企业财务状况、经营成果和现金流量的变化趋势，比较企业在不同时期的财务报告信息，全面、客观地评价过去、预测未来，从而做出决策。会计信息质量的可比性要求同一企业不同时期发生的相同或者相似的交易或者事项，应当采用一致的会计政策，不得随意变更。但是，满足会计信息可比性要求，并非表明企业不得变更会计政策，如果按照规定或者在会计政策变更后可以提供更可靠、更相关的会计信息的，可以变更会计政策。有关会计政策变更的情况，应当在附注中予以说明。如企业将存货计价从先进先出法改为加权平均法，会对存货发出成本和留存存货价值产生不同的影响，应该在附注中对此加以说明。

（二）不同企业相同会计期间可比

为了便于投资者等财务报告使用者评价不同企业的财务状况、经营成果和现金流量及其变动情况，会计信息质量的可比性要求不同企业同一会计期间发生的相同或者相似的交易或者事项，应当采用规定的会计政策，确保会计信息口径一致，相互可比，以使不同企业按照一致的确认、计量和报告要求提供有关会计信息。

五、实质重于形式

实质重于形式要求企业财务会计应当按照交易或者事项的经济实质进行会计确认、计量和报告，不应仅以交易或者事项的法律形式为依据。如果企业仅仅以交易或者事项的法律形式为依据进行会计确认、计量和报告，那么就容易导致会计信息失真，无法如实反映经济现实。

在实务中，交易或者事项的法律形式并不总能完全真实地反映其实质内容。所以，要想反映会计信息所应反映的交易或事项，就必须依据交易或事项的实质和经济现实来判断，而不能仅仅根据它们的法律形式。如将融资租入固定资产视为自有固定资产进行会计处理，就是遵循实质重于形式的要求。

六、重要性

重要性要求企业财务会计提供的会计信息应当反映与企业财务状况、经营成果和现金流量等有关的所有重要交易或者事项。

在实务中，如果财务报告中提供的会计信息的省略或者错报会影响投资者等使用者据此做出的决策，该信息就具有重要性。重要性的应用需要依赖职业判断，企业应当根据其所处环境和实际情况，从项目的性质和金额大小两方面来判断其重要性。

七、谨慎性

谨慎性要求企业财务会计对交易或者事项进行会计确认、计量和报告应当保持应有的谨慎，不应高估资产或者收益、低估负债或者费用。

在市场经济环境下，企业的生产经营活动面临着许多风险和不确定性，如应收款项的可收回性、固定资产的使用寿命、无形资产的使用寿命、售出存货可能发生的退货或者返修等。会计信息质量的谨慎性要求，企业在面临不确定性因素的情况下做出职业判断时，应当保持应有的谨慎，充分估计到各种风险和损失，既不高估资产或者收益，也不低估负债或者费用。例如，要求企业对可能发生的资产减值损失计提资产减值准备、对售出商品可能发生的保修义务等确认预计负债等，就体现了会计信息质量的谨慎性要求。

八、及时性

及时性要求企业财务会计对于已经发生的交易或者事项，应当及时进行会计确认、计量和报告，不得提前或者延后。

会计信息的价值在于帮助所有者或者其他方面做出经济决策，具有时效性。即使是可靠、相关的会计信息，如果不及时提供，就失去了时效性，对于使用者的效用就大大降低，甚至不再具有实际意义。在会计确认、计量和报告过程中贯彻及时性：一是要求及时收集会计信息，即在经济交易或者事项发生后，及时收集整理各种原始单据或者凭证；二是要求及时处理会计信息，即按照企业会计准则的规定，及时对经济交易或者事项进行确认或者计量，并编制财务报告；三是要求及时传递会计信息，即按照国家规定的有关时限，及时地将编制的财务报告传递给财务报告使用者，便于其及时使用和决策。

模块四　会计要素与计量属性

一、会计要素

会计要素是根据交易或者事项的经济特征所确定的财务会计对象的基本分类。它是为实现会计目标，以会计基本前提为基础对会计对象的基本分类，是会计核算对象的具体化，是会计用于反映会计主体财务状况、确定经营成果的基本单位。按照我国的企业会计准则，会计要素分为资产、负债、所有者权益、收入、费用和利润等6项。其中，资产、负债和所有者权益要素侧重于反映企业的财务状况，收入、费用和利润要素侧重于反映企业的经营成果。

（一）资产

1.资产的定义

资产是指企业过去的交易或者事项形成的、由企业拥有或者控制的、预期会给企业带来经济利益的资源。

根据资产的定义，资产具有三个特征：

（1）资产预期会给企业带来经济利益。

预期会给企业带来经济利益，是指直接或者间接导致现金和现金等价物流入企业的潜力。如果一项经济资源虽然为企业所拥有或者控制，但不能为企业带来未来经济利益，就不能作为企业的资产予以确认。

（2）资产必须为企业所拥有或者控制。

一项经济资源是否属于企业的资产，通常要看其所有权是否属于该企业。但企业是否拥有一项经济资源的所有权，并不是判断资产的绝对标准。那些所有权不属于特定企业，但为企业所实际控制的经济资源，也是该企业的资产。

融资租入固定资产

所谓“实际控制”一项经济资源，从形式上看，意味着企业对该项经济资源具有实际经营管理权，能够自主地运用它从事经营活动，谋求经济利益；从实质上看，意味着企业享有与该项经济资源的所有权有关的经济利益，并承担着相应的风险。

例如，企业以融资租赁方式租入的固定资产，尽管该资产的所有权不属于承租企业，但由于受承租企业实际控制，因而在会计实务中将其列作承租方的资产。

（3）资产是由企业过去的交易或者事项形成的。

只有过去发生的交易或者事项才能增加或减少企业的资产，即企业不能根据谈判中的交易或者计划中的经济业务来确认资产。

2.资产的确认条件

符合资产定义的经济资源，在同时满足以下条件时，确认为资产：

（1）与该资源有关的经济利益很可能流入企业；

（2）该资源的成本或者价值能够可靠地计量。

符合资产定义和资产确认条件的项目，应当列入资产负债表；符合资产定义但不符合资产确认条件的项目，不应当列入资产负债表。

（二）负债

1.负债的定义

负债是指企业过去的交易或者事项形成的、预期会导致经济利益流出企业的现时义务。负债具有以下特征：

（1）负债是企业承担的现时义务。

现时义务是指企业在现行条件下已承担的义务。未来发生的交易或者事项形成的义务，不属于现时义务，不应当确认为负债。

（2）负债的清偿预期会导致经济利益流出企业。

负债作为企业现时存在的义务，无论其性质和形式是什么，均要企业将来用债权人所能接受的方式去履行这些义务。即企业在将来特定的或者可能确定的到期日，通过支付现金、转让非现金资产或者提供劳务等方式来偿还债务。

（3）负债是企业过去的交易或者事项形成的。

负债是企业过去已经发生的交易或者事项所产生的结果，是现时的义务。只有过去发生的交易或者事项才能增加或减少企业的负债，未来发生的交易或者事项形成的义务，不属于现时义务，不应当确认为负债。

2.负债的确认条件

符合负债定义的义务，在同时满足以下条件时，确认为负债：

（1）与该义务有关的经济利益很可能流出企业；

（2）未来流出的经济利益的金额能够可靠地计量。

符合负债定义和负债确认条件的项目，应当列入资产负债表；符合负债定义但不符合负债确认条件的项目，不应当列入资产负债表。

（三）所有者权益

所有者权益是指企业资产扣除负债后由所有者享有的剩余权益。公司的所有者权益又称为股东权益。

所有者权益的来源包括所有者投入的资本、直接计入所有者权益的利得和损失、留存收益等。

直接计入所有者权益的利得和损失，是指不应计入当期损益、会导致所有者权益发生增减变动的、与所有者投入资本或者向所有者分配利润无关的利得或者损失。

利得是指由企业非日常活动所形成的、会导致所有者权益增加的、与所有者投入资本无关的经济利益的流入。

损失是指由企业非日常活动所发生的、会导致所有者权益减少的、与向所有者分配利润无关的经济利益的流出。

所有者权益的金额取决于资产和负债的计量。所有者权益项目应当列入资产负债表。

（四）收入

1.收入的定义

收入是指企业在日常活动中形成的、会导致所有者权益增加的、与所有者投入资本无关的经济利益的总流入。收入具有以下特征：

（1）收入是企业在日常活动中形成的；

（2）收入与所有者投入资本无关；

（3）收入会导致经济利益的流入，即会直接导致资产的增加或者负债的减少；

（4）收入最终会导致所有者权益的增加。

2.收入的确认条件

收入只有在经济利益很可能流入从而导致企业资产增加或者负债减少且经济利益的流入额能够可靠计量时才能予以确认。

符合收入定义和收入确认条件的项目，应当列入利润表。

（五）费用

1.费用的定义

费用是指企业在日常活动中发生的、会导致所有者权益减少的、与向所有者分配利润无关的经济利益的总流出。费用具有以下特征：

（1）费用是企业在日常活动中发生的；

（2）费用与向所有者分配利润无关；

（3）费用会导致经济利益的流出，即会直接导致资产的减少或者负债的增加；

（4）费用最终会导致所有者权益的减少。

2. 费用的确认条件

费用只有在经济利益很可能流出从而导致企业资产减少或者负债增加且经济利益的流出额能够可靠计量时才能予以确认。

符合费用定义和费用确认条件的项目，应当列入利润表。

（六）利润

利润是指企业在一定会计期间的经营成果，利润包括收入减去费用后的净额、直接计入当期利润的利得和损失等。

直接计入当期利润的利得和损失，是指应当计入当期损益、会导致所有者权益发生增减变动的、与所有者投入资本或者向所有者分配利润无关的利得或者损失。

利润的金额取决于收入和费用、直接计入当期利润的利得和损失金额的计量。利润项目应当列入利润表。

二、会计要素计量属性及其应用原则

（一）会计要素计量属性

会计计量是为了将符合确认条件的会计要素登记入账并列报于财务报表而确定其金额的过程。企业应当按照规定的会计计量属性进行计量，确定相关金额。计量属性是指所计量的某一要素的特性方面，如桌子的长度、铁矿的重量、楼房的高度等。从会计角度，计量属性反映的是会计要素金额的确定基础，主要包括历史成本、重置成本、可变现净值、现值和公允价值等。

1. 历史成本

在历史成本计量下，资产按照购置时支付的现金或者现金等价物的金额，或者按照购置资产时所付出的代价的公允价值计量。负债按照因承担现时义务而实际收到的款项或者资产的金额，或者承担现时义务的合同金额，或者按照日常活动中为偿还负债预期需要支付的现金或者现金等价物的金额计量。

2. 重置成本

在重置成本计量下，资产按照现在购买相同或者相似资产所需支付的现金或者现金等价物的金额计量。负债按照现在偿付该项债务所需支付的现金或者现金等价物的金额计量。

3. 可变现净值

在可变现净值计量下，资产按照其正常对外销售所能收到的现金或者现金等价物的金额扣减该资产至完工时估计将要发生的成本、估计的销售费用以及相关税费后的金额计量。

4. 现值

在现值计量下，资产按照预计从其持续使用和最终处置中所产生的未来净现金流入量的折现金额计量。负债按照预计期限内需要偿还的未来净现金流出量的折现金额计量。

5. 公允价值

在公允价值计量下，资产和负债按照市场参与者在计量日发生的有序交易中，出售资产所能收到或者转移负债所需支付的价格计量。

（二）会计要素计量属性的应用原则

企业在对会计要素进行计量时，一般应当采用历史成本。采用重置成本、可变现净值、现值、公允价值计量的，应当保证所确定的会计要素金额能够取得并可靠计量。如果这些金额无法取得或者可靠计量，则不允许采用这些计量属性。

模块五　会计岗位设置

一、会计岗位的基本要求

根据《会计基础工作规范》，会计工作岗位一般可分为：会计机构负责人或者会计主管人员、出纳、财产物资核算、职工薪酬核算、成本费用核算、财务成果核算、资金核算、往来结算、总账报表、稽核、档案管理等。

企业应根据自身规模大小、业务量多少以及岗位设置具体要求，对上述工作岗位进行适当地合并或细分，可以一人一岗、一人多岗或者一岗多人。会计机构负责人（或者会计主管人员）是从总体上把握财务部门的相关工作的岗位设置，稽核、档案管理等属于管理监督的辅助岗位，这些岗位没有实质性的会计业务核算，在会计实务操作中没有体现，本教材没有单独就此设置实训项目。在实务中，企业一般设置出纳、财产物资核算、职工薪酬核算、财务成果核算、资金核算、往来结算等岗位。而出纳必须是一个单独的岗位，不得兼管稽核、会计档案保管，以及收入、费用、债权债务账目的登记工作。总账报表核算岗位是进行总分类核算和编制报表的，也可以设为一个岗位，专门负责一定时期的总分类账簿的登记和会计报表的编制，体现知识的系统性和报表核算岗位对会计资料的基本要求。因此，本教材按会计业务核算需要，设置了出纳、财产物资、往来结算、职工薪酬、财务成果、总账报表等岗位实训项目。

二、会计岗位图

会计业务核算岗位图如图1-1所示。

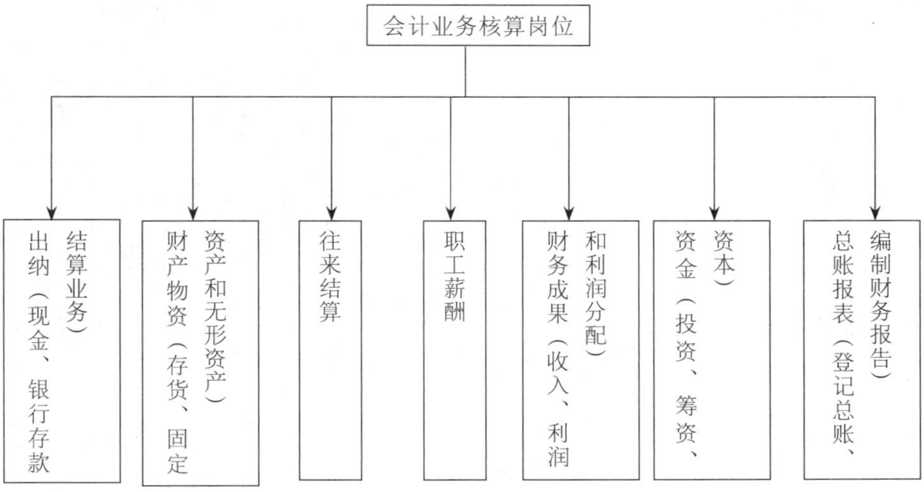

图1-1　会计业务核算岗位图

【复习思考】

1. 什么是财务会计？财务会计的目标是什么？
2. 如何对各项会计要素进行正确的确认？各项会计要素之间的关系是什么？
3. 会计要素的计量属性主要包括哪些？应用原则是什么？
4. 会计核算的基本前提有哪些？
5. 我国企业会计准则体系是如何构成的？各自的基本内容是什么？
6. 我国企业会计工作岗位是如何设置的？

项目二

出纳岗位

学习目标

知识目标： 通过本项目的学习，要求了解出纳岗位工作的目的、任务、内容和工作要求；掌握现金管理和银行结算制度，填制各种结算凭证，办理日常的转账结算业务。

技能目标： 通过本项目的学习，要求能够根据实验操作资料正确理解原始凭证并能够填制部分原始凭证，掌握库存现金管理，负责填制各种结算凭证，如支票、收据、增值税专用发票、收料单和各种银行结算凭证等，办理日常的转账结算工作，设置并登记库存现金、银行存款日记账。

模块一　出纳岗位概述

一、出纳岗位的职责与工作任务

（一）出纳的概念

出纳，顾名思义，出即支出，纳即收入。出纳工作是管理货币资金、票据、有价证券进进出出的一项工作。具体地说，出纳是按照有关规定和制度，办理本单位的现金收付、银行结算及有关账务，保管库存现金、有价证券、财务印章及有关票据等工作的总称。从广义上讲，只要是票据、货币资金和有价证券的收付、保管、核算，就都属于出纳。它既包括各单位会计部门专设出纳机构的各项票据、货币资金、有价证券收付业务处理，票据、货币资金、有价证券的整理和保管，货币资金和有价证券的核算等各项工作，也包括各单位业务部门的货币资金收付、保管等方面的工作。狭义的出纳则仅指各单位会计部门专设出纳岗位或人员的各项工作。

（二）出纳岗位的职责

出纳是会计工作的重要环节，涉及的是现金收付、银行结算等活动，而这些又直接关系到职工个人、单位乃至国家的经济利益，工作出了差错，就会造成不可挽回的损失。因此，明确出纳人员的职责，是做好出纳工作的起码条件。根据《会计法》《会计基础工作规范》等财会法规，出纳人员具有以下职责：

（1）按照国家有关现金管理和银行结算制度的规定，办理现金收付和银行结算业务。出纳人员应严格遵守现金开支范围，非现金结算范围不得用现金收付；遵守库存现金限额，超限额的现金按规定及时送存银行；现金管理要做到日清月结，账面余额与库存现金每日下班前应核对，发现问题，及时查对；银行存款日记账与银行对账单也要及时核对。

（2）根据会计制度的规定，在办理现金和银行存款收付业务时，要严格审核有关原始凭证，再据以编制收付款凭证，然后根据编制的收付款凭证逐笔顺序登记库存现金日记账和银行存款日记账，并结出余额。

（3）按照国家外汇管理和结汇、购汇制度的规定及有关批件，办理外汇出纳业务。外汇出纳业务是政策性很强的工作，随着改革开放的深入发展，国际经济交往日益频繁，外汇出纳也越来越重要。出纳人员应熟悉国家外汇管理制度，及时办理结汇、购汇、付汇，避免国家外汇损失。

（4）掌握银行存款余额，不准签发空头支票，不准出租出借银行账户为其他单位办理结算。这是出纳人员必须遵守的一条纪律，也是防止经济犯罪、维护经济秩序的重要方面。出纳人员应严格支票和银行账户的使用和管理，从出纳这个岗位上堵塞结算漏洞。

（5）保管库存现金和各种有价证券（如国库券、债券、股票等）的安全与完整。要建立适合本单位情况的现金和有价证券保管责任制，如发生短缺，属于出纳人员责任的要进行赔偿。

（6）保管有关印章、空白收据和空白支票。印章、空白票据的安全保管十分重要，在实际工作中，因丢失印章和空白票据给单位带来经济损失的不乏其例。对此，出纳员必须高度重视，建立严格的管理办法。通常，单位财务公章和出纳员名章要实行分管，交由出纳员保管的出纳印章要严格按规定用途使用，各种票据要办理领用和注销手续。

（三）出纳岗位的工作任务

（1）填制各种原始单据并据以编制记账凭证。

（2）登记库存现金日记账和银行存款日记账。

（3）登记其他货币资金明细账。

（4）编制银行存款余额调节表。

二、出纳岗位业务核算程序

出纳岗位业务核算程序如图2-1所示。

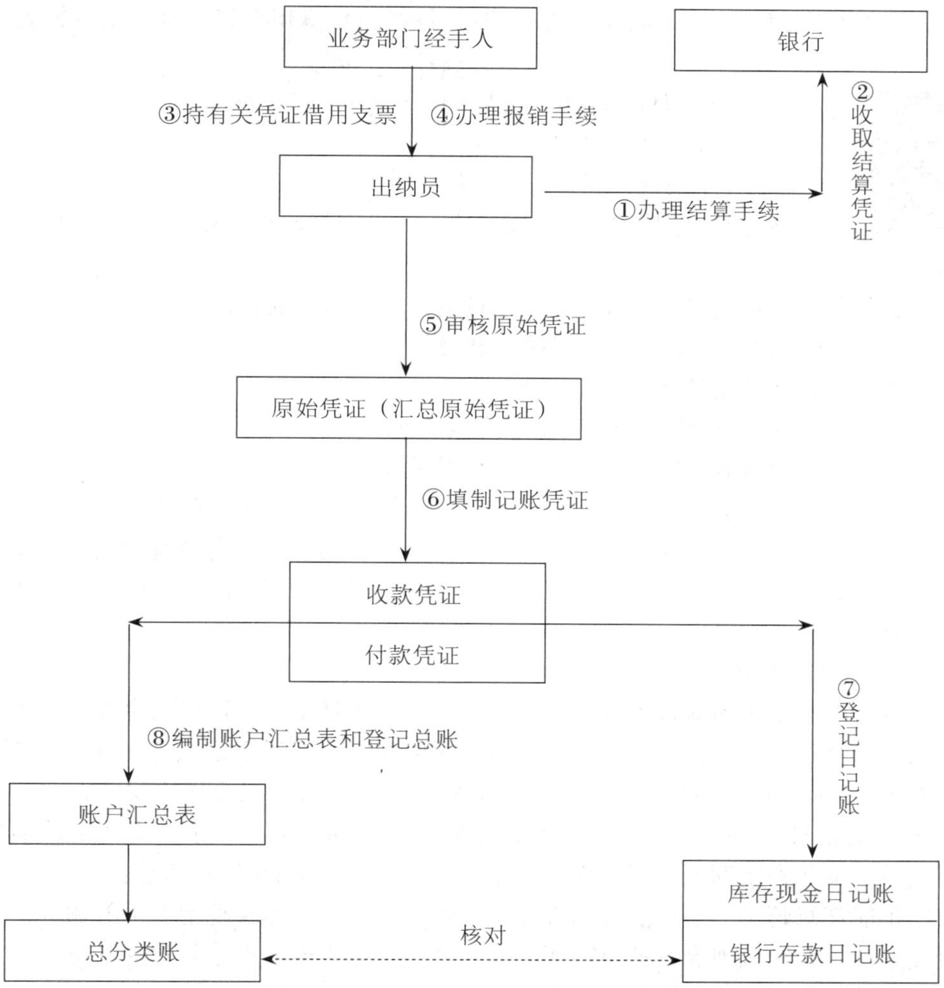

图2-1　出纳岗位业务核算程序

模块二　库存现金的核算

一、库存现金的性质和特点

库存现金是指存放在企业会计部门，由出纳人员保管的作为日常零星开支用的现款，包括人民币和各种外币。

库存现金具有货币性和通用性的特征，是企业流动资产中流动性最强的资产，既可直接用于支付各项费用和用于清偿各种债务，也可立即投入流通，随时用于购买企业所需物资。库存现金还具有不受任何契约的限制且可以随时自由使用的特点。

二、库存现金的管理

库存现金具有普遍的可接受性和流动频繁的特点，极易发生差错或被挪用、侵吞。因此，必须加强库存现金的管理和内部控制。国务院颁布的《现金管理暂行条例》规定，凡是在银行或其他金融机构开立账户的机关、团体、部队、企事业单位必须依照《现金管理暂行条例》的规定使用现金，自觉接受开户银行的监督。《现金管理暂行条例》的各项具体内容如下：

《现金管理暂行条例》

（一）库存现金的使用范围

（1）职工工资、津贴。

（2）个人劳务报酬。

（3）根据国家规定颁发给个人的科学技术、文化艺术、体育等各种奖金。

（4）各种劳保、福利费用以及国家规定的对个人的其他支出。

（5）向个人收购农副产品和其他物资的价款。

（6）出差人员必须随身携带的差旅费。

（7）结算起点（1 000元人民币）以下的零星支出。

（8）中国人民银行确定的需要支付现金的其他支出。

除上述（5）（6）两项外，其他各项在支付给个人的款项中，支付现金每人不得超过1 000元，超过限额的部分根据提款人的要求，在指定的银行转存为储蓄存款或以支票、银行本票予以支付。企业与其他单位的经济往来除在规定的范围内可以使用现金外，应通过开户银行进行转账结算。

（二）库存现金的限额

库存现金限额是指为保证各单位日常零星开支，按规定允许留存现金的最高数额。库存现金限额由企业的开户银行根据企业的实际需要和距离银行远近等情况核定。其限额一般以企业3至5天的日常零星开支所需现金确定。远离银行的或交通不便的企业，银行最多可以根据企业15天的正常开支需要来核定库存现金的限额。正常开支需要量不包括企业每月发放工资和不定期差旅费等大额现金支出。库存现金的限额一经核定，要求企业严格遵守，不能任意超过，超过限额的现金应及时存入银行。库存现金低于限额时，可以签发现金支票从银行提取现金，补足限额。需要增加或减少库存现金限额的单位，应向开户银行提出申请，由开户银行核定。

（三）现金日常收支管理

依照《现金管理暂行条例》，企业现金收支应遵守下列规定：

（1）企业的现金收入应于当日送存银行，并在送款簿上注明款项的来源。当日送存银行确有困难的，由开户银行确定送存时间。

（2）企业从开户银行提取现金时，应当在现金支票上写明用途，由本单位财会部门负责人签字盖章，经开户银行审核后，予以支付现金。

（3）企业支付现金时，可以从库存现金限额中支付或从开户银行提取现金支付，不得用现金收入直接支付（即“坐支”）。企业如因特殊情况需要坐支现金的，应事先报经开户银行审批，由开户银行核定坐支范围与限额，企业应定期向开户银行报送坐支金额和使用情况。未经银行批准，企业不得擅自坐支现金。

（4）企业因采购地点不固定、交通不便利以及其他特殊情况必须使用现金的，应向开户银行提出申请，由本单位财会部门负责人签字盖章，经开户银行审核后，予以支付现金。

（5）不准用不符合国家统一会计制度的凭证顶替库存现金，即不得“白条顶库”；不准谎报用途套取现金；不准用银行账户代其他单位或个人存入或支取现金；不准用单位收入的现金以个人名义存入储蓄账户；不准保留账外公款，即不得“公款私存”，不得设置“小金库”等。

银行对违反上述规定的单位，将按照违规金额的一定比例予以处罚。

（四）企业库存现金的内部控制

（1）企业应建立现金的岗位责任制，明确相关部门和岗位的职责权限，确保办理现金业务的不相容岗位相互分离、制约和监督。出纳人员不得兼任稽核、会计档案保管和收入、支出、费用、债权债务账目的登记工作。

白条顶库

（2）企业应当建立现金业务的授权批准制度，明确审批人对现金业务的授权批准方式、权限、程序、责任和相关的控制措施。规定经办人办理现金业务的职责范围和工作要求，审批人应当在规定的授权范围内进行审批，不得越权审批。严禁未经授权的机构或者人员办理现金业务或直接接触现金。

（3）设专职出纳负责现金的收入、支出和保管。出纳人员除可以登记库存现金日记账与银行存款日记账外，不得登记其他会计账簿。

（4）库存现金应做到“日清月结”。所谓“日清”，要求出纳人员在每日营业终了，应结出当日库存现金日记账余额，并与库存现金实存数相互核对，要求账实相符；所谓“月结”，要求出纳人员在每月终了，将库存现金日记账的账面余额与现金的月末库存金额相互核对，以求账实相符。不得坐支现金，不得白条顶库，严禁公款私存。

（5）建立定期和不定期盘点制度，以确保现金账实相符。企业应定期或不定期地派人与出纳人员共同清查库存现金，及时处理现金长（短）款问题。

三、库存现金收付的账务处理

库存现金收付的账务处理包括总分类核算和序时核算两个方面。

（一）库存现金的总分类核算

为了核算和监督库存现金的收入、支出和结存情况，企业应设置“库存现金”总分类账户，由负责总账的财会人员进行总分类核算。“库存现金”账户是资产类账户，借方反映库存现金的收入，贷方反映库存现金的支出，余额在借方，表示库存现金的余额。

因提取现金等业务而使库存现金增加时，应借记“库存现金”账户，贷记有关账户；因支付费用等而使库存现金减少时，应借记有关账户，贷记“库存现金”账户。

【例2-1】甲公司4月6日从银行提取现金10 000元备用；当日采购员小张出差借支差旅费1 000元。有关会计处理如下：

（1）从银行提取现金时，根据有关原始凭证，编制如下会计分录：

借：库存现金　　10 000

　贷：银行存款　　10 000

（2）借支差旅费时，根据有关原始凭证，编制如下会计分录：

借：其他应收款——小张　　1 000

　贷：库存现金　　1 000

（二）库存现金的序时核算

为了及时核算库存现金的收付和结存情况，加强对库存现金的管理，企业还应当设置

“库存现金日记账”进行序时核算。库存现金日记账为订本式账簿，由出纳员根据涉及库存现金的收付款凭证，按照业务发生顺序逐笔登记。每日终了，应当计算当日的现金收入合计额、现金支出合计额和结余额，将结余额与实际库存额核对，做到账实相符。

四、库存现金的清查

企业为了保证账款相符，防止库存现金发生差错和丢失，应定期和不定期地进行库存现金清查盘点。清查后，根据清查结果编制“现金盘点报告表”，填写库存现金实存、账存和盈亏情况。

每日终了，结算库存现金收支、财产清查等发现的有待查明原因的现金溢余或短缺，除设法查明原因外，还应及时进行账务处理，通过“待处理财产损溢”账户核算。企业发生现金短缺时，应借记“待处理财产损溢——待处理流动资产损溢”账户，贷记“库存现金”账户。反之，发生现金溢余时，则借记“库存现金”账户，贷记“待处理财产损溢——待处理流动资产损溢”账户。待查明原因时，再作如下处理：

（一）库存现金溢余

对于现金的溢余，属于应支付给有关人员或单位的，应借记“待处理财产损溢——待处理流动资产损溢”账户，贷记“其他应付款——应付现金溢余（××个人或单位）”账户；属于无法查明原因的现金溢余，经批准后，借记“待处理财产损溢——待处理流动资产损溢”账户，贷记“营业外收入——现金溢余”账户。

【例2-2】甲公司12月份进行财产清查，发现现金长款250元，原因待查。

会计处理如下：

（1）批准处理前，根据有关原始凭证，编制如下会计分录：

借：库存现金　　250

　贷：待处理财产损溢——待处理流动资产损溢　　250

（2）核查后，经领导批准，转入“营业外收入”账户。根据有关原始凭证，编制如下会计分录：

借：待处理财产损溢——待处理流动资产损溢　　250

　贷：营业外收入——现金溢余　　250

（二）库存现金短缺

对于现金的短缺，如果是因单据丢失或记账错误，应补办手续入账或更正错误；如果是工作失误造成的，应追究过失人的经济责任，借记“其他应收款——应收现金短缺款（××个人）”或“库存现金”等账户，贷记“待处理财产损溢——待处理流动资产损溢”账户；属于应由保险公司赔偿的部分，借记“其他应收款——应收保险赔款”账户，贷记“待处理财产损溢——待处理流动资产损溢”账户；属于无法查明原因的，根据管理权限，经批准后处理，借记“管理费用——现金短缺”账户，贷记“待处理财产损溢——待处理流动资产损溢”账户。

【例2-3】甲公司12月份进行财产清查，发现现金短缺560元，原因待查。

会计处理如下：

（1）批准处理前，根据有关原始凭证，编制如下会计分录：

借：待处理财产损溢——待处理流动资产损溢　　560

　　贷：库存现金　560

（2）经核查，属于出纳人员的责任，出纳员已赔偿。根据有关原始凭证，编制如下会计分录：

借：库存现金　560

　　贷：待处理财产损溢——待处理流动资产损溢　560

五、备用金

（一）备用金的概念

定额备用金

备用金（国际上也称暂定金额）是企业、机关、事业单位或其他经济组织等拨付给非独立核算的内部单位或工作人员备作差旅费、零星采购、零星开支等用的款项。

（二）备用金的特点

备用金应指定专人负责管理，按照规定用途使用，不得转借给他人或挪作他用。对于预支备作差旅费、零星采购等用途的备用金，一般按估计需用数额领取，支用后一次报销，多退少补。前账未清，不得继续预支。对于零星开支用途的备用金，可实行定额备用金制度，即由指定的备用金负责人按照规定的数额领取，支用后按规定手续报销，补足原定额。实行定额备用金制度的单位，备用金领用部门支用备用金后，应根据各种费用凭证编制费用明细表，定期向财会部门报销，领回所支用的备用金。

（三）账务处理

备用金可在“其他应收款”账户内核算，也可单独设置“备用金”账户进行核算。“备用金”账户属于资产类账户，借方登记备用金的增加数，贷方登记备用金的减少数，余额表示备用金数额，并按照领用单位或个人设置明细分类账户进行核算。领用备用金时，根据各单位或个人的借款单，借记“备用金”账户，贷记“库存现金”账户。经审核报销时，借记“管理费用”“制造费用”等账户，贷记“库存现金”账户。收回备用金时，借记“库存现金”账户，贷记“备用金”账户。

【例2-4】甲公司的会计部门对总务部门采购人员实行定额备用金制度，会计部门付给定额备用金5 000元。根据有关原始凭证，编制如下会计分录：

借：备用金　5 000

　　贷：库存现金　5 000

总务部门采购人员报销差旅费2 000元，经审核报销并补足余额时。根据有关原始凭证，编制如下会计分录：

借：管理费用——差旅费　2 000

　　贷：库存现金　2 000

假定经管备用金的采购人员调动工作，会计部门收回定额备用金。该采购员持未报销的2 000元开支凭证和多余备用金3 000元到会计部门办理报销并交回备用金。根据有关原始凭证，编制如下会计分录：

借：管理费用　2 000

　　库存现金　3 000

　　贷：备用金　5 000

模块三　银行存款的核算

一、银行存款账户

银行账户是各单位为办理结算和申请贷款而在银行开立的账户，是各单位通过银行办理转账、结算、信贷以及现金收支业务的主要工具，具有反映和监督国民经济各部门经济活动的作用。凡新办的企业或公司在取得市场监督管理部门颁发的法人营业执照后，可选择办公地点附近的银行申请开设自己的银行账户。

根据《银行账户管理办法》的规定，银行账户应分为基本存款账户、一般存款账户、临时存款账户和专用存款账户4种。

1.基本存款账户

基本存款账户是存款人办理日常转账结算和现金收付的账户。它是各独立结算单位或实行独立核算的企业在银行开立的主要账户。按照规定，每一个存款人只能在银行开立一个基本存款账户，主要用于办理日常的转账结算和现金收付业务，企事业单位的工资、奖金等现金支取业务只能通过该账户办理。

2.一般存款账户

一般存款账户是存款人在基本存款账户以外的银行借款转存、与基本存款账户的存款人不在同一地点的附属非独立核算单位开立的账户。存款人可以通过该账户办理转账、结算和存入现金业务，但不能支取现金。

3.临时存款账户

临时存款账户是指存款人因临时经营活动需要开立的账户。存款人可以通过该账户办理转账、结算业务，也可以根据国家现金管理规定办理现金收付业务。

4.专用存款账户

专用存款账户是指存款人因特定用途而开立的账户。

二、银行结算方式

根据中国人民银行有关结算制度的规定，目前我国银行支付结算办法有银行汇票、银行本票、商业汇票、支票、汇兑、委托收款、托收承付、信用证和信用卡等。银行结算方式不同，企业原始凭证及记账凭证填制的时间和依据也不同。

（一）银行汇票

银行汇票

银行汇票是出票银行签发的，由其在见票时按照实际结算金额无条件支付给收款人或者持票人的票据。

1.银行汇票的特点

（1）适用于异地结算。单位和个人向异地支付各种款项，均可使用银行汇票。此外，银行汇票还适用于先收款后发货或钱货两清的商品交易。

（2）使用灵活。持票人可以将银行汇票背书转让给他人。所谓背书，是指在票据背面或者粘单上记载有关事项并签章的票据行为。其目的是转让票据权利。受让票据的单位或个人称为被背书人。

（3）票随人到，兑现性强。银行汇票不仅可以用于转账，填明“现金”字样的银行汇票还可以用于支取现金。

银行汇票的付款期限为自出票日起1个月内。持票人应妥善保管银行汇票，如有遗失，失票人可凭法院出具的其享有票据权利的证明，向出票银行请求付款或退款。

2.银行汇票结算的一般程序及账务处理

（1）汇款单位需使用银行汇票时，应向出票银行填写“银行汇票申请书”（填明收款人名称、支付金额、申请人、申请日期等事项并签章，签章为其预留银行的印鉴）。银行受理银行汇票申请书，收妥款项后签发银行汇票和解讫通知后，根据银行汇票申请书存根联编制付款凭证。

（2）汇款人持银行汇票即可向填明的收款方办理结算。

（3）收款人或被背书人在收到银行汇票后，应在出票金额以内，将实际结算金额和多余金额准确、清晰地填入银行汇票和解讫通知的有关栏内，同时收款方还应填写进账单并在银行汇票背面“持票人向银行提示付款签章”处签章，签章应与预留银行的印鉴相同，然后将银行汇票和解讫通知、进账单一并交开户银行结算，银行审核无误后，办理转账。收款方应根据银行盖章退回的进账单第一联编制收款凭证，进行账务处理，借记“银行存款”账户，贷记“应收账款”等账户。

（4）银行汇票多余的金额，可由出票银行退交汇款人。

银行汇票结算业务程序如图2-2所示。

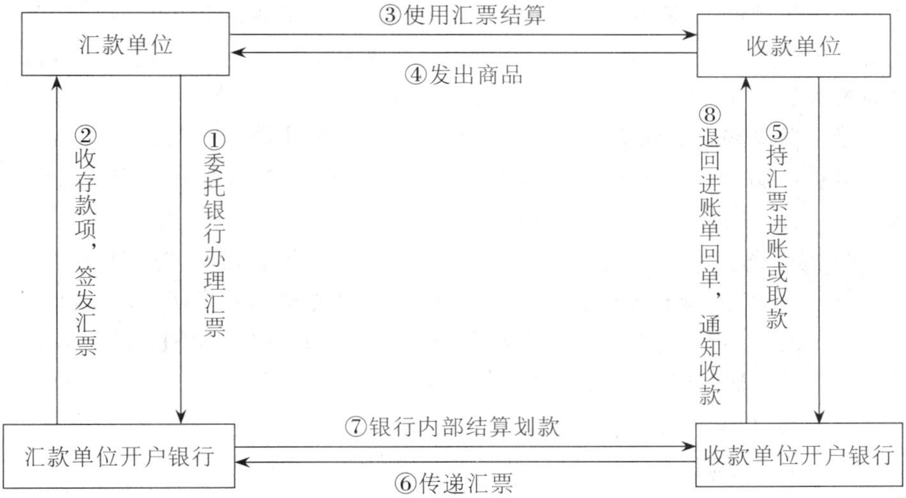

图2-2　银行汇票结算业务程序

（二）商业汇票

商业汇票是出票人签发的、委托付款人在指定日期无条件支付确定的金额给收款人或者持票人的票据。商业汇票按承兑人不同，分为商业承兑汇票和银行承兑汇票。

商业汇票

1.商业汇票的特点

（1）可延期支付货款。商业汇票的付款期限由交易双方商定，但最长不得超过6个月。商业汇票的提示付款期限为自汇票到期日起10日内。在银行开立存款账户的法人及其他组织之间须具有真实的交易关系或债权债务关系，才能使用商业汇票。

（2）未到期票据可背书转让或贴现。商业汇票可以背书转让；符合条件的商业承兑汇票的持票人可持未到期的商业承兑汇票连同贴现凭证，向银行申请贴现。

（3）办理领用注销手续，并进行备查登记。存款人领购商业汇票，必须填写“票据和结算凭证领用单”并加盖预留银行印鉴，存款账户结清时，必须将全部剩余空白商业汇票交回银行注销。已贴现的商业票据要进行备查登记。

（4）既适用于同城结算，也适用于异地结算。

2. 商业承兑汇票结算的一般程序及账务处理

（1）交易双方约定采用商业承兑汇票结算时，由销货方或购货方签发商业承兑汇票，经购货方承兑。承兑时，购货方在汇票正面记载“承兑”字样和承兑日期并签章。承兑不得附有条件，否则视为拒绝承兑。承兑后的商业承兑汇票交给销货方。

（2）汇票到期时，销货方应在提示付款期限内将商业承兑汇票提交银行，通过开户银行委托收款或直接向付款人提示付款。对异地委托收款的，销货方可匡算邮程，提前通过开户银行委托收款。

（3）购货方应于汇票到期前将款项足额交存其开户银行，由其凭票将票款划给销货方或贴现银行。如果购货方的存款不足支付票款，开户银行应将汇票退还销货方，银行不负责付款，由购销双方自行处理。

购货方签发、承兑商业汇票并交给销货方时，应编制记账凭证，进行账务处理，借记“材料采购”“在途物资”“原材料”“应交税费——应交增值税（进项税额）”等账户，贷记“应付票据”账户。购货方收到开户银行的付款通知，应在当日通过银行付款，如企业在接到通知的次日起3日内未通知银行付款的，视同付款人承诺付款，银行将于第4日上午开始营业时，将票款划给销货方或贴现银行。购货方应根据银行转来的付款通知，编制付款凭证，进行账务处理，借记“应付票据”账户（若为带息票据，则支付的利息借记“财务费用”账户），贷记“银行存款”账户。

销货方收到购货方交来的承兑汇票时，应编制记账凭证，借记“应收票据”账户，贷记“主营业务收入”“应交税费——应交增值税（销项税额）”等账户。汇票到期，销货方将票据交开户银行办理收款手续，在收到银行的收款通知时，编制收款凭证，进行账务处理，借记“银行存款”账户，贷记“应收票据”账户（若为带息票据，则收到的利息贷记“财务费用”账户）。

商业承兑汇票（付款人出票）结算业务程序如图2-3所示。

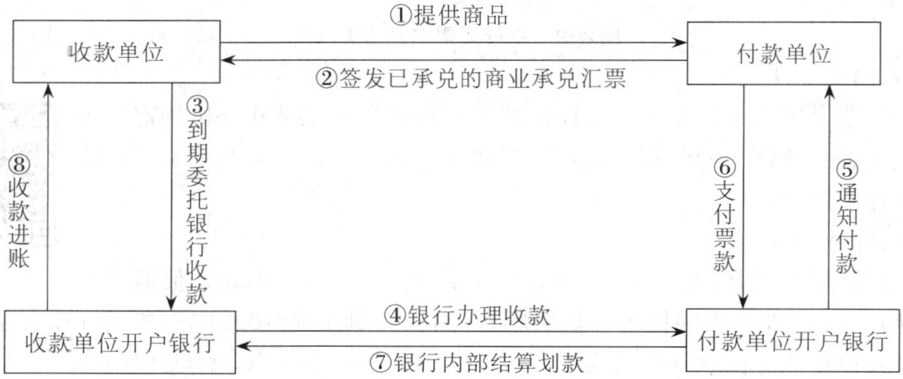

图2-3　商业承兑汇票（付款人出票）结算业务程序

3.银行承兑汇票结算的一般程序及账务处理

（1）购销双方约定采用银行承兑汇票结算时，由购货方将商业汇票和购货合同向其开户银行申请承兑，开户银行经审查同意承兑时，可按票面金额的万分之五向购货方收取手续费，然后将已承兑汇票交给购货方。

（2）购货方将银行承兑汇票交给销货方，并于汇票到期前将票款足额交存其开户银行，以备由承兑银行在汇票到期日或到期日后的见票当日支付票款。

（3）销货方在汇票到期时将汇票连同进账单送交开户银行以便转账收款。

（4）承兑银行凭汇票将承兑款项无条件转给销货方，如果购货方于汇票到期日未能足额交存票款时，承兑银行除凭票应对持票人无条件付款外，对购货方尚未支付的汇票金额按每天万分之五计收罚息。

购货方签发银行承兑汇票，经开户银行承兑时，应交纳承兑手续费，交纳时编制付款凭证，进行账务处理，借记“财务费用”账户，贷记“银行存款”账户。购货方将银行承兑汇票交给销货方时，应编制记账凭证，进行账务处理，借记“材料采购”“在途物资”“原材料”“应交税费——应交增值税（进项税额）”等账户，贷记“应付票据”账户。购货方收到银行支付到期汇票的付款通知时，应编制付款凭证，进行账务处理，借记“应付票据”账户（若为带息票据，则支付的利息借记“财务费用”账户），贷记“银行存款”账户。

销货方在收到购货方的银行承兑汇票时，应编制记账凭证，进行账务处理，借记“应收票据”账户，贷记“主营业务收入”“应交税费——应交增值税（销项税额）”等账户。销货方将到期的汇票连同进账单送交开户银行办理转账收款时，应编制收款凭证，进行账务处理，借记“银行存款”账户，贷记“应收票据”账户（若为带息票据，则收到的利息贷记“财务费用”账户）。

银行承兑汇票（付款人出票）结算业务程序如图2-4所示。

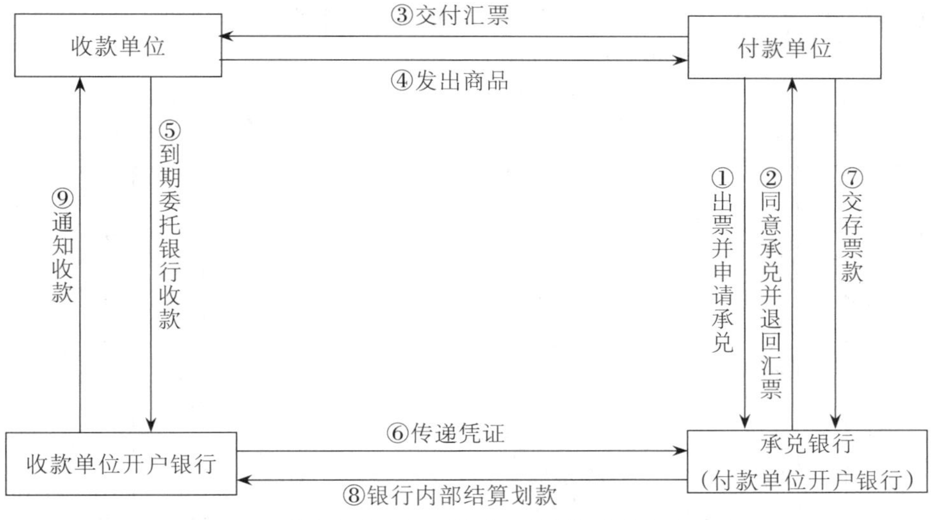

图2-4　银行承兑汇票（付款人出票）结算业务程序

（三）银行本票

银行本票

银行本票是申请人将款项交存银行，由银行签发的承诺自己在见票时无条件支付确定的金额给收款人或者持票人的票据。

1. 银行本票的特点

（1）适用于同城结算。银行本票适用于同一票据交换区域内单位和个人各种款项的结算。

（2）结算灵活。银行本票分定额本票和不定额本票。定额本票面值分别为1 000元、5 000元、10 000元和50 000元。银行本票票面划去转账字样的，为现金本票，现金本票只能用于支取现金。

（3）见票即付、信誉高。银行本票由银行签发并保证兑付，而且见票即付，具有信誉高、支付功能强等特点。银行本票付款期限为自出票日起最长不超过2个月，超过提示付款期限未获付款的，在票据权利时效内向出票银行做出说明，并提供本人身份证或单位证明，可持银行本票向银行请求付款。

2. 银行本票结算的一般程序及账务处理

（1）企业需使用银行本票时，应填写“银行本票申请书”，填明收款人名称、申请人名称、支付金额、申请日期等事项并签章。出票银行受理银行本票申请书后，收妥款项即签发银行本票。不定额银行本票用压数机压印出票金额，出票银行在银行本票上签章后交给申请人。申请人或收款人为单位的，银行不予签发现金银行本票。付款企业将款项交存银行，由银行签发本票时，这部分款项已经具有一定的用途，属于其他货币资金，其账务处理见本项目模块四。

（2）申请人取得银行本票后，即可向填明的收款单位办理结算。

（3）收款企业在收到银行本票时，应该在提示付款时在本票背面“持票人向银行提示付款签章”处加盖预留银行印鉴，同时填写进账单，连同银行本票一起交开户银行转账，并进行账务处理，借记“银行存款”账户，贷记“应收账款”等账户。

银行本票结算业务程序如图2-5所示。

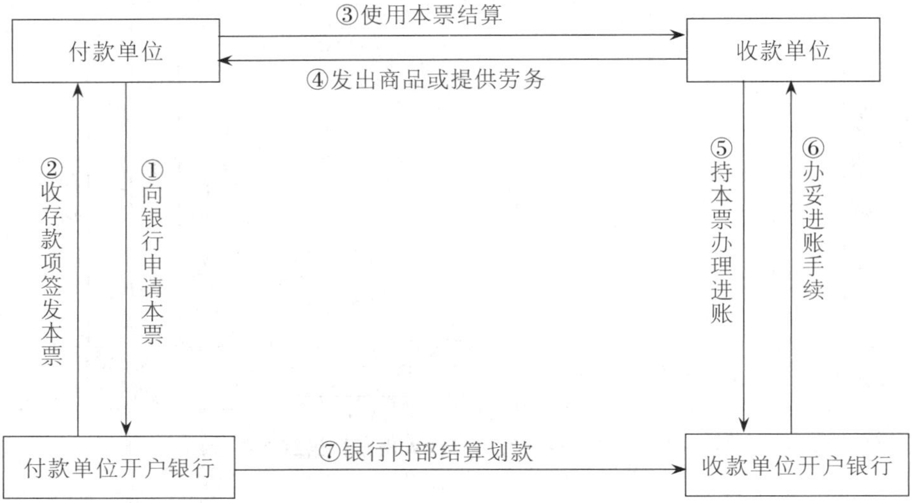

图2-5　银行本票结算业务程序

（四）支票

支票是单位或个人签发的，委托办理支票存款业务的银行在见票时无条件支付确定的金额给收款人或者持票人的票据。

支票

1.支票的特点

（1）适用于同城结算。单位和个人在同一票据交换区域的各种款项结算，均可使用支票。

（2）有提现或转账两种方式。支票由银行统一印制，支票上印有“现金”字样的为现金支票，现金支票只能用于支取现金。支票上印有“转账”字样的为转账支票，转账支票只能用于转账。未印有“现金”或“转账”字样的为普通支票，普通支票可以用于支取现金，也可以用于转账。在普通支票左上角划两条平行线的，为划线支票，划线支票只能用于转账，不得支取现金。

（3）有严格的付款期限。支票的提示付款期限为自出票日起10日，中国人民银行另有规定的除外。超过提示付款期限的，持票人开户银行不予受理，付款人不予付款。转账支票可以根据需要在票据交换区域内背书转让。

2.支票结算的一般程序及账务处理

（1）付款人签发支票，并将支票交给收款人。存款人领购支票，必须填写“票据和结算凭证领用单”，并加盖预留银行印鉴。存款账户结清时，必须将全部剩余空白支票交回银行注销。

企业财会部门在签发支票前，出纳人员应该认真查明银行存款的账面结余数额，防止签发空头支票。若签发空头支票，银行除退票外，还按票面金额处以5%但不低于1 000元的罚款，持票人有权要求出票人赔偿支票金额2%的赔偿金。签发支票时，应使用蓝黑墨水或碳素墨水书写，将支票上的各要素填写齐全，并在支票上加盖其预留银行印鉴。出票人预留银行的印鉴是银行审核支票付款的依据，银行也可以与出票人约定使用支付密码，作为银行审核支付支票金额的条件。支票的日期、金额、收款人不得更改，更改后的票据无效。支票上的其他记载事项更改的，必须由原记载人签章，但支票上的金额、收款人名称可以由出票人授权补记，未补记前的支票不得背书转让和提示付款。

（2）收款人在支票期限内持票办理转账或支取现金。采用支票结算方式的，对于付款的支票，企业应根据支票存根和有关原始凭证（收款人开出的收据或发票等）编制付款凭证，进行账务处理，借记有关账户，贷记“银行存款”账户。对于收款的支票，企业委托开户银行收款时，应作委托收款背书，在支票背面背书人签章栏签章，记载“委托收款”字样、背书日期，在被背书人一栏记载开户银行名称，并将支票和填制的进账单送交开户银行，根据银行盖章退回的进账单第一联和有关原始凭证编制收款凭证，进行账务处理，借记“银行存款”账户，贷记有关账户。

支票结算业务程序如图2-6所示。

（五）汇兑

汇兑是汇款人委托银行将款项支付给外地收款人的结算方式。

1.汇兑的特点

（1）适用性强。汇兑适用于单位和个人的各种款项结算。

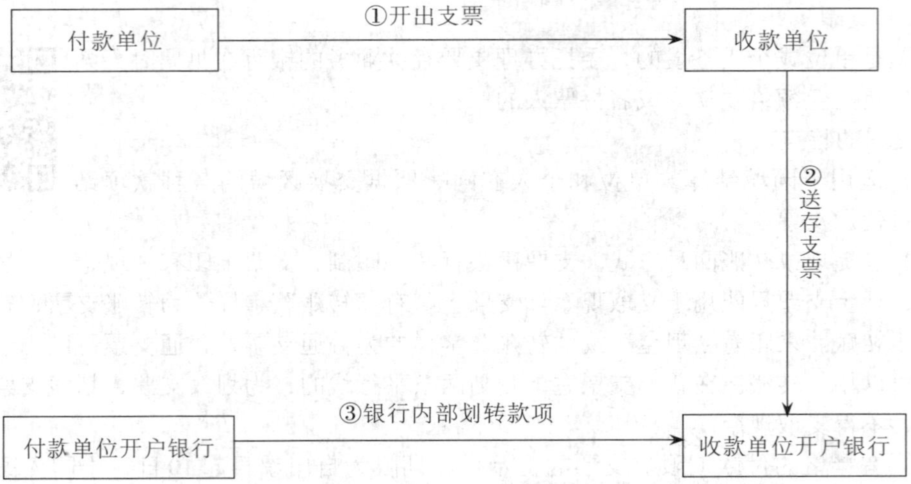

图 2-6　支票结算业务程序

（2）付款方主动结算。汇兑分为信汇与电汇两种。信汇是指汇款人委托银行通过邮寄方式将款项划转给收款人。电汇是指汇款人委托银行通过电报方式将款项划转给收款人。这两种汇兑方式由汇款人根据需要选择使用。这种结算方式划拨款项简便、灵活。

（3）只适用于异地结算。汇兑结算方式适用于异地之间的各种款项结算。

2. 汇兑结算的一般程序及账务处理

（1）汇款人委托银行办理汇兑时，应填写银行印发的汇款凭证，列明收款单位名称、汇款金额及汇款用途等项目，并将所汇款项交与开户银行，委托银行将款项汇往收汇银行。汇款单位应根据汇款凭证回单联，据以进行账务处理，借记有关账户，贷记“银行存款”账户。

（2）收汇银行将汇款收进收款单位存款户后，向收款单位发出收款通知。收款单位根据银行收款通知单进行账务处理，借记“银行存款”账户，贷记有关账户。

汇兑结算业务程序如图 2-7 所示。

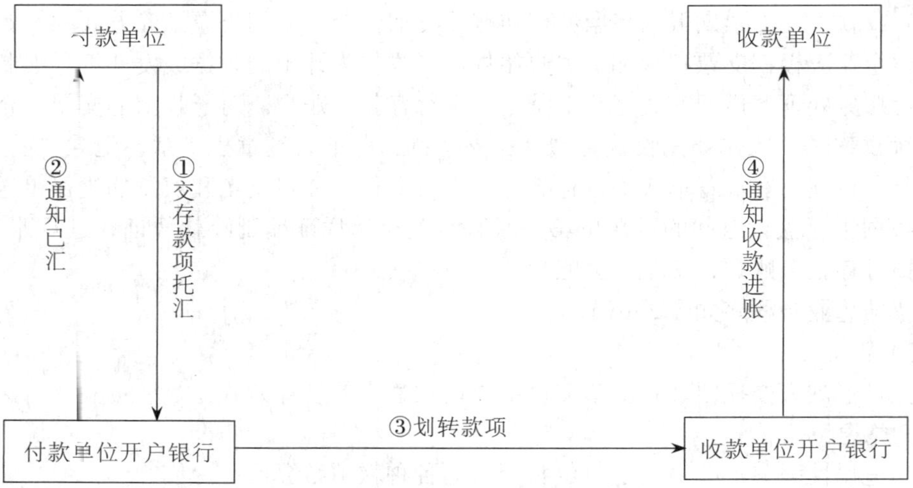

图 2-7　汇兑结算业务程序

（六）委托收款

委托收款是收款人委托银行向付款人收取款项的结算方式。

1.委托收款的特点

（1）既适用于同城结算也适用于异地结算，适用范围广。委托收款适用于单位和个人在同城或异地之间的商品交易、劳务供应及其他款项（如水费、电费、电话费等付款人众多、分散的公用事业费的款项）。单位或个人可凭已承兑商业汇票、债券、存单等付款人债务证明办理同城或异地款项收取。

（2）由收款人主动办理结算。委托收款分为邮寄和电报两种，由收款人选择使用并主动到银行办理委托银行收款的手续。

2.委托收款的一般程序及账务处理

（1）企业委托开户银行收款时，应填写银行印制的委托收款凭证，并提供有关的债务证明。在委托收款凭证中写明付款单位与收款单位的名称、账号及开户银行，委托收款金额的大小写、款项内容、委托收款凭据名称及附寄单证张数等。

（2）企业的开户银行受理委托收款后，将委托收款凭证寄交付款单位开户银行。

（3）付款单位开户银行审核委托收款凭证后，通知付款单位付款。

（4）付款单位收到银行转来的委托收款凭证及债务证明，应签收并在3天之内审查债务证明是否真实，是否是本单位的债务，确认之后通知银行付款。付款企业在付款期满，银行通知款项已经转账付出时，编制付款凭证进行账务处理，借记“应付账款”等账户，贷记“银行存款”账户。

付款单位应在收到委托收款通知的次日起3日内，主动通知银行是否付款。如果不通知银行，银行视同企业同意付款，并在第4日从付款单位账户中付出这笔款项。

付款单位在3日内审查有关债务证明后，认为债务证明或与此有关的事项符合拒绝付款的规定，应出具拒绝付款理由书和委托收款凭证第五联及持有的债务证明，向银行提出拒绝付款。

（5）收款单位在接到银行收款通知时，应填制收款凭证，进行账务处理，借记“银行存款”账户，贷记“应收账款”等账户。

委托收款结算业务程序如图2–8所示。

（七）托收承付

托收承付是根据购销合同由收款人发货后委托银行向异地付款人收取款项，由付款人向银行承认付款的结算方式。

1.托收承付的特点

（1）有规定的使用对象。使用托收承付结算方式的收款单位和付款单位，必须是国有企业、供销合作社以及经营管理较好并经开户银行审查同意的城乡集体所有制工业企业。办理托收承付结算的款项，必须是商品交易以及因商品交易而产生的劳务供应的款项，代销、寄销、赊销商品的款项不得办理托收承付结算。

托收承付款项划回方式分为邮寄和电报两种，由收款人根据需要选择使用，收款单位办理托收承付，必须具有商品发出的证件或其他证明。

（2）结算金额起点较高。托收承付结算每笔的金额起点为10 000元，新华书店系统每笔金额起点为1 000元。

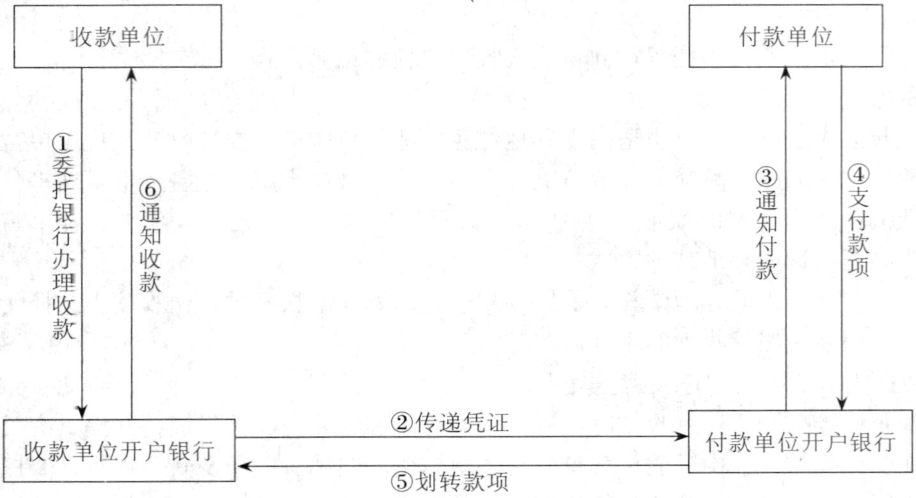

图2-8　委托收款结算业务程序

（3）只适用于有购销合同的异地结算。采用托收承付结算方式时，购销双方必须签有符合《中华人民共和国合同法》的购销合同，并在合同上订明使用托收承付结算方式。

2.托收承付结算的一般程序及账务处理

（1）销货方按合同发货后，填写托收承付凭证，盖章后连同发运证件（包括铁路、航运、公路等运输部门签发运单、运单副本和邮局包裹回执）或其他符合托收承付结算的有关证明和交易单证送交开户银行办理托收手续。

（2）销货方开户银行接受委托后，将托收结算凭证回联退给企业，作为企业进行账务处理的依据，并将其他结算凭证寄往购货方开户银行，由购货方开户银行通知购货方承认付款。

（3）购货方收到托收承付结算凭证和所附单据后，应立即审核是否符合订货合同的规定。按照《支付结算办法》的规定，承付货款分为验单付款与验货付款两种，这在双方签订合同时约定。

验单付款是购货方根据经济合同对银行转来的托收承付结算凭证、发票账单、托运单及代垫运杂费等单据进行审查无误后，即可承认付款。验单付款的承付期为3天，从付款人开户银行发出承付通知的次日算起（承付期内遇法定休假日顺延）。购货方若在承付期内未向银行表示拒绝付款，银行即视作承付，并在承付期满的次日上午银行开始营业时，将款项主动从付款人的账户中划出，按照销货方指定的划款方式划给销货方。

验货付款是购货方待货物运达企业，经检验与合同完全相符后才承认付款。验货付款的承付期为10天，从运输部门向购货方发出提货通知的次日算起。承付期内购货方未表示拒绝付款的　银行视为同意承付，于10天期满的次日上午银行开始营业时，将款项划给收款人。为满足购货方组织验货的需要，对收付双方在合同中明确规定，并在托收凭证上注明验货付款期限的，银行从其规定。

购货方承认付款，根据托收结算凭证和所附的发票单、运单等单据，编制付款凭证，进行账务处理，借记“材料采购”“在途物资”“原材料”“应交税费——应交增值税（进项税额）”等账户，贷记“银行存款”账户。

如果购货方在承付期内发现有下列情况，可向银行提出全部或部分拒绝付款：

①未签订合同或合同中未订明托收承付结算方式；

②未经双方事先达成协议，收款人提前交货或逾期交货且付款人不再需要该货物；

③未按合同规定的到货地址发货的款项；

④代销、寄销、赊销商品的款项；

⑤验单付款发现所列货物的品种、规格、数量、价格与合同不符，或货物已到，经验货与合同或发货清单不符；

⑥验货付款，经验货与合同或发货清单不符；

⑦货款已支付或计算有错误。

购货方提出拒绝付款时，必须填写“拒绝付款理由书”，注明拒绝付款理由，涉及合同的应引证合同上的有关条款。属于商品质量问题，需要提供质量问题的证明及有关其数量的记录；属于外贸部门进口商品，应当提供国家商品检验或运输等部门出具的证明，向开户银行办理拒付手续。

银行同意部分或全部拒绝付款的，应在拒绝付款理由书上签注意见，并将拒绝付款理由书、拒付证明、拒付商品清单和有关单证邮寄收款人开户银行转交销货方。

（4）销货方收到银行转来的收款通知单后，根据托收承付结算凭证的回单联及有关单据，编制收款凭证，进行账务处理，借记“银行存款”账户，贷记“应收账款”账户。

（异地）托收承付结算业务程序如图2-9所示。

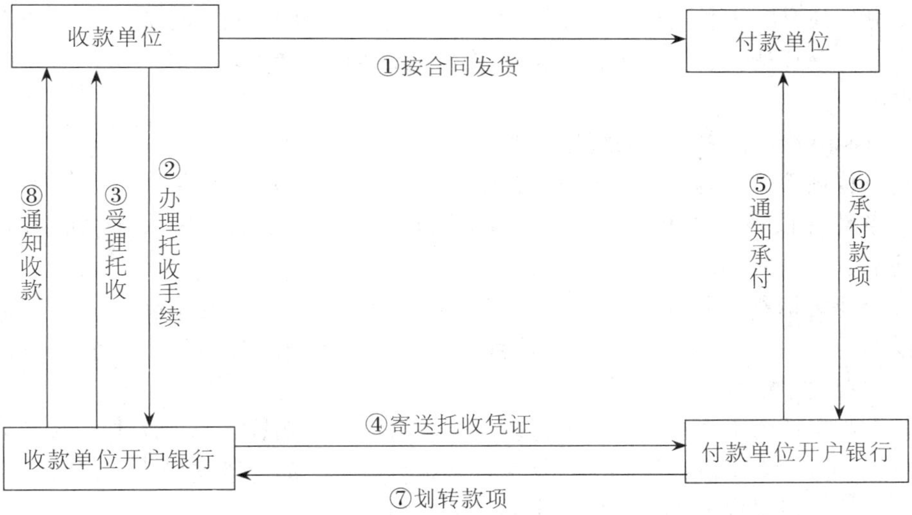

图2-9　（异地）托收承付结算业务程序

（八）信用证

信用证结算方式是国际结算的一种主要方式，是银行用以保证买方或进口方有支付能力的凭证。在国际贸易活动中，买卖双方可能互不信任，买方担心预付款后卖方不按合同要求发货；卖方也担心在发货或提交货运单据后买方不付款。因此需要两家银行作为买卖双方的保证人，代为收款交单，以银行信用代替商业信用。银行在这一活动中所使用的工具就是信用证。信用

信用证

证是银行有条件保证付款的证书，按照这种结算方式的一般规定，买方先将货款交存银行，由银行开立信用证，通知异地卖方开户行转告卖方，卖方按合同和信用证规定的条款发货，银行代买方付款。经中国人民银行批准经营结算业务的商业银行总行以及经商业银行总行批准开办信用证结算业务的分支机构，也可以办理国内企业之间商品交易的信用证结算业务。

（九）信用卡

信用卡

信用卡是商业银行向个人和单位发行的，凭以向特约单位购物、消费和银行存取现金，且具有消费信用的特制载体卡片。

1.信用卡的特点

（1）形式多样。信用卡按使用对象分为单位卡和个人卡；按信誉等级分为金卡和普通卡。

凡在中国境内金融机构开立基本存款账户的单位可申请单位卡。单位卡账户的资金一律从其基本存款账户转账存入，在使用过程中，需要向其账户续存资金的，也一律从其基本存款账户转账存入，不得交存现金，不得将销货收入的款项存入其账户。单位卡一律不得用于10万元以上的商品交易、劳务供应款项的结算，不得支取现金。

（2）允许善意透支。信用卡在规定的期限和限额内允许善意透支，透支额金卡不得超过10 000元，普通卡最高不得超过5 000元，透支期限最长为60天。透支利息，自签单日或银行记账日起15日内按日息万分之五计算，超过15日按日息万分之十计算，超过30日的或透支金额超过规定限额的，按日息万分之十五计算。透支计息不分段，按最后期限或最高透支额的最高利率档次计息。超过规定限额或规定期限，并且经发卡银行催收无效的透支行为称为恶意透支，持卡人使用信用卡不得发生恶意透支。严禁将单位的款项存入个人卡账户中。

2.信用卡申领、使用的一般程序及账务处理

（1）单位或个人申领信用卡，应按规定填制申请表，连同有关资料一起送交发卡银行，符合条件并按银行要求交存一定金额的备用金后，银行为申领人开立信用卡存款账户，并发给信用卡。

由于企业为取得信用卡而交存的这部分备用金已经具有特定用途，属于其他货币资金，所以企业取得信用卡时，应根据银行有关凭证，借记“其他货币资金——信用卡存款”账户，贷记“银行存款”账户。

（2）企业在特约单位使用信用卡付款时，由特约单位在签购单上压卡，填写实际结算金额、用途、持卡人身份证号码、特约单位名称和编号。如超过支付限额，由特约方向发卡银行索权并填写授权号码。签购单由持卡人签名确认。

企业应根据特约单位退还的信用卡签购单第一联和发票等原始凭证进行账务处理，借记有关费用账户，贷记“其他货币资金——信用卡存款”等账户。

如信用卡丢失，持卡人应立即持有效证明，并按规定提供有关情况，向发卡银行或代办银行申请挂失。

信用卡结算业务程序如图2-10所示。

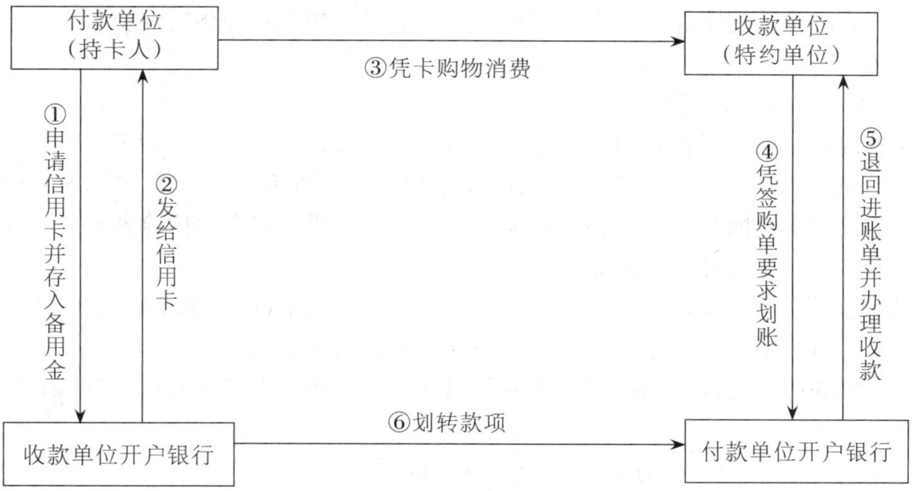

图2-10 信用卡结算业务程序

三、银行存款收付业务的账务处理

企业对于银行存款的收付业务，应进行总分类核算和序时核算，即设置银行存款总分类账和银行存款日记账。银行存款总分类账由不从事出纳的会计人员登记，会计人员应当根据企业在不同的结算方式下有关的原始凭证编制银行存款收付凭证，并进行相应的账务处理。银行存款日记账由出纳人员登记，并做到日清月结。

企业将款项存入银行等金融机构时，借记“银行存款”账户，贷记“库存现金”“主营业务收入”“应交税费”等有关账户；提取或支付在银行等金融机构中的存款时，借记“库存现金”“管理费用”等有关账户，贷记“银行存款”等有关账户。

四、银行存款的核对

（一）银行存款的核对方法

为了准确反映银行存款实际金额，防止银行存款账目发生差错，《企业会计制度》规定，银行存款的账面余额应当与银行对账单定期核对，并按月编制银行存款余额调节表。

银行存款日记账的核对主要包括3个环节：一是银行存款日记账与银行存款收、付款凭证相互核对，做到账证相符；二是银行存款日记账与银行存款总账相互核对，做到账账相符；三是银行存款日记账与银行开出的对账单相互核对，做到账实相符。

银行存款日记账与银行出具的银行对账单应逐笔核对，核对时如发现双方余额不一致，要及时查找原因，属于企业本身记账差错的，应立即更正。属于银行差错的，应通知银行更正。除记账错误外，还可能是由未达账项造成的。

所谓未达账项，是指企业与银行之间，由于凭证传递上的时间差，一方已登记入账，而另一方尚未入账的款项。未达账项具体包括以下4种情况：

（1）银行已收款记账而企业尚未接到收款通知，因而尚未记账的款项。如托收货款和银行支付给企业的存款利息。

（2）银行已付款记账而企业尚未收到付款通知，因而尚未记账的款项。如银行代企业支付的公用事业费用和银行向企业收取的借款利息等。

（3）企业已收款记账而银行尚未办妥入账手续的款项。如企业将收到的转账支票送存银行。

（4）企业已付款记账而银行尚未支付入账的款项。如企业开出转账支票，对方尚未到银行办理转账手续的款项。

（二）银行存款余额调节表的编制

在核对银行存款账目过程中，对于发现的未达账项，应采用余额调节法编制“银行存款余额调节表”进行调节。余额调节法的调节原则是：在双方所记存款期末余额的基础上，调整各自的未达账项。若为银行方未入账，则调整银行对账单的余额；若为企业方未入账，则调整企业银行存款日记账的余额。

【例2-5】甲公司2×20年12月31日银行存款日记账的余额为28 256元，银行转来的对账单的余额为26 926元。经逐笔核对，发现以下未达账项：

（1）12月30日，公司开出支票3 510元预付货款，持票人尚未到银行办理转账，银行尚未登账；

（2）12月31日，公司送存销货所得支票4 680元，银行尚未登入公司存款账户；

（3）12月31日，公司委托银行收取押金140元，银行已收妥入账，公司未接到银行的收款通知，尚未登账；

（4）12月31日，公司委托银行支付水费300元，银行已付妥入账，公司未接到银行的付款通知，尚未登账。

根据上述资料，可编制银行存款余额调节表（见表2-1）。

表2-1　　**银行存款余额调节表**　　单位：元

项目	金额	项目	金额
企业银行存款日记账余额	28 256	银行对账单余额	26 926
加：银行已收企业未收款项	140	加：企业已收银行未收款项	4 680
减：银行已付企业未付款项	300	减：企业已付银行未付款项	3 510
调整后企业账银行存款余额	28 096	调整后银行账银行存款余额	28 096

经过上述调整后的银行存款余额，表示企业可动用的银行存款数额。需要注意，银行存款余额调节表主要是用来核对企业与银行双方的记账有无差错，不能作为记账的依据。对于未达账项，无须作账面调整，待结算凭证到达后再进行账务处理，登记入账。

调节后，如企业与银行双方账面余额相等，一般说明双方记账没有错误；如双方账面余额不相等，则表明记账有差错，需要进一步查对，找出原因，更正错误的记录。

模块四　其他货币资金的核算

其他货币资金是指企业除库存现金、银行存款以外的各种货币资金，主要包括外埠存款、银行汇票存款、银行本票存款、信用卡存款、信用证保证金存款、存出投资款等。

一、外埠存款

外埠存款是指企业到外地进行临时或零星采购时，汇往采购地银行开立采购专户的款项。

企业将款项汇往外地时，应填写汇款委托书，委托开户银行办理汇款。汇入地银行以汇款单位名义开立临时采购账户，该账户的存款不计利息、只付不收、付完清户，除了采购人员可从中提取少量现金外，一律采用转账结算。

企业将款项汇往外地开立采购专用账户时，根据汇出款项凭证，编制付款凭证，进行账务处理，借记“其他货币资金——外埠存款”账户，贷记“银行存款”账户；收到采购人员转来供应单位发票账单等报销凭证时，借记“材料采购”“原材料”“库存商品”“应交税费——应交增值税（进项税额）”等账户，贷记“其他货币资金——外埠存款”账户；采购完毕收回剩余款项时，根据银行的收账通知，借记“银行存款”账户，贷记“其他货币资金——外埠存款”账户。

【例2-6】甲公司2×20年12月18日为临时采购的需要，将款项20 000元汇往外地设立临时账户。7天后收到采购员汇来的发票、运单，注明货款为10 000元，增值税为1 300元，共计11 300元，余款退回，收妥入账。甲公司的会计处理如下：

（1）汇往外地设立临时采购专户时，根据有关原始凭证，编制如下会计分录：

借：其他货币资金——外埠存款　　20 000

　贷：银行存款　　20 000

（2）收到发票和运单时，根据有关原始凭证，编制如下会计分录：

借：在途物资　　10 000

　　应交税费——应交增值税（进项税额）　　1 300

　贷：其他货币资金——外埠存款　　11 300

（3）余款收回时，根据有关原始凭证，编制如下会计分录：

借：银行存款　　8 700

　贷：其他货币资金——外埠存款　　8700

二、银行汇票存款

银行汇票存款是指企业为取得银行汇票，按照规定存入银行的款项。

企业向银行提交“银行汇票委托书”并将款项交存银行，取得汇票后，根据银行盖章退回的委托书存根联，编制付款凭证，借记“其他货币资金——银行汇票存款”账户，贷记“银行存款”账户。

企业使用银行汇票付款后，应根据发票账单及开户行转来的银行汇票有关副联等凭证，经核对无误后编制会计分录，借记“材料采购”“在途物资”“原材料”“应交税费——应交增值税（进项税额）”等账户，贷记“其他货币资金——银行汇票存款”账户。

如实际采购支付后银行汇票有余额，多余部分应借记“银行存款”账户，贷记“其他货币资金——银行汇票存款”账户。汇票因超过付款期限或其他原因未曾使用而退还款项时，应借记“银行存款”账户，贷记“其他货币资金——银行汇票存款”账户。

【例2-7】2×20年12月5日，甲公司为采购一批材料，申请银行汇票，金额为100 000元，银行受理。根据银行汇票申请书存根联，编制如下会计分录：

借：其他货币资金——银行汇票存款　　100 000

　贷：银行存款　　100 000

12月7日，向飞达公司购进材料，货款为80 000元，增值税为10 400元，公司以上述银行汇票付讫。材料已入库。根据收料单和收到的发票、运单，编制如下会计分录：

借：原材料　　80 000

　　应交税费——应交增值税（进项税额）　　10 400

贷：其他货币资金——银行汇票存款　90 400

12月9日，银行转来银行汇票存款多余款收账通知，金额为9 600元。根据收账通知，编制如下会计分录：

借：银行存款　9 600

贷：其他货币资金——银行汇票存款　9600

三、银行本票存款

银行本票存款是指企业为取得银行本票，按照规定存入银行的款项。

企业向银行提交"银行本票申请书"并将款项交存银行，取得银行本票时，应根据银行盖章退回的申请书存根联编制付款凭证，借记"其他货币资金——银行本票存款"账户，贷记"银行存款"账户。

企业用银行本票支付购货款等款项后，应根据发票账单等有关凭证，借记"材料采购""在途物资""原材料""应交税费——应交增值税（进项税额）"等账户，贷记"其他货币资金——银行本票存款"账户。

如企业因本票超过付款期等原因未曾使用而要求银行退款时，应填制一式二联的进账单，连同本票一起交给银行，然后根据银行转回本票时盖章退回的进账单第一联，借记"银行存款"账户，贷记"其他货币资金——银行本票存款"账户。

【例2-8】2×20年12月25日，甲公司为采购一批材料申请银行本票，金额为30 000元，银行受理。根据银行本票申请书存根联，编制如下会计分录：

借：其他货币资金——银行本票存款　30 000

贷：银行存款　30 000

12月26日，向飞达公司购进材料，货款为20 000元，增值税为2 600元，甲公司以上述银行本票付讫。材料已入库。根据收料单和收到的发票，编制如下会计分录：

借：原材料　20 000

应交税费——应交增值税（进项税额）　2 600

贷：其他货币资金——银行本票存款　22 600

12月28日，银行转来银行本票存款多余款收账通知，金额为7 400元。根据收账通知，编制如下会计分录：

借：银行存款　7 400

贷：其他货币资金——银行本票存款　7 400

四、信用卡存款

信用卡存款是指企业为取得信用卡按照规定存入银行信用卡专户的款项。企业向银行申请取得信用卡，应按规定填制申请表，连同支票和有关资料一并送交发卡银行，根据银行盖章退回的进账单第一联，借记"其他货币资金——信用卡存款"账户，贷记"银行存款"账户。

企业用信用卡购物或支付有关费用，借记"材料采购""在途物资""原材料""应交税费——应交增值税（进项税额）""管理费用"等账户，贷记"其他货币资金——信用卡存款"账户。

企业信用卡在使用过程中，需要向其账户续存资金的，借记"其他货币资金——信用卡存款"账户，贷记"银行存款"账户。有信用卡业务的企业应当在"信用卡存款"明细账户中按开出信用卡的银行和信用卡种类设置明细账。

【例2-9】甲公司在中国建设银行申请领用信用卡，按要求于3月8日向银行交存备用金60 000元。3月10日，甲公司使用信用卡支付2月份的电话费5 000元。甲公司的会计处理如下：

（1）在中国建设银行开立信用卡并存入备用金时，根据有关原始凭证，编制如下会计分录：

借：其他货币资金——信用卡存款 60 000

　贷：银行存款 60 000

（2）支付电话费时，根据有关原始凭证，编制如下会计分录：

借：管理费用 5 000

　贷：其他货币资金——信用卡存款 5 000

五、信用证保证金存款

信用证保证金存款，是指企业为取得信用证按规定存入银行的保证金。

企业向银行申请开立信用证，应按规定向银行提交开证申请书、信用证申请人承诺书和购销合同。企业向银行交纳保证金，根据银行退回的进账单第一联，借记“其他货币资金——信用证保证金存款”账户，贷记“银行存款”账户。

根据开证银行交来的信用证来单通知书及有关单据列明的金额，借记“材料采购”“原材料”“库存商品”“应交税费——应交增值税（进项税额）”等账户，贷记“其他货币资金——信用证保证金存款”和“银行存款”账户。

【例2-10】2×20年12月12日，甲公司为向美国进口一批材料，填制并向中国银行提交开证申请书、信用证申请人承诺书和购销合同，银行受理后，存入信用证保证金2 000 000元。根据进账单第一联，编制如下会计分录：

借：其他货币资金——信用证保证金存款 2 000 000

　贷：银行存款 2 000 000

12月25日，向美国乙公司购进材料，货款折合人民币2 000 000元，以信用证保证金存款付讫。另以银行存款支付进口增值税260 000元，关税100 000元。材料已入库。根据收料单和收到的发票、运单等，编制如下会计分录：

借：原材料 2 100 000

　　应交税费——应交增值税（进项税额） 260 000

　贷：其他货币资金——信用证保证金存款 2 000 000

　　　银行存款 360 000

六、存出投资款

存出投资款，是指企业已存入证券公司但尚未进行短期投资的资金。企业向证券公司划出资金时，应按实际划出的金额，借记“其他货币资金——存出投资款”账户，贷记“银行存款”账户；购买股票、债券时，按实际发生的金额，借记“交易性金融资产”账户，贷记“其他货币资金——存出投资款”账户。

【例2-11】甲公司2×20年12月16日向乙证券公司划出款项100万元，拟进行短期投资。根据划款支付凭证，编制如下会计分录：

借：其他货币资金——存出投资款 1 000 000

贷：银行存款　　1 000 000

12月20日，甲公司买进亚通股份股票6万股，投资成本为96万元，以存出投资款支付。根据证券公司的财务往来对账单，编制如下会计分录：

借：交易性金融资产　　960 000

贷：其他货币资金——存出投资款　　960 000

"其他货币资金——存出投资款"账户余额可以继续购买其他证券。

模块五　外币业务的核算

一、记账本位币的确定

（一）记账本位币的概念

记账本位币是指企业经营所处的主要经济环境中的货币。主要经济环境，通常是指企业主要产生和支出现金的环境，使用该环境中的货币最能反映企业主要交易的经济结果。例如，我国大多数企业主要产生和支出现金的环境在国内。因此，一般以人民币作为记账本位币。

（二）企业记账本位币的确定

我国《会计法》规定，业务收支以人民币以外的货币为主的单位，可以选定其中一种货币作为记账本位币，但是编报的财务报告应当折算为人民币。企业记账本位币的选定，应当考虑下列因素：

（1）从日常活动收入现金的角度看，所选择的货币能够对企业商品和劳务销售价格起主要作用，通常以该货币进行商品和劳务销售价格的计价和结算。

（2）从日常活动支出现金的角度看，所选择的该货币能够对商品和劳务所需人工、材料和其他费用产生主要影响，通常以该货币进行这些费用的计价和结算。

（3）融资活动获得的资金以及保存从经营活动中收取款项时所使用的货币，即视融资活动获得的资金在其生产经营活动中的重要性或者企业通常留存销售收入的货币而定。

【例2-12】国内甲外商投资公司（以下简称"甲公司"）超过80%的营业收入来自向各国的出口，其商品销售价格一般以美元结算，主要受美元影响。因此，从影响商品和劳务销售价格的角度看，甲公司应选择美元作为记账本位币。

如果甲公司除厂房设施、25%的人工成本在国内以人民币采购外，生产所需原材料、机器设备及75%的人工成本都来自美国投资者以美元在国际市场的采购，则可进一步确定甲公司的记账本位币是美元。

如果甲公司的人工成本、原材料及相应的厂房设施、机器设备等95%以上的生产经营所需人力、物资在国内采购并以人民币计价，则难以确定甲公司的记账本位币，需要考虑第三项因素。如果甲公司取得的美元营业收入在汇回国内时可随时换成人民币存款，且甲公司对所有以美元结算的资金往来的外币风险都进行了套期保值，则甲公司应当选定人民币作为记账本位币。

在确定企业的记账本位币时，上述因素的重要程度因企业的具体情况不同而不同，需要企业管理当局根据实际情况进行判断。一般情况下，综合考虑前两项即可确定企业的记账本位币，第三项为参考因素，视其对企业收支现金的影响程度而定。在综合考虑前两项因素仍不能确定企业记账本位币的情况下，第三项因素对企业记账本位币的确定起重要作用。

需要强调的是，企业管理当局根据实际情况确定的记账本位币只有一种，该货币一经确定，不得改变，除非与确定记账本位币相关的企业经营所处的主要经济环境发生重大变化。

二、外币业务的会计处理

（一）外币交易的核算程序

外币交易的记账方法有外币统账制和外币分账制两种。外币统账制是指企业在发生外币交易时，即折算为记账本位币入账。外币分账制是指企业在日常核算时分币种记账，资产负债表日，分货币性项目和非货币性项目进行调整，货币性项目按资产负债表即期汇率折算，非货币性项目按交易日即期汇率折算，产生的汇兑差额计入当期损益。从我国目前的情况看，绝大多数企业采用外币统账制，只有银行等少数金融企业由于外币交易频繁，涉及外币币种较多，可以采用外币分账制进行日常核算。无论采用外币分账制，还是采用外币统账制，虽然其账务处理程序不同，但产生的结果应当相同，即计算出的汇兑差额相同，相应的会计处理也相同，即均计入当期损益。

本模块主要介绍外币统账制下的账户设置及其会计核算的基本程序。

1.账户设置

在外币统账制下，对外币交易的核算不单独设置账户，对外币交易金额因汇率变动而产生的差额可在“财务费用”账户下设置二级账户“汇兑差额”反映。该账户借方反映因汇率变动而产生的汇兑损失，贷方反映因汇率变动而产生的汇兑收益，期末余额结转入“本年利润”账户后一般无余额。

2.会计核算的基本程序

企业发生外币交易时，其会计核算的基本程序为：

第一，将外币金额按照交易日的即期汇率或即期汇率的近似汇率折算为记账本位币金额，按照折算后的记账本位币金额登记有关账户。在登记有关记账本位币账户的同时，按照外币金额登记相应的外币账户。

第二，期末，将所有外币货币性项目的外币余额，按照期末即期汇率折算为记账本位币金额，并与原记账本位币金额相比较，其差额记入“财务费用——汇兑差额”账户。

第三，结算外币货币性项目时，将其外币结算金额按照当日即期汇率折算为记账本位币金额，并与原记账本位币金额相比较，其差额记入“财务费用——汇兑差额”账户。

（二）即期汇率和即期汇率的近似汇率

1.即期汇率的选择

汇率是指两种货币相兑换的比率，是一种货币单位用另一种货币单位所表示的价格。我们通常在银行见到的汇率有3种表示方式：买入价、卖出价和中间价。买入价是指银行买入其他货币的价格；卖出价是指银行出售其他货币的价格；中间价是银行买入价与卖出价的平均价。银行的卖出价一般高于买入价，以获取其中的差价。

无论买入价还是卖出价，均是立即交付的结算价格，都是即期汇率。即期汇率是相对于远期汇率而言的。远期汇率是在未来某一日交付时的结算价格。为方便核算，企业会计准则规定，企业用于记账的即期汇率一般是指当日中国人民银行公布的人民币汇率的中间价。但是，在企业发生单纯的货币兑换交易或涉及货币兑换的交易时，仅用中间价不能反映货币买卖的损益，需要使用买入价或卖出价折算。

企业发生的外币交易只涉及人民币与美元、欧元、日元、港元之间折算的，可直接采用中国人民银行每日公布的人民币汇率的中间价作为即期汇率进行折算；企业发生的外币交易涉及人民币与其他货币之间折算的，应按照国家外汇管理局公布的各种货币对美元折算率采用套算的方法进行折算，发生的外币交易涉及人民币以外的货币之间折算的，可直接采用国家外汇管理局公布的各种货币对美元折算率进行折算。

2.即期汇率的近似汇率

当汇率变动不大时，为简化核算，企业在对外币交易日或外币报表的某些项目进行折算时，也可以选择即期汇率的近似汇率进行折算。即期汇率的近似汇率是按照系统、合理的方法确定的、与交易发生日即期汇率近似的汇率，通常是指当期平均汇率或加权平均汇率等。加权平均汇率需要采用外币交易的外币金额作为权重进行计算。

确定即期汇率的近似汇率的方法应在前后各期保持一致。如果汇率波动使得采用即期汇率的近似汇率折算不适当，应当采用交易发生日的即期汇率进行折算。至于何时不适当，需要企业根据汇率变动情况及计算近似汇率的方法等进行判断。

（三）外币交易的会计处理

外币是企业记账本位币以外的货币。外币交易是指企业发生以外币计价或者结算的交易。这包括：（1）买入或者卖出以外币计价的商品或者劳务。例如，以人民币为记账本位币的国内A公司向国外B公司销售商品，货款以美元结算；A公司购买S公司发行的H股股票，A公司从境外以美元购买固定资产或生产用原材料等。（2）借入或者借出外币资金。例如，以人民币为记账本位币的甲公司从中国银行借入欧元、经批准向海外发行美元债券等。（3）其他以外币计价或者结算的交易，指除上述（1）（2）外，以记账本位币以外的货币计价或结算的其他交易。例如，接受外币现金捐赠等。

1.初始确认

企业发生外币交易时，应在初始确认时采用交易日的即期汇率或即期汇率的近似汇率将外币金额折算为记账本位币金额。这里的即期汇率可以是外汇牌价的买入价或卖出价，也可以是中间价，在与银行不进行货币兑换的情况下，一般以中间价作为即期汇率。

【例2-13】甲公司属于增值税一般纳税人，记账本位币为人民币，其外币交易采用交易日即期汇率折算。2×20年3月12日，从美国乙公司购入某种工业原料500吨，每吨价格为4 000美元，当日的即期汇率为1美元=6.30元人民币，进口关税为1 260 000元人民币，支付进口增值税1 801 800元人民币，货款尚未支付，进口关税及增值税用银行存款支付。根据有关原始凭证，编制如下会计分录：

借：原材料（500×4 000×6.30+1 260 000）	13 860 000	
应交税费——应交增值税（进项税额）	1 801 800	
贷：应付账款——乙公司（美元）		12 600 000
银行存款		3 061 800

【例2-14】乙公司的记账本位币为人民币。对外币交易采用交易日即期汇率折算。2×20年4月1日，乙公司从中国银行借入1 500 000元港币，期限为6个月，借入的港币暂存银行。借入当日的即期汇率为1港币=0.79元人民币。根据有关原始凭证，编制如

下会计分录：

借：银行存款——港币（1 500 000×0.79）　　1 185 000

　贷：短期借款——港币　　1 185 000

2.期末调整或结算

期末，企业应当分别外币货币性项目和外币非货币性项目进行处理。

（1）外币货币性项目。

货币性项目是企业持有的货币和将以固定或可确定金额的货币收取的资产或者偿付的负债。货币性项目分为货币性资产和货币性负债。货币性资产包括库存现金、银行存款、应收账款、其他应收款、长期应收款等。货币性负债包括应付账款、其他应付款、短期借款、应付债券、长期借款、长期应付款等。

期末结算货币性项目时，应以当日即期汇率折算外币货币性项目，该项目因当日即期汇率不同于该项目初始入账时或前一期期末即期汇率而产生的汇兑差额计入当期损益。

【例2-15】承【例2-14】，6个月后，乙公司按期以人民币向中国银行归还借入的1 500 000元港币。归还借款时的港币的卖出价为1港元=0.81元人民币。根据有关原始凭证，编制如下会计分录：

借：短期借款——港币　　1 185 000

　　财务费用——汇兑差额　　30 000

　贷：银行存款——人民币（1 500 000×0.81）　　1 215 000

（2）外币非货币性项目。

非货币性项目是货币性项目以外的项目，如存货、长期股权投资、交易性金融资产（股票、基金）、固定资产、无形资产等。

①对于以历史成本计量的外币非货币性项目，已在交易发生日按当日即期汇率折算，资产负债表日不应改变其原记账本位币金额，不产生汇兑差额。

②对于以成本与可变现净值孰低法计量的存货，如果其可变现净值以外币确定，则在确定存货的期末价值时，应先将可变现净值折算为记账本位币，再与以记账本位币反映的存货成本进行比较。

【复习思考】

1.建立货币资金内部控制制度的基本要求是什么？

2.《现金管理暂行条例》对现金的使用范围是怎样规定的？

3.国家对企业使用银行账户有哪些规定？

4.其他货币资金包括哪几类？如何进行账务处理？

【岗位训练】

1.华伟公司5月份发生下列现金收支业务：

（1）1日，小张出差归来，报销差旅费900元，补付现金100元，结清原借款。

（2）2日，从银行提现3 000元，备用。

（3）4日，以现金购买办公用品800元，交厂部办公室使用。

（4）9日，小李出差，预借差旅费1 000元，以现金付讫。

（5）13日，小李出差回来报销差旅费800元，退回现金200元。

（6）16日，出租包装物一批，收到对方交来押金，现金2 000元。

（7）21日，以现金支付职工张某困难补助600元。

（8）22日，填制现金交款单，将现金8 000元存入银行。

（9）28日，经清查，发现短缺现金90元，原因待查。

（10）30日，经查，短缺现金90元属于出纳员王某的责任，由其赔偿。

要求：做出以上业务的会计处理。

2. 某企业2×20年7月31日银行存款日记账的账面余额为68 200元，银行对账单上的余额为67 500元，经逐笔核对，发现下列未达账项：

（1）7月29日，企业支付货款开出转账支票一张，计4 500元，企业已登记入账，银行尚未入账。

（2）7月30日，企业销售产品收到转账支票一张，计12 300元，企业已登记入账，而银行尚未入账。

（3）7月30日，银行收到企业委托收款10 900元，银行已登记入账，企业尚未入账。

（4）7月31日，银行代企业支付水电费3 800元，银行已登记入账，企业尚未入账。

要求：根据上述未达账项，编制银行存款余额调节表。

项目三

往来结算岗位

学习目标

知识目标： 通过本项目的学习，要求了解往来结算岗位工作的职责、任务和工作要求；掌握各种往来款项业务的账务处理方法。

技能目标： 通过本项目的学习，要求能够根据实验操作资料正确理解原始凭证，并能够填制部分原始凭证和各种结算凭证，设置并登记债权债务明细分类账，办理日常的结算业务。

模块一 往来结算岗位概述

一、往来结算岗位的职责与工作任务

（一）往来结算业务的概念及种类

往来结算业务是核算企业在生产经营过程中发生的各种往来款项的业务，主要包括应收、应付款项及预收、预付款项等。

（二）往来结算岗位的职责

（1）建立往来款项结算手续制度。

（2）办理往来款项的结算业务，负责往来款项结算的明细核算。

（3）定期对往来款项进行清算、催收和与对方对账。

（4）评判客户，减少坏账损失。

（5）计提坏账准备。

（6）办理票据贴现业务。

（7）支付各种应付款项。

（8）期末计提票据利息。

（9）及时清算，加速资金回笼。

（三）往来结算岗位的工作任务

（1）开设有关债权债务明细分类账户。

（2）对有关经济业务的原始凭证进行审核。

（3）编制记账凭证，半个月汇总一次。

（4）登记有关债权债务明细账户。

（5）月末结出债权债务明细账户的余额，并进行对账。

二、往来结算岗位业务核算程序

往来结算岗位业务核算程序如图3-1所示。

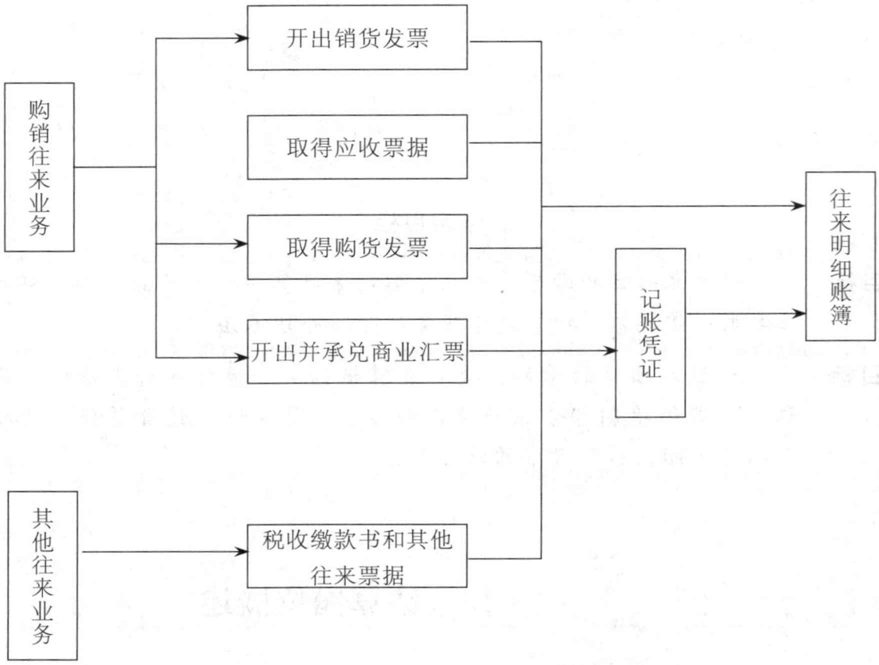

图3-1　往来结算岗位业务核算程序

模块二　应收及预付款项的核算

应收及预付款项是指企业在日常生产经营过程中发生的各项债权，包括应收款项和预付款项。应收款项包括应收票据、应收账款和其他应收款等；预付款项则是指企业因购买商品或劳务等而预先支付给有关单位的款项，如预付账款等。

一、应收票据

（一）应收票据概述

1.应收票据的概念

应收票据是指企业在采用商业汇票结算方式时，因销售商品、提供劳务而收到的商业汇票。商业汇票是指收款人或付款人（或承兑申请人）签发，由承兑人承兑，并于到期日向收款人或被背书人支付款项的票据，它是交易双方以商业购销业务为基础而使用的一种信用凭证。

2.应收票据的种类

商业汇票按其承兑人的不同，可分为商业承兑汇票和银行承兑汇票。商业承兑汇票是指由收款人签发，经付款人承兑，或由付款人签发并承兑的票据；银行承兑汇票则是指由收款人或承兑申请人签发，并由承兑申请人向其开户银行申请，经银行审查同意承兑的票据。

商业汇票按是否计息可分为不带息商业汇票和带息商业汇票。不带息商业汇票，是指商业汇票到期时，承兑人只按票面金额（即面值）向收款人或被背书人支付款项的汇票。带息商业汇票是指商业汇票到期时，承兑人必须按票面金额加上应计利息向收款人或被背书人支付票款的票据。

（二）应收票据的计价

我国商业票据的期限一般较短（最长不超过6个月），用现值记账不但计算麻烦而且其折价还要逐期摊销，过于烦琐。因此，应收票据一般按其面值计价，即企业收到应收票据时，应按照票据的面值入账。但对于带息的应收票据，按照现行制度的规定，应于期末（指中期期末和年度终了）按应收票据的票面价值和确定的利率计提利息，计提的利息应增加应收票据的账面价值。

（三）带息应收票据利息的计算及票据到期日

带息票据的利息，对于收款人来说是一种收入，对付款人来说是一种费用。应收票据的利息计算公式如下：

应收票据利息=应收票据票面金额×利率×期限

式中：利率一般以年利率表示；期限指签发日至到期日的时间间隔（有效期）。票据的期限有按月表示和按日表示两种，在实际业务中，为了计算方便，常把一年定为360天。

票据期限若是按月表示，应以到期月份中与出票日相同的那一天作为到期日。月末签发的票据，无论月份大小，以到期月份的月末一天为到期日。如出票日为3月6日、期限为4个月的票据，其到期日应为7月6日。出票日为4月30日、期限为3个月的票据，其到期日应为7月31日。与此同时，计算利息使用的利率要换算成月利率（年利率÷12）。

票据期限若是按日表示，到期日应从出票日起按实际经历天数计算。但出票日和到期日只能算其中的一天，即“算头不算尾”或“算尾不算头”。如出票日为8月1日、期限为80天的票据，其到期日应为10月20日，即8月份31天、9月份30天、10月份19天（10月20日不算）。与此同时，计算利息使用的利率要换算成日利率（年利率÷360）。

（四）应收票据一般业务的账务处理

1.应收票据核算的账户设置

为了反映和监督企业应收票据的取得和回收情况，企业应设置“应收票据”账户进行核算。“应收票据”账户是资产类账户，借方登记应收票据的票面金额及按期确认的应计利息，贷方登记背书转让或到期收回，或因未能收回票款而转作应收账款的应收票据账面金额，期末借方余额反映未到期应收票据的票面金额及已计提利息。企业应当按照开出、承兑商业汇票的单位设置明细账进行明细核算。

2.应收票据的账务处理

（1）不带息应收票据。

不带息应收票据的到期价值等于应收票据的面值。企业应当设立“应收票据”账户核算应收票据的票面金额，当企业收到应收票据时，借记“应收票据”账户，贷记“应收账款”“主营业务收入”等账户。应收票据到期收回款项时，借记“银行存款”账户，贷记“应收票据”账户。商业承兑汇票到期，承兑人违约拒付或无力偿还票款，收款企业应将到期票据的票面金额转入“应收账款”账户。

【例3-1】甲公司向乙公司销售产品一批，货款为100 000元，款项尚未收到，已办妥托收手续，适用的增值税税率为13%，根据有关原始凭证，甲公司编制如下会计分录：

借：应收账款　　113 000

　贷：主营业务收入　　100 000

　　　应交税费——应交增值税（销项税额）　　13 000

10日后，甲公司收到乙公司寄来的一份3个月的不带息商业承兑汇票，面值为113 000元，抵付产品货款。甲公司编制如下会计分录：

借：应收票据　　113 000

　贷：应收账款　　113 000

3个月后，应收票据到期，企业收回票面金额113 000元存入银行，根据有关原始凭证，编制如下会计分录：

借：银行存款　　113 000

　贷：应收票据　　113 000

如果该票据到期，乙公司无力偿还票款，甲公司应将到期票据的票面金额转入“应收账款”账户。根据有关原始凭证，编制如下会计分录：

借：应收账款　　113 000

　贷：应收票据　　113 000

（2）带息应收票据。

企业收到带息应收票据时，借记“应收票据”账户，贷记“应收账款”“主营业务收入”等账户。带息的应收票据到期收回款项时，应按收到的本息，借记“银行存款”账户，按账面价值，贷记“应收票据”账户，按其差额，贷记“财务费用”账户。商业承兑汇票到期，承兑人违约拒付或无力偿还票款，收款企业仍将到期票据的相关金额转入“应收账款”账户。

【例3-2】甲公司于2×20年11月1日收到丙公司当日开出的商业承兑汇票一张以抵前欠货款，面值为100 000元，年利率为6%，期限为3个月。甲公司账务处理如下：

（1）11月1日，收到票据时，根据有关原始凭证，编制如下会计分录：

借：应收票据　　100 000

　贷：应收账款　　100 000

（2）12月31日计息时，编制如下会计分录：

借：应收票据　　1 000

　贷：财务费用　　1 000

（3）2月1日，票据到期收款时，根据有关原始凭证，编制如下会计分录：

票据到期值=100 000+100 000×6%÷12×3=101 500（元）

借：银行存款　　101 500

　贷：应收票据　　101 000

　　　财务费用　　500

假设2月1日丙公司无力支付款项，根据有关原始凭证，编制如下会计分录：

借：应收账款 101 500

贷：应收票据 101 000

财务费用 500

（五）应收票据的贴现

1.应收票据贴现的概念

企业持有的应收票据在到期前，如果出现资金短缺，可以持未到期的商业汇票向其开户银行申请贴现，以获得所需资金。贴现就是指票据持有人将未到期的票据在背书后送交银行，银行受理后从票据到期值中扣除按银行贴现率计算确定的贴现利息，然后将余额付给持票人，作为银行对企业的短期贷款。可见，票据贴现实质上是企业融通资金的一种形式。

在我国，商业汇票的持票人向银行办理贴现必须具备下列条件：在银行开立存款账户的企业法人以及其他组织；与出票人或者直接前手之间具有真实的商品交易关系；提供与其前手之间的增值税发票和商品发运单据复印件。

2.应收票据到期值、贴现息和贴现净额的计算

票据贴现的有关计算公式如下：

应收票据到期值=应收票据票面金额×（1+年利率×票据到期天数÷360）

=应收票据票面金额×（1+年利率×票据到期月数÷12）

对于无息票据来说，票据的到期值就是其面值。

贴现息=票据到期值×贴现率×贴现期

贴现期=贴现日至票据到期日实际天数-1

贴现净额=票据到期值-贴现息

按照中国人民银行《支付结算办法》的规定，实付贴现金额按到期价值扣除贴现日至汇票到期前一日的利息计算。承兑人在异地的贴现利息的计算应另加3天的划款期限。

3.应收票据贴现的账务处理

应收票据的贴现根据票据的风险是否转移分为两种情况：一种是带追索权的票据贴现，贴现企业在法律上负连带责任；另一种是不带追索权的票据贴现，企业将应收票据上的风险和未来经济利益全部转让给银行。

（1）带追索权的票据贴现。

企业在销售商品、提供劳务以后，以取得的应收账款等应收债权向银行等金融机构申请贴现，如企业与银行等金融机构签订的协议中规定，在贴现的应收债权到期债务人未按期偿还时，申请贴现的企业负有向银行等金融机构还款的责任。根据实质重于形式的原则，该类协议从实质上看，与所贴现应收债权有关的风险和报酬并未转移，应收债权可能产生的风险仍由申请贴现的企业承担，属于以应收债权为质押取得借款，申请贴现的企业应按照以应收债权为质押取得借款的规定进行会计处理。

贴现时的基本会计处理应为：根据贴现所得金额借记“银行存款”账户，根据应收票据的到期值贷记“短期借款”账户，根据贴现息的金额借记“财务费用”账户。

【例3-3】企业收到购货方交来2×20年12月31日签发的不带息商业票据一张，金额为900 000元，承兑期限为5个月。2×21年1月31日，企业持汇票向银行申请贴现，带追索

权，年贴现率为5%。

票据到期值=900 000元

贴现息=900 000×5%×4÷12=15 000（元）

贴现净额=900 000−15 000=885 000（元）

借：银行存款　　885 000

　　财务费用　　15 000

　贷：短期借款　　900 000

上例若为带息票据，票面利率为4%，其余条件相同。带息应收票据应于期末（即中期期末和年度终了）按应收票据的面值和票面利率计提利息，增加应收票据的账面余额。

其基本会计处理应为：

2×21年1月31日计提利息时：

借：应收票据　　3 000

　贷：财务费用　　3 000

票据到期值=900 000×（1+4%×5÷12）=915 000（元）

贴现息=915 000×5%×4÷12=15 250（元）

贴现净额=915 000−15 250=899 750（元）

借：银行存款　　899 750

　　财务费用　　15 250

　贷：短期借款　　915 000

（2）不带追索权的票据贴现。

如果企业与银行等金融机构签订的协议中规定，在贴现的应收债权到期债务人未按期偿还，申请贴现的企业不负有任何偿还责任时，应视同应收债权的出售。

企业将应收票据上的风险和未来经济利益全部转让给银行，冲减应收票据的账面价值，应收票据贴现值（即贴现所得金额）与账面价值的差额计入财务费用（可能在借方，也可能在贷方）。对已贴现的无追索权的商业汇票到期，因贴现企业不承担连带偿付责任，不作任何会计处理。

贴现时的基本会计处理应为：根据贴现所得金额借记“银行存款”账户，根据应收票据的账面价值贷记“应收票据”账户，根据贴现所得金额与账面价值的差额借记或贷记“财务费用”账户。

【例3-4】承【例3-3】，企业收到购货方交来2×20年12月31日签发的带息商业票据一张，票面利率为4%，金额为900 000元，承兑期限为5个月，不带追索权。2×21年1月31日，企业持汇票向银行申请贴现，年贴现率为5%。

到期值=900 000×（1+4%×5÷12）=915 000（元）

贴现息=915 000×5%×4÷12=15 250（元）

贴现净额=915 000−15 250=899 750（元）

2×21年1月31日计提利息时：

借：应收票据　　3 000

　贷：财务费用　　3 000

贴现时：

借：银行存款　899 750

　　财务费用　3 250

　贷：应收票据　903 000

对已贴现的不带追索权的商业汇票到期，因贴现企业不承担连带偿付责任，不作任何会计处理。

二、应收账款

（一）应收账款的确认

应收账款是指企业因销售商品、产品或提供劳务而形成的债权。具体说来，应收账款是指企业因销售商品、产品或提供劳务等，应向购货方或接受劳务方收取的款项，包括买价、增值税及代购货方垫付的包装费、运杂费等。

会计上所指的应收账款有其特定的范围：

（1）应收账款是指因销售活动形成的债权，不包括应收职工欠款、应收债务人的利息等其他应收款。

（2）应收账款是指流动资产性质的债权，不包括长期的债权，如因销售商品、提供劳务形成的长期应收款等。

（3）应收账款是指本企业应收客户的款项，不包括本企业付出的各类存出保证金，如投标保证金和租入包装物保证金等。

（二）应收账款的初始计量

应收账款通常是由企业赊销活动引起的，因此，应收账款的确认时间与收入的确认标准密切相关，应收账款应于收入实现时确认。

应收账款的计价，是指应收账款入账金额的确认。通常情况下，应收账款应按买卖双方成交时的实际金额计价入账。但是，在商业活动中由于存在商业折扣、现金折扣、销货退回与折让等，使交换价格发生变动，从而影响应收账款价值的确定。

1.商业折扣

商业折扣是指企业根据市场供需情况，或针对不同的顾客，在商品标价上给予的扣除。

商业折扣是企业最常用的促销手段。企业为了扩大销售、占领市场，对于批发商往往给予商业折扣，采用销量越多、价格越低的促销策略，即通常所说的“薄利多销”。对于季节性的商品，在销售的淡季，为了扩大销售，企业通常采用商业折扣的方式。但也并非完全如此，在市场竞争日益激烈的情况下，企业也往往利用人们的消费心理，即使在销售的旺季也把商业折扣作为一种常用的促销竞争手段。

商业折扣一般在交易发生时即已确定，它仅仅是确定实际销售价格的一种手段，不需在买卖双方任何一方的账上反映，所以商业折扣对应收账款的入账价值没有实质性的影响。因此，在存在商业折扣的情况下，企业应收账款的入账金额应按扣除商业折扣以后的实际售价确认。

2.现金折扣

现金折扣又称销货折扣，是指企业为了鼓励客户在一定时期内早日付款而给予的价格优惠，折扣的多少由客户付款的早晚决定。它通常表示为“2/10，1/20，N/30”，意思为：

如果在10天内付款，可享受2%的折扣；11～20天内付款，可享受1%的折扣；超过20天付款，则无折扣。

由于现金折扣发生于交易成立之后，那么在交易日，应收账款和营业收入是以总额入账，还是以扣除现金折扣后的净额入账？对此通常有两种会计处理方法：一是总价法；二是净价法。

（1）总价法，是在销售业务发生时，应收账款和销售收入以未扣减现金折扣前的实际售价作为入账价值，实际发生的现金折扣作为对客户提前付款的鼓励性支出，计入财务费用。我国规定，会计实务中采用总价法。

总价法的优点是可以较好地反映销售的全过程，但在客户可能享受现金折扣的情况下，会引起高估应收账款和销售收入、虚增应收账款余额。

（2）净价法，是将扣除现金折扣后的金额作为应收账款和销售收入的入账价值。这种方法是把客户取得现金折扣视为正常现象，认为一般客户都会提前付款，把因客户超过折扣期限付款而多收的款项，视为提供信贷获得的收入，于收到账款时入账，作为其他收入或直接冲减财务费用。

净价法弥补了总价法的不足，但期末结账时，对已经超过期限而尚未付款的应收账款，调整起来比较麻烦。

（三）应收账款的账务处理

1.账户设置

为了总括反映和监督企业应收账款的发生和收回情况，企业应设置“应收账款”账户进行总分类核算。“应收账款”账户属于资产类账户，核算企业因销售商品、对外提供劳务等业务应向购货方或接受劳务的单位收取的款项。该账户借方登记赊销时发生的应收账款金额，贷方登记客户归还的款项，或已结转坏账损失，或转作商业汇票结算方式的应收账款金额。该账户应按对方单位名称设置明细账户进行明细核算。预收货款不多的企业，为简化核算，也可不设“预收账款”账户，而将预收货款业务直接记入“应收账款”账户。

企业因销售商品、提供劳务等，合同或协议价款的收取采用递延方式，实质上具有融资性质的，在“长期应收款”账户核算，不在“应收账款”账户核算。

2.账务处理

企业发生应收账款时，按应收金额，借记“应收账款”账户，按实现的营业收入，贷记“主营业务收入”等账户，按增值税专用发票上注明的增值税税额，贷记“应交税费——应交增值税（销项税额）”账户。收回应收账款时，借记“银行存款”等账户，贷记“应收账款”账户。按代购货方垫付的包装费、运杂费等，借记“应收账款”账户，贷记“银行存款”等账户。收回代垫的费用时，借记“银行存款”账户，贷记“应收账款”账户。

（1）无任何折扣。

企业发生的应收账款，在没有任何折扣的情况下，按应收的全部金额入账。

【例3-5】甲服装厂向某商场销售一批服装，价值100 000元，适用的增值税税率为13%，代购货方垫付运杂费2 000元，已办妥委托银行收款手续。

销售商品时，根据有关原始凭证，编制如下会计分录：

借：应收账款　115 000

　贷：主营业务收入　100 000

　　　应交税费——应交增值税（销项税额）　13 000

　　　银行存款　2 000

收到货款时，根据有关原始凭证，编制如下会计分录：

借：银行存款　115 000

　贷：应收账款　115 000

（2）只有商业折扣。

企业发生的应收账款，在只有商业折扣的情况下，应按扣除商业折扣后的金额入账。

【例3-6】甲公司销售一批产品，按价目表标明的价格计算，金额为20 000元，由于是成批销售，销货方给购货方10%的商业折扣，销货方应收账款的入账金额为18 000元，适用的增值税税率为13%。

销售商品时，根据有关原始凭证，编制如下会计分录：

借：应收账款　20 340

　贷：主营业务收入　18 000

　　　应交税费——应交增值税（销项税额）　2 340

收到货款时，根据有关原始凭证，编制如下会计分录：

借：银行存款　20 340

　贷：应收账款　20 340

（3）只有现金折扣。

企业发生的应收账款，在只有现金折扣的情况下，采用总价法入账，发生的现金折扣作为财务费用处理。

【例3-7】甲公司赊销一批商品，货款为100 000元，适用的增值税税率为13%，规定的付款条件为：2/10，N/30（假定计算现金折扣时不考虑增值税）。

（1）销售业务发生时，根据有关原始凭证，编制如下会计分录：

借：应收账款　113 000

　贷：主营业务收入　100 000

　　　应交税费——应交增值税（销项税额）　13 000

（2）若客户于10天内付款，根据有关原始凭证，编制如下会计分录：

借：银行存款　111 000

　　财务费用　2 000

　贷：应收账款　113 000

（3）若客户超过10天付款，则不享受现金折扣，根据有关原始凭证，编制如下会计分录：

借：银行存款　113 000

　贷：应收账款　113 000

【例3-8】承【例3-7】，若采用净价法，则账务处理如下：

（1）销售业务发生时，根据有关原始凭证，编制如下会计分录：

借：应收账款　111 000

贷：主营业务收入 98 000

应交税费——应交增值税（销项税额） 13 000

（2）若10天内收到货款，根据有关原始凭证，编制如下会计分录：

借：银行存款 111 000

贷：应收账款 111 000

（3）若超过10天收到货款，根据有关原始凭证，编制如下会计分录：

借：银行存款 113 000

贷：应收账款 111 000

财务费用 2 000

（四）应收账款的减值

1.应收账款减值损失的确认

企业应当在资产负债表日对应收账款等应收款项进行减值测试，有客观证据表明该应收款项发生减值的，应当计算确定减值损失，计提坏账准备。应收款项的减值损失也称坏账损失。

表明应收款项发生减值的客观证据，是指应收款项初始确认后实际发生的、对该应收款项的预计未来现金流量有影响，且企业能够对该影响进行可靠计量的事项。应收款项发生减值的客观证据主要包括：

（1）发行方或债务人发生严重财务困难；

（2）债务人违反了合同条款，如偿付利息或本金发生违约或逾期等；

（3）债权人出于经济或法律等方面因素的考虑，对发生财务困难的债务人做出让步；

（4）债务人很可能倒闭或进行其他债务重组。

2.应收账款减值的账务处理

（1）减值损失的会计处理方法。

应收账款减值在会计上有两种处理方法：直接转销法和备抵法。《企业会计制度》规定，我国企业对减值的核算，只能采用备抵法。

直接转销法

备抵法是期末在检查应收款项收回可能性的前提下，预计可能发生的坏账损失，并计提坏账准备，当某一应收款项全部或部分被确认为坏账时，将其金额冲减坏账准备并相应转销应收账款的方法。

备抵法的优点：一是预计不能收回的应收账款作为坏账损失及时计入费用，避免企业虚增利润；二是在报表上列示应收账款净额，使报表阅读者更能了解企业真实的财务状况；三是使应收账款占用资金接近实际，消除了虚列的应收账款，有利于加快企业资金周转，提高企业经济效益。

备抵账户

（2）减值损失的估计方法。

备抵法首先要按期估计坏账损失，估计坏账损失主要有4种方法，即余额百分比法、账龄分析法、赊销百分比法和个别认定法。

①余额百分比法：按照应收账款余额的一定百分比来估计坏账损失的方法。坏账损失率可以参照以往的数据资料确定。

②账龄分析法：根据应收账款账龄的长短以及当前的具体情况来估计坏账损失的方法。账龄是指客户所欠账款逾期的时间。通常情况下，账龄长短与发生坏账的可能性是成

正比的。

采用账龄分析法，应先将企业的应收账款按账龄长短划分若干区段，计列各个区段上应收账款的金额，并为每一个区段估计一个坏账损失的百分比，在此基础上进行坏账损失的估计。

③赊销百分比法：根据企业赊销总额的一定百分比估计坏账损失的方法。采用这种方法，估计的坏账损失数即为当期应当计提的坏账准备，不需要和“坏账准备”账户的余额比较，不需要调整坏账准备的余额。但估计坏账损失的百分比可能由于企业生产经营情况的不断变化而不再适用，因此，需要经常检查百分比是否足以反映企业坏账损失的实际情况，倘若发现过高或过低的情况，应及时调整该百分比。

④个别认定法：根据每一笔应收账款的情况来估计坏账损失的方法。

（3）账户设置。

采用备抵法核算坏账，应设置“坏账准备”账户和“资产减值损失——计提的坏账准备”账户。“坏账准备”账户是“应收账款”“其他应收款”等账户的备抵账户，贷方登记坏账准备的提取数和以前会计期间已确认并转销而本期又收回的坏账，借方登记企业实际发生的坏账和坏账准备的转销数，期末一般为贷方余额，表示已计提但尚未转销的坏账准备金额。平时，“坏账准备”账户可能出现借方余额也有可能出现贷方余额，但年末该账户一定为贷方余额。“资产减值损失”账户属于损益类账户，企业期末计提的坏账准备记入该账户的借方，期末转出的坏账损失数记入该账户的贷方，结转后该账户无余额。

（4）账务处理。

应收账款减值的账务处理包括3个方面的内容：一是期末按一定方法确定应收账款的减值损失、计提坏账准备的账务处理；二是实际发生坏账时的账务处理；三是已确认的坏账又收回的账务处理。

①资产负债表日，企业确定应收账款发生减值的，按应减记的金额，借记“资产减值损失”账户，贷记“坏账准备”账户。本期应计提的坏账准备大于其账面余额的，应按其差额计提；应计提的金额小于其账面余额的差额做相反的会计分录。

②对于确实无法收回的应收账款，按管理权限报经批准后作为坏账损失，转销应收账款，借记“坏账准备”账户，贷记“应收账款”账户。

③已确认并转销的应收账款以后又收回的，应按实际收回的金额，借记“应收账款”账户，贷记“坏账准备”账户；同时，借记“银行存款”账户，贷记“应收账款”账户。对已确认并转销的应收账款以后又收回的，企业也可以按照实际收回的金额，借记“银行存款”账户，贷记“坏账准备”账户。

应收票据、预付账款、其他应收款、长期应收款等应收款项的减值处理可以比照应收账款的减值处理方法进行核算。

三、预付账款

（一）预付账款的概念

预付账款是企业按照购货合同规定预付给供应单位的款项。

按照权责发生制原则，预付账款虽款项已经付出，但对方的义务尚未尽到，要求对方履行义务仍是企业的权利。因此，预付账款和应收账款一样，都是企业的短期债权。但是，两者又有所区别：应收账款是企业销货引起的，是应向购货方收取的款项；而预付账款是企业购货引起的，是预先付给供货方的款项。故二者应分别进行核算。

（二）预付账款的账务处理

1.账户设置

为了加强对预付账款的管理，一般应单独设置“预付账款”账户进行核算。“预付账款”账户属于资产类账户，借方登记企业向供货方预付的货款，贷方登记企业收到所购货物时结转的预付款项，期末余额一般在借方，反映企业已经预付但尚未结算的款项；如果出现贷方余额，反映企业所购货物或劳务大于预付款项的差额，属于负债性质，是企业应补付的款项。该账户应按供货单位或个人名称设置明细账。

预付账款不多的企业，也可以将预付的货款记入“应付账款”账户的借方。但在编制财务报表时，仍然要将“预付账款”和“应付账款”的金额分开列示。

2.账务处理

企业按购货合同的规定预付货款时，按预付金额，借记“预付账款”账户，贷记“银行存款”账户。

企业收到预订的物资时，应根据发票账单等列明的应计入所购买物资的成本，借记“原材料”“材料采购”等账户，按专用发票上注明的增值税，借记“应交税费——应交增值税（进项税额）”账户，按应付的金额，贷记“预付账款”账户。

补付货款时，借记“预付账款”账户，贷记“银行存款”账户；退回多付的货款时，借记“银行存款”账户，贷记“预付账款”账户。

【例3-9】甲公司2×20年3月5日根据合同规定向乙公司预付购买原材料的货款20 000元；6月5日，甲公司收到乙公司发来的原材料，货款为30 000元，增值税为3 900元。甲公司在收到货物后向乙公司开出支票补付剩余款项。则甲公司的账务处理如下：

（1）3月5日，甲公司预付货款时，根据有关原始凭证，编制如下会计分录：

借：预付账款——乙公司	20 000	
贷：银行存款		20 000

（2）6月5日，收到所购货物时，根据有关原始凭证，编制如下会计分录：

借：原材料	30 000	
应交税费——应交增值税（进项税额）	3 900	
贷：预付账款——乙公司		33 900

（3）6月5日，向乙公司补付剩余款项时，根据有关原始凭证，编制如下会计分录：

借：预付账款——乙公司	13 900	
贷：银行存款		13 900

四、其他应收款

（一）其他应收款的概念

其他应收款是企业除应收票据、应收账款和预付账款等经营活动以外的其他各种应收、暂付款项。

（二）其他应收款的内容

其他应收款的内容包括：（1）应收的各种赔款、罚款；（2）应收出租包装物的租金；（3）应向职工收取的各种垫付款项；（4）备用金（向企业各职能科室、车间等拨付的备用金）；（5）存出的保证金，如租入包装物支付的押金；（6）其他各种应收、暂付款项，不包括企业拨出用于投资、购买物资的各种款项。

（三）其他应收款的账务处理

1.账户设置

企业发生的各种其他应收款项目，应单独归类，以便会计信息的使用者把这些项目与由于营业活动而发生的应收账款识别清楚。为此，企业应设置“其他应收款”账户对其他应收款进行核算。该账户属于资产类账户，借方登记发生的各种其他应收款，贷方登记企业收到的款项和其他应收款的结转情况。该账户期末余额一般在借方，表示应收未收的其他应收款项；如余额在贷方，反映企业尚未支付的其他应付款。

企业应在“其他应收款”账户下，按债务人设置明细账户进行明细核算。

2.账务处理

企业发生应收未收的赔款、罚款、租金和其他款项，支付包装物押金以及其他各种暂付款项时，借记“其他应收款”账户，贷记“银行存款”等账户；收回应收暂付款项或内部单位、个人对预支款项报销时，借记“银行存款”等账户，贷记“其他应收款”账户。

【例3-10】5月6日，职工小王预借差旅费900元，企业以库存现金支付。根据有关原始凭证，编制如下会计分录：

借：其他应收款——小王　900

　贷：库存现金　900

6月10日，小王出差归来，报销差旅费820元，余款交回，根据有关原始凭证，编制如下会计分录：

借：管理费用　820

　　库存现金　80

　贷：其他应收款——小王　900

模块三　应付及预收款项的核算

一、应付票据

（一）应付票据的概念

应付票据是由出票人出票，委托付款人在指定日期无条件支付确定的金额给收款人或者持票人的票据。应付票据也是委托付款人允诺在一定时期支付一定款项的书面证明。

在我国，应付票据是在经济往来活动中由于采用商业汇票方式而发生的，由签发人签发、承兑人承兑的票据。

（二）应付票据的分类

在我国，企业的应付票据主要指的是商业汇票。如前所述，按其承兑人的不同，可将商业汇票划分为商业承兑汇票和银行承兑汇票；按是否计息，可将商业汇票划分为不带息商业汇票和带息商业汇票。

（三）应付票据的账务处理

为了反映和监督企业对外发生债务时采用商业汇票结算的情况，应设置“应付票据”账户来反映商业汇票的面值。从理论上讲，应付票据都应折现，按现值计价，但由于应付票据的出票日和到期日相距时间不长，其折现值和到期值相差不大，为简化核算，可不计算现值，而按面值入账。“应付票据”账户的贷方发生额，反映企业因购买商品而开出、承兑的商业汇票；其借方发生额，反映已支付的商业汇票；期末余额，反映尚未到期支付的商业汇票。该账户可按债权人设置明细账进行明细核算。

1.带息应付票据

由于我国商业汇票期限较短，在每年的中期期末和年末，通常对尚未支付的应付票据计提利息，企业应按照票据的票面价值和票据规定的利率计算应付利息，借记“财务费用”账户，贷记“应付票据”账户。票据到期支付本息时，冲减“应付票据”账户金额。这样，在年度或中期资产负债表上“应付票据”项目的金额包括应付票据的面值和应付未付的利息。票据到期支付票款时，尚未计提的利息部分直接计入当期财务费用。

若为银行承兑汇票，企业须按票面金额的一定比例支付手续费，借记“财务费用”账户，贷记“银行存款”账户。

如果商业承兑汇票到期不能如期支付，企业应在票据到期时，将“应付票据”账户账面价值转入“应付账款”账户，待协商后再行处理。如果重新签发票据以清偿原应付票据，再从“应付账款”账户转入“应付票据”账户。如果银行承兑汇票到期，企业无力支付到期票款，承兑银行除凭票向持票人无条件付款外，还对出票人尚未支付的汇票金额转作逾期贷款处理。企业无力支付到期银行承兑汇票，在接到银行转来的“××号汇票无款支付转入逾期贷款户”等有关凭证时，借记“应付票据”账户，贷记“短期借款”账户。对计收的利息，按短期借款利息的处理办法处理。

【例3-11】甲公司于2×20年11月1日购入一批可可豆，价款为300 000元，适用的增值税税率为13%，不考虑其他有关税费。甲公司出具一张期限为6个月、利率为10%的带息票据支付给供货方。甲公司有关账务处理如下：

（1）2×20年11月1日购入可可豆时，根据有关原始凭证，编制如下会计分录：

借：材料采购　　300 000
　　应交税费——应交增值税（进项税额）　　39 000
　贷：应付票据　　339 000

（2）2×20年12月31日，计提2个月的利息费用5 650元（339 000×10%×2÷12），根据有关原始凭证，编制如下会计分录：

借：财务费用　　5 650
　贷：应付票据　　5 650

（3）2×21年5月1日，票据到期，偿付票据本息，根据有关原始凭证，编制如下会计分录：

借：应付票据　　344 650
　　财务费用　　11 300
　贷：银行存款　　355 950

假设甲公司开具的是商业承兑汇票，如果2×21年5月1日票据到期，企业无力偿付且不再签发新的票据，根据有关原始凭证，编制如下会计分录：

借：应付票据　　344 650
　　财务费用　　11 300
　贷：应付账款　　355 950

假设甲公司开具的是银行承兑汇票，如果2×21年5月1日票据到期，企业无力偿付，则银行会先承兑。对于甲公司而言，应付票据转为对承兑银行的短期借款，每天按万分之五的利率计息，根据有关原始凭证，编制如下会计分录：

借：应付票据　344 650

　　财务费用　11 300

　贷：短期借款　355 950

2.不带息应付票据

不带息应付票据，其面值就是票据到期时的应付金额。持票据采购或抵付货款时，借记“材料采购”“应交税费——应交增值税（进项税额）”“应付账款”等账户，贷记“应付票据”账户。其他账务处理同上，不再赘述。

【例3-12】甲公司购进一批钢材，已入库，价值10 000元，增值税为1 300元，双方协议货到后签发3个月不带息的商业承兑汇票，以现金支付银行手续费10元，该公司账务处理如下：

（1）根据进货发票和商业汇票存根，编制如下会计分录：

借：材料采购　10 000

　　应交税费——应交增值税（进项税额）　1 300

　贷：应付票据　11 300

（2）支付银行手续费时，根据有关原始凭证，编制如下会计分录：

借：财务费用　10

　贷：库存现金　10

（3）到期收到银行支付通知时，编制如下会计分录：

借：应付票据　11 300

　贷：银行存款　11 300

假设上述票据到期企业无力支付，根据有关原始凭证，编制如下会计分录：

借：应付票据　11 300

　贷：应付账款　11 300

二、应付账款

（一）应付账款的概念

应付账款是指因购买材料、商品和接受劳务供应而发生的债务。这是买卖双方在购销活动中由于取得物资与支付货款在时间上不一致而产生的负债。

应付账款与应付票据不同，虽然二者都是由交易引起的流动负债，但应付账款是尚未结清的债务，而应付票据是一种期票，是延期付款的证明，有承诺付款的票据作为凭据。

（二）应付账款入账时间和金额的确定

应付账款入账时间的确定，一般应以与所购买物资所有权有关的风险和报酬已经转移或劳务已经接受为标志。但在实际工作中，一般区别下列情况处理：在物资和发票账单同时到达的情况下，应付账款一般待物资验收入库后，才按发票账单登记入账。这主要是为了确认所购入的物资是否在质量、数量和品种上都与合同上订明的条件相符，以免因先入账而在验收入库时发现购入物资错、漏、破损等问题再行调账。在会计期末仍未完成验收的，则应先按合理估计金额将物资和应付债务入账，事后发现问题再行更正。尽管应收账款应当根据发票账单登记入账，但在物资和发票账单未同时到达的情况下，比如，有时货物已到，而发票账单要间隔较长时间才能到达，由于这笔负债已经成立，应作为一项负债反映。为在资产负债表上客观反映企业所拥有的资产和承担的债务，在实际工作中，采用在月份终了将所购物资和应付债务估计入账，待下月初再用红字予以冲回的办法。

应付账款一般按应付金额入账，而不按到期应付金额的现值入账。在企业购入资产取得增值税专用发票的情况下，发票价格包括增值税税额。

如果购入的资产在形成一笔应付账款时带有现金折扣，则可分别采用总价法和净价法对现金折扣进行不同的处理。在我国企业会计核算中，要求应付账款按发票上记载的应付金额的总值入账，即采用总价法，取得的现金折扣应冲减财务费用。

（三）应付账款的账务处理

为核算企业因购买材料、商品和接受劳务供应而产生的债务及其偿还情况，企业应设置“应付账款”账户。该账户应当按照不同的债权人进行明细核算。

企业购入材料、商品等验收入库，但货款尚未支付，根据有关凭证（发票账单、随货同行发票上记载的实际价款或暂估价值），借记“材料采购”“在途物资”等账户，按可抵扣的增值税，借记“应交税费——应交增值税（进项税额）”等账户，按应付的价款，贷记“应付账款”账户。接受供应单位提供劳务而发生的应付未付款项，根据供应单位的发票账单，借记“生产成本”“管理费用”等账户，贷记“应付账款”账户。企业偿付应付账款时，应借记“应付账款”账户，贷记“银行存款”账户；若开出、承兑商业汇票抵付应付账款，则借记“应付账款”账户，贷记“应付票据”账户。

有些应付账款由于债权单位撤销或其他原因，导致企业无法支付这笔款项。若企业的应付账款确实无法支付，报经批准后，可视同企业经营业务以外的一项额外收入，借记“应付账款”账户，贷记“营业外收入”账户。

【例3-13】甲公司为增值税一般纳税人，适用的增值税税率为13%，2×20年2月发生如下业务：

（1）购入材料，价款为20 000元，进项税额为2 600元，材料已验收入库，发票账单已收到，货款尚未支付。根据账单、入库单等原始凭证，编制如下会计分录：

借：原材料	20 000	
应交税费——应交增值税（进项税额）	2 600	
贷：应付账款		22 600

（2）开出支票，偿付上笔应付账款。根据有关原始凭证，编制如下会计分录：

借：应付账款	22 600	
贷：银行存款		22 600

若上述材料的发票账单至月终尚未到达，可根据计划成本或暂估成本（设该材料的计划价值为25 000元）入账，编制如下会计分录：

借：原材料	25 000	
贷：应付账款		25 000

下月初做相反的会计分录冲回，编制如下会计分录：

借：应付账款	25 000	
贷：原材料		25 000

（3）本月应付电费2 000元，其中生产产品用电1 000元，车间用电500元，照明用电500元。根据有关原始凭证，编制如下会计分录：

借：生产成本　1 000

　　制造费用　500

　　管理费用　500

　贷：应付账款　2 000

（4）开出商业汇票一张，票面金额为20 000元，期限为2个月，抵付前欠的应付账款。根据有关原始凭证，编制如下会计分录：

借：应付账款　20 000

　贷：应付票据　20 000

（5）公司的一项应付账款1 000元，因债权人下落不明，已无法支付。报经批准后，根据有关原始凭证，编制如下会计分录：

借：应付账款　1 000

　贷：营业外收入　1 000

三、预收账款

预收账款是指企业按照合同规定向购货单位预收的款项，一般是定金或部分货款，这些负债要在以后用商品或劳务偿付。

预收账款一般是在三种情况下产生的：一是企业的产品或劳务在市场上供不应求；二是购货单位的信用不佳；三是生产周期长的企业（如建筑业、造船业等）为解决生产资金不足的问题而向购货单位收取定金。

为了核算企业的预收账款，在预收账款业务较多的企业，一般应设置“预收账款”账户，并按购货单位进行明细核算。该账户贷方登记预收的货款以及购货单位补付的货款，借方登记销售产品的售价和退回多收的余款。期末贷方余额表示尚未发出产品或提供劳务的预收账款，或者表示应向购货单位退回的多余款；借方余额表示应向购货单位补收的货款。

如果企业的预收账款情况不多，也可以不设置“预收账款”账户，而是将预收的货款直接记入“应收账款”账户。

企业向购货单位预收的款项，借记“银行存款”等账户，贷记“预收账款”账户；销售实现时，按实现的收入和增值税销项税额，借记“预收账款”账户，按实现的营业收入，贷记“主营业务收入”账户，按专用发票上注明的增值税税额，贷记“应交税费——应交增值税（销项税额）”账户。

购货单位补付的款项，借记“银行存款”等账户，贷记“预收账款”账户；退回多付的款项，做相反的会计分录。

【例3-14】甲公司于2×20年5月23日与乙企业签订一份金额为600 000元的销货合同，合同规定，甲公司预收货款的50%，余款在12月28日交货后收取。甲公司有关账务处理如下：

（1）2×20年5月23日预收货款时，根据有关原始凭证，编制如下会计分录：

借：银行存款　300 000

　贷：预收账款　300 000

（2）2×20年12月28日交货时，根据有关原始凭证，编制如下会计分录：

借：预收账款　　678 000

　贷：主营业务收入　　600 000

　　应交税费——应交增值税（销项税额）　　78 000

（3）2×20年12月28日收到其余货款时，根据有关原始凭证，编制如下会计分录：

借：银行存款　　378 000

　贷：预收账款　　378 000

四、其他应付款

其他应付款是指企业除应付票据、应付账款、预收账款、应付职工薪酬、应付利息、应付股利、应交税费、长期应付款等以外的其他各种应付、暂收的款项。例如，应付租入固定资产和包装物的租金、存入保证金、应付统筹退休金等。“其他应付款”账户应按照其他应付款的项目和对方单位（或个人）进行明细核算，期末贷方余额反映企业尚未支付的其他应付款项。

企业发生其他各种应付、暂收款项时，借记“管理费用”等账户，贷记“其他应付款”账户；企业支付其他各种应付、暂收款项时，借记“其他应付款”账户，贷记“银行存款”等账户。

【例3-15】甲公司在销售产品的过程中出借给购货方一批包装物，收到该企业以银行存款支付的押金5 000元。甲公司有关账务处理如下：

（1）收到押金5 000元时，根据有关原始凭证，编制如下会计分录：

借：银行存款　　5 000

　贷：其他应付款——存入保证金　　5 000

（2）包装物如期归还，退还押金时，根据有关原始凭证，编制如下会计分录：

借：其他应付款——存入保证金　　5 000

　贷：银行存款　　5 000

模块四　应交税费的核算

应交税费是指企业在生产经营过程中产生的应向国家缴纳的各种税费，主要包括增值税、消费税、城市维护建设税、教育费附加和所得税等。

一、增值税

在我国境内销售货物或者提供加工、修理修配劳务（以下简称劳务），销售服务、无形资产、不动产，以及进口货物的单位和个人，为增值税的纳税人，应当缴纳增值税。

按照我国现行制度的规定，纳税义务人分为一般纳税人和小规模纳税人。小规模纳税人是指年销售额在规定的数额以下、会计核算体系不健全的纳税义务人，其应交增值税采用简化的核算方法。

1.增值税税率

一般纳税人采用的税率分为13%、9%、6%和零税率。

（1）一般纳税人销售货物、提供劳务、提供有形动产租赁服务或者进口货物，税率为13%。

（2）一般纳税人销售或者进口粮食等农产品、食用植物油、食用盐、自来水、暖气、冷气、热水、煤气、石油液化气、天然气、二甲醚、沼气、居民用煤炭制品、图书、报纸、杂志、音像制品、电子出版物、饲料、化肥、农药、农机、农膜以及国务院及其有关部门规定的其他货物，税率为9%；提供交通运输、邮政、基础电信、建筑、不动产租赁服务，销售不动产，转让土地使用权，税率为9%。

（3）其他应税行为，税率为6%。

（4）一般纳税人出口货物，税率为零。但是，国务院另有规定的除外。境内单位和个人发生的跨境应税行为税率为零，具体范围由财政部和国家税务总局另行规定。

增值税的简易计税方法是按照销售额与征收率的乘积计算应纳税额，不得抵扣进项税额。简易计税方法下应纳税额的计算公式为：

应纳税额=销售额×征收率

公式中的销售额不包括其应纳税额，如果纳税人采用销售额和应纳税额合并定价的方法，应按照公式“销售额=含税销售额÷（1+征收率）”将含税销售额还原为不含税销售额计算。

增值税一般纳税人计算增值税大多采用一般计税方法；小规模纳税人一般采用简易计税方法。一般纳税人发生财政部和国家税务总局规定的特定应税销售行为的，也可以选择采用简易计税方式计税，但是不得抵扣进项税额。简易计税方法下的增值税征收率为3%，国家另有规定的除外。

2.账户设置

（1）“应交税费——应交增值税”账户。企业应在“应交税费”账户下设置“应交增值税”明细账户核算应交的增值税。该明细账户的借方发生额反映企业购进货物或接受应税劳务支付的进项税额、实际已缴纳的增值税等；其贷方发生额反映销售货物或提供应税劳务应缴纳的增值税，出口货物退税、转出已支付或应分担的增值税等。“应交增值税”二级账户月末应无余额，如有余额，应为借方余额，反映企业尚未抵扣的增值税。增值税一般纳税人应在“应交增值税”明细账内设置“进项税额”“销项税额抵减”“已交税金”“转出未交增值税”“减免税款”“出口抵减内销产品应纳税额”“销项税额”“出口退税”“进项税额转出”“转出多交增值税”等专栏。

（2）“应交税费——未交增值税”账户。企业应在“应交税费”账户下设置“未交增值税”明细账户，来反映企业月末累计未交增值税或多交增值税。该明细账户贷方登记转入的当月应交未交增值税，借方登记转入的当月多交或预交的增值税和实际缴纳的以前期间欠交增值税。该明细账户期末借方余额为累计多交增值税，贷方余额为累计未交增值税。

（3）“应交税费——预交增值税”账户。企业应在“应交税费”账户下设置“预交增值税”明细账户，来反映企业转让不动产、提供不动产经营租赁服务、提供建筑服务、采用预收款方式销售自行开发的房地产项目等，以及其他按现行增值税制度规定应预交的增值税。该明细账户借方登记预交的增值税，贷方登记转出的已经发生纳税义务的预交增值税，月末借方余额反映尚未发生纳税义务的预交增值税。

（4）“应交税费——待抵扣进项税额”账户。企业应在“应交税费”账户下设置“待抵扣进项税额”明细账户，来反映企业已取得增值税扣税凭证并经税务机关认证，按照现行增值税制度规定准予以后期间从销项税额中抵扣的进项税额。该明细账户借方登记支付的待抵扣进项税额，贷方登记转出的可以抵扣的进项税额，月末借方余额反映企业以后期间可以抵扣的进项税额。

（5）“应交税费——待认证进项税额”账户。企业应在“应交税费”账户下设置“待认证进项税额”明细账户，来反映企业由于未经税务机关认证而不得从当月销项税额中抵扣的进项税额，包括：已取得增值税扣税凭证、按照现行增值税制度规定准予从销项税额中抵扣，但尚未经税务机关认证的进项税额；已申请稽核但尚未取得稽核相符结果的海关缴款书进项税额。该明细账户借方登记支付的待认证进项税额，贷方登记转出的经过认证的进项税额，月末借方余额反映企业尚未认证的进项税额。

（6）“应交税费——待转销项税额”账户。企业应在“应交税费”账户下设置“待转销项税额”明细账户，来反映企业销售货物、劳务、服务、无形资产或不动产，已确认相关收入（或利得）但尚未发生增值税纳税义务而需于以后期间确认为销项税额的增值税税额。该明细账户贷方登记未来应缴纳的销项税额，借方登记转出的确认的销项税额，月末贷方余额反映企业未来应缴纳的销项税额。

（7）“应交税费——转让金融商品应交增值税”账户。企业应在“应交税费”账户下设置“转让金融商品应交增值税”明细账户，来反映企业转让金融商品发生的增值税税额。该明细账户贷方登记转让金融商品应缴纳的销项税额以及月末转入“未交增值税”明细账户的多交增值税，借方登记转让金融商品亏损可以抵扣的增值税税额、本月缴纳的增值税税额以及月末转让“未交增值税”明细账户的未交增值税，月末借方余额为转让金融商品亏损尚未抵扣的增值税税额。

（8）“应交税费——简易计税”账户。企业应在“应交税费”账户下设置“简易计税”明细账户，来反映企业发生的教育辅助服务等采用简易计税方法应交的增值税。该明细账户贷方登记应交增值税，借方登记抵扣、预交、补交的增值税，月末贷方余额反映企业未交的增值税，借方余额反映企业多交的增值税。

（9）“应交税费——代扣代交增值税”账户。企业应在“应交税费”账户下设置“代扣代交增值税”明细账户，来反映企业购进在境内未设经营机构的境外单位或个人在境内的应税行为代扣代交的增值税。该明细账户贷方登记代扣的增值税，借方登记代交的增值税，月末贷方余额为未交的增值税。

小规模纳税人需在“应交税费”账户下设置“应交增值税”明细账户，不需要设置上述专栏及除“转让金融商品应交增值税”“代扣代交增值税”外的明细账户。

3. 增值税进项税额

增值税进项税额是指一般纳税人购进货物、劳务、服务、无形资产或不动产而支付或负担的且经过税务机关认证可以在当月抵扣的增值税税额。待抵扣进项税额是指一般纳税人购进货物、劳务、服务、无形资产或不动产而支付或负担的且经过税务机关认证可以在以后期间抵扣的增值税税额。企业支付的增值税进项税额能否在销项税额中抵扣，应视具体情况而定。

（1）不得抵扣的进项税额。按照我国税法的规定，下列项目的进项税额不得从销项税额中抵扣：①用于简易计税项目、免征增值税项目、集体福利或者个人消费的购进货物、加工修理修配劳务、服务、无形资产或不动产；企业的交际应酬消费属于个人消费。②非正常损失的购进货物，以及相关的加工修理修配劳务和交通运输服务。③非正常损失的在产品、产成品所耗用的购进货物（不包括固定资产）、加工修理修配劳务和交通运输服务。④非正常损失的不动产，以及该不动产所耗用的购进货物、设计服务和建筑服务。⑤非正常损失的不动产在建工程所耗用的购进货物、设计服务和建筑服务。新建、改建、扩建、修缮、装饰不动产，均属于不动产在建工程。⑥购进的旅客运输服务、贷款服务、餐饮服务、居民日常服务和娱乐服务。⑦财政部和国家税务总局规定的其他情形。

其中，非正常损失，是指因管理不善造成货物被盗、丢失、霉烂变质，以及因违反法律法规造成货物或者不动产被依法没收、销毁、拆除的情形。非正常损失的不动产以及在建工程所耗用的购进货物，是指构成不动产实体的材料和设备，包括建筑装饰材料和给排水、采暖、卫生、通风、照明、通信、煤气、消防、中央空调、电梯、电气、智能化楼宇设备及配套设施。

（2）可以抵扣的进项税额。可以抵扣的进项税额分为两种情况：取得增值税扣税凭证和未取得增值税扣税凭证。

①取得增值税扣税凭证。企业购进的一般货物及接受的应税劳务，必须取得增值税扣税凭证，才能从销项税额中抵扣。企业购进货物或接受应税劳务时，应根据增值税专用发票中货物或应税劳务的价款，借记“原材料”“库存商品”“固定资产”“在建工程”“管理费用”“销售费用”等账户，根据税务机关认证的增值税专用发票中的增值税税额，借记“应交税费——应交增值税（进项税额）”账户；根据全部价款，贷记“银行存款”等账户。

②未取得增值税扣税凭证。企业购进的货物如为免税的农业产品，由于销售方不收增值税，因此企业无法取得增值税专用发票。但是按照税法的规定，企业可以按照免税农产品买价的10%作为进项税额抵扣。

【例3-16】甲公司为增值税一般纳税人，本期购入一批原材料，增值税专用发票上注明的原材料价款为600万元，增值税进项税额为78万元。货款已经支付，材料已经到达并验收入库。该公司当期销售产品收入为1 200万元（不含应向购买者收取的增值税），符合收入确认条件，货款尚未收到。假定该产品适用的增值税税率为13%，不缴纳消费税。

（1）甲公司购入原材料时，根据有关原始凭证，编制如下会计分录：

借：原材料 6 000 000

　　应交税费——应交增值税（进项税额） 780 000

　贷：银行存款 6 780 000

（2）甲公司销售产品时，根据有关原始凭证，编制如下会计分录：

销项税额=1 200×13%=156（万元）

借：应收账款 13 560 000

　贷：主营业务收入 12 000 000

　　　应交税费——应交增值税（销项税额） 1 560 000

企业购进农产品，除取得增值税专用发票或者海关进口增值税专用缴款书外，按照农产品收购发票或者销售发票上注明的农产品买价和9%的扣除率计算的进项税额；购进用于生产销售或委托加工13%税率货物的农产品，按照农产品收购发票或者销售发票上注明的农产品买价和10%的扣除率计算的进项税额，借记“应交税费——应交增值税（进项税额）”账户，按农产品买价扣除进项税额后的差额，借记“材料采购”“在途物资”

“原材料”“库存商品”等账户，按照应付或实际支付的价款，贷记“应付账款”“应付票据”“银行存款”等账户。

【例3-17】甲公司为增值税一般纳税人，甲公司购入农产品一批，农产品收购发票上注明的买价为200 000元，规定的扣除率为9%，货物尚未到达，价款已用银行存款支付。

借：在途物资　182 000

　　应交税费——应交增值税（进项税额）　18 000

　　贷：银行存款　200 000

进项税额=购买价款×扣除率=200 000×9%=18 000（元）

【例3-18】乙企业购入精装修房屋，买价为2 000 000元，增值税为180 000元，价税款共计2 180 000元，用银行存款支付；已收到增值税专用发票，经税务机关认证可以抵扣。

根据有关原始凭证，编制如下会计分录：

借：固定资产　2 000 000

　　应交税费——应交增值税（进项税额）　180 000

　　贷：银行存款　2 180 000

【例3-19】甲公司为增值税一般纳税人，本期购入一批材料，增值税专用发票上注明的增值税进项税额为130 000元，材料价款为1 000 000元。材料已入库，货款已经支付（假定该公司材料采用实际成本法进行核算）。材料入库后，该公司将该批材料全部用于办公楼工程建设项目。

（1）材料入库时，根据有关原始凭证，编制如下会计分录：

借：原材料　1 000 000

　　应交税费——应交增值税（进项税额）　130 000

　　贷：银行存款　1 130 000

（2）工程领用材料时，根据有关原始凭证，编制如下会计分录：

借：在建工程　1 000 000

　　贷：原材料　1 000 000

4.增值税待认证进项税额

待认证进项税额是指已经取得增值税专用发票但尚未经过税务机关认证而不得从当期销项税额中抵扣的增值税税额。企业购进货物、劳务、服务、无形资产、不动产及不动产在建工程时，应根据增值税专用发票中货物、劳务、服务、无形资产、不动产以及不动产在建工程的价款，借记“原材料”“库存商品”“固定资产”“工程物资”“在建工程”“无形资产”“管理费用”“销售费用”等账户，根据未经税务机关认证的可抵扣增值税税额，借记“应交税费——待认证进项税额”账户，根据全部价款，贷记“银行存款”等账户。待税务机关认证以后，应根据认证的增值税税额，借记“应交税费——应交增值税（进项税额）”账户，贷记“应交税费——待认证进项税额”账户。

【例3-20】甲公司2×20年1月份赊购原材料一批，买价为200 000元，增值税为26 000元，共计226 000元，原材料已验收入库，货款已用银行存款支付；收到增值税专用发票，但尚未经税务机关认证。其账务处理如下：

借：原材料　200 000

　　应交税费——待认证进项税额　26 000

　　贷：应付账款　226 000

5.增值税进项税额转出

一般纳税人在购进货物时如果不能直接认定其进项税额能否抵扣，支付的进项税额可以先予以抵扣，待以后用于不得抵扣进项税额的项目或发生非正常损失时，再将其进项税额转出，抵减当期进项税额。进项税额转出时，应借记有关账户，贷记“应交税费——应交增值税（进项税额转出）”账户。

企业的固定资产、无形资产或不动产改变用途，用于不得抵扣进项税额的项目或发生非正常损失时，其不得抵扣的进项税额计算方法如下：

不得抵扣的进项税额=固定资产、无形资产或不动产净值×适用税率

【例3-21】乙企业2×20年8月由于管理不善毁损产成品一批，实际成本为80 000元，所耗购进货物及应税劳务的进项税额为8 900元。

根据有关原始凭证，编制如下会计分录：

借：待处理财产损溢　88 900

　　贷：库存商品　80 000

　　　　应交税费——应交增值税（进项税额转出）　8 900

6.增值税销项税额

增值税销项税额是指一般纳税人销售货物、劳务、服务、无形资产或不动产收取价款中所含的增值税税额。销项税额抵减是指因扣减销售额而减少的销项税额。

（1）计征增值税的销售额。计征增值税的销售额是指企业销售货物或提供应税劳务向购买方收取的除销项税额、代扣代缴的消费税以及代垫运杂费以外的全部价款和价外费用。价外费用主要包括手续费、包装费、违约金（延期付款利息）以及自营运杂费等。

（2）销项税额的计算。企业如果采用不含税定价的方法，销项税额可以直接根据不含税的销售额乘以增值税税率计算；如果采用含税合并定价的方法，销项税额应根据下列公式计算：

先将含税销售额按公式“销售额=含税销售额÷（1+增值税税率）”还原为不含税销售额，再按不含税销售额计算销项税额，即：销项税额=不含税销售额×增值税税率。

企业销售货物、劳务、服务、无形资产或不动产以后，应根据全部价款，借记“银行存款”等账户，根据其他价款和价外费用，贷记“主营业务收入”“固定资产清理”等账户，根据销项税额，贷记“应交税费——应交增值税（销项税额）”账户。若该业务发生销售退回或销售折让的，应根据冲减的销售额，借记“主营业务收入”等账户，根据冲减的销项税额，借记“应交税费——应交增值税（销项税额抵减）”账户，根据退回的全部价款，贷记“银行存款”等账户。

（3）视同销售行为。视同销售行为主要包括：①将自产或委托加工的货物用于免征增值税项目；②将自产或委托加工的货物用于集体福利或个人消费；③将自产、委托加工或购买的货物以及无形资产、不动产用于投资、提供给其他单位或个体经营者；④将自产、委托加工或购买的货物分配给股东或投资者；⑤将自产、委托加工或购买的货物以及无形资产、不动产无偿赠送他人；⑥向其他单位或者个人无偿提供服务。

上述视同销售行为，企业均按照资产处置的方法进行核算。

【例3-22】甲公司3月份销售甲产品100件，不含税的价款为5 000 000元，适用的增值税税率为13%，增值税销项税额为650 000元，款项收到，并已存入银行；该批产品的成本为3 000 000元。

根据有关原始凭证，编制如下会计分录：

借：银行存款　　5 650 000

　贷：主营业务收入　　5 000 000

　　　应交税费——应交增值税（销项税额）　　650 000

借：主营业务成本　　3 000 000

　贷：库存商品　　3 000 000

【例3-23】甲公司为增值税一般纳税人，本期以自产产品对乙公司投资，双方协议按产品的售价作价。该批产品的成本为200万元，假设售价和计税价格均为220万元。该产品适用的增值税税率为13%。假定该笔交易符合非货币性资产交换准则规定的按公允价值计量的条件，乙公司收到投入的产品作为原材料使用。假定乙公司原材料采用实际成本法进行核算。

（1）根据上述经济业务，甲公司的账务处理如下：

对外投资转出计算的销项税额=220×13%=28.6（万元）

①确认收入时，根据有关原始凭证，编制如下会计分录：

借：长期股权投资　　2 486 000

　贷：主营业务收入　　2 200 000

　　　应交税费——应交增值税（销项税额）　　286 000

②结转成本时，根据有关原始凭证，编制如下会计分录：

借：主营业务成本　　2 000 000

　贷：库存商品　　2 000 000

（2）根据上述经济业务，乙公司的账务处理如下：

收到投资时，视同购进处理，根据有关原始凭证，编制如下会计分录：

借：原材料　　2 200 000

　　应交税费——应交增值税（进项税额）　　286 000

　贷：实收资本　　2 486 000

7.增值税出口退税及出口抵减内销产品应纳税额

按照税法的规定，出口货物的增值税税率为零，即出口货物在出口环节不征收增值税，但企业在购进出口货物或购进出口货物所耗的原材料时要照章支付增值税进项税额。企业支付的进项税额，按规定可以先计入增值税进项税额，在货物出口以后，再根据出口报关单等有关凭证，向税务机关申报办理该项出口货物的退税。

未实行“免、抵、退”办法的企业出口货物按规定退税的，应根据按照相关规定计算的应收出口退税额，借记“应收出口退税款”账户，贷记“应交税费——应交增值税（出口退税）”账户。收到出口退税时，借记“银行存款”账户，贷记“应收出口退税款”账户。退税额低于购进时取得的增值税专用发票上的增值税税额的差额，借记“主营业务成本”账户，贷记“应交税费——应交增值税（进项税额转出）”账户。

实行“免、抵、退”办法的企业出口货物，按相关规定计算的出口退税额，可以抵减内销产品的销项税额，借记“应交税费——应交增值税（出口抵减内销产品应纳税额）”账户，贷记“应交税费——应交增值税（出口退税）”账户。在规定期限内，内销产品的应纳税额不足以抵减出口货物的进项税额的，不足部分按有关税法规定给予退税的，应在实际收到退税款时，借记“银行存款”账户，贷记“应交税费——应交增值税（出口抵减内销产品应纳税额）”账户。

8.转出多交增值税和未交增值税的账务处理

为了分别反映增值税一般纳税人欠交增值税款和待抵扣增值税的情况，确保企业及时足额上交增值税，避免出现企业用以前月份欠交增值税抵扣以后月份未抵扣的增值税的情况，企业应在“应交税费”账户下设置“未交增值税”明细账户，核算企业月份终了从“应交税费——应交增值税”账户转入的当月未交或多交的增值税；同时，在“应交税费——应交增值税”账户下设置“转出未交增值税”和“转出多交增值税”专栏。月份终了，企业计算出当月应交未交的增值税，借记“应交税费——应交增值税（转出未交增值税）”账户，贷记“应交税费——未交增值税”账户；当月多交的增值税，借记“应交税费——未交增值税”账户，贷记“应交税费——应交增值税（转出多交增值税）”账户，经过结转后，月份终了，“应交税费——应交增值税”账户的余额，反映企业尚未抵扣的增值税。

值得注意的是，企业当月缴纳当月的增值税，仍然通过“应交税费——应交增值税（已交税金）”账户核算；当月缴纳以前各期未交的增值税，通过“应交税费——未交增值税”账户核算，不通过“应交税费——应交增值税（已交税金）”账户核算。

9.小规模纳税人的账务处理

小规模纳税人应交增值税的核算采用简化的方法，即购进货物、劳务、服务、无形资产或不动产的增值税进项税额，一律不予抵扣，均计入购进货物、劳务、服务、无形资产或不动产的成本；销售货物、劳务、服务、无形资产或不动产时，按应征增值税销售额的3%计算，但不得开具增值税专用发票。

小规模纳税企业的特点有：一是小规模纳税企业销售货物、劳务、服务、无形资产或不动产，一般情况下，只能开具普通发票，不能开具增值税专用发票；二是小规模纳税企业销售货物、劳务、服务、无形资产或不动产，实行简易办法计算应纳税额，按照销售额的一定比例计算；三是小规模纳税企业的销售额不包括其应纳税额。采用销售额和应纳税额合并定价方法的，按照公式“销售额=含税销售额÷（1+征收率）”还原为不含税销售额计算。

从会计核算角度看，首先，小规模纳税企业购入货物无论是否取得增值税专用发票，其支付的增值税税额均不计入进项税额，不得从销项税额中抵扣，应计入购入货物的成本。相应地，其他企业从小规模纳税企业购入货物、劳务、服务、无形资产或不动产支付的增值税税额，如果不能取得增值税专用发票，也不能作为进项税额抵扣，而应计入购入货物、劳务、服务、无形资产或不动产的成本。其次，小规模纳税企业的销售收入按不含税价格计算。小规模纳税企业“应交税费——应交增值税”账户应采用三栏式账户。

【例3-24】甲公司核定为小规模纳税人，本期购入原材料，增值税专用发票上记载的原材料价款为100万元，支付的增值税税额为13万元，公司开出承兑的商业汇票，材料已到达并验收入库（材料按实际成本核算）。该公司本期销售产品，销售价格总额为90万元（含税），假定符合收入确认条件，货款尚未收到。根据上述经济业务，甲公司的账务处理如下：

（1）购进货物时，根据有关原始凭证，编制如下会计分录：

借：原材料　　1 130 000

　贷：应付票据　　1 130 000

（2）销售货物时，根据有关原始凭证，编制如下会计分录：

不含税价格=90÷（1+3%）=87.3786（万元）

应交增值税=87.3786×3%=2.6214（万元）

借：应收账款　　900 000

　贷：主营业务收入　　873 786

　　　应交税费——应交增值税　　26 214

二、**消费税**

为了正确引导消费方向，国家在普遍征收增值税的基础上，选择部分消费品，再征收一道消费税。消费税的征收方法采取从价定率、从量定额或复合计税的方法。实行从价定率办法计征的应纳税额的税基为销售额，如果企业应税消费品的销售额中未扣除增值税税款，或者因不能开具增值税专用发票而发生价款和增值税税款合并收取的，在计算消费税时，按公式“应税消费品的销售额=含增值税的销售额÷（1+增值税税率或征收率）”换算为不含增值税税款的销售额。实行从量定额办法计征的应纳税额的销售数量是指应税消费品的数量：属于销售应税消费品的，为应税消费品的销售数量；属于自产自用应税消费品的，为应税消费品的移送使用数量；属于委托加工应税消费品的，为纳税人收回的应税消费品数量；进口的应税消费品，为海关核定的应税消费品进口征税数量。

1.账户设置

按规定应交的消费税，企业应在“应交税费”账户下设置“应交消费税”明细账户进行核算。该明细账户的借方发生额反映实际缴纳的消费税和待扣的消费税，贷方发生额反映按规定应缴纳的消费税。期末贷方余额，反映尚未缴纳的消费税；期末借方余额，反映多交或待扣的消费税。

2.产品销售的账务处理

企业销售产品时应缴纳的消费税，应区分情况进行处理：

企业将生产的产品直接对外销售的，对外销售产品应缴纳的消费税，通过“税金及附加”账户核算；企业按规定计算出的应交消费税，借记“税金及附加”账户，贷记“应交税费——应交消费税”账户。

【例3-25】甲公司为增值税一般纳税人（采用计划成本法核算原材料），本期销售其生产的应纳消费税产品，应纳消费税产品的售价为20万元（不含应向购买者收取的增值税税额），产品成本为15万元。该产品适用的增值税税率为13%，消费税税率为10%。产品已经发出，符合收入确认条件；款项尚未收到。

根据这项经济业务，甲公司的账务处理如下：

应向购买者收取的增值税销项税额=200 000×13%=26 000（元）

应缴纳的消费税=200 000×10%=20 000（元）

（1）确认收入时，根据有关原始凭证，编制如下会计分录：

借：应收账款　226 000

　贷：主营业务收入　200 000

　　应交税费——应交增值税（销项税额）　26 000

（2）计提应交的消费税时，根据有关原始凭证，编制如下会计分录：

借：税金及附加　20 000

　贷：应交税费——应交消费税　20 000

（3）结转产品销售成本时，根据有关原始凭证，编制如下会计分录：

借：主营业务成本　150 000

　贷：库存商品　150 000

企业将自产的应税消费品用于本企业生产非应税消费品、在建工程、管理部门、非生产机构、集体福利、个人消费，或用于对外投资、分配给股东或投资者或无偿捐赠给他人，均应视同销售，计算缴纳消费税。

3.委托加工应税消费品的账务处理

按照税法的规定，企业委托加工的应税消费品，由受托方在向委托方交货时代收代缴税款（除受托加工或翻新改制金银首饰按规定由受托方缴纳消费税外）。委托加工的应税消费品，委托方用于连续生产应税消费品的，所纳税款准予按规定抵扣。这里的委托加工应税消费品，是指由委托方提供原料和主要材料，受托方只收取加工费和代垫部分辅助材料加工的应税消费品，对于由受托方提供原材料生产的应税消费品，或者受托方先将原材料卖给委托方，然后再接受加工的应税消费品，以及由受托方以委托方名义购进原材料生产的应税消费品，都不作为委托加工应税消费品，而应当按照销售自制应税消费品缴纳消费税。委托加工的应税消费品直接出售的，不再征收消费税。

在会计处理时，需要缴纳消费税的委托加工应税消费品，于委托方提货时，由受托方代收代缴税款。受托方按应扣税款金额，借记“应收账款”“银行存款”等账户，贷记“应交税费——应交消费税”账户。委托加工应税消费品收回后直接用于销售的，委托方应将代收代缴的消费税计入委托加工的应税消费品成本，借记“委托加工物资”“生产成本”等账户，贷记“应付账款”“银行存款”等账户，待委托加工应税消费品销售时，不需要再缴纳消费税；委托加工的应税消费品收回后用于连续生产应税消费品，按规定准予抵扣的，委托方应按代收代缴的消费税税款，借记“应交税费——应交消费税”账户，贷记“应付账款”“银行存款”等账户，待用委托加工的应税消费品生产出的应税消费品销售时，再缴纳消费税。

【例3-26】甲公司委托外单位加工材料（非金银首饰），原材料价款为20万元，加工费用为5万元，应交增值税为0.65万元，由受托方代收代缴的消费税为0.5万元，材料已经加工完毕并验收入库，相关款项已用银行存款支付。假定该公司材料采用实际成本法核算。

（1）如果委托方收回加工后的材料用于继续生产应税消费品，委托方的账务处理如下：

①拨付加工原材料时，根据有关原始凭证，编制如下会计分录：

借：委托加工物资　200 000

贷：原材料　200 000

②支付加工费及增值税时，根据有关原始凭证，编制如下会计分录：

借：委托加工物资　50 000

应交税费——应交增值税（进项税额）　6 500

贷：银行存款　56 500

③支付消费税时，根据有关原始凭证，编制如下会计分录：

借：应交税费——应交消费税　5 000

贷：银行存款　5 000

④收回委托加工物资时，根据有关原始凭证，编制如下会计分录：

借：原材料　250 000

贷：委托加工物资　250 000

（2）如果委托方收回加工后的材料直接用于销售，委托方的账务处理如下：

①拨付加工原材料时，根据有关原始凭证，编制如下会计分录：

借：委托加工物资　200 000

贷：原材料　200 000

②支付加工费及增值税时，根据有关原始凭证，编制如下会计分录：

借：委托加工物资　50 000

应交税费——应交增值税（进项税额）　6 500

贷：银行存款　56 500

③支付消费税时，根据有关原始凭证，编制如下会计分录：

借：委托加工物资　5 000

贷：银行存款　5 000

④收回委托加工物资时，根据有关原始凭证，编制如下会计分录：

借：原材料　255 000

贷：委托加工物资　255 000

三、应交城市维护建设税与教育费附加

城市维护建设税与教育费附加均为附加税。按照现行税法的规定，城市维护建设税与教育费附加应根据应交增值税、消费税之和的一定比例计算缴纳。城市维护建设税与教育费附加均为价内税，应由营业收入来补偿。

企业按规定计算应交的城市维护建设税与教育费附加时，借记“税金及附加”账户，贷记“应交税费——应交城市维护建设税”“应交税费——应交教育费附加”账户。实际缴纳城市维护建设税与教育费附加时，借记“应交税费——应交城市维护建设税”“应交税费——应交教育费附加”账户，贷记“银行存款”账户。

四、其他应交税费

1.资源税

资源税是以各种应税自然资源为课税对象、为了调节资源级差收入并体现国有资源有偿使用而征收的一种税。我国资源税的征税范围相对较窄，仅选择了较为普遍且易于征收管理的矿产品和盐等列为征税范围。2016年7月1日，我国实行资源税改革，全面扩大资源税征收范围，征收方式由从量征收改为从价征收。

在会计核算时，企业按规定计算出销售应税产品应缴纳的资源税，借记“税金及附加”账户，贷记“应交税费——应交资源税”账户；企业计算出自产自用的应税产品应缴纳的资源税，借记“生产成本”“制造费用”等账户，贷记“应交税费——应交资源税”账户。收购未税矿产品时，企业应按收购未税矿产品实际支付的收购款以及代扣代缴的资源税，作为收购矿产品的成本，将代扣代缴的资源税记入“应交税费——应交资源税”账户。

2.土地增值税

转让国有土地使用权、地上建筑物及其附着物并取得收入的单位和个人，均应缴纳土地增值税。土地增值税按照转让房地产所取得的增值额和规定的税率计算征收。土地增值税的计算公式为：

土地增值额=出售房地产的总收入-扣除项目金额

企业缴纳的土地增值税通过“应交税费——应交土地增值税”账户进行核算。兼营房地产业务的企业，应按由当期收入负担的土地增值税，借记“税金及附加”账户，贷记“应交税费——应交土地增值税”账户。该转让的国有土地使用权与其地上建筑物及其附着物一并在“固定资产”或“在建工程”账户核算的，按转让时应缴纳的土地增值税，借记“固定资产清理”“在建工程”账户，贷记“应交税费——应交土地增值税”账户。企业在项目全部竣工结算前转让房地产取得的收入，按税法规定预交的土地增值税，借记“应交税费——应交土地增值税”账户，贷记“银行存款”等账户；待该项房地产销售收入实现时，再按上述销售业务的会计处理方法进行处理。该项目全部竣工、办理结算后进行清算，收到退回多交的土地增值税，借记“银行存款”等账户，贷记“应交税费——应交土地增值税”账户，补交土地增值税的做相反的会计分录。

3.房产税、城镇土地使用税、车船税和印花税

房产税是国家对在城市、县城、建制镇和工矿区征收的由产权所有人缴纳的一种税。房产税依照房产原值一次减除10%～30%后的余额计算缴纳。没有房产原值作为依据的，由房产所在地税务机关参考同类房产核定；房产出租的，以房产租金收入为房产税的计税依据。城镇土地使用税是国家为了合理利用城镇土地、调节土地级差收入、提高土地使用效益、加强土地管理而开征的一种税，以纳税人实际占用的土地面积为计税依据，依照规定税额计算征收。车船税由拥有并且使用车船的单位和个人缴纳。车船税按照适用税额计算缴纳。

企业按规定计算应交的房产税、城镇土地使用税、车船税时，借记“税金及附加”账户，贷记“应交税费——应交房产税（或城镇土地使用税、车船税）”账户；实际缴纳时，借记“应交税费——应交房产税（或城镇土地使用税、车船税）”账户，贷记“银行存款”账户。

印花税是对经济活动和经济交往中书立、领受、使用的应税经济凭证征收的一种税。印花税应税凭证包括：购销合同、加工承揽合同、建设工程勘察设计合同、建筑安装工程承包合同、财产租赁合同、货物运输合同、仓储保管合同、借款合同、财产保险合同、技术合同等经济合同；产权转移书据；营业账簿；权利、许可证照等。纳税人根据应税凭证的性质，分别按比例税率或者按件定额计算应纳税额。

印花税由纳税人根据规定自行计算其应纳税额，以购买并一次贴足印花税票的方法缴

纳税款，即一般情况下，企业需要预先购买印花税票，待发生应税行为时，再根据凭证的性质和规定的比例税率或者按件计算应纳税额，将已购买的印花税票粘贴在应税凭证上，并在每枚税票的骑缝处盖戳注销或者划销，办理完税手续。企业缴纳的印花税，不会发生应付未付税款的情况，不需要预计应纳税金额，同时也不存在与税务机关结算或清算的问题，因此，企业缴纳的印花税不需要通过“应交税费”账户核算，于购买印花税票时，直接借记“税金及附加”账户，贷记“银行存款”账户。

4.所得税

企业的生产、经营所得和其他所得，依照有关所得税暂行条例及其细则的规定需要缴纳所得税。企业应缴纳的所得税，在“应交税费”账户下设置“应交所得税”明细账户核算；当期应计入损益的所得税，作为一项费用，在净收益前扣除。企业按照一定方法计算、计入损益的所得税，借记“所得税费用”等账户，贷记“应交税费——应交所得税”账户。

5.耕地占用税

耕地占用税是国家为了利用土地资源、加强土地管理、保护家用耕地而征收的一种税。耕地占用税以实际占用的耕地面积计税，按照规定税额一次征收。企业缴纳的耕地占用税，不需要通过“应交税费”账户核算。企业按规定计算缴纳耕地占用税时，借记“在建工程”账户，贷记“银行存款”账户。

模块五　其他往来结算款项的核算

一、应收股利

应收股利是指企业因股权投资而应收取的现金股利以及应收其他单位的利润，包括企业取得股票实际支付的款项中所包括的已宣告发放但尚未领取的现金股利和企业对外投资应分得的现金股利或利润等，但不包括应收的股票股利。

企业应收取的现金股利和应收取其他单位分配的利润，应通过“应收股利”账户进行核算。该账户应当按照被投资单位进行明细核算。

取得长期投权投资时，按支付的价款中包含的已宣告发放但尚未支付的现金股利，借记“应收股利”账户，按确定的长期股权投资成本，借记“长期股权投资——成本”账户，按实际支付的金额，贷记“银行存款”等账户。

持有期间被投资单位宣告发放现金股利或利润的，按应享有的份额，借记“应收股利”账户，贷记“投资收益”账户（成本法）或“长期股权投资——损益调整”账户（权益法）。

被投资单位宣告发放的现金股利或利润属于其在取得本企业投资前实现净利润的分配额，借记“应收股利”账户，贷记“长期股权投资——成本”等账户。

实际收到现金股利或利润时，借记“银行存款”等账户，贷记“应收股利”账户。“应收股利”账户期末借方余额，反映企业尚未收回的现金股利或利润。

二、应收利息

应收利息则是指企业因债权投资而应收取的一年内到期收回的利息，主要包括：一是企业购入的分期付息到期还本的债券，在会计结算日，企业按规定所计提的应收利息；二是企业购入债券时实际支付的款项中所包含的已到期而尚未领取的债券利息，已到期而尚未领取的债券利息也是对分期付息债券而言的，不包括企业购入到期还本付息的长期债券应收的利息。

企业发放贷款、债权投资、其他债权投资等应收取的利息应通过“应收利息”账户进行核算。该账户应当按照借款人或被投资单位进行明细核算。

购入到期一次还本付息的债权投资持有期间确认的利息收入，在“债权投资”账户核算，不在该账户核算。

企业购入分期付息、到期还本的债权投资等，已到付息期按合同约定的名义利率计算确定的应收未收的利息，借记“应收利息”账户，按实际利率计算确定的利息收入，贷记“投资收益”账户，按其差额，借记或贷记“债权投资——利息调整”账户。

实际收到利息时，借记“银行存款”等账户，贷记“应收利息”账户。

该账户期末借方余额，反映企业尚未收回的利息。

三、应付利息

应付利息是指企业按照合同约定应支付的利息，包括吸收存款、分期付息到期还本的长期借款、企业债券等应支付的利息。

资产负债表日，应按摊余成本和实际利率计算确定的利息费用，借记“利息支出”“在建工程”“财务费用”“研发支出”等账户，按合同利率计算确定的应付未付利息，贷记“应付利息”账户，按其差额，借记或贷记“长期借款——利息调整”等账户。

合同利率与实际利率差异较小的，也可以采用合同利率计算确定利息费用。实际支付利息时，借记“应付利息”账户，贷记“银行存款”等账户。

该账户期末贷方余额，反映企业应付未付的利息。

四、应付股利

应付股利是指企业经股东大会或类似机构审议批准分配的现金股利或利润。企业股东大会或类似机构审议批准的利润分配方案、宣告分派的现金股利或利润，在实际支付前，形成企业的负债。企业董事会或类似机构通过的利润分配方案中拟分配的现金股利或利润，不应确认为负债，但应在附注中披露。

企业经股东大会或类似机构审议批准的利润分配方案，按应支付的现金股利或利润，借记“利润分配”账户，贷记“应付股利”账户；实际支付现金股利或利润时，借记“应付股利”账户，贷记“银行存款”等账户。

【复习思考】

1.什么是票据？如何分类？

2.什么是贴现？如何处理？

3.什么是现金折扣？会计处理方法有几种？各有什么特点？

【岗位训练】

1.某公司坏账损失采用备抵法核算，按应收账款余额的5‰提取坏账损失，2×20年年末坏账准备余额为2 500元，2×21年发生坏账损失3 000元，年末应收账款余额为300 000元，2×22年收回上年已冲销的应收账款1 000元，年末应收账款余额为450 000元。

要求：计算并编制相关会计分录。

2.2×20年2月1日，方正公司销售产品一批，含税货款为56 500元，增值税税率为13%，以银行存款垫付运费500元，即日收到对方签发的商业承兑汇票一张，面值为57 000元，期限为90天，票面利率为6%。方正公司在持有30天后，因资金周转需要，将该汇票向银行申请贴现，贴现率为9%（保留整数）。

要求：

（1）计算票据到期、贴现息和贴现净值。

（2）编制销售、贴现的相关会计分录。

3.甲公司为增值税一般纳税企业，适用的增值税税率为13%，材料采用实际成本法进行日常核算。该公司2×20年4月30日“应交税费——应交增值税”账户借方余额为4万元，该借方余额均可用下月的销项税额抵扣。5月份发生如下涉及增值税的经济业务：

（1）购买原材料一批，增值税专用发票上注明的价款为60万元，增值税税额为7.8万元，公司已开出承兑的商业汇票。该原材料已验收入库。

（2）用原材料对外投资，双方协议按成本作价。该批原材料的成本和计税价格均为41万元，应交增值税税额为5.33万元。

（3）销售产品一批，销售价格为20万元（不含增值税税额），实际成本为16万元，提货单和增值税专用发票已交购货方，货款尚未收到。该销售符合收入确认条件。

（4）在建工程领用原材料一批，该批原材料实际成本为30万元，应由该批原材料负担的增值税税额为3.9万元。

（5）月末盘亏原材料一批，该批原材料的实际成本为10万元，增值税税额为1.3万元。

（6）用银行存款缴纳本月增值税2.5万元。

（7）月末将本月应交未交增值税转入未交增值税明细账户。

要求：

（1）编制上述经济业务相关的会计分录。

（2）计算甲公司5月份发生的销项税额、应交增值税税额和应交未交的增值税税额。

（答案中的金额单位用万元表示，“应交税费”账户要求写出明细账户）

4.甲工业企业为增值税一般纳税企业，适用的增值税税率为13%、消费税税率为10%，库存材料按照实际成本核算，销售收入（或计税价格）均不含应向购买者收取的增值税税额。该企业2×20年3月份发生如下经济业务：

（1）工程领用本企业生产的应税消费品，该产品成本为500万元，计税价格为700万元。

（2）收回委托加工的原材料并验收入库。该委托加工的原材料系上月发出，发出原材料的实际成本为190万元。本月以银行存款支付受托加工企业代扣代缴的消费税5万元、加工费用50万元（含增值税）。收回委托加工的原材料用于本企业生产应税消费品。

要求：根据上述资料，编制该企业有关经济业务的会计分录（为简化核算，不考虑城市维护建设税和教育费附加）。

（答案中的金额单位用万元表示，“应交税费”账户要求写出明细账户）

项目四

存货核算岗位

学习目标

知识目标： 通过本项目的学习，要求掌握存货收、发、存的核算方法，以及存货确认、计价方法，理解存货岗位的职责、核算任务，了解存货的分类、收发业务程序和手续。

技能目标： 通过本项目的学习，要求能够对存货业务进行确认、计量，具备审核原始凭证并根据原始凭证编制记账凭证、登记有关存货明细账，以及提供存货收、发、存信息的能力。

模块一 存货核算岗位概述

一、存货核算岗位的职责与工作任务

（一）存货核算岗位的职责

（1）审查存货采购计划，控制采购成本，防治盲目采购。

（2）要求各业务环节提供填写内容齐全的有关凭证，同时规定凭证的传递程序和传递时间。

（3）负责存货收发原始凭证的审核、收发业务的处理和明细核算。对在途存货要督促催收，对已经验收入库尚未付款的存货，月末要估价入账。

（4）会同有关部门建立健全存货手续制度，拟定存货管理与核算的实施方法。

（5）配合有关部门制定存货消耗定额，对存货实行计划成本计价核算的企业，还要编制存货计划成本目录。

（6）负责存货销售业务核算，正确计算和结转存货的销售成本。

（7）协助有关部门对存货进行盘点，确定盘盈、盘亏后进行账务处理。

（8）会同有关部门分析存货的储备情况，对于超过正常储备和长期积压的存货，要

分析原因，提出处理意见和建议，督促有关部门处理。对于存货保管不善等原因造成浪费的，要追查管理人员的责任。

（二）存货核算岗位的工作任务

（1）开设原材料、库存商品、周转材料、在途物资、材料采购、存货跌价准备等存货明细账，登记期初余额。

（2）根据当月发生的存货购进、领用业务审核原始单据，并据以编制记账凭证，并将原始单据附于记账凭证后面。

（3）审核记账凭证，根据审核无误的记账凭证逐笔登记存货明细账并进行月末结账。

二、存货岗位业务核算程序

存货岗位业务核算程序如图4-1所示。

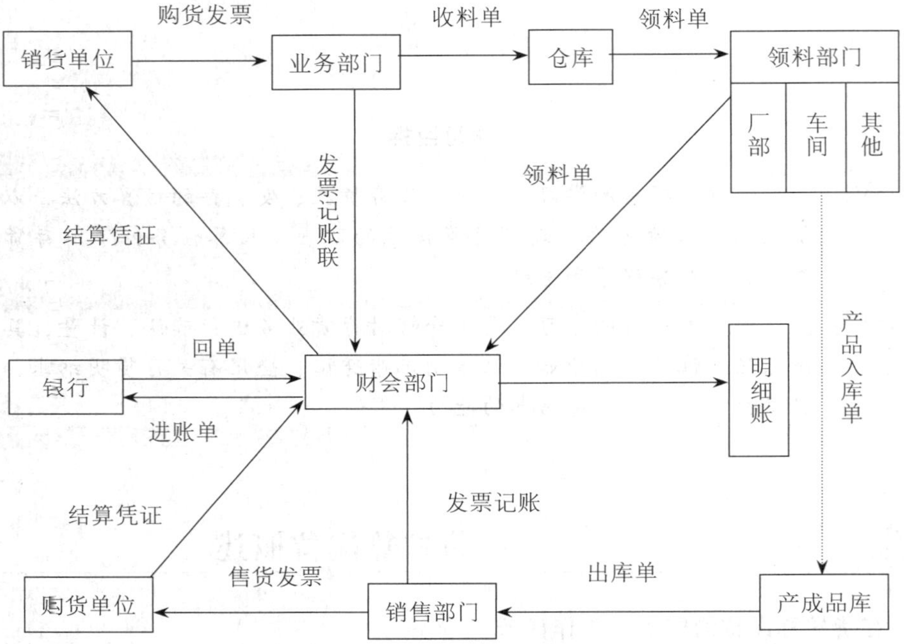

图4-1　存货岗位业务核算程序

模块二　存货概述

一、存货的概念与确认条件

（一）存货的概念

存货是指企业在日常活动中持有以备出售的产成品或商品，处在生产过程中的在产品，在生产过程或提供劳务过程中耗用的材料、物料等，包括各类材料、在产品、半成品、产成品、商品，以及包装物、低值易耗品、委托代销商品等。

存货区别于固定资产等非流动资产的最基本特征是，企业持有存货的最终目的是出售，包括可供直接出售的产成品、商品等以及需经过进一步加工后出售的原材料等。

（二）存货的确认条件

存货必须在符合定义的前提下，同时满足下列两个条件，才能予以确认：

（1）与该存货有关的经济利益很可能流入企业。

资产最重要的特征是预期会给企业带来经济利益。如果某一项目预期不能给企业带来经济利益，就不能确认为企业的资产。存货是企业的一项重要的流动资产，因此，对存货的确认，关键是判断其是否很可能给企业带来经济利益或其所包含的经济利益是否很可能流入企业。通常，拥有存货的所有权是与该存货有关的经济利益很可能流入企业的一个重要标志。一般情况下，根据销售合同已经售出（取得现金或收取现金的权利）、所有权已经转移的存货，因其所含经济利益已不能流入本企业，因而不能再作为企业的存货进行核算，即使该存货尚未运离企业。企业在判断与该存货有关的经济利益能否流入企业时，通常应结合该存货的所有权归属进行考虑，而不应仅仅看其存放的地点等。

（2）该存货的成本能够可靠地计量。

成本或者价值能够可靠地计量是资产确认的一项基本条件。存货作为企业资产的组成部分，要予以确认就必须能够对其成本进行可靠计量。存货的成本能够可靠地计量必须以取得的确凿证据为依据，并且具有可验证性。如果存货成本不能可靠地计量，则不能确认为一项存货。例如，某企业与供应商签订承诺订货的合同，由于交易并未实际发生，不能可靠确定其成本，因此不能确认为该企业的存货。

二、存货的分类

存货种类繁多，它们在生产经营过程中的用途不同，所起的作用也不尽一致。为了正确组织存货的核算，加强存货的管理，应根据不同的目的和标准对存货进行科学的分类。

（一）按存货的经济内容分类

1.原材料

原材料是指企业在生产过程中经加工改变其形态或性质并构成产品主要实体的各种原料及主要材料、辅助材料、外购半成品（外购件）、修理用备件（备品备件）、包装材料、燃料等。需要注意的是，为建造固定资产等各项工程而储备的各种材料，虽然同属于材料，但是用于建造固定资产等各项工程，其价值分次进行转移，并不符合存货的定义，因此不能作为企业的存货进行核算。企业的特种储备以及国家指令专项储备的资产也不符合存货的定义，因而不属于企业的存货。

2.在产品

在产品是指企业正在制造尚未完工的产品，包括正在各个生产工序加工的产品和已加工完毕但尚未检验或已检验但尚未办理入库手续的产品。

3.半成品

半成品是指经过一定生产过程并已检验合格交付半成品仓库保管，但尚未制造完工成为产成品，仍需进一步加工的中间产品。

在产品和半成品的区别

4.产成品

产成品是指工业企业已经完成全部生产过程并验收入库，可以按照合同规定的条件送交订货单位或者可以作为商品对外销售的产品。企业接受外来原材料加工制造的代制品和为外单位加工修理的代修品，制造和修理完成并验收入库后，应视同企业的产成品。

5.商品

商品是指商品流通企业外购或委托加工完成并验收入库用于销售的各种商品。

6. 周转材料

周转材料是指企业能够多次使用但不符合固定资产定义的材料。如为了包装本企业商品而储备的各种包装物，各种工具、管理用具、玻璃器皿、劳动保护用品，以及在经营过程中周转使用的容器等低值易耗品和建造承包商的钢模板、木模板、脚手架等其他周转材料。周转材料符合固定资产定义的，应当作为固定资产确认。

7. 委托代销商品

委托代销商品是指企业委托其他单位代销的商品。

（二）按存货的存放地点分类

1. 库存存货

库存存货是指已经运到企业或加工完成并验收入库的各种存货。

2. 在途存货

在途存货是指企业购入的正在运输途中的或已经运到但尚未验收入库的各种存货。

3. 加工中存货

加工中存货是指企业自行生产加工以及委托其他单位加工改制中的各种存货。

4. 委托代销存货

委托代销存货是指存放在委托单位并委托其代为销售的存货。

（三）按存货的来源分类

1. 外购存货

外购存货是指企业从外单位购入并已验收入库的材料、商品等存货。

2. 自制存货

自制存货是指企业自备材料加工完成并已验收入库的材料、半成品、产成品等存货。

3. 投资者投入存货

投资者投入存货是指投资者投入的材料、商品等存货。

三、存货的初始计量

存货应当按照成本进行初始计量。存货成本包括采购成本、加工成本和其他成本。

（一）存货的采购成本

存货的采购成本，包括购买价款、相关税费以及其他可归属于存货采购成本的费用。

1. 购买价款

存货的购买价款是指企业购入的材料或商品的发票账单上列明的价款，但不包括按规定可以抵扣的增值税税额。

2. 相关税费

相关税费是指企业外购货物应支付的税金及相关费用，主要包括进口环节的关税、消费税、海关手续费，企业购入未税矿产品代缴的资源税，小规模纳税人购进货物支付的增值税，以及一般纳税人购进货物按规定不能抵扣的增值税进项税额等。

3. 其他可归属于存货采购成本的费用

其他可归属于存货采购成本的费用是指为使外购存货达到预定可使用状态所支付的除购买价款及相关税费以外的采购费用，主要包括外购存货到达仓库以前发生的仓储费、包装费、运杂费、运输保险费、运输途中的合理损耗以及入库前的挑选整理费用等。

商品流通企业在采购商品过程中发生的运输费、装卸费、保险费以及其他可归属于存货采购成本的费用等进货费用，应当计入存货采购成本，也可以先行归集，期末根据所购商品的销售情况进行分摊。对于已售商品的进货费用，计入当期损益；对于未售商品的进货费用，计入期末存货成本。企业采购商品的进货费用金额较小的，可以在发生时直接计入当期损益。

（二）存货的加工成本

存货的加工成本是指在存货的加工过程中发生的追加费用，包括直接人工以及按照一定方法分配的制造费用。

直接人工是指企业在生产产品和提供劳务过程中发生的直接从事产品生产和劳务供应人员的职工薪酬。

制造费用是指企业为生产产品和提供劳务而发生的各项间接费用。

（三）存货的其他成本

存货的其他成本是指除采购成本、加工成本以外的，使存货达到目前场所和状态所发生的其他支出。企业设计产品发生的设计费用通常应计入当期损益，但是为特定客户设计产品所发生的、可直接确定的设计费用应计入存货的成本。

存货的来源不同，其成本的构成内容也不同。原材料、商品、低值易耗品等通过购买而取得的存货的成本由采购成本构成；产成品、在产品、半成品等自制或需委托外单位加工完成的存货的成本由采购成本、加工成本以及使存货达到目前场所和状态所发生的其他支出构成。在实务中，按以下原则确定存货的成本：

1.购入存货的成本

购入存货的成本包括：买价、运杂费（包括运输费、装卸费、保险费、包装费、仓储费等）、运输途中的合理损耗、入库前的挑选整理费用（包括挑选整理过程中发生的工资、费用支出和数量损耗，并扣除回收的下脚废料价值）以及按规定应计入成本的税费和其他费用。

2.自制存货的成本

自制的存货包括自制原材料、自制包装物、自制低值易耗品、自制半成品及库存商品等，其成本包括直接材料、直接人工和制造费用等各项实际支出。

3.委托外单位加工存货的成本

委托外单位加工完成的存货包括加工后的原材料、包装物、低值易耗品、半成品、产成品等，其成本包括实际耗用的原材料或者半成品、加工费、装卸费、保险费、委托加工的往返运输费等费用，以及按规定应计入成本的税费。

4.投资者投入存货的成本

投资者投入存货的成本，应当按照投资合同或协议约定的价值确定，但合同或协议约定价值不公允的除外。在投资合同或协议约定价值不公允的情况下，以该项存货的公允价值作为其入账价值。

5.盘盈存货的成本

盘盈的存货应按其重置成本作为入账价值，并通过“待处理财产损溢”账户进行会计处理，按管理权限报经批准后，冲减当期管理费用。

6.通过非货币性资产交换、债务重组、企业合并等方式取得的存货的成本

企业通过非货币性资产交换、债务重组、企业合并等方式取得的存货，其成本应当分

别按照《企业会计准则第7号——非货币性资产交换》和《企业会计准则第12号——债务重组》等的规定确定。但是，其后续计量和披露应当执行《企业会计准则第1号——存货》（以下简称存货准则）的规定。

7.通过提供劳务取得的存货的成本

通过提供劳务取得的存货，其成本按从事劳务供应人员的直接人工、其他直接费用以及可归属于该存货的间接费用确定。

但是，下列费用不应计入存货成本，而应在发生时计入当期损益：

（1）非正常消耗的直接材料、直接人工和制造费用，应在发生时计入当期损益，不应计入存货成本。如由于自然灾害而发生的直接材料、直接人工和制造费用，由于这些费用的发生无助于使该存货达到目前场所和状态，不应计入存货成本，而应确认为当期损益。

（2）仓储费用，是指企业在存货采购入库后发生的储存费用，应在发生时计入当期损益。但是，在生产过程中为达到下一个生产阶段所必需的仓储费用应计入存货成本。如某种酒类产品生产企业为使生产的酒达到规定的产品质量标准而必须发生的仓储费用，应计入酒的成本，而不应计入当期损益。

（3）不能归属于使存货达到目前场所和状态的其他支出，应在发生时计入当期损益，不得计入存货成本。

四、存货的盘存制度

企业确定存货的实物数量有两种方法：一种是实地盘存制；另一种是永续盘存制。

（一）实地盘存制

实地盘存制也称定期盘存制，是指在平时只登记存货的购入，而不登记存货的销售。会计期末，通过对全部存货进行实地盘点以确定期末存货的结存数量，然后分别乘以各项存货的盘存单价，计算出期末存货的总金额，记入各有关存货账户，倒轧本期已耗用或已销售存货的成本的一种方法。这一方法用于工业企业，称为“以存计耗”或“盘存计耗”；用于商品流通企业，称为“以存计销”或“盘存计销”。

这一方法所依据的基本等式为：

期初存货+本期购货=本期耗用（或销售）+期末存货

如果存货采用历史成本计价，上式可改为：

本期耗用（或销售）成本=期初存货成本+本期购货成本-期末存货成本

上式中，期初存货成本和本期购货成本可从账簿记录中取得，再通过实地盘存确定期末存货成本，即可计算出本期耗用（或销售）成本。

实地盘存制的优点是核算工作比较简单，工作量较小。但它也有很明显的缺点：一是增加了期末的工作量；二是不能随时反映存货收入、发出、结存的动态，不便于管理人员掌握有关情况；三是由于采用“以存计耗”和“以存计销”倒挤成本，从而使非正常销售或耗用的存货损失、差错甚至偷盗等原因所引起的短缺，全部挤入耗用或销售成本中，容易掩盖存货管理中存在的问题，削弱了对存货的控制；四是采用这种方法只能等到期末盘点时才能结转已耗用或已销存货的成本，而不能随时结转成本。因此，这一方法的实用性较差，通常适用于那些自然损耗较大、数量不稳定的鲜活商品等。

（二）永续盘存制

永续盘存制也称账面盘存制，是指通过设置详细的存货明细账，逐笔或逐日记录存货收入、发出的数量及金额，以随时结出结余存货的数量、金额的一种存货盘存方法。采用这一盘存法，应对存货分品种、规格等设置详细的明细账，逐笔或逐日记录存货收入、发出的数量及金额，并结出期末存货的数量及金额。在没有发生丢失或被盗的情况下，存货账户的余额应当与实际库存相符。所以，在这种制度下，存货发出的数量可以通过账簿资料随时提供，存货发出的成本也是通过账簿资料计算得出的。然而，采用永续盘存制，并不排除对存货进行实物盘点，为了核对存货账面记录，加强对存货的管理，每年至少应对存货进行一次全面盘点，具体盘点次数视企业内部控制要求而定。

永续盘存制的优点是有利于加强对存货的管理。各种存货明细记录可以随时反映企业每一种存货的收入、发出和结存情况，还可以随时反映存货是否过多或不足，以便及时、合理地组织货源，避免不合理的库存，加速资金周转。永续盘存制的缺点是存货明细记录的工作量较大，在存货品种规格繁多的企业尤为如此。

企业可根据存货类别和管理要求，对一些存货实行实地盘存制，而对另一些存货实行永续盘存制，但是不论采用何种盘存方法，前后各期必须一致。

五、发出存货成本的计价方法

企业应当根据各类存货的实物流转方式、企业管理的要求、存货的性质等实际情况，合理地选择发出存货成本的计算方法，以合理确定当期发出存货的实际成本。

对于性质和用途相似的存货，应当采用相同的成本计算方法确定发出存货的成本，企业在确定发出存货的成本时，可以采用先进先出法、移动加权平均法、月末一次加权平均法和个别计价法等。企业不得采用后进先出法确定发出存货的成本。

（一）先进先出法

先进先出法是以先购入的存货应先发出（销售或耗用）这样一种存货实物流转假设为前提，对发出存货进行计价。采用这种方法，先购入的存货成本在后购入存货成本之前转出，据此确定发出存货和期末存货的成本。

【例4-1】假定甲公司存货的收、发、存数据资料见表4-1。

表4-1　**甲公司存货收、发、存数据资料**

日期	摘要	收入		发出		结存数量
		数量	单位成本（元）	数量	单位成本（元）	
12月1日	结存	300	2.00			300
12月8日	购入	200	2.20			500
12月14日	发出			400		100
12月20日	购入	300	2.30			400
12月28日	发出			200		200
12月31日	购入	200	2.50			400

该公司期末存货400单位的价值，可计算确定如下：

第二批购货：200单位按每单位2.30元计算，其成本为460元。

第三批购货：200单位按每单位2.50元计算，其成本为500元。

期末结存存货总成本=460+500=960（元）

使用先进先出法计算的存货收、发、存成本见表4-2。

表4-2 先进先出法下的存货收、发、存成本

日期	摘要	收入			发出		
		数量	单位成本（元）	总成本（元）	数量	单位成本（元）	总成本（元）
12月1日	结存	300	2.00	600.00			
12月8日	购入	200	2.20	440.00			
12月14日	发出				300 100	2.00 2.20	600.00 220.00
12月20日	购入	300	2.30	690.00			
12月28日	发出				100 100	2.20 2.30	220.00 260.00
12月31日	购入	200	2.50	500.00			

（二）月末一次加权平均法

月末一次加权平均法，是指以当月全部进货数量加上月初存货数量作为权数，去除当月全部进货成本加上月初存货成本，计算出存货的加权平均单位成本，以此为基础计算当月发出存货的成本和期末存货的成本的一种方法。

$$\text{存货单位成本}=\left[\text{月初库存存货的实际成本}+\sum\left(\text{本月各批进货的实际单位成本}\times\text{本月各批进货的数量}\right)\right]\div\left(\text{月初库存存货数量}+\text{本月各批进货数量之和}\right)$$

本月发出存货成本=本月发出存货数量×存货单位成本

本月月末库存存货成本=月末库存存货数量×存货单位成本

【例4-2】承【例4-1】，采用月末一次加权平均法计算其存货成本如下：

$$\text{存货单位成本}=\frac{2.00\times300+(2.20\times200+2.30\times300+2.50\times200)}{300+(200+300+200)}=2.23(\text{元})$$

本月发出存货成本=600×2.23=1 338（元）

月末结存存货成本=400×2.23=892（元）

（三）移动加权平均法

移动加权平均法，是指以每次进货的成本加上原有库存存货的成本，除以每次进货数量与原有库存存货的数量之和，据以计算加权平均单位成本，作为在下次进货前计算各次发出存货成本的依据的一种方法。其计算公式如下：

存货单位成本=（月初库存存货的实际成本+本次进货的实际成本）÷（月初库存存货数量+本次进货数量）

本次发出存货成本=本次发出存货数量×本次发货前的存货单位成本

本月月末库存存货成本=月末库存存货数量×本月月末存货单位成本

【例4-3】承【例4-1】，采用移动加权平均法计算月末存货成本及每次收货后的新的平均单位成本，见表4-3。

表4-3　**移动加权平均法下的存货收、发、存成本**

日期	摘要	收入			发出			结存		
		数量	单位成本（元）	总成本（元）	数量	单位成本（元）	总成本（元）	数量	单位成本（元）	总成本（元）
12月1日	结存	300	2.00	600.00				300	2.00	600.00
12月8日	购入	200	2.20	440.00				500	2.08	1 040.00
12月14日	发出				400	2.08	832.00	100	2.08	208.00
12月20日	购入	300	2.30	690.00				400	2.245	898.00
12月28日	发出				200	2.245	449.00	200	2.245	449.00
12月31日	购入	200	2.50	500.00				400	2.3725	949.00

新的平均单位成本计算如下：

第一批购货后的平均单位成本=（600+440）÷（300+200）=2.08（元）

第二批购货后的平均单位成本=（208+690）÷（100+300）=2.245（元）

第三批购货后的平均单位成本=（449+500）÷（200+200）=2.3725（元）

（四）个别计价法

个别计价法，亦称个别认定法、具体辨认法、分批实际法，其特征是注重所发出存货具体项目的实物流转与成本流转之间的联系，逐一辨认各批发出存货和期末存货所属的购进批别或生产批别，分别按其购入或生产时所确定的单位成本计算各批发出存货和期末存货的成本，即把每一种存货的实际成本作为计算发出存货成本和期末存货成本的基础。对于不能替代使用的存货、为特定项目专门购入或制造的存货以及提供的劳务，通常采用个别计价法确定发出存货的成本。在实际工作中，越来越多的企业采用计算机信息系统进行会计处理，这使得个别计价法可以广泛应用于发出存货的计价，并且采用该方法确定的存货成本最为准确。

模块三　原材料的核算

原材料是指企业在生产过程中经过加工改变其形态或性质并构成产品主要实体的各种原料、主要材料和外购半成品，以及不构成产品实体但有助于产品形成的辅助材料。原材料具体包括原料及主要材料、辅助材料、外购半成品（外购件）、修理用备件（备品备件）、包装材料、燃料等。

一、原材料成本的计价方法

存货的日常收发及结存有两种核算方法，分别是实际成本法和计划成本法。

（一）实际成本法

实际成本法是指存货的收发及结存，无论总分类核算还是明细分类核算，均按照实际成本计价。采用实际成本法，日常核算反映不出材料成本是节约还是超支，从而不能反映和考核材料采购业务的经营成果，因此这种方法通常适用于材料收发业务较少的企业。

（二）计划成本法

计划成本法是指存货的收入、发出和结存都按企业制定的计划成本计算，同时单独设置“材料成本差异”账户反映实际成本与计划成本之间的差额，期末将发出存货成本和期末存货成本由计划成本调整为实际成本。企业采用计划成本法核算存货时，应当制定科学、合理的计划单位成本。企业存货计划成本所包括的内容应与存货实际成本的内容相一致。企业应根据正常的供需条件，结合各种存货近期的市场价格水平和技术状况、供应单位所在地的远近等因素确定可直接归属于存货采购的运杂费（包括运输费、装卸费、保险费、包装费、仓储费等），以及合理的途中损耗率，制定计划成本。企业制定的存货计划成本应当尽可能地接近实际。

在实务中，材料收发业务较多并且计划成本资料较为健全、准确的企业，一般可以采用计划成本法进行材料收发的核算。

对存货进行日常核算采用何种方法，由企业根据实际情况自行确定，但要遵守前后一致的原则。采用实际成本法进行核算时对发出存货实际成本的计算方法，以及采用计划成本法进行核算时对成本差异的分摊方法，一经确定，一般不应随意变更。

二、原材料按实际成本计价的核算

（一）账户设置

材料采用实际成本法核算时，应设置“原材料”“在途物资”等账户，不需要设置“材料采购”账户。

（1）“原材料”账户。该账户属于资产类账户，用来核算企业库存的各种原材料的实际成本。该账户借方登记收入原材料的实际成本；贷方登记发出原材料的实际成本；期末余额在借方，表示库存原材料的实际成本。该账户应按照原材料的保管地点（仓库）、材料类别、品种和规格设置明细账（或原材料卡片）进行明细分类核算。

（2）“在途物资”账户。该账户属于资产类账户，用来核算企业已经付款或已开出商业承兑汇票但尚未到达或尚未验收入库的各种物资的实际成本。该账户借方登记已支付或已开出商业承兑汇票的各种物资的实际成本；贷方登记已验收入库物资的实际成本；期末余额在借方，表示已经付款或已开出商业承兑汇票但尚未到达或尚未验收入库的在途物资的实际成本。该账户应按供应单位设置明细账进行明细分类核算。

（3）“应付账款”账户。该账户属于负债类账户，用来核算企业因购买材料、商品和接受劳务等经营活动应支付的款项。该账户的贷方登记企业因购入材料、商品和接受劳务等尚未支付的款项；借方登记偿还的应付账款；期末余额一般在贷方，反映企业尚未支付的应付账款。

（4）“预付账款”账户。该账户属于资产类账户，用来核算企业按照合同规定预付的款项。该账户的借方登记企业预付的款项及补付的款项；贷方登记收到所购物资时根据有关发票账单记入“原材料”等账户的金额及收回多付款项的金额；若期末余额在借方，反映企业实际预付的款项；若期末余额在贷方，则反映企业尚未预付的款项。预付款项业务不多的企业，可以不设置“预付账款”账户，而将此业务在“应付账款”账户中核算。

（二）原材料收入的账务处理

1.外购原材料

由于支付方式不同，原材料入库的时间与付款的时间可能一致，也可能不一致，不同情况其在会计处理上也会有所不同。

（1）发票账单与材料同时到达的采购业务。

此种情况下，企业可根据银行结算凭证、发票账单和收料单等凭证，按应计入材料采购成本的金额，借记“原材料”账户；根据增值税专用发票上注明的可抵扣的进项税额，借记“应交税费——应交增值税（进项税额）”账户；按实际支付或应支付的金额，贷记“银行存款”“库存现金”“其他货币资金”“应付账款”“应付票据”“预付账款”等账户。

【例4-4】甲公司购入C材料一批，增值税专用发票上记载的货款为500 000元，增值税税额为65 000元，对方代垫包装费1 000元，全部款项已用转账支票付讫，材料已验收入库。根据有关原始凭证，编制如下会计分录：

借：原材料——C材料　　501 000
　　应交税费——应交增值税（进项税额）　　65 000
　贷：银行存款　　566 000

【例4-5】甲公司持银行汇票1 132 000元购入D材料一批，增值税专用发票上记载的货款为1 000 000元，增值税进项税额为130 000元，对方代垫包装费2 000元，材料已验收入库。根据有关原始凭证，编制如下会计分录：

借：原材料——D材料　　1 002 000
　　应交税费——应交增值税（进项税额）　　130 000
　贷：其他货币资金——银行汇票　　1 132 000

【例4-6】甲公司采用托收承付结算方式购入E材料一批，货款40 000元，应交增值税5 200元，对方代垫包装费5 000元，款项在承付期内以银行存款支付，材料已验收入库。根据有关原始凭证，编制如下会计分录：

借：原材料——E材料　　45 000
　　应交税费——应交增值税（进项税额）　　5 200
　贷：银行存款　　50 200

（2）发票账单已到、材料尚未到达或尚未验收入库的采购业务。

此种情况下，在先付款时，由于企业材料尚未到达或尚未入库，因此企业应根据银行结算凭证、发票账单和收料单等凭证，借记“在途物资”账户；根据增值税专用发票上注明的可抵扣的进项税额，借记“应交税费——应交增值税（进项税额）”账户；按实际支付或应支付的金额，贷记“银行存款”“其他货币资金”等账户。

【例4-7】甲公司采用汇兑结算方式购入F材料一批，发票及账单已收到，增值税专用发票上记载的货款为20 000元，增值税进项税额为2 600元，支付保险费1 000元，材料尚未到达。根据有关原始凭证，编制如下会计分录：

借：在途物资　　21 000
　　应交税费——应交增值税（进项税额）　　2 600
　贷：银行存款　　23 600

【例4-8】承【例4-7】，上述购入的F材料已收到并验收入库。根据有关原始凭证，编制如下会计分录：

借：原材料　21 000

　贷：在途物资　21 000

（3）发票账单未到、材料已经验收入库的采购业务。

此种情况下，若发票账单在月末之前到达，则在收到发票账单当日以实际金额按正常程序入账。若发票账单在月末仍未到，因为无法确定实际成本，期末应按照暂估价值先入账，下期初做相反的会计分录予以冲回（在实务中通过红字冲回），收到发票账单后再以实际金额按正常程序入账。也就是说，对于材料已到达并已验收入库，但发票账单等结算凭证未到、货款尚未支付的采购业务，应于期末，按材料的暂估价值，借记“原材料”账户，贷记“应付账款——暂估应付账款”账户。下月初以红字冲回，待下月付款或开出、承兑商业汇票后，按正常程序进行账务处理。

【例4-9】甲公司采用委托收款结算方式购入H材料一批，材料已验收入库，月末发票账单尚未收到，也无法确定其实际成本，暂估价值为30 000元。根据有关原始凭证，编制如下会计分录：

借：原材料　30 000

　贷：应付账款——暂估应付账款　30 000

下月初做相反的会计分录冲回时，根据有关原始凭证，编制如下会计分录：

借：应付账款——暂估应付账款　30 000

　贷：原材料　30 000

【例4-10】承【例4-9】，上述购入的H材料于次月收到发票账单，增值税专用发票上记载的货款为31 000元，增值税进项税额为4 030元，对方代垫保险费2 000元，已用银行存款付讫。根据有关原始凭证，编制如下会计分录：

借：原材料——H材料　33 000

　　应交税费——应交增值税（进项税额）　4 030

　贷：银行存款　37 030

（4）原材料采购过程中的短缺或损耗的处理。

企业采购材料验收入库时，如发现短缺和毁损，应及时查明原因，分清责任，根据造成短缺或毁损的不同原因分别进行账务处理。

①属于运输途中的合理损耗，应当计入材料的采购成本，即按实际收到的材料数量入账，支出总额不变，相应地提高入库材料的实际单位成本，不必另作账务处理。

②属于供应单位责任事故造成的短缺，则视款项是否已经支付而作相应的账务处理。在款项尚未支付的情况下，应按短缺的数量和发票单价计算拒付金额（如有代垫运杂费，也应按比例分配拒付），填写拒付理由书，向银行办理拒付手续。在货款已经支付，并已记入“在途物资”账户的情况下，当材料运达企业验收入库时发现短缺或毁损，则应填制“赔偿请求单”向供货单位索赔，通过“应付账款”账户核算。

③属于运输单位的责任造成的短缺，应向运输部门索赔，赔偿款通过“其他应收款”账户核算。

④属于运输途中发生的非常损失和尚待查明原因的途中损耗，在查明原因前，先转入“待处理财产损溢”账户，待查明原因再按批准意见分别处理。

购入材料运输途中的非常损失和尚待查明原因的途中损耗，查明原因后，属于应由供货单位、运输单位、保险公司或其他过失人负责赔偿的，借记“应付账款”“其他应收款”等账户，贷记“待处理财产损溢”账户。若属于自然灾害等非正常原因造成的损失，应按扣除残料价值和过失人、保险公司赔偿后的净损失，借记“营业外支出——非常损失”账户，贷记“待处理财产损溢”账户；残料入库时，借记“原材料”账户，贷记“待处理财产损溢”账户。对于无法收回的其他损失，经批准后，借记“管理费用”账户，贷记“待处理财产损溢”账户。

购进原材料发生溢余时，未查明原因的一般只作为代保管物资在备查账中登记，不作为进货业务入账核算。

【例4-11】甲公司在材料运输途中发生超定额损耗5 000元，增值税税额为650元，原因尚未查明。根据有关原始凭证，编制如下会计分录：

借：待处理财产损溢——原材料　5 650

　贷：在途物资　5 000

　　　应交税费——应交增值税（进项税额转出）　650

若上述损耗原因已查明，是由意外灾害造成的，经批准后计入营业外支出。根据有关原始凭证，编制如下会计分录：

借：营业外支出——非常损失　5 650

　贷：待处理财产损溢——原材料　5 650

2.自制原材料

企业基本生产车间或辅助生产车间自制完工并验收入库的材料，应按实际成本计价，根据“材料交库单”，借记“原材料”账户，贷记“生产成本”账户。

3.其他单位投入的原材料

其他单位投入的原材料，按投资合同或协议约定的价值，借记“原材料”账户，按专用发票上注明的增值税，借记“应交税费——应交增值税（进项税额）”账户，按价税合计贷记“实收资本”账户（股份制企业按其在股本中所拥有的份额，贷记“股本”账户），按其差额贷记“资本公积”账户。

（三）原材料发出的账务处理

由于企业材料的日常领发业务频繁，为了简化日常核算工作，平时一般只登记材料明细分类账，反映各种材料的收发和结存金额，月末根据实际成本计价的发料凭证，按领用部门和用途，汇总编制“发料凭证汇总表”，据以登记总分类账。

生产经营领用材料，借记“生产成本”“制造费用”“管理费用”“销售费用”等账户，贷记“原材料”账户。

出售材料结转成本，借记“其他业务成本”账户，贷记“原材料”账户。

发出委托外单位加工所需的材料，借记“委托加工物资”账户，贷记“原材料”账户。

【例4-12】甲公司根据“发料凭证汇总表”的记录，1月份基本生产车间领用K材料500 000元，辅助生产车间领用K材料40 000元，车间管理部门领用K材料5 000元，企业行政管理部门领用K材料4 000元，计549 000元。根据有关原始凭证，编制如下会计分录：

借：生产成本——基本生产成本　　500 000
　　　　　　——辅助生产成本　　40 000
　　制造费用　　5 000
　　管理费用　　4 000
　贷：原材料——K材料　　549 000

三、原材料按计划成本计价的核算

（一）账户设置

材料采用计划成本法核算时，应设置“原材料”“材料采购”“材料成本差异”等账户，不需要设置“在途物资”账户。材料实际成本与计划成本的差异，通过“材料成本差异”账户核算。月末，计算本月发出材料应负担的成本差异并进行分摊，根据领用材料的用途计入相关资产的成本或者当期损益，从而将发出材料的计划成本调整为实际成本。

（1）“原材料”账户。该账户属于资产类账户，用来核算企业库存各种材料的收发与结存情况。在材料采用计划成本法核算时，该账户的借方登记入库材料的计划成本，贷方登记发出材料的计划成本，期末余额在借方，反映企业库存材料的计划成本。

（2）“材料采购”账户。该账户借方登记采购材料的实际成本，贷方登记入库材料的计划成本。若借方金额大于贷方金额，表示超支，则将其差额从该账户贷方转入“材料成本差异”账户的借方；若贷方金额大于借方金额，表示节约，则将其差额从该账户借方转入“材料成本差异”账户的贷方。该账户期末余额在借方，反映企业在途材料的采购成本。

（3）“材料成本差异”账户。该账户反映企业已入库各种材料的实际成本与计划成本的差异，借方登记入库材料实际成本大于计划成本的超支差异额及月末结转发出材料应负担的节约差异额，贷方登记入库材料实际成本小于计划成本的节约差异额及月末结转发出材料应负担的超支差异额。期末，该账户如为借方余额，反映企业库存材料的实际成本大于计划成本的差异（即超支差异）；如为贷方余额，反映企业库存材料的实际成本小于计划成本的差异（即节约差异）。

（二）原材料收入的账务处理

如同原材料按实际成本计价的账务处理一样，企业收入的原材料要根据来源、采用的结算方式等不同情况进行相应的账务处理。

1. 外购原材料

（1）发票账单与材料同时到达的采购业务。

此种情况下，企业可根据银行结算凭证、发票账单和收料单等凭证，按应计入材料采购成本的金额，借记“材料采购”账户，根据增值税专用发票上注明的可抵扣的进项税额，借记“应交税费——应交增值税（进项税额）”账户，按实际支付或应支付的金额，贷记“银行存款”“库存现金”“其他货币资金”“应付账款”“应付票据”“预付账款”等账户。

材料验收入库时，按计划成本借记“原材料”账户，按实际成本贷记“材料采购”账户，按计划成本与实际成本的差异额，借记或贷记“材料成本差异”账户。

【例4-13】2×20年3月5日，甲公司购进原材料一批，购买价为30 000元，增值税为3 900元，货款已支付，材料已验收入库，并以32 000元的计划成本入账。该公司账务处理如下：

采购材料时，根据有关原始凭证，编制如下会计分录：

借：材料采购　30 000

　　应交税费——应交增值税（进项税额）　3 900

　贷：银行存款　33 900

材料入库时，根据有关原始凭证，编制如下会计分录：

借：原材料　32 000

　贷：材料采购　30 000

　　　材料成本差异　2 000

（2）发票账单已到、材料尚未到达或尚未验收入库的采购业务。

此种情况下，企业可根据银行结算凭证、发票账单和收料单等凭证，按应计入材料采购成本的金额，借记“材料采购”账户，根据增值税专用发票上注明的可抵扣的进项税额，借记“应交税费——应交增值税（进项税额）”账户，按实际支付或应支付的金额，贷记“银行存款”“库存现金”“其他货币资金”“应付账款”“应付票据”“预付账款”等账户。

材料到达验收入库时，再根据收料单所列计划成本，由“材料采购”账户的贷方转入“原材料”账户的借方，同时结转入库材料的成本差异额。

【例4-14】甲公司采用汇兑结算方式购入M材料一批，专用发票上记载的货款为200 000元，增值税进项税额为26 000元，发票账单已收到，计划成本为180 000元，材料尚未入库。

根据有关原始凭证，编制如下会计分录：

借：材料采购——M材料　200 000

　　应交税费——应交增值税（进项税额）　26 000

　贷：银行存款　226 000

（3）发票账单未到、材料已经验收入库的采购业务。

此种情况下，若发票账单在月末之前到达，则在收到发票账单当日以实际金额按正常程序入账。若发票账单在月末仍未到，因为无法确定实际成本，期末应按计划成本暂估入账，下期初做相反的会计分录予以冲回（在实务中通过红字冲回），收到发票账单后再以实际金额按正常程序入账。也就是说，对于材料已到达并已验收入库，但发票账单等结算凭证未到、货款尚未支付的采购业务，应于期末按材料的计划成本，借记“原材料”账户，贷记“应付账款——暂估应付账款”账户。下月初以红字冲回，待下月付款或开出商业承兑汇票后，按正常程序进行账务处理。

【例4-15】甲公司采用委托收款结算方式购入H材料一批，材料已验收入库，月末发票账单尚未收到，其计划成本为30 000元。根据有关原始凭证，编制如下会计分录：

借：原材料——H材料　30 000

　贷：应付账款——暂估应付账款　30 000

下月初做相反的会计分录冲回时，根据有关原始凭证，编制如下会计分录：

借：应付账款——暂估应付账款　30 000

　贷：原材料——H材料　30 000

（4）原材料采购过程中的短缺或损耗的处理。

购进原材料短缺或毁损的账务处理，与前述材料按实际成本核算基本相同，只是在材料验收入库时，按其计划成本，借记“原材料”账户，贷记“材料采购”账户；平时或月终结转材料成本差异时，借记或贷记“材料成本差异”账户，贷记或借记“材料采购”账户。

2.自制原材料

企业基本生产车间或辅助生产车间自制完工并验收入库的材料，应按计划成本借记“原材料”账户，根据实际成本贷记“生产成本”账户，根据计划成本与实际成本的差额借记或贷记“材料成本差异”账户。

3.其他单位投入的原材料

其他单位投入的原材料，按计划成本借记“原材料”账户，按专用发票上注明的增值税借记“应交税费——应交增值税（进项税额）”账户，按投资合同或协议约定的价值和增值税贷记“实收资本”账户，计划成本与投资合同或协议约定的价值的差额借记或贷记“材料成本差异”账户。

（三）原材料发出的账务处理

按照计划成本进行材料发出的核算与按照实际成本计价基本一致，通常是月终根据各种发料凭证，按照发出材料的类别或用途汇总，编制发料凭证汇总表，据以进行发出材料的总分类核算。由于发料凭证只填列计划成本，为了正确计算产品成本，必须将发料凭证汇总表中的计划成本调整为实际成本，即通过“材料成本差异”账户进行结转，同时根据材料成本差异率计算填列发出材料应负担的材料成本差异额。结转发出材料应负担的成本差异，按实际成本大于计划成本的超支额，借记“生产成本”“管理费用”“销售费用”“委托加工物资”“其他业务成本”等账户，贷记“材料成本差异”账户；按实际成本小于计划成本的节约额编制相反的会计分录。发出材料应负担的成本差异应当按期（月）分摊，不得在季末或年末一次计算。

材料成本差异率是材料成本差异额与材料计划成本之间的比率。其计算公式如下：

$$\begin{matrix}\text{本期材料}\\\text{成本差异率}\end{matrix}=\left(\begin{matrix}\text{期初结存}\\\text{材料的成本差异}\end{matrix}+\begin{matrix}\text{本期验收入库}\\\text{材料的成本差异}\end{matrix}\right)\div\left(\begin{matrix}\text{期初结存材料}\\\text{的计划成本}\end{matrix}+\begin{matrix}\text{本期验收入库}\\\text{材料的计划成本}\end{matrix}\right)$$

期初材料成本差异率＝期初结存材料的成本差异÷期初结存材料的计划成本

发出材料应负担的成本差异＝发出材料的计划成本×材料成本差异率

发出材料应负担的成本差异，除委托外部加工发出材料可按期初成本差异率计算外，应使用当期的实际差异率；期初成本差异率与本期成本差异率相差不大的，也可按期初成本差异率计算。计算方法一经确定，不得随意变更。

【例4-16】甲公司根据“发料凭证汇总表”的记录，某月L材料的消耗（计划成本）为：基本生产车间领用2 000 000元，辅助生产车间领用600 000元，车间管理部门领用250 000元，企业行政管理部门领用50 000元。

根据有关原始凭证，编制如下会计分录：

借：生产成本——基本生产成本	2 000 000
——辅助生产成本	600 000
制造费用	250 000
管理费用	50 000

贷：原材料——L材料　　2 900 000

【例4-17】承【例4-16】，甲公司某月月初结存L材料的计划成本为1 000 000元，成本差异为超支30 740元；当月入库L材料的计划成本为3 200 000元，成本差异为节约200 000元。则：

材料成本差异率=（30 740-200 000）÷（1 000 000+3 200 000）×100%=-4.03%

结转发出材料的成本差异时，根据有关原始凭证，编制如下会计分录：

借：材料成本差异——L材料　　116 870

　贷：生产成本——基本生产成本　　80 600

　　　　　　——辅助生产成本　　24 180

　　　制造费用　　10 075

　　　管理费用　　2 015

模块四　周转材料的核算

一、周转材料的概念及账户设置

周转材料主要包括企业能够多次使用，逐渐转移其价值但仍保持原有形态不确认为固定资产的包装物和低值易耗品，以及建筑承包企业的钢模板、木模板、脚手架和其他周转使用的材料等。

为了核算企业周转材料的计划成本或实际成本，应设置“周转材料”账户，该账户应按周转材料的种类，分别按“在库”“在用”“摊销”进行明细核算。该账户的期末借方余额反映企业在库周转材料的计划成本或实际成本，以及在用周转材料的摊余价值。

对于企业的包装物和低值易耗品，也可以单独设置“包装物”和“低值易耗品”账户进行核算。

二、低值易耗品

（一）低值易耗品的特点及种类

低值易耗品是指单位价值较低，使用年限较短，不能作为固定资产的各种用具、设备。如工具、管理用具、玻璃器皿以及在经营过程中周转使用的包装容器等。

低值易耗品从其在生产经营过程中所起的作用看，与固定资产一样，属于劳动资料，它可以多次参加生产经营周转而不改变原有实物形态，其价值随着实物的不断磨损逐渐转移到产品成本以及管理费用中去。但是，由于低值易耗品的品种繁多、数量较大、单位价值较低、使用期限短，需要经常补充和更换，如果对低值易耗品也同固定资产一样核算与管理，既有困难也无必要，因此，将低值易耗品归类为存货，作为流动资产进行管理与核算。按低值易耗品的用途，一般可将其分为以下6大类：

（1）一般工具，指生产上通用的刀具、量具、夹具等生产工具和各种辅助工具。

（2）专用工具，指专用于制造某一特定产品或在某一特定工序上使用的工具，如专用模具等。

（3）替换设备，指容易磨损或为制造不同产品需要替换使用的各种设备，如轧钢用的钢辊等。

（4）管理用具，指在管理工作中使用的各种家具和办公用具，如桌椅、柜、计算器等。

（5）劳动保护用品，指为了安全生产而发给工人作为劳动保护用的工作服、工作鞋和各种防护用品等。

（6）其他，指不属于上述各类的低值易耗品。

（二）低值易耗品的账务处理

低值易耗品和其他材料一样，可以采用实际成本计价核算，也可以采用计划成本计价核算。采用计划成本计价核算的企业，对于低值易耗品实际成本与计划成本之间的差异，应设置“材料成本差异——低值易耗品”账户进行核算。

1. 低值易耗品收入的账务处理

低值易耗品收入，包括外购、自制、委托外单位加工完成并已验收入库的低值易耗品，其核算方法与原材料收入的核算方法基本相同，这里不再重复介绍。

2. 低值易耗品领用、摊销的账务处理

按照现行会计制度的规定，对在用低值易耗品可采用一次摊销法进行摊销；对在用低值易耗品按使用车间、部门进行数量和金额明细核算的企业，也可采用五五摊销法进行摊销。

（1）一次摊销法。

采用一次摊销法，企业领用低值易耗品时，按其用途将全部价值摊入“制造费用”“管理费用”“其他业务成本”等成本费用账户；报废时，将报废低值易耗品的残料价值作为当期低值易耗品摊销额的减少，冲减对应的成本费用账户。

一次摊销法核算简便，但不利于实物管理，而且价值一次结转也影响费用成本的均衡性。所以，这种方法适用于单位价值较低或容易损耗而且一次领用数量不多的管理用具、工卡量具和玻璃器皿等低值易耗品。

（2）五五摊销法。

采用五五摊销法，企业领用低值易耗品时，应将其计划成本或实际成本从“在库”明细账户转入“在用”明细账户，同时按领用低值易耗品的计划成本或实际成本的50%作为摊销额记入有关成本费用账户；低值易耗品报废时，再摊销剩余的50%，同时将其残料价值冲减摊销的成本费用，并将其全部价值（计划成本或实际成本）与摊销额相互结转，即“在用”与“摊销额”两个明细账户相互转销。按计划成本计价核算的，还应在低值易耗品报废月份终了，计算结转应分摊的材料成本差异。

采用五五摊销法，在低值易耗品报废前，账面上一直保持其价值的一半，因而有利于实行会计监督，防止出现大量的账外物资。该方法一般适用于使用期限较长、单位价值较高、每月领用数及报废数比较均衡的低值易耗品，并且低值易耗品按车间、部门进行数量和金额明细核算的企业。

【例4-18】某基本生产车间领用专用工具一批，计划成本为8 000元；本月报废管理用具一批，计划成本为1 000元，残值为100元，作为辅助材料已验收入库。本月材料成本差异率为2%。

（1）根据领用凭证，编制如下会计分录：

借：周转材料——低值易耗品——在用低值易耗品　　8 000

　贷：周转材料——低值易耗品——在库低值易耗品　　8 000

同时，摊销低值易耗品成本的50%：

借：制造费用　4 000

　贷：周转材料——低值易耗品——低值易耗品摊销　4 000

（2）报废管理用具，收回残料交库，根据有关原始凭证，编制如下会计分录：

借：制造费用　500

　贷：周转材料——低值易耗品——低值易耗品摊销　500

借：原材料——辅助材料　100

　贷：制造费用　100

借：周转材料——低值易耗品——低值易耗品摊销　1 000

　贷：周转材料——低值易耗品——在用低值易耗品　1 000

同时，结转报废管理用具应负担的材料成本差异，编制如下会计分录：

借：制造费用　20

　贷：材料成本差异——低值易耗品　20

三、包装物

（一）包装物的核算范围

包装物，是指为了包装本企业产成品和商品而储备的各种包装容器，如桶、箱、瓶、坛、袋等。其核算范围包括：

（1）生产过程中用于包装产品作为产品组成部分的包装物；

（2）随同产品出售不单独计价的包装物；

（3）随同产品出售单独计价的包装物；

（4）出租或出借给购买单位使用的包装物。

下列各项不属于包装物的核算范围：

（1）各种包装材料，如纸、绳、铁丝、铁皮等，这些属于一次性使用的包装材料，应在“原材料”账户核算；

（2）用于储存和保管产品、材料而不对外出售的包装物，这类包装物应按其价值的大小和使用年限的长短，分别作为固定资产或低值易耗品管理和核算；

（3）计划上单独列作企业商品、产品的自制包装物，应作为库存商品进行管理和核算。

（二）包装物的账务处理

1.包装物取得的账务处理

企业收入包装物的核算与收入原材料的核算基本一致，这里不再重复介绍。

2.包装物领用的账务处理

（1）生产领用包装物。

生产领用包装物，应按照领用包装物的实际成本，借记“生产成本”账户，按照领用包装物的计划成本，贷记“周转材料——包装物”账户，按照其差额，借记或贷记“材料成本差异”账户。

【例4-19】甲公司对包装物采用计划成本法核算，某月生产产品领用包装物的计划成本为100 000元，材料成本差异率为-3%。根据有关原始凭证，编制如下会计分录：

借：生产成本　97 000

　　材料成本差异　3 000

贷：周转材料——包装物 100 000

（2）随同商品出售不单独计价的包装物。

随同商品出售而不单独计价的包装物，应按其实际成本计入销售费用，借记“销售费用”账户，按其计划成本，贷记“周转材料——包装物”账户，按其差额，借记或贷记“材料成本差异”账户。

【例4-20】甲公司某月销售商品领用不单独计价包装物的计划成本为50 000元，材料成本差异率为-3%。根据有关原始凭证，编制如下会计分录：

借：销售费用 48 500

材料成本差异 1 500

贷：周转材料——包装物 50 000

（3）随同商品出售且单独计价的包装物。

随同商品出售且单独计价的包装物，一方面应反映其销售收入，计入其他业务收入；另一方面应反映其实际销售成本，计入其他业务成本。

【例4-21】甲公司某月销售商品领用单独计价包装物的计划成本为80 000元，销售收入100 000元，应交增值税13 000元，款项已存入银行。该包装物的材料成本差异率为-3%。

①出售单独计价包装物时，根据有关原始凭证，编制如下会计分录：

借：银行存款 113 000

贷：其他业务收入 100 000

应交税费——应交增值税（销项税额） 13 000

②结转所售单独计价包装物的成本时，根据有关原始凭证，编制如下会计分录：

借：其他业务成本 82 400

贷：周转材料——包装物 80 000

材料成本差异 2 400

（4）出租或出借包装物。

出租的包装物，应按其实际成本计入其他业务成本，借记“其他业务成本”账户，按其计划成本贷记“周转材料——包装物”账户，按其差额借记或贷记“材料成本差异”账户。

【例4-22】甲公司仓库发出新包装物一批，出租给购货单位，计划成本为5 000元，收到租金565元，存入银行。

①发出包装物时，根据有关原始凭证，编制如下会计分录：

借：其他业务成本 5 000

贷：周转材料——包装物 5 000

②收到租金时，根据有关原始凭证，编制如下会计分录：

借：银行存款 565

贷：其他业务收入 500

应交税费——应交增值税（销项税额） 65

出借的包装物，应按其实际成本计入销售费用，借记“销售费用”账户，按其计划成本贷记“周转材料——包装物”账户，按其差额借记或贷记“材料成本差异”账户。

【例4-23】甲公司出借新包装物一批，计划成本为3 000元。根据有关原始凭证，编制如下会计分录：

借：销售费用 3 000

贷：周转材料——包装物 3 000

模块五 委托加工物资的核算

一、委托加工物资的概念

委托加工物资是指企业委托外单位加工的各种材料、商品等物资。

与材料的销售不同，企业发出委托外单位加工的物资，只是改变了物资的存放地点，仍属于企业存货的范畴。

二、委托加工物资的账务处理

（一）账户设置

为了反映和监督委托加工物资增减变动及其结存情况，企业应当设置“委托加工物资”账户，借方登记委托加工物资的实际成本，贷方登记加工完成验收入库物资的实际成本和剩余物资的实际成本，期末余额在借方，反映企业尚未完工的委托加工物资的实际成本和发出加工物资的运杂费等。委托加工物资也可以采用计划成本或售价进行核算，其方法与库存商品相似。

（二）账务处理

企业委托外单位加工物资的成本包括加工中实际耗用物资的成本、支付的加工费用及应负担的运杂费、支付的税金等。其中，支付的税金包括委托加工物资所应负担的消费税（指属于消费税应税范围的加工物资）等。

（1）发给外单位加工的物资时，按实际成本借记“委托加工物资”账户，贷记“原材料”账户。需要说明的是，企业发给外单位加工物资时，如果采用计划成本法核算，还应同时结转材料成本差异，贷记或借记“材料成本差异”账户。

消费税

（2）支付加工费用、应承担的运杂费、增值税时，按加工费借记“委托加工物资”账户，按增值税专用发票上的金额借记“应交税费——应交增值税（进项税额）”账户，贷记“应付账款”“银行存款”账户等。

支付其由受托方代收代缴的消费税，区分以下情况处理：

①收回后直接用于销售的，应将受托方代收代缴的消费税计入委托加工物资成本；

②收回后用于连续生产、按规定准予抵扣的，按受托方代收代缴的消费税，借记“应交税费——应交消费税”账户。

（3）加工完成验收入库的物资和剩余物资，按加工收回物资的实际成本和剩余物资的实际成本，借记“原材料”“库存商品”等账户，贷记“委托加工物资”账户。按入库物资应负担的材料成本差异，借记或贷记“材料成本差异”账户。

【例4-24】甲公司将一批原材料委托外单位代加工H产品（属于应税消费品），发出原材料的计划成本为100 000元，本月材料成本差异率为1%。用银行存款支付加工费用10 000元，支付应缴纳的消费税5 842元和增值税1300元。原材料加工完毕，验收入库，计划成本为115 000元。H产品收回后用于连续生产应税消费品。

（1）领用加工物资时，根据有关原始凭证，编制如下会计分录：

借：委托加工物资 101 000

　贷：原材料 100 000

　　材料成本差异 1 000

（2）支付加工费时（委托加工应税消费品加工收回后用于连续生产），根据有关原始凭证，编制如下会计分录：

借：委托加工物资 10 000

　应交税费——应交增值税（进项税额） 1 300

　　　　——应交消费税 5 842

　贷：银行存款 17 142

（3）原材料加工完成后验收入库时，根据有关原始凭证，编制如下会计分录：

借：库存商品 115 000

　贷：委托加工物资 111 000

　　材料成本差异 4 000

【例4-25】承【例4-24】，若H产品收回后直接用于销售，其账务处理如下：

（1）领用加工物资时，根据有关原始凭证，编制如下会计分录：

借：委托加工物资 101 000

　贷：原材料 100 000

　　材料成本差异 1 000

（2）支付加工费时（委托加工应税消费品加工收回后直接用于销售），根据有关原始凭证，编制如下会计分录：

借：委托加工物资 15 842

　应交税费——应交增值税（进项税额） 1 300

　贷：银行存款 17 142

（3）加工完成后验收入库时，根据有关原始凭证，编制如下会计分录：

借：库存商品 115 000

　材料成本差异 1 842

　贷：委托加工物资 116 842

模块六 存货清查的核算

一、存货清查的意义及方法

实地盘点法

存货清查是指通过对存货的实地盘点，确定存货的实有数量，并与账面结存数核对，从而确定存货实存数与账面结存数是否相符的一种专门方法。

存货清查的方法采用实地盘点法。存货清查按照清查对象和范围的不同，分为全面清查与局部清查。存货清查按照清查时间的不同，分为定期清查与不定期清查。

由于存货种类繁多、收发频繁，在日常收发过程中可能发生计量错误、计算错误、自然损耗，还可能发生损坏变质以及贪污、盗窃等情况，造成账实不符，形成存货的盘盈、盘亏。对于存货的盘盈、盘亏，应填写存货盘点报告表，及时查明原因，按照规定程序报批处理。

二、存货的盘盈

为了反映企业在财产清查中查明的各种存货的盘盈、盘亏和毁损情况，企业应当设置“待处理财产损溢”账户，借方登记存货的盘亏、毁损金额及盘盈的转销金额，贷方登记存货的盘盈金额及盘亏的转销金额。企业清查的各种存货损益，应在期末结账前处理完毕，期末处理后，该账户应无余额。

企业发生存货盘盈时，应按盘盈存货的重置成本，借记“原材料”“库存商品”等账户，贷记“待处理财产损溢——待处理流动资产损溢”账户；在按管理权限报经批准后，借记“待处理财产损溢——待处理流动资产损溢”账户，贷记“管理费用”账户。

【例4-26】甲公司在财产清查中盘盈J材料1 000千克，实际单位成本为60元。经查，属于材料收发计量方面的错误，应作如下账务处理：

（1）批准处理前，根据有关原始凭证，编制如下会计分录：

借：原材料　　60 000

　贷：待处理财产损溢——待处理流动资产损溢　　60 000

（2）批准处理后，根据有关原始凭证，编制如下会计分录：

借：待处理财产损溢——待处理流动资产损溢　　60 000

　贷：管理费用　　60 000

三、存货的盘亏

企业发生存货盘亏及损毁时，在报经批准前，应根据存货盘点报告表所列的盘亏数，先结转到“待处理财产损溢——待处理流动资产损溢”账户，即借记“待处理财产损溢——待处理流动资产损溢”账户，贷记有关存货账户；同时，对购进的货物、在产品、产成品等发生非正常损失引起盘亏存货应负担的增值税，应一并转入“待处理财产损溢——待处理流动资产损溢”账户，即借记“待处理财产损溢——待处理流动资产损溢”账户，贷记“应交税费——应交增值税（进项税额转出）”账户。

按规定程序批准转销时，根据亏损原因，区分以下情况进行账务处理：

（1）属于自然损耗产生的定额内合理亏损，经批准后即可转作管理费用，借记“管理费用”账户，贷记“待处理财产损溢——待处理流动资产损溢”账户。

（2）属于超定额短缺以及存货毁损的，能确定过失人的，应由过失人赔偿；属于保险责任范围的，应向保险公司索赔。扣除过失人或保险公司赔款和残料价值后的余额，应计入管理费用，借记“管理费用”账户，贷记“待处理财产损溢——待处理流动资产损溢”账户。

（3）属于非正常损失所造成的存货毁损，扣除保险公司赔款和残料价值后，计入营业外支出，借记“营业外支出——非常损失”账户，贷记“待处理财产损溢——待处理流动资产损溢”账户。这里的非正常损失仅仅指管理不善造成的非正常损失。

【例4-27】甲公司在财产清查中发现盘亏K材料500千克，实际单位成本为200元，经查属于一般经营损失。甲公司应作如下会计处理：

（1）批准处理前，根据有关原始凭证，编制如下会计分录：

借：待处理财产损溢——待处理流动资产损溢　　100 000

　贷：原材料　　100 000

（2）批准处理后，根据有关原始凭证，编制如下会计分录：

借：管理费用　　100 000

　贷：待处理财产损溢——待处理流动资产损溢　　100 000

【例4-28】甲公司在财产清查中发现毁损L材料300千克，实际单位成本为100元，经查属于材料保管员的过失造成的，按规定由其个人赔偿20 000元。残料已办理入库手续，价值2 000元。甲公司应作如下会计处理：

（1）批准处理前，根据有关原始凭证，编制如下会计分录：

借：待处理财产损溢——待处理流动资产损溢　　30 000

　贷：原材料　　30 000

（2）批准处理后，根据有关原始凭证，编制如下会计分录：

①由过失人赔偿的部分：

借：其他应收款　　20 000

　贷：待处理财产损溢——待处理流动资产损溢　　20 000

②残料入库时：

借：原材料　　2 000

　贷：待处理财产损溢——待处理流动资产损溢　　2 000

③结转材料毁损净损失时：

借：管理费用　　8 000

　贷：待处理财产损溢——待处理流动资产损溢　　8 000

【例4-29】甲公司因管理不善造成一批库存材料毁损，实际成本为10 000元，应交增值税为1 300元，根据保险责任范围及保险合同的规定，应由保险公司赔偿5 000元。甲公司应作如下会计处理：

（1）批准处理前，根据有关原始凭证，编制如下会计分录：

借：待处理财产损溢——待处理流动资产损溢　　11 300

　贷：原材料　　10 000

　　　应交税费——应交增值税（进项税额转出）　　1 300

（2）批准处理后，根据有关原始凭证，编制如下会计分录：

借：其他应收款　　5 000

　　营业外支出——非常损失　　6 300

　贷：待处理财产损溢——待处理流动资产损溢　　11 300

模块七　存货减值的核算

一、成本与可变现净值孰低法的概念

资产负债表日，存货应当按照成本与可变现净值孰低计量。

当存货成本低于可变现净值时，存货按成本计量；当存货成本高于可变现净值时，存货按可变现净值计量，同时按照成本高于可变现净值的差额计提存货跌价准备，计入当期

损益。

成本与可变现净值孰低计量的理论基础主要是使存货符合资产的定义。当存货的可变现净值下跌至成本以下时，表明该存货给企业带来的未来经济利益将低于其账面成本，因而应将这部分损失从资产价值中扣除，计入当期损益。这时如果仍然以其成本计量，就会出现虚计资产的现象。所以，这是一种比较稳健的期末存货计价方法。

二、存货可变现净值的确定

可变现净值，是指在日常活动中，存货的估计售价减去至完工时估计将要发生的成本、估计的销售费用以及相关税费后的金额。存货的可变现净值由存货的估计售价、至完工时将要发生的成本、估计的销售费用和估计的相关税费等内容构成。

（一）可变现净值的基本特征

（1）确定存货可变现净值的前提是企业在进行日常活动。如果企业不是在进行正常的生产经营活动，例如企业处于清算过程，那么不能按照存货准则的规定确定存货的可变现净值。

（2）可变现净值为存货的预计未来净现金流量，而不是简单地等于存货的售价或合同价。

企业预计的销售存货现金流量，并不完全等于存货的可变现净值。存货在销售过程中可能发生的销售费用和相关税费，以及为达到预定可销售状态还可能发生的加工成本等相关支出，构成现金流入的抵减项目。企业预计的销售存货现金流量，扣除这些抵减项目后，才能确定存货的可变现净值。

（3）不同存货的可变现净值的构成不同。

（二）不同情况下存货可变现净值的确定

（1）产成品、商品等（不包括用于出售的材料）直接用于出售的商品存货，没有销售合同约定的，应当以在正常生产经营过程中产成品或商品的一般销售价格（即市场销售价格）减去估计的销售费用和相关税费等后的金额作为其可变现净值。

【例4-30】2×20年12月31日，甲公司生产的A型机器的账面价值（成本）为2 160 000元，数量为12台，单位成本为180 000元/台。2×20年12月31日，A型机器的市场销售价格（不含增值税）为200 000元/台。甲公司没有签订有关A型机器的销售合同。

本例中，由于甲公司没有就A型机器签订销售合同，因此，在这种情况下，计算确定A型机器的可变现净值应以其一般销售价格总额2 400 000元（200 000×12）为基础。

（2）用于出售的材料等，应当以市场价格减去估计的销售费用和相关税费等后的金额作为其可变现净值。这里的市场价格是指材料等的市场销售价格。

【例4-31】2×20年，由于产品更新换代，甲公司决定停止生产B型机器。为减少不必要的损失，甲公司决定将原材料中专门用于生产B型机器的外购原材料钢材全部出售。2×20年12月31日，其账面价值（成本）为900 000元，数量为10吨。根据市场调查，此种钢材的市场销售价格（不含增值税）为60 000元/吨，同时销售这10吨钢材可能发生销售费用及税金50 000元。

本例中，由于企业已决定不再生产B型机器，因此，该批钢材的可变现净值不能再以B型机器的销售价格作为其计量基础，而应按钢材本身的市场销售价格作为计量基础。因此，该批钢材的可变现净值应为550 000元（60 000×10-50 000）。

（3）需要经过加工的材料存货，如原材料、在产品、委托加工材料等，由于持有该材料的目的是用于生产产成品，而不是出售，该材料存货的价值将体现在用其生产的产成品上。因此，在确定需要经过加工的材料存货的可变现净值时，需要以其生产的产成品的可变现净值与该产成品的成本进行比较，如果该产成品的可变现净值高于其成本，则该材料应当按照其成本计量。

【例4-32】2×20年12月31日，甲公司库存原材料A材料的账面价值（成本）为1 500 000元，市场销售价格总额（不含增值税）为1 400 000元。假设不发生其他购买费用，用A材料生产的产成品B型机器的可变现净值高于成本。

本例中，虽然A材料在2×20年12月31日的账面价值（成本）高于其市场价格。但是由于用其生产的产成品B型机器的可变现净值高于其成本，即用该原材料生产的最终产品此时并没有发生价值减损。因而，在这种情况下，即使A材料的账面价值（成本）已高于市场价格，也不应计提存货跌价准备，仍应按其原账面价值（成本）1 500 000元列示在甲公司2×20年12月31日资产负债表的存货项目之中。

如果材料价格的下降表明以其生产的产成品的可变现净值低于成本，则该材料应当按可变现净值计量。其可变现净值为在正常生产经营过程中，以该材料所生产的产成品的估计售价减去至完工时估计将要发生的成本、估计的销售费用以及相关税费后的金额。

（4）为执行销售合同或者劳务合同而持有的存货，其可变现净值应当以合同价格而不是估计售价，减去估计的销售费用和相关税费等后的金额确定。

企业与购买方签订了销售合同（或劳务合同，下同），并且销售合同订购的数量大于或等于企业持有的存货数量，在这种情况下，与该销售合同直接相关的存货的可变现净值，应当以合同价格为计量基础。也就是说，如果企业就其产成品或商品签订了销售合同，则该批产成品或商品的可变现净值应当以合同价格作为计量基础；如果企业销售合同所规定的标的物尚未生产出来，但持有专门用于该标的物生产的材料，其可变现净值也应当以合同价格作为计量基础。

【例4-33】2×20年8月10日，甲公司与乙公司签订了一份不可撤销的销售合同，双方约定，2×21年2月15日，甲公司应按200 000元/台的价格向乙公司提供A型机器10台。2×20年12月31日，甲公司A型机器的账面价值（成本）为1 360 000元，数量为8台，单位成本为170 000元。2×20年12月31日，A型机器的市场销售价格为190 000元/台。

本例中，根据甲公司与乙公司签订的销售合同，甲公司该批A型机器的销售价格已由销售合同约定，并且其库存数量小于销售合同订购的数量。在这种情况下，计算库存A型机器的可变现净值时，应以销售合同约定的价格1 600 000元（200 000×8）作为计量基础，即估计售价为1 600 000元。

三、成本与可变现净值孰低法的账务处理

（一）成本低于可变现净值的处理

如果存货的成本预计低于可变现净值，则该存货仍然应当按照成本计量。

（二）成本高于可变现净值的处理

存货存在下列情形之一的，通常表明存货的可变现净值低于成本：

（1）该存货的市场价格持续下跌，并且在可预见的未来无回升的希望。

（2）企业使用该项原材料生产的产品的成本大于产品的销售价格。

（3）企业因产品更新换代，原有库存原材料已不适应新产品的需要，而该原材料的市场价格又低于其账面成本。

（4）因企业所提供的商品或劳务过时或消费者偏好改变而使市场的需求发生变化，导致市场价格逐渐下跌。

（5）其他足以证明该项存货实质上已经发生减值的情形。

存货存在下列情形之一的，通常表明存货的可变现净值为零：

（1）已霉烂变质的存货。

（2）已过期且无转让价值的存货。

（3）生产中已不再需要并且已无使用价值和转让价值的存货。

（4）其他足以证明已无使用价值和转让价值的存货。

如果存货的成本预计高于可变现净值，则该存货应当按可变现净值计量，按其差额计提存货跌价准备。

1.核算方法

存货减值的核算在会计上采用备抵法。备抵法的优点是不需要对有关存货的明细账进行调整，保持账簿记录的原貌，工作量也较小。

2.账户设置

在备抵法下，企业应设置“存货跌价准备”账户和“资产减值损失”账户。

“存货跌价准备”账户用于核算企业提取的存货跌价准备。该账户属于资产类账户，贷方登记存货可变现净值低于成本的差额，借方登记已计提跌价准备的存货价值以后又得以恢复的金额和其他原因冲减已计提跌价准备的金额。该账户期末贷方余额反映企业已提取的存货跌价准备。

“资产减值损失”账户用于核算企业计提各项减值准备所形成的损失，属于损益类账户。该账户借方登记提取各项准备金而增加的损失，贷方登记冲减或冲销准备金而减少的损失，期末应将该账户余额转入“本年利润”账户，结转后该账户无余额。该账户应按资产减值损失的项目进行明细核算。

3.账务处理

当存货成本高于其可变现净值时，企业应当按照单个存货项目计算存货可变现净值低于成本的差额，借记“资产减值损失——计提的存货跌价准备”账户，贷记“存货跌价准备”账户。

转回已计提的存货跌价准备金额时，按恢复增加的金额，借记“存货跌价准备”账户，贷记“资产减值损失——计提的存货跌价准备”账户。

企业结转存货销售成本时，对于已计提存货跌价准备的，借记“存货跌价准备”账户，贷记“主营业务成本”“其他业务成本”等账户。

企业应当合理地计提存货跌价准备，但不得计提秘密准备。如有确凿证据表明企业不恰当地运用谨慎性原则计提了秘密准备，应当作为重大会计差错予以更正，并在会计报表附注中说明事项的性质、调整金额，以及对企业财务状况、经营成果的影响。

【例4-34】甲公司自2×20年起采用成本与可变现净值孰低法对期末某类存货进行计价，并运用分类比较法计提存货跌价准备。假设该公司2×20年至2×23年年末该类存货的账面成本均为200 000元。

（1）假设2×20年年末该类存货的预计可变现净值为180 000元，则应计提的存货跌价准备为20 000元。根据有关原始凭证，编制如下会计分录：

借：资产减值损失　　20 000

　贷：存货跌价准备　　20 000

（2）假设2×21年年末该类存货的预计可变现净值为170 000元，则应补提的存货跌价准备为10 000元。根据有关原始凭证，编制如下会计分录：

借：资产减值损失　　10 000

　贷：存货跌价准备　　10 000

（3）假设2×22年年末该类存货的可变现净值有所恢复，预计可变现净值为194 000元，则应冲减已计提的存货跌价准备24 000元（30 000–（200 000–194 000））。根据有关原始凭证，编制如下会计分录：

借：存货跌价准备　　24 000

　贷：资产减值损失　　24 000

（4）假设2×23年年末该类存货的可变现净值进一步恢复，预计可变现净值为205 000元，则应冲减已计提的存货跌价准备6 000元（以已经计提的存货跌价准备为限）。根据有关原始凭证，编制如下会计分录：

借：存货跌价准备　　6 000

　贷：资产减值损失　　6 000

【复习思考】

1.企业存货的认定范围，是按存放地点认定，还是按所有权认定？

2.企业应如何根据实际情况选择发出存货的计价方法？

3.如何提高原材料按计划成本核算的准确性？

4.什么是包装物？什么是低值易耗品？与原材料相比较，二者的会计核算有何特点？

【岗位训练】

1.某工业企业属于增值税一般纳税企业，对A材料的日常核算采用计划成本法，计划单位成本为10元/千克。7月31日，“原材料”账户的期末借方余额为70 000元，“材料成本差异”账户的期末贷方余额为707元。8月份发生下列业务：

（1）8月1日，冲回7月31日按暂估价4 800元入账的A材料480千克。

（2）8月6日，收到有关A材料的结算清单。清单上注明材料500千克，价款4 750元，应交增值税617.50元，运杂费325元。材料短缺20千克，经查属正常损耗。所有款项以支票结算。

（3）8月28日，购入材料3 000千克，价款27 000元，应交增值税3 510元，承担运杂费1 932元，款项均以支票结算，材料已验收入库。

（4）本月共发出材料5 100千克，其中生产产品领用4 800千克，生产车间管理部门领用100千克，企业管理部门领用200千克。

要求：

（1）计算8月份材料成本差异率。

（2）结转发出材料的计划成本。

（3）结转发出材料应负担的成本差异。

2.某公司为上市公司，对外提供中期报告。该公司为增值税一般纳税企业，适用的增值税税率为13%，运输费用可抵扣9%，原材料按计划成本核算，甲材料的计划单位成本为500元/千克。4月初，“原材料——甲材料”账户余额为300 000元；“材料成本差异”账户借方余额3 561元。期末存货按成本与可变现净值孰低法计价并按单个存货项目计提存货跌价准备，本期原材料有关资料如下：

（1）4月12日，购入甲材料400千克，增值税专用发票上注明货款为204 000元，增值税进项税额为26 520元，发生运输费1 000元（已经取得运输发票），货款已用银行存款支付，材料运到企业并验收入库，材料的实际数量399千克，短缺1千克为合理损耗。

（2）4月30日，生产产品领用甲材料800千克。

（3）由于该公司调整产品结构，甲材料所生产的产品已经停产，确定该材料在生产中已不再需要，6月30日其可变现净值为100 000元。要求：编制有关会计分录。

3.某工业企业为增值税一般纳税企业，该企业对原材料采用计划成本法核算，有关资料如下：

（1）1月1日，原材料账面计划成本为500 000元，“材料成本差异”账户的借方余额为10 000元。

（2）1月5日，购入原材料一批，取得的增值税发票上注明的价款为100 000元，增值税进项税额为13 000元，外地进货费用为10 000元，有关款项已通过银行存款支付。

（3）上述原材料的计划成本为110 000元，原材料已验收入库。

（4）1月25日，购入材料一批，材料已运到并验收入库，但发票等结算凭证尚未收到，货款尚未支付，该批材料的计划成本为35 000元。

（5）本月领用材料的计划成本为400 000元，其中生产车间生产产品领用250 000元，车间管理部门领用40 000元，厂部管理部门领用10 000元，在建工程领用100 000元。

要求：编制有关业务的会计分录。

项目五

固定资产核算岗位

学习目标

知识目标： 通过本项目的学习，要求了解固定资产的概念、特点和分类；熟悉固定资产的确认条件、固定资产折旧的意义、计提折旧的范围以及影响折旧的因素；掌握固定资产的初始计量以及后续计量的方法，固定资产处置、固定资产减值的账务处理。

技能目标： 通过本项目的学习，要求能够正确地为固定资产进行分类与计价，并为其设立固定资产卡片；能够掌握关于固定资产购进、租入、转移、出租、报废、处置等业务的分类核算，固定资产折旧的账务处理，以及固定资产清查的处理方法。

模块一 固定资产核算岗位概述

一、固定资产核算岗位的职责与工作任务

（一）固定资产核算岗位的职责

（1）会同有关部门拟定固定资产管理与核算的实施办法。

制定固定资产的确认标准、折旧方法等内容，编制固定资产目录，并对其进行分类管理。

（2）参与核定固定资产需要量，参与编制固定资产改造和大修理计划。

会同有关部门根据本单位生产经营的需要，认真核定固定资产的需要量，并随生产情况的变化进行调整。要经常深入实际，了解固定资产的新旧程度和完好状态，为编制固定资产改造和大修理计划提供资料。

（3）负责固定资产的明细分类核算，编制固定资产报表。

对购置、调入、内部转移、租赁、封存、调出的固定资产，要监督有关部门或人员办

理会计手续。要根据会计凭证登记固定资产账户及卡片，定期进行核对，做到账、卡、物相符，并按期编报反映固定资产增减变动的财务报表。

（4）计算提取固定资产折旧和大修理费用。

根据折旧的有关规定，编制折旧计划，按月计提折旧和修理费用，不得多提、少提、漏提或重提，同时做好固定资产折旧和大修理费用的分配。

（5）参与固定资产的清查盘点。

会同有关部门定期对固定资产进行盘点，年终进行全面清查。发现盘盈、盘亏、毁损等情况，要查明原因，明确责任，按规定的审批权限办理报批手续。发现有多余、闲置固定资产，以及保管、使用、维护不当的固定资产，要及时汇报，并提出改进意见。

（6）分析固定资产的使用效果。

会同有关部门对固定资产的使用状况进行分析，促进固定资产的合理使用，加强维护、保养，挖掘其潜力，提高固定资产的利用率。

（二）固定资产核算岗位的工作任务

（1）固定资产的确认与明细账的设置。

要把固定资产与其他资产区别开来，正确划分其界限；进行固定资产的分类与计价，并进行分类编号，设置固定资产明细卡片。

（2）对固定资产的增减进行明细分类核算。

对固定资产的购置、调入、租入、内部转移、调出、出租、报废等，要督促有关部门办理会计手续，并根据会计凭证登记固定资产明细账，定期进行核对，做到账、卡、物相符。

固定资产管理内部控制评价及风险识别

（3）对固定资产进行折旧核算。

确定固定资产的折旧率、折旧方法，并进行固定资产折旧的计算，编制固定资产折旧计提表，并依此编制记账凭证，登记有关账簿。

（4）根据需要对固定资产进行定期和不定期的清查。

确定固定资产的清查方法，编制固定资产的盘盈、盘亏报告表，并上报审批，然后对审批结果进行相应的账务处理。

（5）固定资产期末的重新计价。

根据信息质量要求中的谨慎性要求，期末应对固定资产进行重新计价，如果可收回金额低于原账面价值，应计提相应数额的减值准备。

（6）固定资产终止确认的核算。

对已经报废或出售的固定资产，要及时进行账务处理。

（7）对在建工程的成本进行核算与审核。

要正确计算在建工程的成本，严格审核在建工程的支出，并对成本进行账务处理。

（8）对大修理和改良的固定资产进行正确的核算。

二、固定资产岗位业务核算程序

固定资产岗位业务核算程序如图5-1所示。

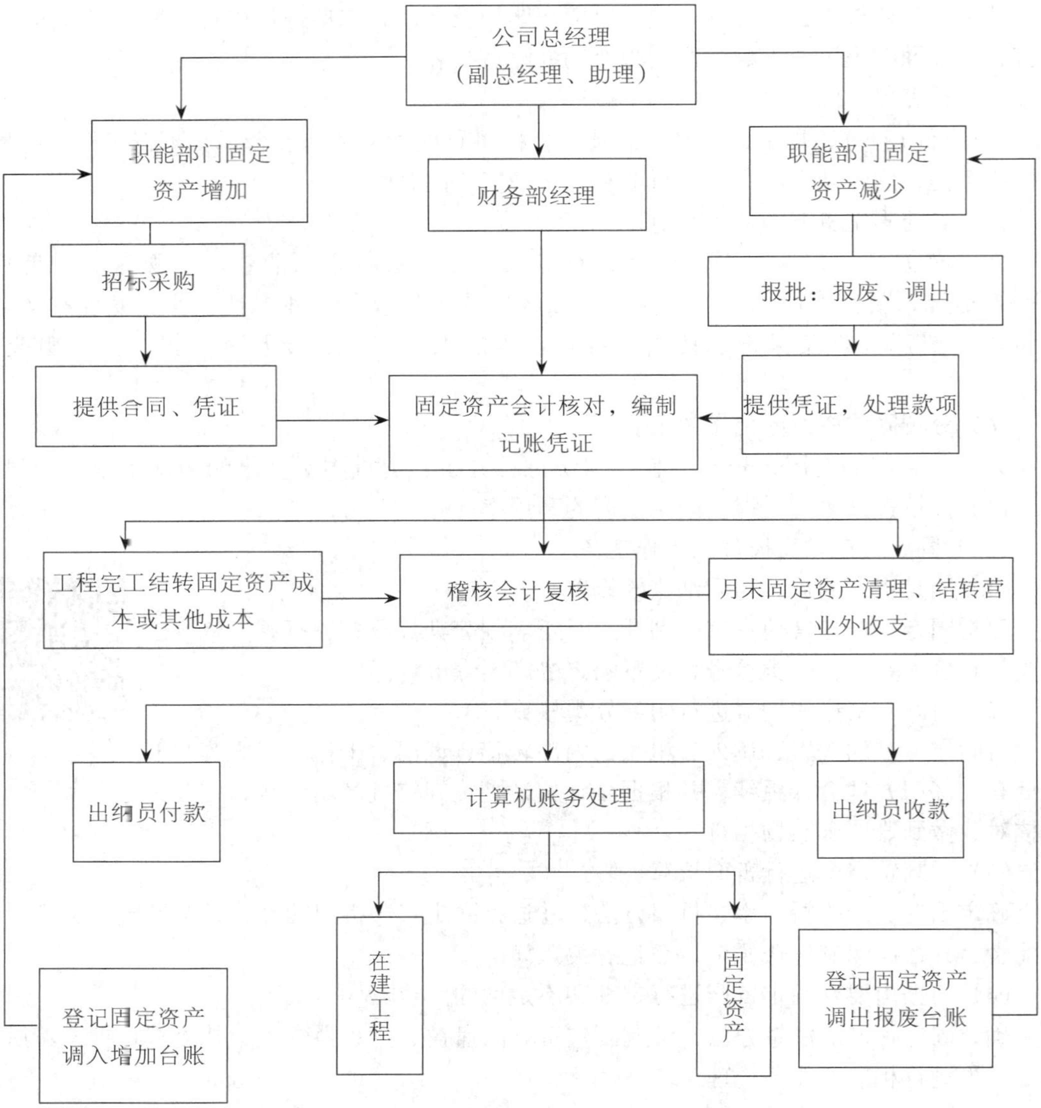

图 5-1　固定资产岗位业务核算程序

模块二　固定资产概述

一、固定资产的概念及确认条件

（一）固定资产的概念

固定资产，是指为生产商品、提供劳务、出租或经营管理而持有的使用寿命超过一个会计年度的有形资产。

固定资产是企业生产经营过程中的重要劳动资料，它能够在若干个生产经营周期中发挥作用，并保持其原有的实物形态。但其价值则由于损耗而逐渐减少，这部分减少的价值以折旧的形式分期转移到产品成本或费用中去，并在销售收入中得到补偿。从固定资产的定义来看，固定资产具有以下三个特征：

（1）为生产商品、提供劳务、出租或经营管理而持有。

企业持有固定资产的目的不是出售。固定资产是企业的劳动工具或手段，企业持有固定资产的目的是生产商品、提供劳务、出租或经营管理。其中，出租的固定资产是指企业以经营租赁方式出租的机器设备类固定资产，以融资租赁方式出租的固定资产由租入方按照自有固定资产核算；经营出租的建筑物属于企业的投资性房地产，也不在固定资产中核算。

投资性房地产与固定资产异同探析

（2）使用寿命超过一个会计年度。

固定资产的使用寿命是指企业使用固定资产的预计期间，或者该固定资产所能生产产品或提供劳务的数量。例如，自用房屋建筑物的预计使用年限为该固定资产的使用寿命，车间使用的机器设备的使用寿命为其所能生产产品的数量。

判断固定资产的具体标准主要有两个方面：一是时间标准；二是价值标准。根据《企业会计制度》的规定，企业使用期限超过一年的房屋、建筑物、机器、机械、运输工具，以及其他与生产经营有关的设备、器具、工具等资产均应作为固定资产；不属于生产经营主要设备的物品，单位价值在2 000元以上，并且使用期限超过2年的，也作为固定资产管理。企业不符合上述条件的劳动资料，应当作为低值易耗品管理和核算。

（3）固定资产是有形资产。

固定资产的这一特征使其区别于无形资产，因为有些无形资产具有固定资产的其他特征。

（二）固定资产的确认条件

固定资产在符合定义的前提下，还应当同时满足以下两个条件，才能加以确认：

1.与该固定资产有关的经济利益很可能流入企业

资产最重要的特征就是预期会给企业带来经济利益。企业在确认固定资产时，需要判断与该固定资产有关的经济利益是否很可能流入企业。如果与该固定资产有关的经济利益很可能流入企业，并同时满足固定资产确认的其他条件，那么企业应将其确认为固定资产，否则不应将其确认为固定资产。

在实务中，判断与该固定资产有关的经济利益是否很可能流入企业，主要判断与该固定资产所有权相关的风险和报酬是否转移到了企业。此处的风险指的是由于经营情况的变化导致的相关收益的变动，以及由于资产闲置、技术陈旧等原因导致的损失；报酬指的是固定资产使用寿命内因使用固定资产而获得的收入，以及处置该资产所实现的利得等。

一般情况下，与该固定资产所有权相关的风险和报酬是否转移的重要标志是所有权是否转移。但是，所有权是否转移不是判断与固定资产所有权相关的风险和报酬转移到企业的唯一标志。在某些情况下，某些固定资产的所有权虽然不属于企业，但是与该固定资产相关的风险和报酬实质上已经转移到企业，在这种情况下，企业也应该将该固定资产予以确认。例如，融资租入的固定资产虽然所有权不属于企业，但是与该固定资产所有权相关的风险和报酬实质上已经转移到了企业，根据会计信息质量要求中实质重于形式的规定，该固定资产属于承租企业固定资产的核算范围。

2.该固定资产的成本能够可靠地计量

通常，企业取得固定资产时应该取得与成本相关的确凿的证据，如果证据不确凿，也应该根据最新获取的资料对固定资产的成本进行合理估计。例如，企业对已达到预定可使用状态但尚未办理竣工决算的固定资产，需要根据工程预算、工程造价或者工程实际发生的成本等资料，按估计的价值确定其成本，待办理完竣工决算后，再按照实际成本调整原来的暂估价值。

二、固定资产的分类

企业固定资产的种类繁多，为了正确地进行固定资产的核算，应按不同标准对固定资产进行分类。

（一）按经济用途分类

固定资产按经济用途进行分类，可以分为生产经营用固定资产和非生产经营用固定资产。

（1）生产经营用固定资产是指直接参加生产经营过程或直接服务于生产经营过程的各种房屋及建筑物、机器设备、运输设备、动力传导设备、工具、器具和管理用具等。

（2）非生产经营用固定资产是指生活福利部门等非生产经营部门使用的房屋、器具以及职工住宅、食堂等。

（二）按使用情况分类

固定资产按使用情况分类，可以分为使用中固定资产、暂时闲置固定资产和持有待售固定资产。

（1）使用中固定资产是指正在使用的各种固定资产。

（2）暂时闲置固定资产是指尚未投入使用或暂停使用的各种固定资产。

（3）持有待售固定资产是指不适合本企业需要准备出售处理的各种固定资产。

固定资产按照使用情况进行分类，可以提供固定资产使用状况的信息。企业管理者可以根据这些信息了解固定资产的使用效率，加强对暂时闲置固定资产的管理，及时处置持有待售固定资产，提高固定资产的使用效率。

（三）按所有权分类

固定资产按所有权进行分类，可以分为自有固定资产和融资租入固定资产。

自有固定资产是指企业拥有所有权的各种固定资产。

融资租入固定资产是指企业在租赁期间不拥有所有权但拥有实质控制权的各种固定资产。融资租入固定资产反映在承租方的账户和会计报表中，比照承租方的自有固定资产进行核算，应该由承租方计提折旧。而经营租入固定资产仍然反映在出租方的账户和会计报表中，由出租方计提折旧。

（四）综合分类

在实际工作中，企业的固定资产是按照各种情况综合分类的，共分为7类。

（1）生产经营用固定资产。

（2）非生产经营用固定资产。

（3）租出固定资产，指的是经营出租的固定资产。

（4）不需用固定资产。

（5）未使用固定资产。

（6）土地，是指过去已经估价单独入账的土地。因征地而支付的补偿费，应计入与土地有关的房屋、建筑物的价值内，不单独作为土地入账。

（7）融资租入固定资产，是指企业按照融资租赁租入的固定资产，在租赁期内应视同自有固定资产进行管理。

三、固定资产的初始计量

固定资产应当按照取得成本进行初始计量。固定资产的成本是指企业获得某项固定资产并使其达到预定可使用状态前所发生的一切合理的、必要的支出。这些支出包括直接发生的成本，例如购买价款、运杂费、包装费、安装支出等，也包括间接发生的支出，如应承担的借款利息、外币折算差额以及应分摊的其他间接费用。固定资产的取得方式不同，其初始计量方法也不相同。

（一）外购固定资产

企业外购的固定资产成本，包括购买价款、相关税费，以及使固定资产达到预定可使用状态前所发生的可归属于该项资产的运输费、装卸费、安装费和专业人员的服务费等。

（二）自行建造固定资产

企业自行建造固定资产的成本，由自行建造该项资产达到预定可使用状态前所发生的必要支出构成。

（三）投资者投入固定资产

投资者投入固定资产的成本，应当按照投资合同或协议约定的价值确定，但合同或协议约定的价值不公允的应该按照公允价值确定。

固定资产的成本包括哪些相关税费

（四）非货币性资产交换取得的固定资产

如果该项交换具有商业实质，并且换入与换出资产的公允价值均能可靠地计量，应当以该固定资产的公允价值加相关税费作为该项换入固定资产的初始价值。如果不符合上述条件，应当按照换出资产的账面价值和应该支付的相关税费作为换入固定资产的成本。

（五）接受捐赠取得的固定资产

《企业会计准则第4号——固定资产》规定，接受捐赠的固定资产，按以下规定确定其入账价值：

（1）捐赠方提供了有关凭据的，按凭据上标明的金额加上应当支付的相关税费，作为入账价值。

（2）捐赠方没有提供有关凭据的，按以下顺序确定其入账价值：

①同类或类似固定资产存在活跃市场的，按同类或类似固定资产的市场价格估计的金额，加上应当支付的相关税费，作为入账价值。

②同类或类似固定资产不存在活跃市场的，按接受捐赠的固定资产的预计未来现金流量现值，作为入账价值。

如接受捐赠的系旧的固定资产，按依据上述方法确定的新固定资产价值，减去按该项资产的新旧程度估计的价值损耗后的余额，作为入账价值。

（六）盘盈的固定资产

对于企业盘盈的固定资产，如果同类或者类似固定资产存在活跃市场，按照同类或类似固定资产的市场价格，减去按该项固定资产的新旧程度估计的价值损耗后的余额，作为入账价值；如果同类或类似固定资产不存在活跃市场，按该项固定资产的预计未来现金流量的现值，作为入账价值。

模块三　固定资产取得的核算

一、账户设置

为了反映固定资产的增减变动和结存情况，企业应设置“固定资产”“累计折旧”“工程物资”“在建工程”等账户。

（一）“固定资产”账户

“固定资产”账户总括反映固定资产原值的增减变动和结存情况。该账户借方登记增加固定资产的原值，贷方登记减少固定资产的原值，期末借方余额表示实有固定资产的原值。

“固定资产”账户下一般设置明细账进行核算。固定资产明细账也称为固定资产卡片，应按照每一项独立的固定资产设置，登记固定资产原值、预计净残值、预计使用年限、折旧方法、月折旧率、开始使用时间、使用期间内的停用记录和大修理记录，以及其他与该项固定资产相关的记录等，并按照固定资产的类别和使用、保管单位的顺序排列。月末，各类固定资产卡片的原值合计数，应与各该类固定资产登记簿余额核对相符。

（二）“累计折旧”账户

“累计折旧”账户属于“固定资产”账户的抵减账户。该账户贷方登记计提的固定资产折旧以及增加的旧固定资产的已提折旧，借方登记减少的旧固定资产的已提折旧，期末贷方余额表示全部固定资产已提折旧的累计数。

（三）“工程物资”账户

“工程物资”账户属于资产类账户，用来核算企业为在建工程准备的各种物资的成本。该账户借方登记企业购入工程物资的成本，贷方登记领用工程物资的成本；期末余额在借方，反映企业为在建工程准备的剩余各种物资的成本。

（四）“在建工程”账户

“在建工程”账户属于资产类账户，用来核算企业固定资产安装、基建、更新改造等在建工程发生的支出。该账户借方登记企业各项在建工程的实际支出；贷方登记完工工程转出的成本；期末余额在借方，反映企业尚未达到预定可使用状态的在建工程的成本。

此外，企业固定资产、工程物资、在建工程发生减值的，还应当设置“固定资产减值准备”“工程物资减值准备”“在建工程减值准备”等账户进行核算。

二、外购固定资产的账务处理

固定资产增值税相关问题

企业外购固定资产的账务处理应该区别下列情况分别核算。

（一）购入不需安装的固定资产

企业购入不需安装的固定资产，应按照实际支付的购买价款、相关税费以及使固定资产达到预定可使用状态前所发生的可归属于该项资产的运输费、装卸费和专业人员服务费等，借记“固定资产”账户，根据可抵扣的增值税进项税额，借记“应交税费——应交增值税（进项税额）”账户，贷记“银行存款”等账户。

【例5-1】甲公司购入不需安装的生产设备一套，发票价格为100 000元，增值税为13 000元。发生运费1 000元，增值税为90元。款项全部以银行存款支付。甲公司相应的账务处理如下：

购入时，根据有关原始凭证，编制如下会计分录：

借：固定资产　101 000

　　应交税费——应交增值税（进项税额）　13 090

　贷：银行存款　114 090

（二）购入需要安装的固定资产

企业购入需要安装的固定资产，应在固定资产取得成本的基础上加上安装调试成本等，作为购入固定资产的成本。先通过“在建工程”账户核算，待安装完毕达到预定可使用状态时，再将“在建工程”账户的余额转入“固定资产”账户。

【例5-2】甲公司购入需要安装的生产设备一台，发票价格为100 000元，增值税为13 000元。设备由供货方安装，安装费为5 000元，安装费的增值税为650元。款项以银行存款付清。甲公司相应的账务处理如下：

（1）购入该项设备时，根据有关原始凭证，编制如下会计分录：

借：在建工程　100 000

　　应交税费——应交增值税（进项税额）　13 000

　贷：银行存款　113 000

（2）支付安装费时，根据有关原始凭证，编制如下会计分录：

借：在建工程　5 000

　　应交税费——应交增值税（进项税额）　650

　贷：银行存款　5 650

（3）该项设备安装完毕达到预定可使用状态时：

固定资产的成本=100 000+5 000=105 000（元）

根据有关原始凭证，编制如下会计分录：

借：固定资产　105 000

　贷：在建工程　105 000

三、自行建造固定资产的账务处理

企业自行建造固定资产的成本，由建造该项资产达到预定可使用状态前所发生的必要支出构成，包括工程物资成本、人工成本、缴纳的有关税费、应予资本化的借款费用以及应该分摊的间接费用等。

企业自行建造固定资产包括自营和出包两种方式。

（一）自营工程

企业以自营方式建造固定资产，意味着企业自行组织工程物资采购、自行组织施工人员从事工程施工。在实务中，企业较少采用自营方式建造固定资产，多数情况下采用出包方式。企业如果采用自营方式建造固定资产，其成本应包括直接材料、直接人工、直接机械施工费等。

企业为建造固定资产准备的各种物资应该按照实际支付的买价、运输费、保险费、装卸费以及相关的税费作为实际成本进行核算。建造固定资产领用工程物资、原材料或库存商品，应按照其实际成本转入在建工程成本。自营建造工程所应负担的职工薪酬，辅助生产部门为之提供的水、电、运输等劳务以及其他必要支出等，也要计入所建工程的成本。符合资本化条件的借款费用也要计入所建工程的成本。

企业自营方式建造固定资产达到预定可使用状态时，应从“在建工程”账户转入“固定资产”账户。所建造的固定资产已达到预定可使用状态，但尚未办理竣工结算手续的，应当自达到预定可使用状态之日起，根据工程预算、造价或者工程实际成本等，按暂估价值转入“固定资产”账户，并按有关规定计提折旧。待办理竣工决算手续后，再调整原来的暂估价值，但不需要调整原已计提的折旧额。

【例5-3】2×21年1月1日，甲公司准备自行建造一条生产流水线。有关资料如下：

（1）1月8日，购入工程物资一批，价款为300 000元，增值税为39 000元，款项以银行存款支付。

（2）2月3日，领用生产用原材料一批，其初始取得成本为10 000元。

（3）1月8日至6月30日，工程先后领用工程物资272 500元。

（4）工程建设期间应发工程人员工资为65 800元。

（5）6月30日，该工程达到预定可使用状态。

甲公司账务处理如下：

（1）购入工程物资时，根据有关原始凭证，编制如下会计分录：

借：工程物资　300 000
　　应交税费——应交增值税（进项税额）　39 000
　贷：银行存款　339 000

（2）领用原材料时，根据有关原始凭证，编制如下会计分录：

借：在建工程　10 000
　贷：原材料　10 000

（3）领用工程物资时，根据有关原始凭证，编制如下会计分录：

借：在建工程　272 500
　贷：工程物资　272 500

（4）计提工程人员工资时，根据有关原始凭证，编制如下会计分录：

借：在建工程　65 800
　贷：应付职工薪酬　65 800

（5）工程达到预定可使用状态时：

固定资产的入账价值=10 000+272 500+65 800=348 300（元）

根据有关原始凭证，编制如下会计分录：

借：固定资产　348 300
　贷：在建工程　348 300

（二）出包工程

在出包方式下，企业通过招标方式将工程项目发包给建造承包商，由建造承包商（施工企业）组织工程项目施工。企业要与建造承包商签订建造合同，企业是建造合同的甲方，负责筹集资金和组织管理工程建设，通常称为建设单位；建造承包商是建造合同的乙方，负责项目工程施工任务。

在出包方式下，“在建工程”账户主要是企业与建造承包商办理工程价款结算的账户，企业支付给建造承包商的工程价款，作为工程成本通过“在建工程”账户核算。企业应按合理估计的工程进度和合同规定结算的进度款，借记“在建工程”账户，贷记“银行存款”等账户。工程完成时，按合同规定补付的工程款，借记“在建工程”账户，贷记“银行存款”等账户。

【例5-4】甲公司采用出包方式建造厂房。合同规定：全部工程款（不含增值税）为4 000 000元，2×21年3月1日合同签订日预付25%工程款；2×21年7月1日，工程完成60%时，结算工程进度款；2×21年9月1日工程全部完工并验收合格时，支付剩余工程款。甲公司根据发生的经济业务，编制会计分录如下：

（1）2×21年3月1日，合同签订日，用银行存款预付工程款1 000 000元。

借：预付账款　　1 000 000
　贷：银行存款　　1 000 000

（2）2×21年7月1日，工程完成60%，结算工程进度款2 400 000元，增值税216 000元，合计2 616 000元，扣除预付工程款1 000 000元，用银行存款补付工程款及增值税1 616 000元。

借：在建工程——工程成本　　2 400 000
　　应交税费——应交增值税（进项税额）　　216 000
　贷：预付账款　　1 000 000
　　　银行存款　　1 616 000

（3）2×21年9月1日，工程全部完工，验收合格，用银行存款支付剩余工程款1 600 000元，增值税144 000元，合计1 744 000元。

借：在建工程——工程成本　　1 600 000
　　应交税费——应交增值税（进项税额）　　144 000
　贷：银行存款　　1 744 000

（4）厂房交付使用，结转为固定资产。

实际工程成本=2 400 000+1 600 000=4 000 000（元）

借：固定资产　　4 000 000
　贷：在建工程　　4 000 000

四、投资者投入固定资产的账务处理

接受投资者投入固定资产，在办理固定资产移交手续后，应按投资合同或协议约定的价值，借记“固定资产”“应交税费——应交增值税（进项税额）”账户，贷记“实收资本”“资本公积”等账户。

【例5-5】2×21年4月1日，甲公司接受乙公司投入设备一台，投入设备的账面原值为700 000元，双方确认的价值为500 000元（假设合同约定价格公允），收到的增值税专用发票上注明的税款为65 000元。

接受投资时，根据有关原始凭证，编制如下会计分录：

借：固定资产　　500 000
　　应交税费——应交增值税（进项税额）　　65 000
　贷：实收资本　　565 000

模块四　固定资产折旧的核算

一、固定资产折旧的概念

固定资产折旧在会计中是指在固定资产使用寿命内，按照确定的方法对应计折旧额进行的系统的分摊。应计折旧额是指应当计提折旧的固定资产的原值扣除其预计的净残值和对固定资产计提的减值准备后的余额。

二、影响固定资产折旧的主要因素

在计算固定资产折旧时，必须正确考虑影响固定资产计提折旧的因素。具体来讲，计提固定资产折旧的主要依据有：计提固定资产折旧的基数、固定资产减值准备、固定资产的预计净残值、固定资产的预计使用寿命。

关于以使用固定资产产生的收入为基础的折旧方法

（一）计提固定资产折旧的基数

计提固定资产折旧的基数一般为固定资产的原始成本，也就是固定资产的原值。固定资产应计提的折旧总额等于原值减去预计净残值。

（二）固定资产减值准备

固定资产减值准备，是指固定资产已计提的固定资产减值准备累计金额。固定资产计提减值准备后，应当在剩余使用寿命内根据调整后的固定资产账面价值（固定资产账面余额减去累计折旧和累计减值准备后的金额）和预计净残值重新计算确定折旧率和折旧额。

（三）固定资产的预计净残值

固定资产的预计净残值，是指企业预期在固定资产使用寿命终了时，从该固定资产的处置中获得的处置收入扣除预计处置费用后的净额。固定资产的净残值是固定资产使用期满时的回收额，在计提折旧时，应从固定资产原值中扣除。

但是，在计算固定资产的净残值时，由于固定资产还没有使用到期，对于使用到期后的情况究竟如何还不能完全确定，因此，只能人为地估计固定资产的残余价值和清理费用以确定其预计净残值。企业应当根据固定资产的性质和使用情况，合理确定固定资产的预计净残值。固定资产预计净残值一经确定，不得变更。

（四）固定资产的预计使用寿命

固定资产的预计使用寿命是指固定资产预期使用的期限（有些固定资产的使用寿命也可以用该固定资产所能生产的产品或提供服务的数量表示）。固定资产预计使用寿命的长短，直接影响各期应计折旧额的大小。

三、固定资产折旧的范围

《企业会计准则第4号——固定资产》规定，企业应对所有的固定资产计提折旧。但是，已提足折旧仍继续使用的固定资产和单独计价入账的土地除外。

提足折旧，是指已经提足该项固定资产的应计折旧额。固定资产提足折旧后，不论能否继续使用，均不再计提折旧。提前报废的固定资产也不再补提折旧。

处于更新改造过程停止使用的固定资产，应将其账面价值转入在建工程，不再计提折旧。更新改造项目达到预定可使用状态转为固定资产后，再按照重新确定的使用寿命、预计净残值和折旧方法计提折旧。

已达到预定可使用状态的固定资产，如果尚未办理竣工决算手续，应当按照估计价值暂估入账，并计提折旧；待办理竣工决算手续后，再按照实际成本调整原来的暂估价值，但不再调整原已计提的折旧额。

融资租入固定资产，应当采用与企业自有应计提折旧资产相一致的折旧政策计提折旧。租赁资产的折旧期间应依租赁合同而定。能够合理确定租赁期届满时承租人将会取得租赁资产所有权的，应以租赁期开始日租赁资产的使用寿命作为折旧期间。无法合理确定租赁期届满后承租人是否能够取得租赁资产所有权的，应当以租赁期与租赁资产使用寿命两者较短者作为折旧期间。

因进行大修理而停用的固定资产，应当照提折旧，计提的折旧额计入相关的资产成本或当期损益。

固定资产应当按月计提折旧，当月增加的固定资产，当月不计提折旧，从下月开始计提折旧；当月减少的固定资产，当月仍计提折旧，从下月起停止计提折旧。

四、固定资产折旧的方法

常用的固定资产折旧计算方法一般可以分为4类：平均年限法、工作量法、双倍余额递减法和年数总和法。企业应当根据与固定资产有关的经济利益的预期实现方式，合理选择折旧方法。由于折旧方法的选用直接影响企业的利润，所以一经选用，不得随意更改。如果需要变更，必须符合固定资产准则的规定。

（一）平均年限法

平均年限法，又称直线法，是指按照固定资产的预计使用年限平均计提折旧的方法，其累计折旧额为使用时间的线性函数。采用这种方法，假定固定资产的服务潜力随着时间的推移而逐渐递减，其效能与固定资产的新旧程度无关。因此，固定资产的应计折旧额可以均匀地摊配于预计使用年限内的各个会计期间。其计算公式为：

如何合理选择固定资产折旧方法

年折旧额=［固定资产原值-（预计残值收入-预计清理费用）］÷预计使用年限

=固定资产应计折旧额÷预计使用年限

月折旧额=年折旧额÷12

上述公式为固定资产折旧平均年限法的一般原理。在实际工作中，固定资产折旧额一般根据固定资产原值乘以折旧率计算。在平均年限法下，固定资产折旧率是固定资产折旧额与固定资产原值的比率，其计算公式为：

年折旧率=（1-预计净残值率）÷预计使用年限×100%

月折旧率=年折旧率÷12

月折旧额=固定资产原值×月折旧率

【例5-6】甲公司某项固定资产原值为700 000元，预计净残值率为4%，预计使用年限为10年。其折旧率和月折旧额计算如下：

该项固定资产年折旧率=（1-4%）÷10×100%=9.6%

该项固定资产月折旧率=9.6%÷12=0.8%

该项固定资产月折旧额=700 000×0.8%=5 600（元）

（二）工作量法

工作量法是指按照固定资产预计完成的工作总量平均计提折旧的方法，其累计折旧额为完成工作量的线性函数。采用这种方法，假定固定资产的服务潜力随着完成工作量的增加而逐渐递减，其效能与固定资产的新旧程度无关。因此，固定资产的应计折旧额可以均匀地摊配于预计的每一单位工作量中。采用工作量法计提折旧，也应首先确定固定资产应计折旧额；然后根据固定资产应计折旧额和预计完成的工作总量，确定单位工作量折旧额；最后根据单位工作量折旧额和某月实际完成的工作量，就可以计算出该月折旧额。其计算公式如下：

某项固定资产单位工作量折旧额=该项固定资产应计折旧额÷该项固定资产预计完成的工作总量

该项固定资产月折旧额=该项固定资产单位工作量折旧额×该项固定资产该月实际完成的工作总量

不同的固定资产，其工作量有不同的表现形式。对于运输设备来说，其工作量表现为运输里程；对于机器设备来说，其工作量表现为机器工时和机器台班。

【例5-7】甲公司有运输用汽车1辆，原值为300 000元，预计净残值率为4%，预计行驶总里程为800 000千米。该汽车采用工作量法计提折旧。某月该汽车行驶6 000千米。该汽车的单位工作量折旧额和该月折旧额计算如下：

单位工作量折旧额=300 000×（1-4%）÷800 000=0.36（元/千米）

该月折旧额=0.36×6 000=2 160（元）

工作量法一般适用于价值较高的大型精密机床以及运输设备等固定资产的折旧计算。这些固定资产的价值较高，各月的工作量一般不很均衡，采用平均年限法计提折旧会使各月成本费用的负担不够合理，因此采用工作量法来核算更为准确。

（三）加速折旧法

加速折旧法，是指在固定资产使用初期计提折旧较多而在后期计提折旧较少，从而相对加速折旧的方法。采用加速折旧法，各年的折旧额呈递减趋势。为了简化折旧计算工作，月折旧额一般按年折旧额的1/12计算。如果某项固定资产开始计提折旧的时间不是年初（一月份），则该年度各月的折旧额以及下一年度前几个月的折旧额（即开始计提折旧一年之内各月的折旧额），均按年折旧额的月平均数计算。较常用的加速折旧法有双倍余额递减法和年数总和法两种。

1.双倍余额递减法

双倍余额递减法是指在不考虑固定资产净残值的前提下，按固定资产净值（每期期初固定资产原值减去累计折旧）和双倍直线折旧率计提折旧的方法。采用双倍余额递减法计提折旧的固定资产，应当在固定资产折旧年限期满的前两年内，将固定资产账面净值扣除预计净残值后的余额平均摊销。其计算公式如下：

年折旧率=2÷预计使用年限×100%

年折旧额=固定资产期初净值×年折旧率

月折旧额=固定资产年折旧额÷12

【例5-8】甲公司有一台机器设备，原值为600 000元，预计使用寿命为5年，预计净残值为24 000元。请用双倍余额递减法计算甲公司每年应计提的折旧额。

年折旧率=2÷5×100%=40%

第一年应计提的折旧额=600 000×40%=240 000（元）

第二年应计提的折旧额=（600 000-240 000）×40%=144 000（元）

第三年应计提的折旧额=（600 000-240 000-144 000）×40%=86 400（元）

第四、第五年每年应计提的折旧额=（600 000-240 000-144 000-86 400-24 000）÷2=52 800（元）

2.年数总和法

年数总和法是指按固定资产应计折旧额和该年尚可使用年数占各年尚可使用年数总和的比重（即年折旧率）计提折旧的方法。其年折旧率和年折旧额的计算公式如下：

年折旧率=（预计使用年限-已使用年限）÷［预计使用年限×（预计使用年限+1）÷2］×100%

=该年尚可使用年限÷各年尚可使用年数总和×100%

年折旧额=应计折旧额×年折旧率

【例5-9】乙公司有一台设备，原值为78 000元，预计净残值为2 000元，预计可用4年。请用年数总和法计算乙公司每年应计提的折旧额。

年数总和=1+2+3+4=10

第一年应计提的折旧额=（78 000-2 000）×（4÷10）=30 400（元）

第二年应计提的折旧额=（78 000-2 000）×（3÷10）=22 800（元）

第三年应计提的折旧额=（78 000-2 000）×（2÷10）=15 200（元）

第四年应计提的折旧额=（78 000-2 000）×（1÷10）=7 600（元）

五、固定资产折旧的账务处理

企业一般应按月计提固定资产折旧，当月增加的固定资产，当月不提折旧，从下月起计提折旧；当月减少的固定资产，当月照提折旧，从下月起不提折旧。因此，企业各月计算提取折旧时，可以在上月计提折旧的基础上，对当月固定资产的增减情况进行整理后计算当月应计提的折旧额。其计算公式如下：

本月应提折旧额=上月应提折旧额+上月增加的固定资产应提折旧额-上月减少的固定资产应提折旧额

在我国会计实务中，各月固定资产折旧的计提一般是通过编制“固定资产折旧计算表”进行的。

例如，某公司2×21年2月份的固定资产折旧计算表见表5-1。

表5-1　**固定资产折旧计算表**

2×21年2月　单位：元

使用部门	固定资产类别	上月折旧额	上月增加固定资产		上月减少固定资产		本月应提折旧额
			原值	应提折旧额	原值	应提折旧额	
车间	厂房	5 000					5 000
	机器设备	25 000	100 000	600			25 600
	合计	30 000					30 600
管理部门	房屋建筑物	1 000					1 000
	运输工具	2 000					2 000
	合计	3 000					3 000

企业每月计提的固定资产折旧额，应按照固定资产的使用部门，借记有关成本费用账户，贷记“累计折旧”账户。

根据表5-1中的数据编制如下会计分录：

借：制造费用　　30 600
　　管理费用　　3 000
　贷：累计折旧　　33 600

模块五　固定资产后续支出的核算

固定资产的后续支出指的是固定资产使用过程中发生的更新改造支出、修理费用等。

《企业会计准则第4号——固定资产》规定，与固定资产有关的后续支出，如果使可能流入企业的经济利益超过了原先的估计，如延长了固定资产的使用寿命，或者使产品品质量实质性提高，或者使产品成本实质性降低，则应当计入固定资产账面价值，其增计后的金额不应超过该固定资产的可收回金额。除此以外的后续支出，应当确认为当期费用，不再通过预提或待摊的方式核算。企业在日常核算中应依据上述原则判断固定资产后续支出是应当资本化，还是应当费用化。

在具体实务中，对于固定资产发生的下列各项后续支出，通常的处理方法如下：

（1）固定资产修理费用，应当直接计入当期费用。

（2）固定资产改良支出，应当计入固定资产账面价值，其增计后的金额不应超过该固定资产的可收回金额。

（3）如果不能区分是固定资产修理还是固定资产改良，或固定资产修理和固定资产改良结合在一起，则企业应按上述原则进行判断，其发生的后续支出分别计入固定资产价值或当期费用。

（4）融资租赁方式租入的固定资产发生的固定资产后续支出，比照上述原则处理。

（5）企业因执行旧的《企业会计准则第4号——固定资产》，对固定资产大修理费用的核算方法由原采用预提或待摊方式改为一次性计入当期费用的，其原为固定资产大修理发生的预提或待摊费用余额，应继续采用原有的会计政策，直至冲减或摊销完毕为止；自执行新的《企业会计准则第4号——固定资产》后新发生的固定资产后续支出，再按上述原则处理。

一、资本化的后续支出

企业在发生应资本化的固定资产后续支出时，应先将该固定资产的账面原值、已计提的累计折旧和减值准备转销，将固定资产的账面价值转入“在建工程”账户；然后，将发生的各项后续支出通过“在建工程”账户核算；当发生后续支出的固定资产完工并达到预定可使用状态时，应在后续支出资本化后的固定资产账面价值不超过其可收回金额的范围内，从“在建工程”账户转入“固定资产”账户。

【例5-10】2×21年9月1日，甲公司一条生产线的账面原值为860 000元，累计已计提折旧500 000元。由于生产的产品适销对路，现有生产线的生产能力已难以满足公司生产发展的需要。经研究，公司决定对现有生产线进行扩建，以提高其生产能力。扩建工程从2×21年9月1日起至11月30日止，历时3个月，共支付改建工程款400 000元，支付增值税52 000元。全部款项以银行存款支付。该生产线扩建工程达到预定可使用状态后，预计其使用寿命将延长5年。该生产线已达到预定可使用状态。

在本例中，由于对生产线的扩建支出提高了生产线的生产能力并延长了其使用寿命，因此，此项后续支出应予以资本化，即增加固定资产的账面价值。其账务处理如下：

（1）生产线转入扩建时，根据有关原始凭证，编制如下会计分录：

借：在建工程　360 000

　　累计折旧　500 000

　贷：固定资产　860 000

（2）支付改建工程款时，根据有关原始凭证，编制如下会计分录：

借：在建工程　400 000

　　应交税费——应交增值税（进项税额）　52 000

　贷：银行存款　452 000

（3）生产线扩建工程达到预定可使用状态时，根据有关原始凭证，编制如下会计分录：

借：固定资产　760 000

　贷：在建工程　760 000

二、费用化的后续支出

企业发生的固定资产后续支出，如果不满足固定资产确认条件，即不符合资本化的条件，则应予以费用化，即在发生时直接计入当期损益。固定资产的大修理、中小修理等维护性支出，就属于这种情况。

一般情况下，固定资产投入使用之后，由于固定资产各组成部分的耐用程度不同，可能产生固定资产局部损坏的情况。为了维护固定资产的正常运转和使用，充分发挥其使用效能，企业需要对固定资产进行必要的维护。企业发生的固定资产维护支出是为了确保固定资产处于正常工作状态，它并不导致固定资产性能的改变和固定资产未来经济利益的增加。因此，企业应在固定资产维护支出发生时，根据固定资产的使用地点和用途，直接计入当期损益。在会计处理上，借记“管理费用”“销售费用”“其他业务成本”等账户，贷记“银行存款”等账户。如企业行政管理部门发生的固定资产修理费用等后续支出，借记“管理费用”账户，贷记“银行存款”等账户；企业发生的与专设销售机构的固定资产相关的修理费用等后续支出，借记“销售费用”账户，贷记“银行存款”等账户。

【例 5-11】甲公司对行政管理部门的小轿车进行维修，以银行存款支付维修费 2 300元。

支付维修费时，根据有关原始凭证，编制如下会计分录：

借：管理费用　2 300

　贷：银行存款　2 300

模块六　固定资产处置的核算

一、固定资产终止确认的条件

企业会计准则规定，固定资产满足下列条件之一的，应当予以终止确认：

（1）该固定资产处于处置状态。固定资产处置包括固定资产的出售、转让、报废或毁损、对外投资、非货币性资产交换、债务重组等。处于处置状态的固定资产不再用于生产商品、提供劳务、出租或经营管理，因此不再符合固定资产的定义，应予终止确认。

（2）该固定资产预期通过使用或处置不能产生经济利益。固定资产的确认条件之一是“与该固定资产有关的经济利益很可能流入企业”，如果一项固定资产预期通过使用或处置不能产生经济利益，那么它就不再符合固定资产的定义和确认条件，应予终止确认。

二、固定资产处置的账务处理

（一）账户设置

企业出售、转让、报废固定资产或发生固定资产毁损，应当将处置收入扣除固定资产的账面价值和处置过程中相关税费后的金额计入当期损益。固定资产处置一般通过“固定资产清理”账户进行核算。

（二）账务处理

企业因出售、报废或毁损、对外投资、非货币性资产交换、债务重组等处置固定资产，其会计处理一般经过以下几个步骤：

（1）固定资产转入清理。固定资产转入清理时，按固定资产账面价值，借记“固定资产清理”账户，按已计提的累计折旧，借记“累计折旧”账户，按已计提的减值准备，借记“固定资产减值准备”账户，按固定资产账面余额，贷记“固定资产”账户。

（2）发生清理费用。企业在固定资产清理过程中发生的有关费用以及应支付的相关税费，应借记“固定资产清理”“应交税费——应交增值税（进项税额）”账户，贷记“银行存款”等账户。

（3）出售收入和残料等的处理。企业收回出售固定资产的价款、残料价值和变价收入等，应冲减清理费用。按实际收到的出售价款以及残料变价收入等，借记“银行存款”“原材料”等账户，贷记“固定资产清理”“应交税费——应交增值税（销项税额）”账户。

（4）保险赔偿的处理。企业取得的赔款应视为清理过程中的一项收入，在计算清理净损益时也应一并考虑，借记“其他应收款”等账户，贷记“固定资产清理”“应交税费——应交增值税（销项税额）”账户。

（5）固定资产清理完成后，对清理净损益，应区分不同情况进行账务处理。因固定资产已丧失使用功能或因自然灾害发生毁损等原因而报废清理产生的利得或损失，应计入营业外收支。属于生产经营期间报废清理产生的处理净损失，借记“营业外支出——非流动资产处置损失”（正常原因）或“营业外支出——非常损失”（非正常原因）账户，贷记“固定资产清理”账户；如为净收益，借记“固定资产清理”账户，贷记“营业外收入——非流动资产处置利得”账户。

因出售、转让等原因产生的固定资产处置利得或损失，应计入资产处置收益。确认处置净损失时，借记“资产处置损益”账户，贷记“固定资产清理”账户；如为净收益，借记“固定资产清理”账户，贷记“资产处置损益”账户。

【例5-12】甲企业出售某机器设备，原值为40 000元，累计折旧为20 000元，未计提固定资产减值准备，清理过程中用现金支付清理费用250元（未取得增值税专用发票），取得出售价款25 000元，增值税税额为3 250元，款项已存入银行。

（1）注销机器设备原值和累计折旧时，根据有关原始凭证，编制如下会计分录：

借：固定资产清理　20 000
　　累计折旧　20 000
　贷：固定资产　40 000

（2）支付清理费用时，根据有关原始凭证，编制如下会计分录：

借：固定资产清理　250
　贷：库存现金　250

（3）收取价款和增值税税额时，根据有关原始凭证，编制如下会计分录：

借：银行存款　28 250
　贷：固定资产清理　25 000
　　　应交税费——应交增值税（销项税额）　3 250

（4）结转机器设备清理净损益时，根据有关原始凭证，编制如下会计分录：

机器设备清理净收益=25 000-20 000-250=4 750（元）

借：固定资产清理　4 750
　贷：资产处置损益　4 750

【例5-13】甲公司有一台设备，因使用期满经批准予以报废处理。该设备原值为92 000元，累计已计提折旧70 000元，已计提减值准备2 000元。在清理过程中，以银行存款支付清理费用5 000元、增值税300元；清理过程中残料出售，收取价款1 500元、增值税195元；应收保险公司赔偿款15 000元，增值税900元。该清理过程的账务处理如下：

（1）固定资产转入清理时，根据有关原始凭证，编制如下会计分录：

借：固定资产清理　20 000
　　累计折旧　70 000
　　固定资产减值准备　2 000
　贷：固定资产　92 000

（2）发生清理费用时，根据有关原始凭证，编制如下会计分录：

借：固定资产清理　5 000
　　应交税费——应交增值税（进项税额）　300
　贷：银行存款　5 300

（3）收到残料变价收入时，根据有关原始凭证，编制如下会计分录：

借：银行存款　1 695
　贷：固定资产清理　1 500
　　　应交税费——应交增值税（销项税额）　195

（4）结转应收保险公司赔偿款时，根据有关原始凭证，编制如下会计分录：

借：其他应收款　15 900
　贷：固定资产清理　15 000
　　　应交税费——应交增值税（销项税额）　900

（5）结转固定资产净损益时，根据有关原始凭证，编制如下会计分录：

借：营业外支出——处置非流动资产损失　8 500
　贷：固定资产清理　8 500

模块七 固定资产清查的核算

一、固定资产清查的意义

加强固定资产清查工作，对于加强企业管理、充分发挥会计的监督作用具有重要的意义。

（1）通过固定资产清查，做到账实相符，保证会计信息的真实、可靠，保障各项财产的安全、完整。

（2）通过固定资产清查，揭示固定资产的使用情况，促进企业改善经营管理，挖掘固定资产的潜力，提高资金的使用效能，加速资金的周转。

（3）通过固定资产清查，可以发现经营管理中存在的漏洞，建立健全各项规章制度，提高企业管理水平。

二、固定资产的盘盈

根据《企业会计准则第4号——固定资产》及其应用指南的有关规定，固定资产盘盈应作为前期差错记入“以前年度损益调整”账户，之所以将固定资产盘盈作为前期差错进行会计处理，是因为这些资产尤其是固定资产出现由于企业无法控制的因素而造成盘盈的可能性极小，甚至是不可能的。这些资产如果出现盘盈，必定是企业自身“主观”原因所造成的，或者说是由以前会计期间少记或漏记这些资产等会计差错造成的，所以，应当按照前期差错进行更正处理。通过以前年度损益调整，调整未分配利润，企业的财务报表变得更加透明，这样也能在一定程度上降低人为调整利润的可能性。

【例5-14】甲公司于2×21年6月30日对公司全部的固定资产进行清查，盘盈一台机器设备，该设备同类商品市场价格为60 000元，估计折旧额为50 000元，企业所得税税率为25%。按净利润的10%计提法定盈余公积。该项业务的有关账务处理如下：

（1）盘盈设备时，根据有关原始凭证，编制如下会计分录：

借：固定资产　　10 000

　贷：以前年度损益调整　　10 000

（2）调整所得税时，根据有关原始凭证，编制如下会计分录：

借：以前年度损益调整　　2 500

　贷：应交税费——应交所得税　　2 500

注：“以前年度损益调整”增加了公司以往年度的净利润，税法上也将资产盘盈作为应税收入，税法与会计规定一致，所以要缴纳企业所得税。

（3）结转以前年度损益调整时，根据有关原始凭证，编制如下会计分录：

借：以前年度损益调整　　7 500

　贷：利润分配——未分配利润　　6 750

　　　盈余公积——法定盈余公积　　750

三、固定资产的盘亏

企业在财产清查中盘亏的固定资产，通过“待处理财产损溢——待处理固定资产损溢”账户核算，盘亏造成的损失，扣除各项赔款后，剩余的损失报经批准以后，转入“营业外支出——盘亏损失”账户，计入当期损益。

【例5-15】甲公司在财产清查中发现短缺设备一台，账面原值为80 000元，已提折旧40 000元。后经批准把该固定资产盘亏损失转入营业外支出。

（1）报经批准前，根据有关原始凭证，编制如下会计分录：

借：待处理财产损溢——待处理固定资产损溢　40 000
　　累计折旧　40 000
　贷：固定资产　80 000

（2）报经批准后，根据有关原始凭证，编制如下会计分录：

借：营业外支出　40 000
　贷：待处理财产损溢——待处理固定资产损溢　40 000

模块八　固定资产减值的核算

由于固定资产发生损坏、技术陈旧或其他经济原因，导致固定资产可收回金额低于其账面价值，这种情况称为固定资产减值。固定资产账面价值是指账面余额减去相关的备抵项目后的净额。

一、固定资产期末减值的计价方法

企业会计准则规定，企业的固定资产应当在期末按照账面价值与可收回金额孰低计量，对可收回金额（指资产的销售净价与预期从该资产的持续使用和使用寿命结束时的处置中形成的预计未来现金流量的现值进行比较，两者之间较高者）低于账面价值的差额，应计提固定资产减值准备。

固定资产减值迹象

二、固定资产期末减值的账务处理

（一）账户设置

对于固定资产期末的减值，企业应设置“固定资产减值准备”账户进行核算，该账户的对应账户为“资产减值损失”账户。

（二）账务处理

企业计提固定资产减值准备时，应借记“资产减值损失”账户，贷记“固定资产减值准备”账户。固定资产减值损失一经确认，在以后会计期间不得转回。

【例5-16】2×21年年末，甲公司对其拥有的固定资产进行逐项检查，其中一项生产用设备存在可能发生减值的迹象。该设备账面价值为100 000元，经计算，该设备可收回金额为70 000元，企业则计提固定资产减值准备30 000元。以前年度未对该设备计提过减值准备。根据有关原始凭证，编制如下会计分录：

借：资产减值损失——计提的固定资产减值损失　30 000
　贷：固定资产减值准备　30 000

【复习思考】

1.什么是固定资产？固定资产的特点是什么？

2.固定资产如何分类？

3.固定资产初始取得的账务处理原则和方法有哪些？

4.影响固定资产折旧的因素有哪些？

5. 计提折旧的方法有哪些？如何进行账务处理？

6. 固定资产的后续支出如何处理？

7. 固定资产的处置如何处理？

8. 固定资产的报废和毁损如何进行账务处理？

9. 固定资产减值准备如何确认？如何进行账务处理？

【岗位训练】

1. 甲企业2×19年12月份购入一台需要安装的生产用设备，增值税专用发票上注明的设备价款为100 000元，增值税税率为13%。发生运杂费6 000元，增值税为540元；发生安装费4 000元，增值税为520元。全部款项已用银行存款支付。该设备当月安装完毕并交付使用。该设备预计净残值为10 000元，预计使用年限为5年。

要求：

（1）编制设备入账的相关会计分录。

（2）分别采用双倍余额递减法和年数总和法计算该设备2×20年和2×21年的折旧额。

2. 甲企业是增值税一般纳税人，适用的增值税税率为13%，2×21年10月份发生的有关固定资产业务如下：

（1）5日，购入不需安装的设备一台，该设备价款为100 000元，增值税为13 000元，运费为12 500元（运费的增值税为1 125元），保险费为7 000元。款项均以银行存款支付。

（2）在财产清查过程中发现有未入账的设备一台，该设备的同类商品市场价格为10 000元，估计折旧为3 000元，企业所得税税率为25%。按净利润的10%计提法定盈余公积。

（3）15日，报废一台设备，该设备原值为25 000元，已提折旧24 000元，取得残料收入500元，支付清理费用1 000元（未取得增值税专用发票）。

（4）月末，支付本月固定资产的日常维修费5 000元。

要求：对上述业务做出账务处理。

项目六

无形资产和其他资产核算岗位

学习目标

知识目标： 通过本项目的学习，要求了解无形资产的概念、特征和内容；熟悉无形资产的初始计量及使用寿命的确定；掌握无形资产取得、后续计量、处置的账务处理；掌握研究开发支出的确认及处理原则；掌握无形资产减值的账务处理；熟悉其他资产的核算。

技能目标： 通过本项目的学习，要求能够区分无形资产与有形资产，并正确地计量无形资产的初始成本，能够正确地对无形资产进行摊销及减值处理，掌握无形资产处置的核算。

模块一 无形资产的核算

一、无形资产概述

（一）无形资产的概念及确认条件

无形资产，是指企业拥有或者控制的、没有实物形态的可辨认非货币性资产。

无形资产应当在符合定义的前提下，同时满足下列条件时，才能予以确认：

《企业会计准则第6号——无形资产》

1.与该无形资产有关的经济利益很可能流入企业

所有的资产都要符合确认条件，但是在无形资产中特别强调这个确认条件，因为无形资产在经济利益流入的环节上和其他资产是有区别的，主要表现在无形资产所提供的未来经济利益的不确定性大于其他资产。作为无形资产确认的项目，必须具备产生的经济利益很可能流入企业这一条件。通常情况下，无形资产产生的未来经济利益可能包括在销售商品、提供劳务的收入中，或者企业使用该项无形资产而减少或节约的成本中，或体现在获得的其他利益中。要确定无形资产创造的经济利益是否很可能流入企业，需要对无形资产在预计使用寿命内可能存在的各种经济因素做出合理估计，并且应当有明确的证据支持。例如，企业是否有足够的人力资源、高素质的管理队伍、相关的硬件设备、相关的原材料等来配合无形资产为企业创造经济利益，同时，更为重要的是关注一些外界因素的影响，例如是否存在相关的新技术、新产品冲击与无形资产相关的技术或据其生产的产品的市场状况等。

2.该无形资产的成本能够可靠地计量

成本能够可靠计量是确认资产的一项基本条件，对于无形资产而言，这个条件更为重要。例如，企业自创商誉以及企业内部产生的品牌、报刊名等，因其成本无法可靠计量，所以不应确认为无形资产。以内部产生的品牌为例，往往很难确定为该品牌的创建专门花费的成本，所以品牌不能作为无形资产确认，除非是从外部购入，有明确的代价，才能确认为无形资产。

商誉

（二）无形资产的特征

无形资产具有以下基本特征：

1.由企业拥有或者控制并能为企业带来未来经济利益

企业能够拥有或控制无形资产，并且无形资产预计能为企业带来未来经济利益。如果一项资产在其他方面符合无形资产的定义，但是企业无法控制其带来的未来经济利益，那么该项资产也不能划分为无形资产。例如，一个企业有良好的客户关系，在未来可能带来经济利益，也符合无形资产的其他条件，但是其未来能够带来的经济利益往往是企业难以控制的，所以不能把企业过去积累的客户关系确认为无形资产。

2.不具有实物形态

无形资产通常表现为某种权利、某项技术或是某种获取超额利润的综合能力。它们不具有实物形态，看不见，摸不着。无形资产在很大程度上是通过自身所具有的技术等优势为企业带来未来经济利益的，例如专利权、非专利技术等。不具有实物形态是无形资产区别于存货、固定资产等其他有形资产的显著特征。

3.具有可辨认性

要作为无形资产进行核算，该资产必须是能够区别于其他资产可单独辨认的。无形资产可辨认性的标准有：

（1）能够从企业中分离或者划分出来，并能单独或者与相关合同一起，用于出售、转让、租赁或者交换等。

（2）源自合同性权利或其他法定权利，无论这些权利是否可以从企业或其他权利和义务中转移或者分离。如通过法律程序获得的商标权、专利权、著作权等就属于可辨认资产。

无形资产的定义要求其是可辨认的，以便与商誉清楚地区分开来。所谓商誉，可以简单理解为企业的超额获利能力，从可辨认性角度考虑，商誉是与企业整体价值联系在一起的，无法与企业自身相分离，它是不可辨认的，因此，商誉不属于无形资产。

4.属于非货币性资产

非货币性资产，是指企业持有的货币资金和将以固定或可确定的金额收取的资产以外的其他资产。无形资产由于没有发达的交易市场，一般不容易转化成现金，在持有过程中为企业带来未来经济利益的情况不确定，因此不属于以固定或可确定的金额收取的资产，属于非货币性资产。货币性资产主要有库存现金、银行存款、应收账款、应收票据和短期有价证券等，它们的共同特点是直接表现为固定的货币数额，或在将来收到一定货币数额的权利。无形资产是非货币性资产，这是无形资产区别于应收款项等同样不具有实物形态的货币性资产的显著特征。

短期证券

（三）无形资产的内容

1.专利权

专利权，是指国家专利主管机关依法授予发明创造专利申请人对其发明创造在法定期限内所享有的专有权利，包括发明专利权、实用新型专利权和外观设计专利权。发明，是指对产品、方法或者其改进所提出的新的技术方案。实用新型，是指对产品的形状、构造或者其结合所提出的适于实用的新的技术方案。外观设计，是指对产品的形状、图案或者其结合以及色彩与形状、图案的结合所做出的富有美感并适用于工业应用的新设计。发明专利权的期限为20年，实用新型专利权和外观设计专利权的期限为10年，均自申请日起计算。

2.非专利技术

非专利技术，也称专有技术，是指不为外界所知、在生产经营活动中已采用了的、不享有法律保护的、可以带来经济效益的各种技术和诀窍。非专利技术一般包括工业专有技术、商业贸易专有技术、管理专有技术等。非专利技术用自我保密的方式来维持其独占性，不受专利法的保护，具有经济性、机密性和动态性等特点。

3.商标权

商标是用来辨认特定的商品或劳务的标记。商标权指专门在某类指定的商品或产品上使用特定的名称或图案的权利。经商标局核准注册的商标为注册商标，商标注册人享有商标专用权，受法律保护。注册商标的有效期为10年，自核准注册之日起计算。注册商标有效期满，需要继续使用的，应当在期满前6个月内申请续展注册；在此期间未能提出申请的，可以给予6个月的宽展期。宽展期满仍未提出申请的，注销其注册商标。每次续展注册的有效期为10年。

4.著作权

著作权，又称版权，是指作者对其创作的文学、科学和艺术作品依法享有的某些特殊权利。著作权包括作品署名权、发表权、修改权和保护作品完整权，还包括复制权、发行权、出租权、展览权、表演权、放映权、广播权、信息网络传播权、摄制权、改编权、翻译权、汇编权以及应当由著作权人享有的其他权利。著作权人包括作者和其他依法享有著作权的公民、法人或者其他组织。

5.特许权

特许权，又称经营特许权、专营权，是指企业在某一地区经营或销售某种特定商品的权利，或是一家企业接受另一家企业使用其商标、商号、技术秘密等的权利。特许权通常有两种形式：一种是由政府机构授权，准许企业使用或在一定地区享有经营某种业务的特权，如水、电、邮电通信等专营权，烟草专卖权等；另一种是指企业间依照签订的合同，有限期或无限期使用另一家企业的某些权利，如连锁店分店使用总店的名称等。转让人一般要向受让人提供商标、商号等的使用权，传授专有技术，并负责培训营业人员，提供经营所必需的设备和特殊原料。受让人则需要向转让人支付取得特许权的费用，开业后则按营业收入的一定比例或其他计算方法支付享用特许权的费用。此外，受让人还要为转让人保守商业秘密。

土地出让金

6. 土地使用权

土地使用权，是指国家准许某企业在一定期间内对国有土地享有开发、利用、经营的权利。根据我国土地管理法的规定，我国土地实行公有制，任何单位和个人不得侵占、买卖或者以其他形式非法转让。企业取得土地使用权的方式大致有行政划拨取得、外购取得（例如以缴纳土地出让金的方式取得）及投资者投入取得几种。通常情况下，以缴纳土地出让金等方式外购的土地使用权，以接受投资者投入等方式取得的土地使用权，均作为无形资产核算。

（四）无形资产的初始计量

无形资产通常按实际成本计量，即以取得无形资产并使之达到预定用途而发生的全部支出作为无形资产的成本。对于从不同来源取得的无形资产，其初始成本的构成也不完全相同。因此，无形资产的初始成本应根据不同的取得方式分别确定。

投资性房地产

1. 外购的无形资产

外购的无形资产，其成本包括购买价款、相关税费以及直接归属于使该项资产达到预定用途所发生的其他支出（例如专业服务费用、评估费、审计费、咨询费等）。但是，其成本不包括下列内容：

（1）为引入新产品进行宣传发生的广告费、管理费用及其他间接费用。

（2）无形资产已经达到预定用途以后发生的费用。

外购的无形资产，应按其取得成本进行初始计量。如果购入的无形资产超过正常信用条件延期付款，实质上具有融资性质的，应以购买价款的现值为基础加以确定。

2. 自行开发的无形资产

自行开发的无形资产的成本包括自满足无形资产的确认条件后至达到预定用途前所发生的支出总额，但是对于以前期间已经费用化的支出不再调整。

3. 投资者投入的无形资产

投资者投入的无形资产，其成本应当按照投资合同或协议约定的价值确定，但投资合同或协议约定价值不公允的除外。如果投资合同或协议约定的价值不公允，应以无形资产的公允价值作为其初始成本入账。

4. 非货币性资产交换取得的无形资产

非货币性资产交换取得的无形资产，应按照《企业会计准则第7号——非货币性资产交换》的有关规定确定其成本。

5. 债务重组方式取得的无形资产

债务重组方式取得的无形资产，应按照《企业会计准则第12号——债务重组》的有关规定确定其成本。

6. 接受捐赠取得的无形资产

接受捐赠取得的无形资产，应按以下规定确定其实际成本：

（1）捐赠方提供了有关凭据的，按凭据上标明的金额加上应支付的相关税费，作为实际成本。

（2）捐赠方没有提供有关凭据的，按如下顺序确定其实际成本：①同类或类似无形资产存在活跃市场的，应按根据同类或类似无形资产的市场价格估计的金额加上应支付的相关税费，作为实际成本；②同类或类似无形资产不存在活跃市场的，应按该接受捐赠的无形资产的预计未来现金流量现值，作为实际成本。

活跃市场

二、无形资产取得的账务处理

（一）账户设置

为了核算无形资产的取得、摊销和处置等情况，企业应当设置“无形资产”“研发支出”“累计摊销”等账户。

“无形资产”账户用来核算持有无形资产的成本。其借方登记取得无形资产的成本，贷方登记处置结转的无形资产成本，期末借方余额反映无形资产的成本。该账户可按无形资产项目进行明细核算。

“研发支出”账户用来核算企业进行研究与开发无形资产的过程中发生的各项支出。其借方登记企业自行研发无形资产发生的研发支出，贷方登记结转达到预定用途的研究开发项目已资本化的金额和期末结转该账户归集的费用化金额，期末借方余额反映无形资产研发项目满足资本化条件的支出。该账户可按研发项目区分“费用化支出”和“资本化支出”进行明细核算。

摊销

“累计摊销”账户用来核算对使用寿命有限的无形资产计提的累计摊销。该账户贷方登记企业计提的无形资产摊销，借方登记处置无形资产转出的累计摊销，期末贷方余额反映无形资产的累计摊销额。

此外，企业无形资产发生减值的，还应设置“无形资产减值准备”账户进行核算。

（二）账务处理

1.外购的无形资产

企业外购的无形资产，按应计入无形资产成本的金额，借记“无形资产”账户，根据支付的增值税税额，借记“应交税费——应交增值税（进项税额）”账户，贷记“银行存款”等账户。

【例6-1】甲公司从乙公司购入一项专利权，双方协商确认的不含增值税的价值为600 000元，增值税为36 000元，以银行存款支付。根据以上资料，甲公司编制如下会计分录：

借：无形资产——专利权　600 000
　　应交税费——应交增值税（进项税额）　36 000
　贷：银行存款　636 000

2.自行研究开发的无形资产

企业在自行研究开发无形资产的过程中所发生的研究与开发活动的费用，除了要遵循无形资产确认和初始计量的一般要求外，还需要满足其他特定条件，才能够确认为一项无形资产。首先，为评价内部产生的无形资产是否满足确认标准，企业应当将资产的形成过程分为研究阶段与开发阶段两部分。其次，对于开发过程中发生的费用，在符合一定条件的情况下，才可确认为一项无形资产。在实务工作中，如何划分研究阶段与开发阶段，以及支出是否符合资本化条件，应当根据企业的实际情况以及相关信息予以判断。

关于研发费用的研究阶段与开发阶段的划分

（1）研究阶段和开发阶段的划分。

对于企业自行研究开发的项目，应当区分研究阶段与开发阶段分别进行核算。

①研究阶段，是指为获取并理解新的科学或技术知识而进行的独创性的、有计划的调查。例如，意欲获取知识而进行的活动；研究成果或其他知识的应用研究、评价和最终选择；材料、设备、产品、工序、系统或服务替代品的研究等，均属于研究活动。

研究阶段的两个重要特点是它的计划性和探索性，研究阶段并没有把文字性的调查内容付诸行动，在研究阶段所进行的活动将来是否会转入开发阶段，开发后是否会形成无形资产等具有很大的不确定性，研究阶段的成功概率很难判断，一般成功率很低，因此，研究阶段发生的有关支出应当费用化计入当期损益。

②开发阶段，是指在进行商业性生产或使用前，将研究成果或其他知识应用于某项计划或设计，以生产出新的或具有实质性改进的材料、装置、产品等。例如，生产前或使用前的原型和模型的设计、建造和测试；含新技术的工具、夹具、模具和冲模的设计；不具有商业性生产经济规模的试生产设施的设计、建造和运营；新的或经改造的材料、设备、产品、工序、系统或服务所选定的替代品的设计、建造和测试等，均属于开发活动。

开发阶段的特点在于具有针对性、形成成果的可能性较大。在开发阶段，已经对研究阶段的成果进行具体的应用，很大程度上形成一项新产品或新技术的基本条件已经具备，成功率较高，此时如果企业能够证明满足无形资产的定义及相关确认条件，所发生的开发支出可资本化，确认为无形资产的成本。

（2）开发阶段有关支出资本化的条件。

如果开发阶段的支出同时满足下列条件，应将该支出资本化确认为无形资产的成本：

①完成该无形资产以使其能够使用或出售在技术上具有可行性。企业在判断是否满足该条件时，应以目前阶段的成果为基础，说明在此基础上进一步进行开发所需的技术条件等已经具备，基本上不存在技术上的障碍或其他不确定性，企业在判断时应提供相关的证据和材料。

②具有完成该无形资产并使用或出售的意图。开发某项产品或专利技术产品等是自用还是用于出售，通常由管理当局研发项目的目的或者意图所决定，即研发项目形成成果以后，是为出售，还是为自己使用并从使用中获得经济利益，应当视管理当局的意图而定。因此，企业的管理当局应能够说明其持有拟开发无形资产的目的，并具有完成该项无形资产开发并使其能够使用或出售的可能性。

③很可能为企业带来未来经济利益。如果有关的无形资产在形成以后主要用于形成新产品或新工艺，企业应对运用该无形资产生产的产品市场情况进行估计，应能够证明所生产的产品存在市场，并能够带来经济利益的流入。如果有关的无形资产在形成以后主要用于对外出售，则企业应能够证明市场上存在对该类无形资产的需求，开发以后存在外在的市场可以出售并带来经济利益的流入。如果无形资产在形成以后，不是用于生产产品，也不是用于对外出售，而是在企业内部使用，则企业应能够证明在企业内部使用时对企业的有用性。

④有足够的技术、财务资源和其他资源支持，以完成该无形资产的开发，并有能力使用或出售该无形资产。这一条件主要包括：为完成该项无形资产开发具有技术上的可靠

性；有财务资源和其他资源的支持；能够证明可以取得开发无形资产所需的技术、财务和其他资源，以及企业获得这些资源的相关计划等。

⑤归属于该无形资产开发阶段的支出能够可靠地计量。企业对开发活动发生的支出应单独核算，如开发人员的工资、材料费等，在企业同时从事多项开发活动的情况下，所发生的支出同时用于支持多项开发活动的，应按照一定的标准在各项开发活动之间进行分配，无法明确分配的，应予费用化计入当期损益，不计入开发活动的成本。

（3）自行研发的无形资产的计量。

企业内部研发活动形成的无形资产的成本，由可直接归属于该资产的创造、生产并使该资产能够以管理层预定的方式运作的所有必要支出组成。可直接归属成本包括：开发该无形资产时耗费的材料、劳务成本、注册费，在开发该无形资产过程中使用的其他专利权和特许权的摊销，以及按照借款费用的处理原则可资本化的利息支出。在开发无形资产过程中发生的除上述可直接归属于无形资产开发活动的其他销售费用、管理费用等间接费用，无形资产达到预定用途前发生的可辨认的无效和初始运作损失，为运行该无形资产发生的培训支出等，不构成无形资产的开发成本。

内部开发无形资产的成本仅包括自满足资本化条件的时点至无形资产达到预定用途前发生的支出总和，对于同一项无形资产在开发过程中达到资本化条件之前已经费用化计入当期损益的支出不再进行调整。

（4）内部研发费用的账务处理。

企业内部研究开发无形资产，应当区分研究阶段和开发阶段。

①研究阶段的有关支出在发生时应当全部费用化，计入当期损益（管理费用）。企业应根据其在研究阶段的支出，借记“研发支出——费用化支出”“应交税费——应交增值税（进项税额）”等账户，贷记有关账户；期末，应根据发生的全部研究支出，借记“管理费用”账户，贷记“研发支出——费用化支出”账户。

②开发阶段的有关支出符合资本化条件的应予以资本化，不符合资本化条件的应计入当期损益（管理费用）。企业在开发阶段的支出，要判断其是否符合资本化条件。不符合资本化条件的，借记“研发支出——费用化支出”账户；满足资本化条件的，借记“研发支出——资本化支出”“应交税费——应交增值税（进项税额）”等账户，贷记有关账户；待研究开发项目达到预定用途形成无形资产时，应按“研发支出——资本化支出”账户的余额，借记“无形资产”账户，贷记“研发支出——资本化支出”账户。

③如果确实无法区分是属于研究阶段还是属于开发阶段的支出，应将其所发生的研发支出全部费用化，计入当期损益。

【例6-2】某企业自行开发某项专利技术，研究阶段和开发阶段发生的应予以费用化的支出为100 000元，开发阶段发生的符合资本化条件的支出为300 000元，取得的增值税专用发票上注明的增值税税额为39 000元。开发成功后发生注册登记费10 000元。款项均以银行存款支付。该企业账务处理如下：

（1）发生各项支出时，根据有关原始凭证，编制如下会计分录：

借：研发支出——费用化支出	100 000
——资本化支出	300 000
应交税费——应交增值税（进项税额）	39 000

贷：银行存款　　439 000

（2）期末结转费用化支出时，根据有关原始凭证，编制如下会计分录：

借：管理费用　　100 000

贷：研发支出——费用化支出　　100 000

（3）登记注册后，根据有关原始凭证，编制如下会计分录：

借：无形资产——专利权　　310 000

贷：研发支出——资本化支出　　300 000

银行存款　　10 000

3.投资者投入的无形资产

企业接受投资者投入的无形资产，应按投资合同或协议约定的价值，借记“无形资产”账户，贷记“实收资本”或“股本”账户，但投资合同或协议约定的价值不公允的除外。如果投资合同或协议约定的价值超过投资协议规定的投资额，其差额贷记“资本公积——资本溢价（或股本溢价）”账户。

【例6-3】甲公司接受乙公司以其拥有的专利权作为出资，双方协议约定的价值为160万元，其公允价值为130万元，已办妥相关手续，假定不考虑其他税费。甲公司接受乙公司投资后的注册资本为500万元，乙公司的投资持股比例为12%。甲公司的账务处理为：

借：无形资产——专利权　　1 300 000

贷：实收资本　　600 000

资本公积——资本溢价　　700 000

三、无形资产的后续计量

（一）无形资产后续计量的原则

无形资产初始确认和计量后，在其使用期间内，其成本应当在其有效使用年限内进行系统合理的摊销。无形资产的摊销是指将无形资产在其使用寿命内分期摊入各受益期间的过程。要确定无形资产在使用过程中的累计摊销额，其基础是估计无形资产的使用寿命，只有使用寿命有限的无形资产才需要在估计使用寿命内采用系统合理的方法进行摊销，使用寿命不确定的无形资产则不需要摊销。

1.估计无形资产使用寿命应考虑的因素

估计无形资产使用寿命应考虑的主要因素包括：

（1）该资产通常的产品寿命周期，以及可获得的类似资产使用寿命的信息；

（2）技术、工艺等方面的现实情况及对未来发展的估计；

（3）该资产在该行业运用的稳定性和生产的产品或服务的市场需求情况；

（4）现在或潜在的竞争者预期采取的行动；

（5）为维持该资产产生未来经济利益的能力所需要的维护支出，以及企业预计支付有关支出的能力；

（6）对该资产的控制期限，以及对该资产使用的法律或类似限制，如特许使用期间、租赁期间等

（7）与企业持有的其他资产使用寿命的关联性等。

2.无形资产使用寿命的确定

（1）某些无形资产的取得源自合同性权利或其他法定权利，其使用寿命不应超过合同

性权利或其他法定权利的期限。但如果企业使用资产的预期期限短于合同性权利或其他法定权利规定的期限，则应当按照企业预期使用的期限确定其使用寿命。

（2）如果合同性权利或其他法定权利能够在到期时因续约等原因而延续，那么仅当有证据表明续约不需要付出重大成本时，续约期才能够包括在估计的使用寿命中。

（3）没有明确的合同或法律规定无形资产的使用寿命的，企业应当综合各方面情况来确定无形资产为企业带来未来经济利益的期限。例如，聘请相关专家进行论证、与同行业的情况进行比较，以及参考历史经验等。

如果按照上述方法，仍然无法合理确定无形资产为企业带来经济利益的期限，才能将该无形资产确认为使用寿命不确定的无形资产。

企业至少应当于每年年度终了，对无形资产的使用寿命及摊销方法进行复核。如果有证据表明无形资产的使用寿命及摊销方法与以前的估计不同，则应改变其摊销年限及摊销方法，并按照会计估计变更进行处理；如果有证据表明使用寿命不确定的无形资产，其使用寿命是有限的，则应视为会计估计变更，估计其使用寿命并按照使用寿命有限的无形资产的处理原则进行处理。

（二）使用寿命有限的无形资产

1.摊销期和摊销方法

无形资产的摊销期自其可供使用（达到预定用途）时起至终止确认时止，即无形资产摊销期为：当月增加的无形资产，当月开始摊销；当月减少的无形资产，当月不再摊销。

在无形资产的使用寿命内系统地分摊其应摊销金额存在多种方法，例如直线法、产量法等。企业选择的无形资产摊销方法，应当能够反映与该项无形资产有关的经济利益的预期实现方式，并一致地运用于不同会计期间。无法可靠确定其经济利益预期实现方式的，应当采用直线法进行摊销。

2.残值的确定

使用寿命有限的无形资产，其残值一般为零，但下列情况除外：

（1）有第三方承诺在无形资产使用寿命结束时购买该项无形资产的；

（2）可以根据活跃市场得到无形资产预计残值信息，并且该市场在该项无形资产使用寿命结束时很可能存在。

无形资产存在残值，意味着在其经济寿命结束之前企业预计将会处置该无形资产，并且从该处置中取得利益。估计无形资产的残值应以资产处置时的可收回金额为基础，此时的可收回金额是指在预计出售日，出售一项使用寿命已满且处于类似使用状况下，同类无形资产预计的处置价格（扣除相关税费）。残值确定以后，在持有无形资产的期间，至少应于每年年末进行复核，预计其残值与原估计金额不同的，应按照会计估计变更进行处理。如果无形资产的残值重新估计以后高于其账面价值，则无形资产不再摊销，直至残值降至低于账面价值时再恢复摊销。

3.使用寿命有限的无形资产摊销的账务处理

对于使用寿命有限的无形资产，摊销金额一般应计入当期损益，但如果某项无形资产是专门用于生产某种产品或者其他资产，其所包含的经济利益是通过转入所生产的产品或其他资产中实现的，则无形资产的摊销金额应当计入相关资产的成本。

企业应当设置“累计摊销”账户核算企业对使用寿命有限的无形资产计提的累计摊销

额，企业按期摊销无形资产时，按确定的摊销额，借记“管理费用”“制造费用”“其他业务成本”等账户，贷记“累计摊销”账户。

持有待售的无形资产不进行摊销，按照账面价值与公允价值减去处置费用后的净额孰低进行计量。

【例6-4】甲公司从外单位购得一项非专利技术，不含增值税的价款为4 800万元，增值税为288万元，款项已用银行存款支付，估计该项非专利技术的使用寿命为8年，该项非专利技术用于产品生产，净残值为0。甲公司对其采用直线法进行摊销。其账务处理如下：

（1）取得无形资产时，根据有关原始凭证，编制如下会计分录：

借：无形资产——非专利技术　　48 000 000
　　应交税费——应交增值税（进项税额）　　2 880 000
　贷：银行存款　　50 880 000

（2）按年摊销时，根据有关原始凭证，编制如下会计分录：

借：制造费用——非专利技术　　6 000 000
　贷：累计摊销　　6 000 000

（三）使用寿命不确定的无形资产

如果根据可获得的相关信息，企业无法合理估计某项无形资产的使用寿命，则应将其作为使用寿命不确定的无形资产进行核算。对于使用寿命不确定的无形资产，在持有期间内不需要摊销，但应当在每个会计期间进行减值测试。如经减值测试表明该无形资产已发生减值，则需要计提相应的减值准备，借记“资产减值损失”账户，贷记“无形资产减值准备”账户。

四、无形资产的处置

无形资产的处置，主要是指无形资产出售、对外出租、对外捐赠，或者是无法为企业带来未来经济利益时，应予终止确认并转销。

（一）无形资产的出售

企业出售某项无形资产，表明企业放弃该无形资产的所有权，应将所取得的价款与该无形资产账面价值的差额作为资产处置利得或损失，计入资产处置损益。

企业出售无形资产时，应按实际收到的金额，借记“银行存款”等账户，按已计提的累计摊销，借记“累计摊销”账户，原已计提减值准备的，借记“无形资产减值准备”账户，按其账面余额，贷记“无形资产”账户，按应缴纳的增值税，贷记“应交税费——应交增值税（销项税额）”账户，按其差额，借记或贷记“资产处置损益”账户。

【例6-5】甲公司将其所拥有的某项非专利技术以不含税价600万元出售给乙公司，应交增值税为36万元，该非专利技术的成本为1 000万元，已摊销金额为550万元，已计提减值准备50万元。

根据有关原始凭证，编制如下会计分录：

借：银行存款　　6 360 000
　　累计摊销　　5 500 000
　　无形资产减值准备　　500 000

贷：无形资产——非专利技术　10 000 000
　　应交税费——应交增值税（销项税额）　360 000
　　资产处置损益　2 000 000

（二）无形资产的出租

企业出租某项无形资产，表明企业将所拥有的无形资产的使用权让渡给他人，并收取租金，属于与企业日常活动相关的其他经营活动取得的收入，在满足收入确认条件的情况下，应确认相关的收入及成本，并通过其他业务收支账户进行核算。

企业按照让渡无形资产使用权取得的租金收入，借记“银行存款”等账户，贷记“其他业务收入”“应交税费——应交增值税（销项税额）”等账户；摊销出租无形资产的成本并发生与之有关的各种费用支出时，借记“其他业务成本”账户，贷记“累计摊销”等账户。

【例6-6】甲公司将一项专利技术出租给B企业使用，该专利技术的账面余额为30万元，摊销期限为10年，采用直线法摊销。出租合同规定，承租方每年支付2万元专利技术使用费，增值税为0.12万元。

甲公司的账务处理如下：

（1）收取该项专利技术使用费时，根据有关原始凭证，编制如下会计分录：

借：银行存款　21 200
　贷：其他业务收入　20 000
　　　应交税费——应交增值税（销项税额）　1 200

（2）按年对该项专利技术进行摊销时，根据有关原始凭证，编制如下会计分录：

借：其他业务成本　30 000
　贷：累计摊销　30 000

（三）无形资产的报废

如果无形资产预期不能为企业带来未来经济利益，应将其报废并予以转销，其账面价值转作当期损益。例如，无形资产已被其他新技术所替代或超过法律保护期，不能再为企业带来经济利益，则不再符合无形资产的定义。

转销时，应按已计提的累计摊销，借记“累计摊销”账户；按其账面余额，贷记“无形资产”账户；按其差额，借记“营业外支出”账户。已计提减值准备的，还应同时结转减值准备。

【例6-7】甲公司拥有的某项专利权因被其他新技术所替代，已经不能再为企业带来经济利益，甲公司决定予以转销。转销时，该项专利权的账面余额为400万元，摊销期限为10年，采用直线法进行摊销，已累计摊销240万元。假定该项专利权的残值为零，已累计计提的减值准备为38万元，假定不考虑其他相关因素。

根据有关原始凭证，编制如下会计分录：

借：累计摊销　2 400 000
　　无形资产减值准备　380 000
　　营业外支出——处置非流动资产损失　1 220 000
　贷：无形资产——专利权　4 000 000

五、无形资产的减值

（一）无形资产减值的确定

无形资产减值是指无形资产因给企业带来未来经济利益的能力下降等原因，导致其可收回金额低于账面价值。

企业应当在资产负债表日，对无形资产逐项进行检查，如果发现减值迹象，应当估计无形资产的可收回金额。例如，市价大幅下跌，经营环境以及资产市场发生重大变化，已被其他新技术替代等。可收回金额应根据无形资产的公允价值减去处置费用后的净额与无形资产预计未来现金流量的现值两者中的较高者确定。无形资产的公允价值减去处置费用后的净额与无形资产预计未来现金流量的现值，只要有一项超过了无形资产的账面价值，就表明无形资产没有发生减值。

（二）无形资产减值的会计处理

企业应设置“无形资产减值准备”账户核算无形资产的减值，该账户可按无形资产项目进行明细核算。资产负债表日，无形资产的可收回金额低于账面价值的，应当将无形资产的账面价值减记至可收回金额，按减记的金额，借记“资产减值损失”账户，贷记“无形资产减值准备”账户。

无形资产减值损失一经确认，以后会计期间不得转回。无形资产减值损失确认后，其摊销费用应当在未来期间作相应调整。

处置无形资产时，应同时结转无形资产减值准备。

【例6-8】2×20年12月31日，由于市场情况发生变化，甲公司依托其一项专利权所生产的产品市场份额大幅下降，预计该专利权可收回金额为40万元。该专利权的成本为75万元，已累计摊销30万元。

甲公司的账务处理如下：

该专利权的减值损失=75-30-40=5（万元）

借：资产减值损失	50 000	
贷：无形资产减值准备		50 000

模块二　其他资产的核算

其他资产是指除流动资产、长期投资、固定资产、无形资产等以外的资产，主要包括长期待摊费用和其他长期资产。

一、长期待摊费用

（一）长期待摊费用的概念及特征

长期待摊费用是指企业已经支出但应由本期和以后各期负担的摊销期限在一年以上的各项费用，如以经营租赁方式租入的固定资产的改良支出、经营租入固定资产的租赁费及摊销期限在一年以上的其他待摊费用。应当由本期负担的借款利息、租金等，不得作为长期待摊费用处理。长期待摊费用应单独核算，在费用项目的受益期限内分期平均摊销。

长期待摊费用具有以下主要特征：

（1）长期待摊费用属于非流动资产；

（2）长期待摊费用是企业已经支出的各项费用；

（3）长期待摊费用应能使以后会计期间受益。

（二）长期待摊费用的账户设置

“长期待摊费用”账户用于核算企业已经支出但摊销期限在一年以上（不含一年）的各项费用。在“长期待摊费用”账户下，企业应按费用的种类设置明细账进行明细核算，并在会计报表附注中按照费用项目披露其摊余价值、摊销期限、摊销方式等。该账户期末借方余额，反映企业尚未摊销完毕的长期待摊费用的摊余价值。

（三）长期待摊费用的账务处理

企业发生长期待摊费用时，借记“长期待摊费用”账户，贷记“银行存款”“原材料”等账户。摊销长期待摊费用时，借记“管理费用”“销售费用”等账户，贷记“长期待摊费用”账户。

租入固定资产改良支出应当在租赁期限与预计可使用年限两者孰短的期限内平均摊销。其他长期待摊费用应当在受益期内平均摊销。

【例6-9】2×20年4月1日，甲公司以经营租赁方式租入一项固定资产，租赁期限为5年，该项固定资产尚可使用年限为10年。为了提高该项固定资产的生产效率，该公司于租入时对租赁资产进行了改良，并支付96 000元的改良费用。甲公司的账务处理如下：

（1）发生改良支出时，根据有关原始凭证，编制如下会计分录：

借：长期待摊费用	96 000	
贷：银行存款		96 000

（2）每月摊销时，根据有关原始凭证，编制如下会计分录：

年摊销额=96 000÷5=19 200（元/年）

月摊销额=19 200÷12=1 600（元/月）

借：管理费用	1 600	
贷：长期待摊费用		1 600

二、其他长期资产

其他长期资产是指除流动资产、长期投资、固定资产、无形资产、长期待摊费用等以外的资产，主要包括特种储备物资、银行冻结存款、冻结物资和诉讼中的财产等。

【复习思考】

1. 无形资产具有哪些特征？
2. 如何确认无形资产？
3. 不同来源的无形资产如何进行初始计量？
4. 内部研发的无形资产在开发阶段如何判断应予资本化的支出？
5. 如何确定无形资产的使用寿命？
6. 如何确定使用寿命有限的无形资产的摊销期限和摊销方法？
7. 什么是无形资产处置？怎样进行会计处理？
8. 怎样确认无形资产发生减值？

【岗位训练】

1. 甲公司2×19年1月1日从乙公司购入一项专利权，以银行存款支付买价1 000 000

元、增值税60 000元。该专利权的法定有效期限为10年。假定甲公司于每年年末进行无形资产摊销。2×21年1月1日，甲公司将该专利权出售给丙公司，取得买价900 000元、增值税54 000元，款项已存入银行。

要求：

（1）编制甲公司购入专利权的会计分录。

（2）计算甲公司该项专利权的年摊销额并编制有关会计分录。

（3）编制与该项专利权出售有关的会计分录。

2.A公司2×18年1月1日购入一项无形资产，以银行存款支付买价6 000万元、增值税360万元。2×19年年末和2×20年年末，A公司预计该项无形资产的可收回金额分别为4 000万元和3 556万元。该项无形资产的预计使用年限为10年，按月摊销。A公司于每年年末对无形资产计提减值准备，计提减值准备后，原预计使用年限不变。

要求：假定不考虑其他因素，计算：

（1）A公司2×19年年末和2×20年年末为该无形资产计提的减值准备。

（2）该项无形资产2×21年6月30日的账面价值。

项目七

职工薪酬核算岗位

学习目标

知识目标： 通过本项目的学习，要求明确职工薪酬核算岗位职责和业务流程；了解职工薪酬的内容构成；掌握短期薪酬核算的程序、方法；掌握货币性职工薪酬、非货币性福利及辞退福利的确认和计量方法。

技能目标： 通过本项目的学习，要求能够根据实验操作资料正确计算工资表，办理各种代扣款项，计算应发、实发工资，编制工资结算汇总表；掌握工资分配的核算，编制工资分配汇总表，能正确编制职工薪酬分配和发放的记账凭证。

模块一 职工薪酬核算岗位概述

一、职工薪酬核算岗位的职责与工作任务

职工薪酬核算岗位是重要的会计岗位之一。为了做好职工薪酬的核算工作，企业的会计机构可以按照岗位责任制的要求设置职工薪酬会计岗位。若企业职工人数较多，可以配置专门核算人员，也可聘任兼职人员参与相关工作，但必须遵守不相容职务分离的原则。

（一）职工薪酬核算岗位的职责

职工薪酬核算岗位的主要职责就是要按照国家及各级地方政府法律法规的规定，正确计算职工工资，并按时发放工资；依据国家规定的计提基础和计提标准，计提社会保险费、住房公积金、工会经费和职工教育经费等。

（二）职工薪酬核算岗位的工作任务

（1）严格按照本单位工资、奖金核算办法支付工资和各种奖金，定期组织工资发放。

（2）每月根据经人事部门审核、主管领导审批后的考勤表或计件工资统计表，依据出勤天数、岗位标准、各种补贴和奖金分配方案等有关内容，按照项目和部门归集，正确编制工资结算表，并办理代扣各种款项。

（3）依据国家规定正确提取职工福利费、职工教育经费、工会经费等有关费用，并进行账务处理。

（4）按照工资支付对象和成本核算的要求，编制工资费用分配表，向有关部门提供工资分配的明细资料，并进行工资分配的账务处理。

（5）完成领导交办的其他工作。

二、职工薪酬岗位业务核算程序

职工薪酬岗位业务核算程序如图7-1所示。

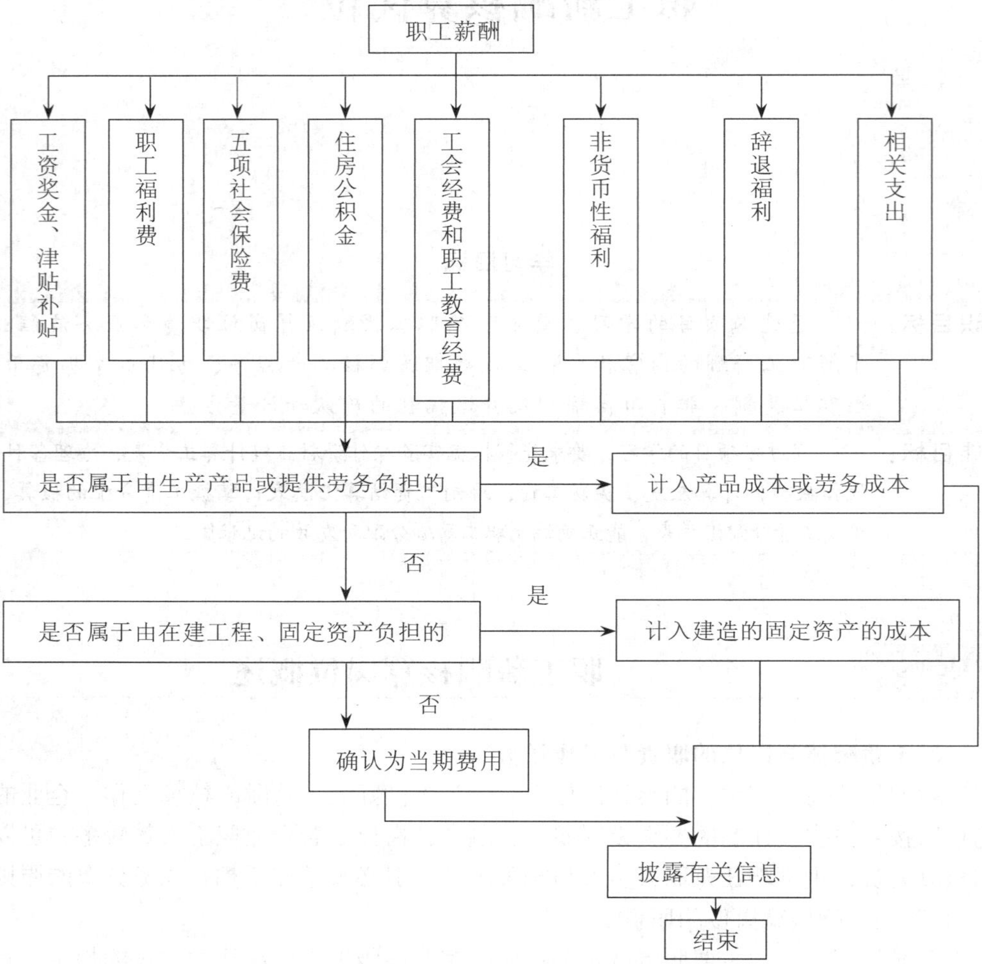

图7-1　职工薪酬岗位业务核算程序

模块二　职工薪酬概述

一、职工薪酬的内容

（一）职工薪酬的概念

职工薪酬是指企业为获得职工提供的服务或解除劳动关系而给予的各种形式的报酬或补偿。根据《企业会计准则第9号——职工薪酬》的规定，职工薪酬包括短期薪酬、离职后福利、辞退福利和其他长期职工福利。企业提供给职工配偶、子女、受赡养人、已故员工遗属及其他受益人等的福利，也属于职工薪酬。

（二）职工的范围

职工薪酬中所指的职工，涵盖的范围非常广泛，具体包括以下三类人员：

（1）与企业订立正式劳动合同的所有人员，含全职、兼职和临时职工。

（2）未与企业订立正式劳动合同，但由企业正式任命的人员，如公司的董事会成员（独立董事）、监事会成员等，尽管有些董事会成员、监事会成员不是本企业员工，未与企业订立劳动合同，但对其发放的津贴、补贴等仍属于职工薪酬。

（3）未与企业订立劳动合同或未由其正式任命，但向企业提供的服务与职工提供的服务类似的人员，包括通过企业与劳务中介公司签订用工合同而向企业提供服务的人员。如企业与咨询机构、中介机构签订了一揽子协议，中介机构组织一些人员为企业提供服务，这些劳务人员也属于职工薪酬中提到的职工的范围。

独立董事

二、短期薪酬

（一）短期薪酬的内容

短期薪酬，是指企业在职工提供相关服务的年度报告期间结束后12个月内需要全部予以支付的职工薪酬，因解除与职工的劳动关系给予的补偿除外。因解除与职工的劳动关系给予的补偿属于辞退福利的范畴。

短期薪酬主要包括以下内容：

（1）职工工资、奖金、津贴和补贴，是指企业按照构成工资总额的计时工资、计件工资、支付给职工的超额劳动报酬等的劳动报酬，为了补偿职工特殊或额外的劳动消耗和因其他特殊原因支付给职工的津贴，以及为了保证职工工资水平不受物价影响支付给职工的物价补贴等。其中，企业按照短期奖金计划向职工发放的奖金属于短期薪酬，按照长期奖金计划向职工发放的奖金属于其他长期职工福利。

（2）职工福利费，是指企业向职工提供的生活困难补助、丧葬补助费、抚恤费、职工异地安家费、防暑降温费等职工福利支出。

（3）医疗保险费、工伤保险费和生育保险费等社会保险费，是指企业按照国家规定的基准和比例计算，向社会保险经办机构缴存的医疗保险费、工伤保险费和生育保险费等。

津贴和补贴的区别

（4）住房公积金，是指企业按照国家规定的基准和比例计算，向住房公积金管理机构缴存的住房公积金。

（5）工会经费和职工教育经费，是指企业为了改善职工文化生活、为职工学习先进技术以及提高文化水平和业务素质，用于开展工会活动、职工教育及职业技能培训等相关的支出。

（6）短期带薪缺勤，是指职工虽然缺勤但企业仍向其支付报酬的安排，包括年休假、病假、婚假、产假、丧假、探亲假等。长期带薪缺勤属于其他长期职工福利。

（7）短期利润分享计划，是指因职工提供服务而与职工达成的基于利润或其他经营成果提供薪酬的协议。长期利润分享计划属于其他长期职工福利。

（8）非货币性福利，是指企业以自产产品或外购商品发给职工作为福利、将自己拥有的资产或租赁的资产无偿提供给职工使用（如提供给企业高级管理人员的汽车、住房等）、为职工无偿提供医疗保健服务，或者向职工提供企业支付了一定补贴的商品或服务等。

（9）其他短期薪酬，是指除上述薪酬以外的其他为获得职工提供的服务而给予的短期薪酬。

（二）一般短期薪酬的确认与计量

企业发生的职工工资、津贴和补贴等短期薪酬，应当根据职工提供服务情况和工资标准等计算应计入职工薪酬的工资总额，并按照受益对象计入当期损益或相关资产成本，借记“生产成本”“制造费用”“管理费用”等账户，贷记“应付职工薪酬”账户。发放时，借记“应付职工薪酬”账户，贷记“银行存款”等账户。

企业为职工缴纳的医疗保险费、工伤保险费、生育保险费等社会保险费和住房公积金，以及按规定提取的工会经费和职工教育经费，应当在职工为其提供服务的会计期间，根据规定的计提基础和计提比例计算确定相应的职工薪酬金额，并确认相关负债，按照受益对象计入当期损益或相关资产成本，借记“生产成本”“制造费用”“管理费用”等账户，贷记“应付职工薪酬”账户。

企业发生的职工福利费，应当在实际发生时根据实际发生额计入当期损益或相关资产成本。企业向职工提供非货币性福利的，应当按照公允价值计量。企业以自产产品作为非货币性福利提供给职工的，应当按照该产品的公允价值和相关税费确定职工薪酬金额，并计入当期损益或相关资产成本。相关收入的确认、成本的结转以及相关税费的处理，与企业正常商品销售的会计处理相同。企业以外购的商品作为非货币性福利提供给职工的，应当按照该商品的公允价值和相关税费确定职工薪酬的金额，并计入当期损益或相关资产成本。

【例7-1】2×20年7月，甲公司当月应发工资为1 560万元，其中：生产部门生产工人工资1 000万元；生产部门管理人员工资200万元；管理部门管理人员工资360万元。

根据甲公司所在地政府的有关规定，甲公司应当分别按照职工工资总额的10%和8%计提并缴存社会保险费和住房公积金。甲公司分别按照职工工资总额的2%和8%计提工会经费和职工教育经费。

假定不考虑其他因素以及所得税的影响。

根据上述资料，甲公司计算其2×20年7月份的职工薪酬金额如下：

应当计入生产成本的职工薪酬金额=1 000+1 000×（10%+8%+2%+8%）=1 280（万元）

应当计入制造费用的职工薪酬金额=200+200×（10%+8%+2%+8%）=256（万元）

应当计入管理费用的职工薪酬金额=360+360×（10%+8%+2%+8%）=460.80（万元）

甲公司有关账务处理如下：

借：生产成本	12 800 000	
制造费用	2 560 000	
管理费用	4 608 000	
贷：应付职工薪酬——工资		15 600 000
——社会保险费		1 560 000
——住房公积金		1 248 000
——工会经费		312 000
——职工教育经费		1 248 000

（三）短期带薪缺勤的确认和计量

带薪缺勤应当根据其性质及职工享有的权利，分为累积带薪缺勤和非累积带薪缺勤两类。企业应当对累积带薪缺勤和非累积带薪缺勤分别进行会计处理。如果带薪缺勤属于长期带薪缺勤，企业应当作为其他长期职工福利处理。

累积带薪缺勤，是指带薪权利可以结转至下期的带薪缺勤，本期尚未用完的带薪缺勤权利可以在未来期间使用。企业应当在职工提供了服务从而增加了其未来享有的带薪缺勤权利时，确认与累积带薪缺勤相关的职工薪酬，并以累积未行使权利而增加的预期支付金额计量。

非累积带薪缺勤，是指带薪权利不能结转至下期的带薪缺勤，本期尚未用完的带薪缺勤权利将予以取消，并且职工离开企业时也无权获得现金支付。我国企业职工休婚假、产假、丧假、探亲假、病假期间的工资通常属于非累积带薪缺勤。企业应当在职工实际发生缺勤的会计期间确认与非累积带薪缺勤相关的职工薪酬。通常情况下，与非累积带薪缺勤相关的职工薪酬已经包括在企业每期向职工发放的工资等薪酬中，因此，不必额外作相应的账务处理。

（四）短期利润分享计划的确认和计量

短期利润分享计划同时满足下列条件的，企业应当确认相关的应付职工薪酬，并计入当期损益或相关资产成本：

（1）企业因过去事项导致现在具有支付职工薪酬的法定义务或推定义务。

（2）因利润分享计划所产生的应付职工薪酬义务能够可靠估计。属于下列三种情形之一的，视为义务金额能够可靠估计：

①在财务报告批准报出之前企业已确定应支付的薪酬金额。

②该利润分享计划的正式条款中包括确定薪酬金额的方式。

③过去的惯例为企业确定推定义务金额提供了明显证据。

企业在计量利润分享计划产生的应付职工薪酬时，应当反映职工因离职而没有得到利润分享计划支付的可能性。如果企业预期在职工为其提供相关服务的年度报告期间结束后12个月内，不需要全部支付利润分享计划产生的应付职工薪酬，该利润分享计划应当适用其他长期职工福利的有关规定。

企业根据经营业绩或职工贡献等情况提取的奖金，属于奖金计划，应当比照短期利润分享计划进行处理。

三、离职后福利

离职后福利，是指企业为获得职工提供的服务而在职工退休或与企业解除劳动关系后提供的各种形式的报酬和福利，短期薪酬和辞退福利除外。企业应当将离职后福利计划分类为设定提存计划和设定受益计划两种类型。

设定提存计划，是指向独立的基金缴存固定费用后，企业不再承担进一步支付义务的离职后福利计划。企业应在资产负债表日确认为换取职工在会计期间内为企业提供的服务而应付给设定提存计划的提存金，并作为一项费用计入当期损益或相关资产成本。

设定受益计划，是指除设定提存计划以外的离职后福利计划。企业应当采用预期累计福利单位法和适当的精算假设，确认和计量设定受益计划所产生的义务。

四、辞退福利

辞退福利，是指企业在职工劳动合同到期之前解除与职工的劳动关系，或者为鼓励职工自愿接受裁减而给予职工的补偿。由于导致义务产生的事项是终止雇佣而不是为获得职工的服务，企业应当将辞退福利作为单独一类职工薪酬进行会计处理。

企业向职工提供辞退福利的，应当在下列两者孰早日确认辞退福利产生的职工薪酬负债，并计入当期损益：（1）企业不能单方面撤回因解除劳动关系计划或裁减建议所提供的辞退福利时；（2）企业确认与涉及支付辞退福利的重组相关的成本或费用时。

企业应当按照辞退计划条款的规定，合理预计并确认辞退福利产生的应付职工薪酬。辞退福利预期在其确认的年度报告期结束后12个月内完全支付的，应当适用短期薪酬的相关规定。辞退福利预期在年度报告期结束后12个月内不能完全支付的，应当适用其他长期职工福利的相关规定。

五、其他长期职工福利

其他长期职工福利，是指除短期薪酬、离职后福利和辞退福利以外的其他所有职工福利，包括长期带薪缺勤、其他长期服务福利、长期残疾福利、长期利润分享计划和长期奖金计划等。

模块三　货币性职工薪酬的核算

为了反映应付职工薪酬的提取、结算和使用等情况，企业应设置“应付职工薪酬”账户进行核算。该账户属于负债类账户，贷方登记分配记入有关成本费用账户的职工薪酬数额，借方登记实际发放的职工薪酬数额。该账户期末贷方余额，反映企业应付而未付的职工薪酬。

企业应当按照“工资、奖金、津贴和补贴”“职工福利”“社会保险费”“住房公积金”“工会经费”‘职工教育经费”“解除职工劳动关系补偿”“非货币性福利”等应付职工薪酬项目进行明细核算。

一、工资的核算

（一）工资结算

1.工资结算的原始凭证

工资结算的原始凭证是计算和发放职工工资的依据，主要有考勤记录、产量记录和工资结算表、工资结算汇总表。

（1）考勤记录。考勤记录是反映每个职工的出勤、缺勤、迟到和早退等情况的记录，是计算计时工资的原始依据。

（2）产量记录。产量记录是反映每个职工或小组在出勤时间内完成的产品产量和耗用工时的记录，是计算计件工资的原始凭证。

（3）工资结算表。工资结算表是反映企业对每位职工的应付工资额、代扣款项和实发工资额的原始凭证。企业应根据劳动工资的规定，结合平时的考勤记录、产量记录等计算出对每位职工的应付工资额、代扣款项和实发工资额，据此编制工资结算表。工资结算表一般按车间或部门设置，每月一张，通常是一式三份：一份交由劳资部门备查；一份发放工资时由职工签字后作为编制记账凭证的依据；一份连同工资发给每一位职工，以便核对。企业可根据本单位的实际需要设计该表的格式和内容。工资结算表的格式可参见表7-1。

表 7-1 **工资结算表**

所属部门：第一车间 2×20年6月30日 单位：元

姓名	基本工资	加班工资	津贴和补贴	奖金	应扣工资		应付工资	代扣款项				实发工资	签收
					病假	事假		保险费	水电费	住房公积金	个税		
孙雯	1 700	50	100	200			2 050	215	40	123		1 672	
赵莉	1 900	120	100	310			2 430	245	20	136		2 029	
张伟	2 400	100	110	275		100	2 785	278		175		2 332	
汪峰	1 800	80	110	226			2 216	223	20	120		1 853	
李平	2 100		105	250	60		2 395	251		147		1 997	
合计	9 900	350	525	1 261	60	100	11 876	1 212	80	701		9 883	

（4）工资结算汇总表。为了总括反映整个企业的工资结算情况，会计部门还应根据各车间、部门的“工资结算表”汇总编制“工资结算汇总表”，以便于分配工资费用和进行账务处理。工资结算汇总表的格式可参见表7-2。

2. 工资结算的账务处理

企业在发放工资前，应按照实发工资合计数提取现金，借记“库存现金”账户，贷记“银行存款”账户；实际发放工资时，借记“应付职工薪酬”账户，贷记“库存现金”账户。如果企业将应发给职工的工资通过银行转账方式直接转入职工的银行存款账户，则不提取现金，应按照实发工资数额，借记“应付职工薪酬”账户，贷记“银行存款”账户。结转代扣款项时，借记“应付职工薪酬”账户，贷记“其他应付款”“应交税费”等账户。

【例7-2】甲公司2×20年6月的工资结算汇总表见表7-2，企业通过银行转账方式发放当月工资。

表 7-2 **工资结算汇总表**

2×20年6月 单位：元

部门名称		应付工资							代扣款项					实发工资
		基本工资	加班工资	津贴和补贴	奖金	扣病假工资	扣事假工资	合计	保险费	水电费	住房公积金	个税	合计	
第一车间	生产人员	7 500	250	415	986	60		9 091	934	80	526		1 540	7 551
	管理人员	2 400	100	110	275		100	2 785	278		175		453	2 332
第二车间	生产人员	8 100	380	536	1 180	80	120	9 996	1 090	120	768		1 978	8 018
	管理人员	2 750	170	240	340			3 500	300		206		506	2 994
企业管理人员		7 000	260	320	1 400			8 980	1 080		614	205	1 899	7 081
销售人员		5 600	330	220	780			6 930	560		392		952	5 978
合计		33 350	1 490	1 841	4 961	140	220	41 282	4 242	200	2 681	205	7 328	33 954

会计主管：王红兵 复核：陈丽梅 制表：肖文丽

（1）按实发工资额开出现金支票，实际发放工资时：

借：应付职工薪酬　　33 954

　贷：银行存款　　33 954

（2）结转各种代扣款项时：

借：应付职工薪酬　　7 328

　贷：其他应付款——代扣住房公积金　　2 681

　　　　　　　　——代扣职工保险费　　4 242

　　应交税费——代扣个人所得税　　205

　　管理费用——水电费　　200

如果职工个人应负担的各种保险费是由企业先垫付，然后再从职工工资中扣回的，则上述会计分录中的“其他应付款——代扣职工保险费”账户应改为“其他应收款——代垫职工保险费”账户。

（二）工资分配

工资作为职工薪酬的组成部分，应根据职工提供服务的受益对象，分配计入相关资产成本或当期损益。其中：生产车间直接生产人员的工资，应记入“生产成本”账户；生产车间管理人员的工资，应记入“制造费用”账户；企业对外提供劳务发生的职工工资，应记入“劳务成本”账户；由在建工程、研发支出负担的职工工资，应记入“在建工程”“研发支出”账户；企业行政管理部门人员的工资，应记入“管理费用”账户；为销售本企业商品而专设的销售机构的职工工资，应记入“销售费用”账户。

除辞退福利外，应付职工薪酬的其他组成部分的分配渠道都与工资分配的渠道相同。

1.工资分配的原始凭证

为了进行工资分配，会计部门应根据“工资结算汇总表”编制“工资分配表”。根据表7-2编制的“工资分配表”见表7-3。

表7-3　　**工资分配表**

应贷账户：应付职工薪酬　　2×20年6月30日　　单位：元

应借账户	生产人员	车间管理人员	销售人员	企业管理人员	合计
生产成本（一车间）	9 091				9 091
生产成本（二车间）	9 996				9 996
制造费用（一车间）		2 785			2 785
制造费用（二车间）		3 500			3 500
销售费用			6 930		6 930
管理费用				8 980	8 980
合计	19 087	6 285	6 930	8 980	41 282

会计主管：王红兵　　复核：陈丽梅　　制表：肖文丽

2.工资分配的账务处理

【例7-3】甲公司2×20年6月份根据“工资结算汇总表”编制的“工资分配表”见表7-3，据此应编制如下会计分录：

借：生产成本——一车间（直接人工）　9 091
　　　　　　——二车间（直接人工）　9 996
　　制造费用——一车间（管理人员工资）　2 785
　　　　　　——二车间（管理人员工资）　3 500
　　销售费用——销售人员工资　6 930
　　管理费用——管理人员工资　8 980
　贷：应付职工薪酬　41 282

二、职工福利费的核算

（一）职工福利费的内容

在我国，企业职工从事生产经营活动除了领取劳动报酬外，还享受一定的福利补助，具体包括以下几个方面：

（1）职工困难补助费。

（2）职工及供养的直系亲属的医药费，本单位医疗部门的全体医务工作人员工资和医务经费，职工因工负伤就医路费等。

（3）本单位职工食堂、浴室工作人员的工资，食堂炊事用具的购买、修理费用。

（4）本单位托儿所、幼儿园工作人员的工资及费用，以及托儿所、幼儿园设备的购置和修理等费用。

（5）职工个人福利补贴，如职工探亲路费、职工上下班交通补贴、职工冬季宿舍取暖补贴等。

（6）企业为职工向商业机构购买的补充养老保险、补充医疗保险、人身意外伤害保险等。

（7）外商投资企业按规定从税后利润中提取的职工奖金及福利基金。

（8）按照国家规定由职工福利基金开支的其他各项支出，如独生子女保健费、职工洗理费、职工死亡丧葬费及抚恤费等。

（二）职工福利费的账务处理

1.职工福利费的支出

企业实际发生各种福利费支出时，借记“应付职工薪酬——职工福利”账户，贷记“银行存款”“库存现金”等账户。

【例7-4】甲公司2×20年11月，以现金支付职工李平生活困难补助费900元、汪丽医疗费1 500元、张伟探亲路费800元。

借：应付职工薪酬——职工福利　3 200
　贷：库存现金　3 200

2.职工福利费的分配

月末，企业按照用途对发生的职工福利费进行分配。分配职工福利费时，借记“生产成本”“制造费用”“销售费用”“在建工程”等账户，贷记“应付职工薪酬——职工福利”账户。

【例 7-5】2×20年11月30日，甲公司根据11月份职工福利费实际开支情况编制“职工福利费分配表”，见表7-4。

表 7-4　　**职工福利费分配表**

2×20年11月30日　　单位：元

借方账户	报销医药费	探亲路费	独生子女保健费	洗理费	合计
生产成本（一车间）	780	420	600	1 000	2 800
生产成本（二车间）	870	500	200	700	2 270
制造费用（一车间）	180		30	190	400
制造费用（二车间）	220		20	160	400
销售费用	300	200	50	260	810
管理费用	5 000	320	800	2 100	8 220
在建工程			20	60	80
合计	7 350	1 440	1 720	4 470	14 980

会计主管：王红兵　　复核：陈丽梅　　制表：肖文丽

上述福利费分配表经会计主管审核无误后，据此编制如下会计分录：

借：生产成本——一车间（直接人工）　2 800
　　　　　——二车间（直接人工）　2 270
　　制造费用——一车间（职工福利费）　400
　　　　　——二车间（职工福利费）　400
　　销售费用——职工福利费　810
　　管理费用——职工福利费　8 220
　　在建工程——职工福利费　80
　贷：应付职工薪酬——职工福利　14 980

三、社会保险费和住房公积金的核算

社会保险费的缴纳比例

（一）社会保险费和住房公积金的特点

国家依法建立社会保险制度，使劳动者在年老、失业、疾病、工伤、生育时获得帮助和经济补偿，保障他们的基本生活和基本医疗。社会保险是国家对劳动者履行的社会责任，它具有强制性、保障性、福利性和普遍性等特点，对于保障广大劳动者的合法利益、维护社会安定、促进社会经济发展具有重要作用。住房公积金是按照国家规定由企业和职工共同负担用于解决职工住房问题的专项资金，也具有保障性、福利性和普遍性的特点。

（二）社会保险费和住房公积金的计提

企业应当按照当地政府规定的缴费工资基数和缴费比例，计提每月应当缴纳的各种社会保险费和应缴存的住房公积金，其中：基本养老保险费、失业保险费、医疗保险费和住房公积金是由企业和职工个人共同负担的费用，其计算公式为：

住房公积金

单位某月应缴纳的社会保险费=该单位月缴费工资基数×单位缴费比例

职工个人某月应缴纳的社会保险费=各职工月缴费工资基数×个人缴费比例

单位某月住房公积金提存金额=该单位上年度月平均纳税工资总额×单位提存比例

职工个人某月住房公积金提存金额=该职工上年度月平均纳税工资额×个人提存比例

（三）社会保险费和住房公积金的账务处理

1.社会保险费和住房公积金缴纳的账务处理

企业缴纳社会保险费和住房公积金时，应根据职工负担部分，借记“其他应付款”（适用于先扣后付的情况）或“其他应收款”（适用于先垫后收的情况）账户，根据企业负担部分，借记“应付职工薪酬——社会保险费”“应付职工薪酬——住房公积金”账户，根据缴纳的全部社会保险费和住房公积金，贷记“银行存款”账户。

【例7-6】2×20年5月，甲公司计提及缴纳的各种社会保险费：企业负担150 000元，职工个人负担52 000元；住房公积金：企业负担72 000元，职工个人负担72 000元。根据“银行划款通知”“社会保险费电子转账凭证”“住房公积金汇储书”等原始凭证，编制如下会计分录：

借：其他应付款——代扣社会保险费	52 000	
——代扣住房公积金	72 000	
应付职工薪酬——社会保险费	150 000	
——住房公积金	72 000	
贷：银行存款		346 000

本例中，职工个人应负担的社会保险费和住房公积金采取先从职工工资中扣除再支付给有关部门的方式，即“先扣后付”。

2.社会保险费和住房公积金分配的核算

应由企业负担的社会保险费和住房公积金，应在职工为其提供服务的会计期间，根据职工工资的一定比例计算，并按照规定的用途进行分配，借记“生产成本”“制造费用”“管理费用”“销售费用”“在建工程”等账户，贷记“应付职工薪酬——社会保险费（或住房公积金）”账户。

【例7-7】2×20年6月30日，甲公司根据“工资结算汇总表”或“工资分配表”（见表7-2或表7-3）编制“社会保险费和住房公积金计算分配表”，见表7-5。

根据表7-5，编制如下会计分录：

（1）分配社会保险费时：

借：生产成本——一车间（直接人工）	3 045.49
——二车间（直接人工）	3 348.66
制造费用——一车间（社会保险费）	932.98
——二车间（社会保险费）	1 172.50

表7-5　**社会保险费和住房公积金计算分配表**

应贷账户：应付职工薪酬　2×20年6月30日　金额单位：元

项目 应借账户	计算基数	医疗保险费（10%）	养老保险费（20%）	失业保险费（2%）	工伤保险费（1.5%）	保费小计	住房公积金（8%）	合计
生产成本（一车间）	9 091	909.10	1 818.20	181.82	136.37	3 045.49	727.28	3 772.77
生产成本（二车间）	9 996	999.60	1 999.20	199.92	149.94	3 348.66	799.68	4 148.32
制造费用（一车间）	2 785	278.50	557.00	55.70	41.78	932.98	222.80	1 155.78
制造费用（二车间）	3 500	350.00	700.00	70.00	52.50	1 172.50	280.00	1 452.50
销售费用	6 930	693.00	1 386.00	138.60	103.95	2 321.55	554.40	2 875.95
管理费用	8 980	898.00	1 796.00	179.60	134.70	3 008.30	718.40	3 726.70
合计	41 282	4 128.20	8 256.40	825.64	619.24	13 829.48	3 302.56	17 132.04

借：销售费用——社会保险费　2 321.55

　　管理费用——社会保险费　3 008.30

　贷：应付职工薪酬——社会保险费　13 829.48

（2）分配住房公积金时：

借：生产成本——一车间（直接人工）　727.28

　　　　　　——二车间（直接人工）　799.68

　　制造费用——一车间（住房公积金）　222.80

　　　　　　——二车间（住房公积金）　280.00

　　销售费用——住房公积金　554.40

　　管理费用——住房公积金　718.40

　贷：应付职工薪酬——住房公积金　3 302.56

四、工会经费和职工教育经费的核算

（一）工会经费和职工教育经费的有关规定

工会经费是按照国家规定由企业负担的用于工会活动方面（如组织职工进行文体娱乐活动等）的经费，按照《中华人民共和国企业所得税法实施条例》的规定，企业用于工会经费方面的开支应控制在当年职工工资薪金总额的2%范围之内。

职工教育经费是按国家规定由企业负担的用于职工教育方面（如职工技能培训、继续教育等方面）的经费，按照财政部与国家税务总局联合发布的《关于企业职工教育经费税前扣除政策的通知》，企业发生的职工教育经费支出，不超过工资薪金总额8%的部分，准予在计算企业所得税应纳税所得额时扣除，超过部分准予在以后纳税年度结转扣除。

（二）工会经费和职工教育经费的账务处理

1.工会经费的账务处理

按照《中华人民共和国工会法》的规定，建立工会组织的企业，应按每月全部职工工资总额的2%向工会拨缴经费。因此，工会经费的核算一般包括工会经费的计提和拨缴两个方面。企业计提工会经费时，借记“生产成本”“管理费用”等有关账户，贷记“应付职工薪酬——工会经费”账户。企业的工会作为独立法人，一般可以在银行独立开户，实行独立核算。企业划拨工会经费时，借记“应付职工薪酬——工会经费”账户，贷记“银行存款”账户。如果企业的工会经费由企业代管，则在发生工会经费支出时，借记“应付职工薪酬——工会经费”账户，贷记“库存现金”账户。

2.职工教育经费的账务处理

企业因职工参加继续教育、技能培训等发生教育经费支出时，借记“应付职工薪酬——职工教育经费”账户，贷记“库存现金”“银行存款”等账户；月末将当月发生的职工教育经费进行汇总后，借记“生产成本”“管理费用”等有关账户，贷记“应付职工薪酬——职工教育经费”账户。

【例7-8】2×20年6月末，甲公司根据“工资结算汇总表”或“工资分配表”（见表7-2或表7-3），编制“工会经费和职工教育经费计算分配表”，见表7-6。

表7-6　**工会经费和职工教育经费计算分配表**

应贷账户：应付职工薪酬　2×20年6月　单位：元

项目 应借账户	计算基数	工会经费（2%）	职工教育经费（8%）	合计（10%）
生产成本（一车间）	9 091	181.82	727.28	909.10
生产成本（二车间）	9 996	199.92	799.68	999.60
制造费用（一车间）	2 785	55.70	222.80	278.50
制造费用（二车间）	3 500	70.00	280.00	350.00
销售费用	6 930	138.60	554.40	693.00
管理费用	8 980	179.60	718.40	898.00
合计	41 282	825.64	3 302.56	4 128.20

根据表7-6，编制如下会计分录：

借：生产成本——一车间（直接人工）　909.10
　　　　　——二车间（直接人工）　999.60
　　制造费用——一车间　278.50
　　　　　——二车间　350.00
　　销售费用　693.00
　　管理费用　898.00
　贷：应付职工薪酬——工会经费　825.64
　　　　　　　——职工教育经费　3 302.56

模块四　非货币性职工薪酬的核算

一、非货币性职工薪酬的内容

企业向职工提供的非货币性职工薪酬主要包括：企业以其自产产品作为非货币性福利发放给职工，企业将拥有的房屋等资产无偿提供给职工使用，企业租赁住房等资产供职工无偿使用，以及向职工提供企业支付了补贴的商品或服务等。

二、非货币性职工薪酬的账务处理

（一）以自产产品作为福利发放给职工

企业以自产产品作为福利发放给职工，在会计核算上，一方面应根据受益对象，按照产品的公允价值，计入相关资产或当期损益，同时确认应付职工薪酬；另一方面应确认主营业务收入，同时结转相关成本，涉及增值税销项税额的，还应进行相应的账务处理。

【例7-9】2×20年12月，甲公司将自产的400台电暖器作为福利发放给在职职工，其中300台发给车间一线生产人员，40台发给车间管理人员，60台发给公司管理人员。每台电暖器的生产成本为800元，市场售价为1 000元，适用的增值税税率为13%。甲公司有关会计处理如下：

（1）根据受益对象进行分配时：

借：生产成本（300×1 000（1+13%））　339 000
　　制造费用（40×1 000×（1+13%））　45 200
　　管理费用（60×1 000×（1+13%））　67 800
　贷：应付职工薪酬——非货币性福利　452 000

（2）确认收入，同时结转成本时：

借：应付职工薪酬——非货币性福利　452 000
　贷：主营业务收入　400 000
　　　应交税费——应交增值税（销项税额）　52 000
借：主营业务成本　320 000
　贷：库存商品　320 000

（二）将拥有的资产无偿提供给职工使用

将企业拥有的房屋等资产无偿提供给职工使用的，应当根据受益对象将该房屋等资产每期应计提的折旧计入相关资产成本或当期损益，同时确认应付职工薪酬。

【例7-10】甲公司为总部各部门经理级别以上职工提供汽车免费使用，该公司总部共有部门经理以上职工30名，每人提供一辆汽车免费使用，假定每辆汽车每月计提折旧500元。甲公司每月应作如下账务处理：

借：管理费用　15 000
　贷：应付职工薪酬——非货币性福利　15 000
借：应付职工薪酬——非货币性福利　15 000
　贷：累计折旧　15 000

（三）租赁住房等资产供职工无偿使用

企业租赁住房等资产供职工无偿使用的，应当按照受益对象，按每期的租金，借记有关成本费用账户，贷记“应付职工薪酬——非货币性福利”账户；支付有关租金时，借记“应付职工薪酬——非货币性福利”账户，贷记“银行存款”等账户。

【例7-11】甲公司为副总裁以上高级管理人员每人租赁一套住房免费使用，月租金共计38 000元，租金以银行存款支付。甲公司有关账务处理如下：

（1）将每月的租金计入管理费用时，根据有关原始凭证，编制如下会计分录：

借：管理费用	38 000	
贷：应付职工薪酬——非货币性福利		38 000

（2）每月支付住房租金时，根据有关原始凭证，编制如下会计分录：

借：应付职工薪酬——非货币性福利	38 000	
贷：银行存款		38 000

模块五 辞退福利的核算

一、辞退福利的确认及计量

（一）辞退福利的确认

企业在职工劳动合同到期之前解除与职工的劳动关系，或者为鼓励职工自愿接受裁减而提出给予补偿的建议，同时满足下列条件的，其辞退福利应当计入当期管理费用，并确认应付职工薪酬：

（1）企业已经制订正式的解除劳动关系计划或提出自愿裁减建议，并即将实施。该计划或建议应当包括拟解除劳动关系或裁减的职工所在部门、职位及数量；根据有关规定按工作类别或职位确定的解除劳动关系或裁减补偿金额，拟解除劳动关系或裁减的时间。

（2）企业不能单方面撤回解除劳动关系计划或裁减建议。正式的辞退计划或建议应当经过批准。

（二）辞退福利的计量

企业应当根据职工薪酬和或有事项准则的规定，严格按照辞退计划条款的规定，合理预计并确认辞退福利产生的负债。辞退福利的计量因辞退计划中职工有无选择权而有所不同：

（1）对于职工没有选择权的辞退计划，应当根据计划条款规定拟解除劳动关系的职工数量、每一职位的辞退补偿等计提应付职工薪酬（预计负债）。

（2）对于自愿裁减建议，因接受裁减的职工数量不确定，企业应当参照或有事项的规定，预计将会接受裁减建议的职工数量，根据预计的职工数量和每一职位的辞退补偿等计提应付职工薪酬（预计负债）。

（3）实质性辞退工作在一年内实施完毕，但补偿款项超过一年支付的辞退计划，企业应当选择恰当的折现率，以折现后的金额计量应付职工薪酬。

二、辞退福利的账务处理

企业确认辞退福利时，应当按照预计负债的金额，借记“管理费用”账户，贷记“应付职工薪酬——辞退福利”账户；实际支付时，按照支付的补偿金额，借记“应付职工薪酬——辞退福利”账户，贷记“银行存款”“库存现金”等账户。

【例7-12】2×20年12月，乙电视机厂为了能在下一年顺利转产，企业管理层制订了一项辞退计划，自2×21年1月1日起，以职工自愿方式辞退平面直角系列彩电生产车间职工。辞退计划的详细内容均已与职工沟通，并达成一致意见，该项辞退计划确定的解除劳动关系或裁减补偿金额共计150万元。正式的辞退计划已于2×20年12月15日正式批准，并将于2×21年度内实施完毕，乙电视机厂不能单方面撤回该辞退计划。乙电视机厂的有关会计分录如下：

（1）2×20年12月，根据经批准的辞退计划确认辞退福利负债时：

借：管理费用　　1 500 000

　贷：应付职工薪酬——辞退福利　　1 500 000

（2）2×21年度内实际支付辞退福利时：

借：应付职工薪酬——辞退福利　　1 500 000

　贷：银行存款（或库存现金）　　1 500 000

【复习思考】

1. 什么是职工薪酬？职工薪酬包括哪些内容？

2. 短期薪酬包括哪些内容？应付短期薪酬如何确认？

3. “应付职工薪酬”账户如何设置明细账户？

4. 如何编制“工资结算表”和“工资分配表”？

5. 应付职工薪酬应当如何核算？

【岗位训练】

1. 丙公司为一家彩电生产企业，共有职工200名，其中170名为直接参加生产的职工，30名为总部管理人员。2×21年2月，公司以其生产的成本为每台10 000元的液晶彩电作为福利发放给每名职工。该型号液晶彩电的售价为每台14 000元。丙公司适用的增值税税率为13%。

要求：编制相关的会计分录。

2. 乙公司5月份工资结算汇总表见表7-7。企业根据工资结算汇总表进行薪酬结算。发放薪酬后，一车间交回职工逾期未领薪酬7 800元。

要求：根据资料，编制职工薪酬结算（包括提现、发放薪酬、结算代垫代扣款、支付代扣款等业务）与分配有关的会计分录。

3. 根据上题工资结算汇总表（见表7-7），计算乙公司当月应计提的工会经费和职工教育经费。工会经费和职工教育经费计算分配表见表7-8。

（1）根据本月工资总额，按2%的比例计提工会经费。

（2）根据本月工资总额，按8%的比例计提职工教育经费。

（3）签发支票向工会支付工会经费。

要求：

（1）计算工会经费和职工教育经费；

（2）编制应付工会经费、职工教育经费的有关会计分录。

表7-7

工资结算汇总表

2×20年5月　　单位：元

单位和人员类别	计时工资	奖金	津贴和补贴	加班工资	缺勤扣款		应付职工薪酬	代扣款项		实际发放薪酬
					事假旷工	病假		代垫费用	代扣费用	
一车间	131 000	27 000	34 000	12 000	2 000	1 000	201 000	5 000	6 000	190 000
生产工人	114 000	24 000	30 000	12 000	2 000	1 000	177 000	4 000	4 000	169 000
管理人员	17 000	3 000	4 000				24 000	1 000	2 000	21 000
二车间	286 000	80 000	124 000	13 000	1 000	1 000	501 000	11 000	10 000	480 000
生产工人	255 000	75 000	115 000	13 000	1 000	1 000	456 000	10 000	8 000	438 000
管理人员	31 000	5 000	9 000				45 000	1 000	2 000	42 000
机修车间	75 000	12 000	21 000				108 000	2 000	1 000	105 000
生产工人	65 000	10 000	18 000				93 000	2 000	1 000	90 000
管理人员	10 000	2 000	3 000				15 000			15 000
企业管理部门	108 000	17 000	24 000				149 000	2 000	2 000	145 000
合计	600 000	136 000	203 000	25 000	3 000	2 000	959 000	20 000	19 000	920 000

表7-8

工会经费和职工教育经费计算分配表

2×20年5月　　金额单位：元

车间或部门		工资总额	计提比例（ %）	工会经费	计提比例（ %）	职工教育经费
一车间	生产工人					
	管理人员					
二车间	生产工人					
	管理人员					
机修车间	生产工人					
	管理人员					
企业管理部门						
合计						

项目八

筹资核算岗位

学习目标

知识目标： 通过本项目的学习，要求掌握筹资的概念和特点；了解筹资的方式；掌握短期借款和长期借款的核算；掌握应付债券的账务处理；掌握所有者投资的账务处理；掌握资本公积的账务处理。

技能目标： 通过本项目的学习，要求熟悉筹资核算岗位职责；掌握短期借款和长期借款的借入、计息及归还的账务处理；掌握应付债券发行、计息及归还的账务处理；掌握所有者权益的取得或形成以及减少的账务处理。

模块一 筹资核算岗位概述

一、筹资核算岗位的职责与工作任务

（一）筹资核算岗位的职责

筹资核算岗位主要通过研究相关信息，对企业所处的资本市场和政策变动情况进行全面评估和分析；管理现有筹资渠道相关工作；开发新的筹资渠道；负责企业经营所需资金的筹划工作，策划组织相关的筹资活动；完成企业的筹资任务；分析企业财务状况，分析并评价企业的资本负债结构。

（二）筹资核算岗位的工作任务

筹资核算岗位的工作任务主要包括：办理借款的计价与核算、办理应付债券的计价与核算、办理长期应付款的计价与核算、办理所有者权益的计价与核算。

二、筹资岗位业务的核算程序

筹资岗位业务的核算程序如图8-1所示。

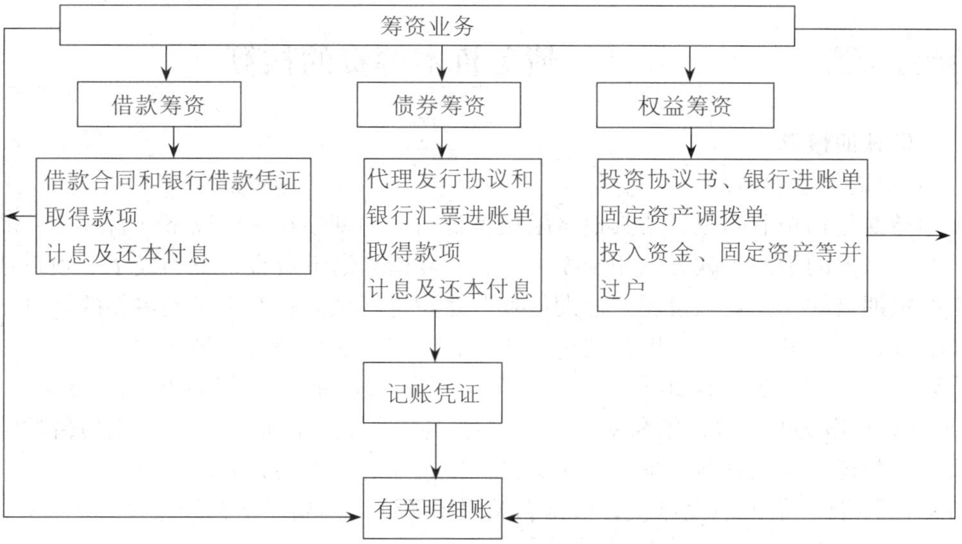

图8-1　筹资岗位业务的核算程序

模块二　筹资概述

一、筹资的概念

筹资是企业向外部和内部筹措生产经营所需资金的一种财务活动，是财务管理的首要环节。

二、筹资的方式

企业筹集的资金可按多种标准分类：按资金使用期限长短不同，分为短期资本和长期资本；按所筹资金的权益性质不同，分为债务资本和权益资本；按筹资活动是否通过金融机构，分为直接筹资和间接筹资；按资金取得方式不同，分为内部筹资和外部筹资。下面重点介绍债务资本和权益资本。

（一）债务资本筹资

债务资本筹资是指公司以负债方式借入并到期偿还的资金，包括短期借款、长期借款、应付债券、长期应付款等。债务资本的筹资工作由公司财务部统一负责，经财务部批准，分支机构也可以办理借款。

（二）权益资本筹资

权益资本筹资包括吸收直接投资和发行股票两种筹资方式。吸收直接投资是指公司以协议等形式吸收其他企业和个人投资的筹资方式。发行股票筹资是指公司通过发行股票筹集资本的方式。

债务资本筹资与权益资本筹资的目的都是帮助企业融资，区别在于性质不同：债务资本筹资是资产负债表的负债项目，权益资本筹资是资产负债表的权益项目；债务资本成本低、风险高，权益资本成本高、风险低；二者在会计处理上是不相同的，由此导致在税赋、资金流转、财务费用等方面也各不相同。

模块三　债务资本筹资的核算

一、借款的核算

（一）短期借款的核算

短期借款是指企业向银行或其他金融机构等借入的期限在一年以下（含一年）的各种借款。企业借入的短期借款无论用于哪方面，只要借入这笔资金，就构成了一项负债。对于发生的短期借款，企业应设置"短期借款"账户进行核算；对于短期借款的利息，企业应当按照应计的金额，借记"财务费用"账户，贷记"应付利息"等账户。

【例 8-1】 甲公司于 2×20 年 1 月 1 日向银行借入一笔生产经营用短期借款，共计 240 000 元；期限为 8 个月，年利率为 8%。根据与银行签署的借款协议，该项借款的本金到期后一次归还；利息分月预提，按季支付。甲公司的有关会计处理如下：

（1）1 月 1 日，借入短期借款，根据有关原始凭证，编制如下会计分录：

借：银行存款　　240 000
　贷：短期借款　　240 000

（2）1 月末，计提 1 月份应计利息，编制如下会计分录：

借：财务费用　　1 600
　贷：应付利息（240 000×8%÷12）　　1 600

2 月末计提 2 月份利息费用的处理与 1 月份相同。

（3）3 月末，支付第一季度银行借款利息，根据有关原始凭证，编制如下会计分录：

借：财务费用　　1 600
　　应付利息　　3 200
　贷：银行存款　　4 800

第二季度的会计处理同上。

（4）9 月 1 日，偿还银行借款本金，根据有关原始凭证，编制如下会计分录：

借：短期借款　　240 000
　　应付利息　　3 200
　贷：银行存款　　243 200

（二）长期借款的核算

长期借款是指企业从银行或其他金融机构借入的期限在一年以上（不含一年）的借款。企业借入各种长期借款时，按实际收到的款项，借记"银行存款"账户；按取得长期借款的本金，贷记"长期借款——本金"账户；二者如果有差额，借记"长期借款——利息调整"账户。

资产负债表日，企业应按长期借款的摊余成本和实际利率计算确定的长期借款利息费用，借记"在建工程""财务费用""制造费用"等账户，按借款本金和合同利率计算确定的应付未付利息，贷记"应付利息"或"长期借款——应计利息"账户，按其差额，贷记"长期借款——利息调整"账户。

企业归还长期借款时，按归还的长期借款本金，借记"长期借款——本金"账户，按转销的利息调整金额，贷记"长期借款——利息调整"账户，按实际归还的款项，贷记"银行存款”账户，按借贷双方之间的差额，借记“在建工程”“财务费用”“制造费用”等账户。

【例8-2】甲公司于2×20年1月1日从银行借入人民币借款400 000元，用于扩建厂房。该笔借款期限为3年、年利率为10%、按复利计息、到期一次还本付息。厂房扩建工程于2×21年1月1日达到预定可使用状态（假定资产达到预定可使用状态以前的利息费用全部予以资本化）。甲公司与长期借款有关的账务处理如下：

（1）2×20年1月1日，借入长期借款时，根据有关原始凭证，编制如下会计分录：

借：银行存款　400 000

　贷：长期借款——本金　400 000

（2）2×20年12月31日，计提借款利息时，根据有关原始凭证，编制如下会计分录：

应计利息=400 000×10%=40 000（元）

借：在建工程　40 000

　贷：长期借款——应计利息　40 000

（3）2×21年12月31日，计提借款利息时，根据有关原始凭证，编制如下会计分录：

应计利息=（400 000+40 000）×10%=44 000（元）

借：财务费用　44 000

　贷：长期借款——应计利息　44 000

（4）2×22年12月31日，计提借款利息时，根据有关原始凭证，编制如下会计分录：

应计利息=（400 000+40 000+44 000）×10%=48 400（元）

借：财务费用　48 400

　贷：长期借款——应计利息　48 400

（5）2×23年1月1日，还本付息时，根据有关原始凭证，编制如下会计分录：

借：长期借款——本金　400 000

　　　　　——应计利息　132 400

　贷：银行存款　532 400

二、发行债券的核算

（一）一般公司债券

1.公司债券的发行

企业发行的超过一年期以上的债券，构成了企业的长期债务。公司债券的发行方式有三种，即面值发行、溢价发行、折价发行。假设其他条件不变，债券的票面利率高于同期银行存款利率时，可按超过债券票面价值的价格发行，称为溢价发行。溢价是企业以后各期多付利息而事先得到的补偿。如果债券的票面利率低于同期银行存款利率，可按低于债券面值的价格发行，称为折价发行。折价是企业以后各期少付利息而事先付出的代价。如果债券的票面利率与同期银行存款利率相同，可按票面价格发行，称为面值发行。溢价或折价是发行债券企业在债券存续期间内对利息费用的一种调整。

债券发行

无论是按面值发行，还是溢价发行或折价发行，均按债券面值记入“应付债券”账户的“面值”明细账户，实际收到的款项与面值之间的差额，记入“利息调整”明细账户。企业发行债券时，按实际收到的款项，借记“银行存款”“库存现金”等账户，按债券票面价值，贷记“应付债券——面值”账户，按实际收到的款项与票面价值之间的差额，贷记或借记“应付债券——利息调整”账户。

2. 利息调整的摊销

利息调整应在债券存续期间内采用实际利率法进行摊销。实际利率法是指按照应付债券的实际利率计算其摊余成本及各期利息费用的方法。实际利率是指将应付债券在债券存续期间的未来现金流量，折现为该债券当前账面价值所使用的利率。

资产负债表日，对于分期付息、一次还本的债券，企业应按应付债券的摊余成本和实际利率计算确定的债券利息费用，借记“在建工程”“制造费用”“财务费用”等账户，按票面利率计算确定的应付未付利息，贷记“应付利息”账户，按其差额，借记或贷记“应付债券——利息调整”账户。

【例8-3】2×20年12月31日，甲公司经批准发行4年期一次还本、分期付息的公司债券1 000万元，债券利息在每年12月31日支付，票面利率为年利率6%。假定债券发行时的市场利率为4%。甲公司该批债券实际发行价格为1 100万元。甲公司采用实际利率法计算利息费用。

根据上述资料，甲公司的账务处理如下：

（1）2×20年12月31日，发行债券时，根据有关原始凭证，编制如下会计分录：

借：银行存款　　11 000 000

　贷：应付债券——面值　　10 000 000

　　　　　　——利息调整　　1 000 000

（2）2×21年12月31日，计提利息费用时，根据有关原始凭证，编制如下会计分录：

借：财务费用　　440 000

　　应付债券——利息调整　　160 000

　贷：应付利息　　600 000

借：应付利息　　600 000

　贷：银行存款　　600 000

（3）2×22年12月31日，计提利息费用时，根据有关原始凭证，编制如下会计分录：

借：财务费用　　433 600

　　应付债券——利息调整　　166 400

　贷：应付利息　　600 000

借：应付利息　　600 000

　贷：银行存款　　600 000

（4）2×23年12月31日，计提利息费用时，根据有关原始凭证，编制如下会计分录：

借：财务费用　　426 900

　　应付债券——利息调整　　173 100

　贷：应付利息　　600 000

借：应付利息　　600 000

　贷：银行存款　　600 000

（5）2×24年12月31日，归还债券本金及最后一期利息费用时，根据有关原始凭证，编制如下会计分录：

借：财务费用　99 500
　　应付债券——利息调整　500 500
　贷：应付利息　600 000
借：应付债券——面值　10 000 000
　　应付利息　600 000
　贷：银行存款　10 600 000

对于一次还本付息的债券，企业应于资产负债表日按摊余成本和实际利率计算确定的债券利息费用，借记“在建工程”“制造费用”“财务费用”等账户，按票面利率计算确定的应付未付利息，贷记“应付债券——应计利息”账户，按其差额，借记或贷记“应付债券——利息调整”账户。

3. 债券的偿还

企业发行的债券通常分为到期一次还本付息或一次还本、分期付息两种。采用一次还本付息方式的，企业应于债券到期支付债券本息时，借记“应付债券——面值”“应付债券——应计利息”账户，贷记“银行存款”账户。采用一次还本、分期付息方式的，在每期支付利息时，借记“应付利息”账户，贷记“银行存款”账户；债券到期偿还本金并支付最后一期利息时，借记“应付债券——面值”“在建工程”“财务费用”“制造费用”等账户，贷记“银行存款”账户，按借贷方之间的差额，借记或贷记“应付债券——利息调整”账户。

（二）可转换公司债券

我国发行可转换公司债券采取记名式、无纸化发行方式，债券的最短期限为3年，最长期限为6年。企业发行的可转换公司债券在“应付债券”账户下设置“可转换公司债券”明细账户进行核算。

企业发行可转换公司债券时，应按实际收到的款项，借记“银行存款”等账户，按可转换债券的面值，贷记“应付债券——可转换公司债券——面值”账户，按权益成分的公允价值，贷记“其他权益工具”账户，按借贷双方之间的差额，借记或贷记“应付债券——可转换公司债券——利息调整”账户。

【例8-4】甲公司于2×20年1月1日发行面值为300 000元、票面利率为4%、5年期的可转换公司债券，用于企业经营周转。规定每年12月31日支付利息。发行2年后可按每1 000元面值转换为该企业每股面值为1元的普通股600股。实际发行价格为287 013元，市场利率为5%。已知不附转换权时，该债券的发行价格为274 726元，市场利率为6%。假定没有发生交易费用。该公司采用实际利率法确定债券的摊余成本。

根据以上资料，进行如下会计处理：

转换权价值=287 013−274 726=12 287（元）

利息调整借差=300 000−274 726=25 274（元）

（1）2×20年1月1日，发行债券时：

借：银行存款　287 013
　　应付债券——可转换公司债券——利息调整　25 274
　贷：应付债券——可转换公司债券——面值　300 000
　　　其他权益工具　12 287

（2）2×20年12月31日，支付利息时：

实付利息=300 000×4%=12 000（元）

利息费用=274 726×6%=16 484（元）

借：财务费用　　16 484

　贷：银行存款　　12 000

　　应付债券——可转换公司债券——利息调整　　4 484

模块四　权益资本筹资的核算

一、投资者投入资本的核算

股权筹资

（一）投资者投入资本的基本内容

1.投资者投入资本的概念

投资者投入资本是指所有者在企业注册资本的范围内实际投入的资本，是出资人作为资本实际投入企业的资金数额，进一步划分为实收资本与资本公积。

2.投资者投入资本的特点

实收资本是投资者投入资本形成法定资本的价值，所有者向企业投入的资本，在一般情况下无须偿还，可以长期使用。实收资本的构成比例，即投资者的出资比例或股东的股份比例，通常是确定所有者在企业所有者权益中所占的份额和参与企业财务经营决策的基础，也是企业进行利润分配或股利分配的依据，同时还是企业清算时确定所有者对净资产的要求权的依据。

3.账户设置

企业应当设置“实收资本”账户核算企业接受投资者投入的实收资本，股份有限公司应设置“股本”账户。投资者可以用现金投资，也可以用现金以外的其他有形资产投资，符合国家规定比例的，还可以用无形资产投资。企业收到投资时，一般应作如下会计处理：投资人以现金投资的，应在实际收到或者存入企业开户银行时，按实际收到的金额，借记“银行存款”账户；以实物资产投资的，应在办理实物产权转移手续时，借记有关资产账户；以无形资产投资的，应按照合同、协议或公司章程规定移交有关凭证时，借记“无形资产”账户；按投入资本在注册资本或股本中所占份额，贷记“实收资本”或“股本”账户；按其差额，贷记“资本公积——资本溢价”或“资本公积——股本溢价”等账户。

4.投入方式

按照《中华人民共和国公司法》的规定，有限责任公司的股东可以用货币出资，也可以用实物、知识产权、土地使用权等可以用货币估价并可以依法转让的非货币财产作价出资；但是，法律、行政法规规定不得作为出资的财产除外。

（二）增资的账务处理

1.企业增加资本的一般途径

企业增加资本的途径一般有三条：一是将资本公积转为实收资本或者股本。会计上应借记“资本公积——资本溢价”或“资本公积——股本溢价”账户，贷记“实收资本”或

"股本"账户。二是将盈余公积转为实收资本。会计上应借记"盈余公积"账户，贷记"实收资本"或"股本"账户。三是所有者（包括原企业所有者和新投资者）投入。企业接受投资者投入资本，应借记"银行存款""固定资产""无形资产""长期股权投资"等账户，贷记"实收资本"或"股本"等账户。

【例8-5】甲、乙、丙共同出资设立ABC有限责任公司，公司注册资本为30 000 000元，甲、乙、丙的持股比例分别为50%、30%和20%。2×20年1月5日，ABC有限责任公司如期收到各投资者一次性缴足的款项。

根据上述资料，ABC有限责任公司应作如下账务处理：

借：银行存款	30 000 000	
贷：实收资本——甲		15 000 000
——乙		9 000 000
——丙		6 000 000

【例8-6】甲公司发行普通股20 000 000股，每股面值为1元，发行价格为每股6元。股款120 000 000元已经全部收到。

根据上述资料，甲公司应作如下账务处理：

应计入股本的金额=20 000 000×1=20 000 000（元）

应计入资本公积的金额=20 000 000×（6-1）=100 000 000（元）

借：银行存款	120 000 000	
贷：股本		20 000 000
资本公积——股本溢价		100 000 000

【例8-7】ABC公司由甲、乙二人共同投资设立，原注册资本为2 000万元。甲、乙出资分别为1 500万元和500万元。为了扩大经营规模，经批准，ABC公司按照原出资比例将资本公积500万元转增资本。

根据上述资料，ABC公司应作如下账务处理：

借：资本公积	5 000 000	
贷：实收资本——甲		3 750 000
——乙		1 250 000

2.股份有限公司发放股票股利

股份有限公司采用发放股票股利的方式实现增资的，应在办理增资手续后，借记"利润分配——转作股本的股利"账户，贷记"股本"账户。

3.可转换公司债券持有人行使转换权利

可转换公司债券持有人行使转换权利，将其持有的债券转换为股票，按可转换公司债券的余额，借记"应付债券——可转换公司债券（面值、利息调整）"账户，按其权益成分的金额，借记"应付债券""其他权益工具""应付利息"（若有尚未支付的应付利息）账户，按股票面值和转换的股数计算的股票面值总额，贷记"股本"账户，按其差额，贷记"资本公积"账户。

4.企业将重组债务转为资本

企业将重组债务转为资本的，应按重组债务的账面余额，借记"应付账款"等账户，按债权人因放弃债权而享有本企业股份的面值总额，贷记"实收资本"或"股本"账户，按股份的公允价值总额与相应的实收资本或股本之间的差额，贷记或借记“资本公积——资本溢价”或“资本公积——股本溢价”账户，按重组债务的账面价值与股份的公允价值总额之间的差额，贷记“营业外收入——债务重组利得”账户。

（三）减资的账务处理

企业实收资本减少的原因大体有两种：一是资本过剩；二是企业发生重大亏损而需要减少实收资本。企业因资本过剩而减资，一般要发还股款。有限责任公司和一般企业发还投资的会计处理比较简单，按法定程序报经批准减少注册资本的，借记“实收资本”账户，贷记“库存现金”“银行存款”等账户。

股份有限公司由于采用的是发行股票的方式筹集股本，发还股款时，则要回购发行的股票，发行股票的价格与股票面值可能不同，回购股票的价格也可能与发行价格不同，其会计处理较为复杂。股份有限公司因减少注册资本而回购本公司股票的，应按实际支付的金额，借记“库存股”账户，贷记“银行存款”等账户。注销库存股时，应按股票面值和注销股数计算的股票面值总额，借记“股本”账户，按注销库存股的账面余额，贷记“库存股”账户，按其差额，冲减股票发行时原计入资本公积的溢价部分，借记“资本公积——股本溢价”账户，回购价格超过上述冲减“股本”“资本公积——股本溢价”账户的部分，应依次借记“盈余公积”“利润分配——未分配利润”等账户；如回购价格低于回购股票所对应的股本，所注销库存股的账面余额与所冲减股本的差额作为增加股本溢价处理，按回购股票所对应的股本面值，借记“股本”账户，按注销库存股的账面余额，贷记“库存股”账户，按其差额，贷记“资本公积——股本溢价”账户。

【例8-8】甲公司截至2×20年12月31日共发行股票3 000万股，股票面值为每股1元。资本公积（股本溢价）为600万元，盈余公积为400万元。经股东大会批准，甲公司以银行存款回购本公司股票300万股并注销。假定甲公司按照每股4元回购股票，不考虑其他因素，甲公司的会计处理如下：

库存股的成本=300×4=1 200（万元）

借：库存股	12 000 000	
贷：银行存款		12 000 000
借：股本	3 000 000	
资本公积——股本溢价	6 000 000	
盈余公积	3 000 000	
贷：库存股		12 000 000

【例8-9】承【例8-8】，假定甲公司以每股0.9元回购股票，其他条件不变。甲公司的会计处理如下：

库存股的成本=300×0.9=270（万元）

借：库存股	2 700 000	
贷：银行存款		2 700 000
借：股本	3 000 000	
贷：库存股		2 700 000
资本公积——股本溢价		300 000

由于甲公司以低于面值的价格回购股票，股本与库存股成本的差额30万元应作为增加资本公积处理。

二、其他权益工具的核算

其他权益工具，是指企业发行的除股票以外的归类为权益工具的各类金融工具，如企业发行的分类为权益工具的优先股等。

如果企业有其他权益工具，则需要在所有者权益类账户中增设“其他权益工具——优先股”“其他权益工具——永续债”等账户核算该类业务。企业发行权益工具收到的价款登记在该账户的贷方。

由于发行的金融工具原合同条款约定的条件或事项随着时间的推移或经济环境的改变而发生变化，导致原归类为权益工具的金融工具重分类为金融负债的，应当于重分类日，按该工具的账面价值，借记“其他权益工具——优先股、永续债等”账户，按该工具的面值，贷记“应付债券——优先股、永续债等（面值）”账户，按该工具的公允价值与面值之间的差额，借记或贷记“应付债券——优先股、永续债等（利息调整）”账户，按该工具的公允价值与账面价值的差额，贷记或借记“资本公积——资本溢价（或股本溢价）”账户，如资本公积不够冲减的依次冲减盈余公积和未分配利润。发行方以重分类日计算的实际利率作为应付债券后续计量利息调整等的基础。

由于发行的金融工具原合同条款约定的条件或事项随着时间的推移或经济环境的改变而发生变化，导致原归类为金融负债的金融工具重分类为权益工具的，应于重分类日，按金融负债的面值，借记“应付债券——优先股、永续债等（面值）”账户，按利息调整余额，借记或贷记“应付债券——优先股、永续债等（利息调整）”账户，按金融负债的账面价值，贷记“其他权益工具——优先股、永续债等”账户。

发行方按合同条款约定将发行的除普通股以外的权益工具转换为普通股的，按该工具对应的其他权益工具的账面价值，借记“其他权益工具”账户，按普通股的面值，贷记“实收资本（或股本）”账户，按其差额，贷记“资本公积——资本溢价（或股本溢价）”账户（如转股时金融工具的账面价值不足转换为1股普通股而以现金或其他金融资产支付，还需按支付的现金或其他金融资产的金额，贷记“银行存款”等账户）。

【例8-10】某公司发行归类为权益工具的可转换优先股180万股，实际收到的价款为252万元，其账务处理如下：

借：银行存款	2 520 000	
贷：其他权益工具——优先股		2 520 000

【例8-11】承【例8-10】，可转换优先股全部转换为普通股36万股，每股面值为1元，其账务处理如下：

借：其他权益工具——优先股	2 520 000	
贷：股本		360 000
资本公积——股本溢价		2 160 000

三、资本公积的核算

（一）资本公积概述

资本公积是指企业收到投资者的超出其在企业注册资本（或股本）中所占份额的投资，以及直接计入所有者权益的利得和损失等。资本公积实质上是来自投资者或其他方面的不构成企业实收资本却由全体所有者享有的非收益积累的资金。

1.资本公积的内容

资本公积包括资本（或股本）溢价及其他资本公积。

资本（或股本）溢价包括有限责任公司的资本溢价和股份有限公司的股本溢价两部分。资本溢价是企业投资者投入的资金超过其在注册资本中所占份额的部分。股本溢价是企业实际收到的股本大于注册资本的金额。

其他资本公积是指除资本（或股本）溢价以外所形成的资本公积。原计入其他资本公积且最终会转入损益类账户的内容（即原直接计入所有者权益的利得和损失）现计入其他综合收益。

2.资本公积的用途

资本公积主要用于转增资本（或股本），按照公司法的规定，资本公积转为资本（或股本）时，所留存的资本公积不得少于转增前公司注册资本的25%。

企业按规定程序增资时，应按转增前的实收资本（或股本）的结构或比例，将转增的金额记入“实收资本”（或“股本”）账户下各个所有者的明细分类账户。

3.资本公积的特点

（1）资本公积主要产生于公司投资人的投资和捐赠人的捐入。作为一种来自公司外部的非借入资本，资本公积与实收资本统称为“投入资本”。

（2）资本公积作为实收资本以外的投入资本，显然具有“准资本”特征。公司增资扩股时资本公积可以转增资本。

（3）资本公积与留存收益均由全体所有者享有，但与留存收益不同的是，资本公积不是公司收益的积累。

（二）资本公积的账务处理

1.资本（或股本）溢价

投资者经营的企业（不含股份有限公司），投资者依其出资份额对企业经营决策享有表决权，依其所认缴的出资额对企业承担有限责任。明确记录投资者认缴的出资额，真实地反映各投资者对企业享有的权利与承担的义务，是会计处理应注意的问题。为此，会计上应设置“实收资本”账户，核算企业投资者按照公司章程所规定的出资比例实际缴付的出资额。在企业创立时，出资者认缴的出资额全部记入“实收资本”账户。

在企业有新的投资者加入时，为了维护原有投资者的权益，新加入的投资者的出资额，并不一定全部作为实收资本处理。投资者投入的资本中按其投资比例计算的出资额部分，应记入“实收资本”账户，大于部分应记入“资本公积”账户。

例如，某有限责任公司由甲、乙、丙三位股东各自出资100万元设立。设立时的实收资本为300万元。经过3年的经营，该企业留存收益为150万元。这时又有丁投资者有意加入该企业，并表示愿意出资180万元，而仅占该企业股份的25%。在会计处理时，将丁股东投入资金中的100万元记入“实收资本”账户，其余80万元记入“资本公积”账户。

股份有限公司是以发行股票的方式筹集股本的，股票是企业签发的证明股东按其所持股份享有权利和承担义务的书面证明。由于股东按其所持企业股份享有权利和承担义务，为了反映和便于计算各股东所持股份占企业全部股本的比例，企业的股本总额应按股票的面值与股份总数的乘积计算。国家规定，实收股本总额应与注册资本相等。因此，为提供企业股本总额及其构成以及注册资本等信息，在采用与股票面值相同的价格发行股票的情况下，企业发行股票取得的收入，应全部记入“股本”账户；在采用溢价发行股票的情况下，企业发行股票取得的收入，相当于股票面值的部分记入“股本”账户，超出股票面值的溢价收入记入“资本公积”账户。委托证券商代理发行股票而支付的手续费、佣金等，应从溢价发行收入中扣除，企业应按扣除手续费、佣金后的数额记入“资本公积”账户。

【例8-12】甲公司委托B证券公司代理发行普通股4 000 000股，每股面值为1元，按每股1.2元的价格发行。公司与受托单位约定，按发行收入的3%收取手续费，从发行收入中扣除。假如收到的股款已存入银行。根据上述资料，甲公司应作如下会计处理：

公司收到受托发行单位交来的款项=4 000 000×1.2×（1-3%）=4 656 000（元）

应记入“资本公积”账户的金额=溢价收入-发行手续费

=4 000 000×（1.2-1）-4 000 000×1.2×3%=656 000（元）

借：银行存款　　4 656 000

　贷：股本　　4 000 000

　　　资本公积——股本溢价　　656 000

2.其他资本公积

其他资本公积，是指除资本（或股本）溢价项目以外所形成的资本公积，其核算的主要内容包括：

（1）权益结算的股份支付在等待期内确认的成本费用金额；以权益结算的股份支付换取职工或其他方提供服务的，应按照确定的金额，记入“管理费用”等账户，同时增加资本公积（其他资本公积）。在行权日，应按实际行权的权益工具数量计算确定的金额，借记“资本公积——其他资本公积”账户，按计入实收资本或股本的金额，贷记“实收资本”或“股本”账户，并将其差额记入“资本公积——资本溢价”或“资本公积——股本滥价”账户。

（2）权益法核算的长期股权投资中，投资方应享有被投资单位实现的除净损益、其他综合收益和利润分配以外的所有者权益的其他变动金额的份额。

3.资本公积转增资本

经股东大会或类似机构决议，用资本公积转增资本时，应冲减资本公积，同时按照转增前的实收资本（或股本）的结构或比例，将转增的金额记入“实收资本”（或“股本”）账户下各所有者的明细分类账。

四、其他综合收益的核算

直接计入所有者权益的利得和损失，通过“其他综合收益”账户核算。其他综合收益，是指企业根据其他会计准则的规定未在当期损益中确认的各项利得和损失，包括以后会计期间不能重分类进损益的其他综合收益和以后会计期间满足规定条件时将重分类进损益的其他综合收益两类。

以后会计期间不能重分类进损益的其他综合收益项目，主要包括重新计量设定受益计划净负债或净资产导致的变动、按照权益法核算因被投资单位重新计量设定受益计划净负债或净资产变动导致的权益变动，投资企业按持股比例计算确认的该部分其他综合收益项目，以及在初始确认时，企业可以将非交易性权益工具指定为以公允价值计量且其变动计入其他综合收益的金融资产，指定后不得撤销，即当该类非交易性权益工具终止确认时原计入其他综合收益的公允价值变动损益不得重分类进损益。

以后会计期间满足规定条件时将重分类进损益的其他综合收益项目，主要包括：

（1）以公允价值计量且其变动计入其他综合收益的债权性投资的公允价值变动。

（2）按照金融工具准则的规定，将以公允价值计量且其变动计入其他综合收益的债务工具投资重分类为以摊余成本计量的金融资产的，或重分类为以公允价值计量且其变动计入当期损益的金融资产的，按规定可以将原计入其他综合收益的利得或损失转入当期损益的部分。

（3）按照权益法核算的在被投资单位以后会计期间在满足规定条件时将重分类进损益的其他综合收益中所享有的份额。

（4）存货或自用房地产转换为投资性房地产。企业将作为存货的房地产转换为采用公允价值模式计量的投资性房地产时，应当按该项房地产在转换日的公允价值，借记“投资性房地产——成本”账户，原已计提跌价准备的，借记“存货跌价准备”账户，按其账面余额，贷记‘开发产品”等账户；同时转换日的公允价值小于账面价值的，按其差额，借记“公允价值变动损益”账户，转换日的公允价值大于账面价值的，按其差额，贷记“其他综合收益”账户。

企业将自用的建筑物等转换为采用公允价值模式计量的投资性房地产时，应当按该项房地产在转换日的公允价值，借记“投资性房地产——成本”账户，原已计提减值准备的，借记“固定资产减值准备”账户，按已计提的累计折旧等，借记“累计折旧”等账户，按其账面余额，贷记“固定资产”等账户；同时，转换日的公允价值小于账面价值的，按其差额，借记“公允价值变动损益”账户，转换日的公允价值大于账面价值的，按其差额，贷记“其他综合收益”账户。待该项投资性房地产处置时，因转换计入其他综合收益的部分应转入当期损益。

（5）现金流量套期工具产生的利得或损失中属于有效套期的部分。

（6）外币财务报表折算差额。按照外币折算的要求，企业在处置境外经营的当期，将已列入合并财务报表所有者权益的外币报表折算差额中与该境外经营相关部分，自其他综合收益项目转入处置当期损益。如果是部分处置境外经营，应当按处置的比例计算处置部分的外币报表折算差额，转入处置当期损益。

此外，与上述事项相关的所得税影响也应计入其他综合收益。

【复习思考】

1. 什么叫筹资？筹资的方式有哪些？

2. 简述筹资核算岗位的职责和工作任务。

3. 简述债务资本筹资和权益资本筹资的异同。

【岗位训练】

1. 某企业借入6个月的银行借款600 000元，年利率为6%，按月预提利息，到期一次还本付息。

要求：编制相关的会计分录。

2. 某企业向银行借入一笔借款800 000元用于建造厂房。建设期内该项借款发生利息支出80 000元，另在厂房投入使用后的2年还款期内又发生利息支出共计140 000元。

要求：根据上述资料，编制相关的会计分录。

3.某公司原注册资本为400万元，A投资者希望加入，为了占有该公司注册资本10%的份额，A投资者投入10万元现金和一台机器，双方确认的该机器的价值为45万元。该公司原投资者同意接纳A投资者加入，加入后的注册资本为500万元，已将现金收存银行，并已对机器进行验收。

要求：根据上述资料，编制该公司接受追加投资的会计分录。

4.甲公司2×20年1月1日发行在外的普通股为11 600万股，每股面值为1元，资本公积（股本溢价）为6 000万元，盈余公积为900万元。2×20年，经股东大会批准，以现金回购本公司发行的股票1 600万股并注销。回购时，每股股票回收价为5元。回购后，甲公司将库存股注销。

要求：编制甲公司回购股票业务的会计分录。

项目九

投资核算岗位

学习目标

知识目标： 通过本项目的学习，要求掌握企业投资的明细分类核算和投资收益的考核；掌握新准则下金融资产的特点及账务处理。

技能目标： 通过本项目的学习，要求掌握交易性金融资产的取得，现金股利、利息的处理和期末计价；掌握债权投资的取得和后续计量的核算；掌握其他债权投资的取得和后续计量的核算；掌握长期股权投资核算的成本法、权益法，并注意它们的区别。

模块一 投资核算岗位概述

一、投资核算岗位的职责与工作任务

（一）投资核算岗位的职责

投资核算岗位的职责主要包括：在上级的领导下，进行资本市场分析；负责对投资项目的可行性进行研究，负责设计评审工作；参与投资项目谈判，与合作伙伴、主管部门和潜在客户保持良好的业务关系；对投资项目进行财务调查、财务测算、成本分析和敏感性分析；具体承揽投资项目，并设计方案，组织实施，定期汇报工作进度；及时向上级汇报对投资项目的行为产生重大影响的事件或变动信息；在上级的领导下，收缴投资项目收益；收集、整理投资项目档案，建立、维护投资信息库；参加部门的有关管理会议，参与重大业务及管理决策；对特定机构的资本市场和证券变动进行全面评估。

（二）投资核算岗位的工作任务

投资核算岗位的工作任务主要包括：拟定投资资金管理和核算办法；编制投资计划；负责资金调度；负责企业各项投资的明细分类核算；负责投资收益的考核分析；编制资金

报表。

二、投资岗位业务核算程序

投资岗位业务的核算程序如图9-1所示。

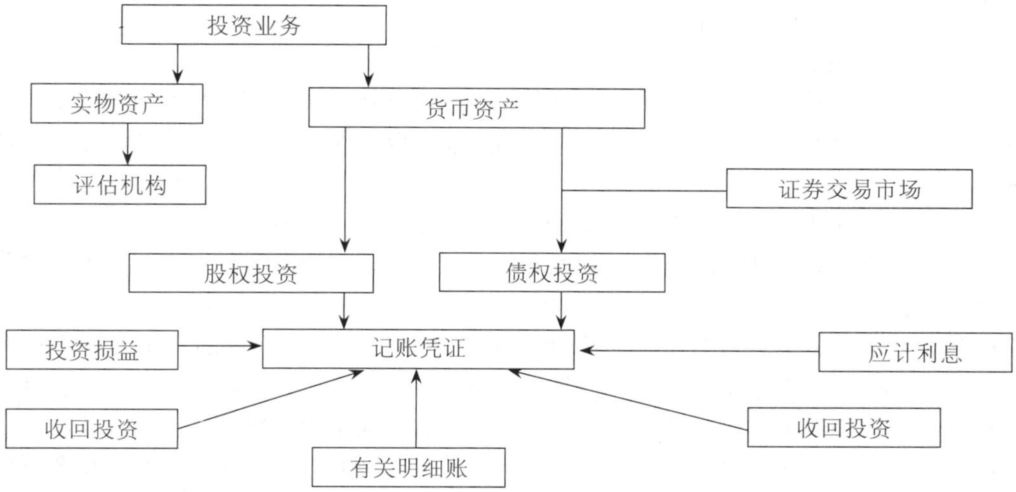

图9-1　投资岗位业务的核算程序

模块二　金融资产概述

一、金融资产的概念

金融资产，是指企业持有的现金、其他方的权益工具以及符合下列条件之一的资产：

（1）从其他方收取现金或其他金融资产的合同权利（如银行存款、应收账款、应收票据和贷款等）。

（2）在潜在有利条件下，与其他方交换金融资产或金融负债的合同权利（如看涨期权或看跌期权）。

（3）将来须用或可用企业自身权益工具进行结算的非衍生工具合同，且企业根据该合同将收到可变数量的自身权益工具。

（4）将来须用或可用企业自身权益工具进行结算的衍生工具合同，但以固定数量的自身权益工具交换固定金额的现金或其他金融资产的衍生工具合同除外。其中，企业自身权益工具不包括应当按照金融工具列报准则分类为权益工具的可回售工具或发行方仅在清算时才有义务向另一方按比例交付其净资产的金融工具，也不包括本身就要求在未来收取或交付企业自身权益工具的合同。

本项目不涉及以下金融资产的会计处理：

（1）长期股权投资（即企业对外能够形成控制、共同控制和重大影响的股权投资）。

（2）货币资金（即库存现金、银行存款、其他货币资金）。

二、金融资产的分类

企业应当根据其管理金融资产的业务模式和金融资产的合同现金流量特征，将金融资产划分为以下三类：

（1）以摊余成本计量的金融资产。

（2）以公允价值计量且其变动计入其他综合收益的金融资产。

（3）以公允价值计量且其变动计入当期损益的金融资产。

（一）企业管理金融资产的业务模式

1. 业务模式评估

企业管理金融资产的业务模式，是指企业如何管理其金融资产以产生现金流量。业务模式决定企业所管理金融资产现金流量的来源是收取合同现金流量、出售金融资产还是两者兼有。

企业确定其管理金融资产的业务模式时，应当注意以下方面：

（1）企业应当在金融资产组合的层次上确定管理金融资产的业务模式，而不必按照单个金融资产逐项确定业务模式。

（2）企业应当以企业关键管理人员决定的对金融资产进行管理的特定业务目标为基础，确定管理金融资产的业务模式。企业的业务模式并非企业自愿指定，而是一种客观事实，通常可以从企业为实现其设定目标而开展的特定活动中得以反映。

（3）企业应当以客观事实为依据，确定管理金融资产的业务模式，不得以按照合理预期不会发生的情形为基础确定。

如果金融资产实际现金流量的实现方式不同于评估业务模式时的预期（如企业出售的金融资产数量超出或少于在对资产做出分类时的预期），只要企业在评估业务模式时已经考虑了当时所有可获得的相关信息，这一差异不构成企业财务报表的前期差错，也不改变企业在该业务模式下持有的剩余金融资产的分类。但是，企业在评估新的管理金融资产的业务模式时，应当考虑这些信息。

2. 以收取合同现金流量为目标的业务模式

【例9-1】甲企业购买了一个贷款组合，且该组合中包含已发生信用减值的贷款。如果贷款不能按时偿付，甲企业将通过各类方式尽可能实现合同现金流量，如通过邮件、电话或其他方法与借款人联系催收。同时，甲企业签订了一项利率互换合同，将贷款组合的利率由浮动利率转换为固定利率。

本例中，甲企业管理该贷款组合的业务模式是以收取合同现金流量为目标。即使甲企业预期无法收取全部合同现金流量（部分贷款已发生信用减值），也不影响其业务模式。此外，甲企业签订利率互换合同也不影响贷款组合的业务模式。

3. 以收取合同现金流量和出售金融资产为目标的业务模式

【例9-2】甲银行持有金融资产组合以满足其每日流动性需求。甲银行为了降低其管理流动性需求的成本，高度关注该金融资产组合的回报。组合回报包括收取的合同付款和出售金融资产的利得或损失。

本例中，甲银行管理该金融资产组合的业务模式，是以收取合同现金流量和出售金融资产为目标。

4. 其他业务模式

如果企业管理金融资产的业务模式，不是以收取合同现金流量为目标，也不是既以收取合同现金流量又以出售金融资产来实现其目标，则企业持有金融资产的目的是交易性的或者基于金融资产的公允价值做出决策并对其进行管理。

（二）金融资产的合同现金流量特征

金融资产的合同现金流量特征，是指金融工具合同约定的、反映相关金融资产经济特征的现金流量属性。企业分类为以摊余成本计量的金融资产和以公允价值计量且其变动计入其他综合收益的金融资产，其合同现金流量特征应当与基本借贷安排相一致，即相关金融资产在特定日期产生的合同现金流量仅为对本金和以未偿付本金金额为基础的利息的支付。

（三）金融资产的具体分类

1.以摊余成本计量的金融资产

金融资产同时符合下列条件的，应当分类为以摊余成本计量的金融资产：

（1）企业管理该金融资产的业务模式是以收取合同现金流量为目标。

（2）该金融资产的合同条款规定，在特定日期产生的现金流量，仅为对本金和以未偿付本金金额为基础的利息的支付。

例如，银行向企业客户发放的固定利率的贷款，在没有其他特殊安排的情况下，贷款的合同现金流量一般可能符合仅为对本金和以未偿付本金金额为基础的利息支付的要求。如果银行管理该贷款的业务模式是以收取合同现金流量为目标，则该贷款应当分类为以摊余成本计量的金融资产。

企业一般应当设置“贷款”“债权投资”等账户核算分类为以摊余成本计量的金融资产。

2.以公允价值计量且其变动计入其他综合收益的金融资产

金融资产同时符合下列条件的，应当分类为以公允价值计量且其变动计入其他综合收益的金融资产：

（1）企业管理该金融资产的业务模式既以收取合同现金流量为目标又以出售该金融资产为目标。

（2）该金融资产的合同条款规定，在特定日期产生的现金流量，仅为对本金和以未偿付本金金额为基础的利息的支付。

【例9-3】企业持有的普通债券的合同现金流量是到期收回本金及按约定利率在合同期间按时收取固定或浮动利息的权利。请问该债券能否分类为以公允价值计量且其变动计入其他综合收益的金融资产。

本例中，该债券可以分类为以公允价值计量且其变动计入其他综合收益的金融资产。因为，在没有其他特殊安排的情况下，普通债券的合同现金流量一般可能符合仅为对本金和以未偿付本金金额为基础的利息支付的要求。如果企业管理该债券的业务模式既以收取合同现金流量为目标又以出售该债券为目标，则该债券应当分类为以公允价值计量且其变动计入其他综合收益的金融资产。

企业应当设置“其他债权投资”账户核算分类为以公允价值计量且其变动计入其他综合收益的金融资产。

3.以公允价值计量且其变动计入当期损益的金融资产

除按照上述分类为以摊余成本计量的金融资产和以公允价值计量且其变动计入其他综合收益的金融资产之外的金融资产，企业应当将其分类为以公允价值计量且其变动计入当期损益的金融资产。

【例 9-4】企业持有的普通股股票的合同现金流量是收取被投资企业未来股利分配以及其清算时获得剩余收益的权利。请问企业持有的普通股股票能否分类为以公允价值计量且其变动计入当期损益的金融资产。

本例中，企业持有的普通股股票可以分类为以公允价值计量且其变动计入当期损益的金融资产。由于股利及获得剩余收益的权利均不符合本金和利息的定义，因此企业持有的普通股股票应当分类为以公允价值计量且其变动计入当期损益的金融资产。

企业应当设置“交易性金融资产”账户核算分类为以公允价值计量且其变动计入当期损益的金融资产。企业持有的直接指定为以公允价值计量且其变动计入当期损益的金融资产，也在本账户核算。

（四）金融资产分类的特殊规定

权益工具投资的合同现金流量评估一般不符合基本借贷安排，因此只能分类为以公允价值计量且其变动计入当期损益的金融资产。然而，在初始确认时，企业可以将非交易性权益工具投资指定为以公允价值计量且其变动计入其他综合收益的金融资产，并按规定确认股利收入。该指定一经做出，不得撤销。企业投资其他上市公司股票或者非上市公司股权的，都可能属于这种情形。

初始确认时，企业可基于单项非交易性权益工具投资，将其指定为以公允价值计量且其变动计入其他综合收益的金融资产，其公允价值的后续变动计入其他综合收益，不需要计提减值准备。除了获得的股利（明确代表投资成本部分收回的股利除外）计入当期损益外，其他相关的利得和损失（包括汇兑损益）均应当计入其他综合收益，且后续不得转入当期损益。当金融资产终止确认时，之前计入其他综合收益的累计利得或损失应当从其他综合收益中转出，计入留存收益。

需要注意的是，企业在非同一控制下的企业合并中确认的或有对价构成金融资产的，该金融资产应当分类为以公允价值计量且其变动计入当期损益的金融资产，不得指定为以公允价值计量且其变动计入其他综合收益的金融资产。

模块三　交易性金融资产的核算

一、交易性金融资产概述

（一）交易性金融资产的概念

交易性金融资产，是指企业为了近期内出售而持有的金融资产。例如，为了利用闲置资金，以赚取价差为目的从二级市场购入的股票、债券、基金等。

（二）持有目的

交易性金融资产的持有目的是进行交易，其目的与债权投资和长期股权投资不同。

交易性金融资产属于流动资产，在资产负债表上一般以“交易性金融资产”项目列示于流动资产项目内。

（三）账户设置

企业对交易性金融资产通过“交易性金融资产”账户进行核算，分别设置“成本”和“公允价值变动”两个明细账户进行明细核算。

二、交易性金融资产取得的核算

（一）交易性金融资产的取得方式

交易性金融资产的取得以购入方式为主，也可以非货币性资产交换、债务重组、投资者投入等方式取得。以非货币性资产交换、债务重组、投资者投入等方式取得的交易性金融资产的会计处理将在后续章节中详细讲述，本项目仅以交易性股票、债券的购入为主说明交易性金融资产的会计处理原则和方法。

（二）处理原则

交易性金融资产以公允价值购入，其入账成本就是该交易性金融资产的购买价格。但购买交易性金融资产时，还需要支付交易费用（如印花税、手续费、佣金等），我国企业会计准则规定，应将其作为投资费用处理，借记“投资收益”账户。

交易性金融资产入账成本中包含的已宣告但尚未发放的股利或已到付息期但尚未领取的债券利息，应通过“应收股利”“应收利息”账户反映。

【例9-5】甲公司2月10日从股票市场购入S公司股票3 000股，公司根据其管理该股票的业务模式和该股票的合同现金流量特征，将该股票分类为以公允价值计量且其变动计入当期损益的金融资产。每股购买价格为10元，另支付交易手续费及印花税等共计230元，款项均以银行存款支付。

根据有关原始凭证，编制如下会计分录：

借：交易性金融资产——S公司股票（成本）　30 000
　　投资收益　230
　贷：银行存款　30 230

【例9-6】甲公司3月25日购入G公司债券支付850 000元，公司根据其管理该债券的业务模式和该债券的合同现金流量特征，将该债券分类为以公允价值计量且其变动计入当期损益的金融资产。购买价款中包含已到付息期但尚未领取的债券利息2 000元，购买该债券另支付交易费用850元。款项均以银行存款支付。

根据有关原始凭证，编制如下会计分录：

借：交易性金融资产——G公司债券（成本）　848 000
　　应收利息　2 000
　　投资收益　850
　贷：银行存款　850 850

三、交易性金融资产持有期间收到股利（利息）的核算

交易性金融资产持有期间收到被投资单位宣告发放的现金股利或债券利息，应作为交易性金融资产持有期间实际实现的投资收益，借记“应收股利”或“应收利息”账户，贷记“投资收益”账户。

实际收到股利或债券利息时，借记“银行存款”等账户，贷记“应收股利”或“应收利息”账户。

【例9-7】接【例9-5】，S公司于3月1日宣告发放股利，每股1元，甲公司持有S公司股票3 000股，应收股利3 000元，该股利于3月15日实际收到。

（1）3月1日S公司宣告发放股利时，根据有关原始凭证，编制如下会计分录：

借：应收股利　3 000

贷：投资收益 3 000

（2）3月15日实际收到股利时，根据有关原始凭证，编制如下会计分录：

借：银行存款 3 000

贷：应收股利 3 000

【例9-8】接【例9-6】，甲公司于4月2日收到G公司债券利息2 000元，已存入银行。

根据有关原始凭证，编制如下会计分录：

借：银行存款 2 000

贷：应收利息 2 000

四、交易性金融资产的期末计价

交易性金融资产以获取价差为目的，在资产负债表日，应按当日各项交易性金融资产的公允价值对交易性金融资产账面价值进行调整，以此反映交易性金融资产预计给企业带来的经济利益以及该交易性金融资产预计获得价差的能力。

1.公允价值高于账面价值

借：交易性金融资产——公允价值变动

贷：公允价值变动损益

2.公允价值低于账面价值

借：公允价值变动损益

贷：交易性金融资产——公允价值变动

【例9-9】接【例9-7】，甲公司12月31日记录的持有S公司3 000股股票账面价值为30 000元，当日其公允价值为24 000元。

根据有关原始凭证，编制如下会计分录：

借：公允价值变动损益 6 000

贷：交易性金融资产——S公司股票（公允价值变动） 6 000

【例9-10】接【例9-8】，甲公司12月31日记录的持有G公司债券的账面价值为848 000元，当日其公允价值为849 000元。

根据有关原始凭证，编制如下会计分录：

借：交易性金融资产——G公司债券（公允价值变动） 1 000

贷：公允价值变动损益 1 000

五、交易性金融资产的出售

交易性金融资产出售时，应当将该金融资产出售时的公允价值与其账面余额之间的差额作为投资损益进行会计处理。

【例9-11】接【例9-5】、【例9-7】和【例9-9】，甲公司将其持有的S公司3 000股股票出售了1 000股，售价6 000元。

根据有关原始凭证，编制如下会计分录：

借：银行存款 6 000

交易性金融资产——S公司股票（公允价值变动） 2 000

投资收益 2 000

贷：交易性金融资产——S公司股票（成本） 10 000

【例9-12】接【例9-6】、【例9-8】和【例9-10】，甲公司将其持有的G公司债券出售了50%，售价426 000元。

根据有关原始凭证，编制如下会计分录：

借：银行存款　426 000

　贷：交易性金融资产——G公司债券（成本）　424 000

　　　　　　　　　——G公司债券（公允价值变动）　500

　　投资收益　1 500

模块四　债权投资的核算

一、债权投资概述

（一）债权投资的概念

债权投资，是指到期日固定、回收金额固定或可确定，且企业有明确意图和能力持有至到期的非衍生金融资产。通常情况下，能够划分为债权投资的金融资产，主要是债权性投资，如从二级市场上购入的固定利率国债、浮动利率金融债券等。股权投资因其没有固定的到期日，因而不能划分为债权投资。债权投资通常具有长期性质，但期限较短（1年以内）的债券投资，符合债权投资条件的，也可将其划分为债权投资。

企业不能将下列非衍生金融资产划分为债权投资：

（1）在初始确认时即被指定为以公允价值计量且其变动计入当期损益的非衍生金融资产。

（2）在初始确认时被指定为可供出售的非衍生金融资产。

（3）符合贷款和应收款项的定义的非衍生金融资产。

企业在将金融资产划分为债权投资时，应当注意把握其以下特征：

（1）该金融资产到期日固定、回收金额固定或可确定。

“到期日固定、回收金额固定或可确定”，是指相关合同明确了投资者在确定的期间内获得或应收取现金流量（如投资利息和本金等）的金额和时间。因此，从投资者角度看，如果不考虑其他条件，在将某项投资划分为债权投资时可以不考虑可能存在的发行方重大支付风险。另外，由于要求到期日固定，因而权益工具投资不能划分为债权投资。

（2）企业有明确意图将该金融资产持有至到期。

“有明确意图持有至到期”，是指投资者在取得投资时意图就是明确的，除非遇到一些企业所不能控制、预期不会重复发生且难以合理预计的独立事项，否则将持有至到期。

（3）企业有能力将该金融资产持有至到期。

“有能力持有至到期”，是指企业有足够的财务资源，并不受外部因素影响将投资持有至到期。

（二）债权投资的分类

债权投资按偿还方式不同，可划分为到期一次还本付息债券、到期一次还本分期付息债券、分期还本分期付息债券。

（1）到期一次还本付息债券，是指发行公司于债券到期日一次偿还全部债券本金和利息的债券。

（2）到期一次还本分期付息债券，是指发行公司于债券到期日一次偿还全部债券本金，分批偿还利息的债券。

（3）分期还本分期付息债券，是指发行公司分批偿还本金，分批偿还利息的债券。

到期一次还本分期付息债券和分期还本分期付息债券可并称为分期付息债券，分期付息债券可减轻发行公司集中还本的财务负担。

（三）账户设置

企业对债权投资应设置“债权投资”账户进行核算，并设置“成本”“利息调整”“应计利息”等明细账户。

二、债权投资取得的核算

企业对债权投资的会计处理，应着重于该金融资产的持有者打算“持有至到期”，未到期前通常不会出售或重分类，主要应解决该金融资产实际利率的计算、摊余成本的确定、持有期间的收益确认以及将其处置时损益的处理。

债权投资初始确认时，应当按照公允价值和相关交易费用之和作为初始入账金额。实际支付的价款中包括的已到付息期但尚未领取的债券利息，应单独确认为应收项目。

债权投资初始确认时，应当计算确定其实际利率，并在该债权投资预期存续期间或适用的更短期间内保持不变。

1.按面值购入债券

【例9-13】甲公司购入乙公司当天发行的2年期债券，在购买该债券时，预计发行方不会提前赎回。甲公司根据其管理该债券的业务模式和该债券的合同现金流量特征，将该债券分类为以摊余成本计量的金融资产。该债券票面价值为100 000元，票面利率为10%，到期一次还本付息，用银行存款实际支付价款100 000元，未发生交易费用。

根据有关原始凭证，编制如下会计分录：

借：债权投资——乙公司债券（成本）	100 000	
贷：银行存款		100 000

2.溢价购入债券

【例9-14】甲公司购入乙公司当天发行的2年期债券，在购买该债券时，预计发行方不会提前赎回。甲公司根据其管理该债券的业务模式和该债券的合同现金流量特征，将该债券分类为以摊余成本计量的金融资产。该债券票面价值为200 000元，票面利率为10%，到期一次还本付息，用银行存款实际支付价款206 000元，未发生交易费用。

根据有关原始凭证，编制如下会计分录：

借：债权投资——乙公司债券（成本）	200 000	
——乙公司债券（利息调整）	6 000	
贷：银行存款		206 000

3.折价购入债券

【例9-15】甲公司2×20年1月1日购入乙公司2×19年1月1日发行的2年期债券，在购买该债券时，预计发行方不会提前赎回。甲公司根据其管理该债券的业务模式和该债券的合同现金流量特征，将该债券分类为以摊余成本计量的金融资产。该债券票面价值为200 000元，票面利率为10%，到期一次还本，每年1月5日支付上年度利息，用银行存款实际支付价款204 000元，未发生交易费用。

根据有关原始凭证，编制如下会计分录：

借：债权投资——乙公司债券（成本）　200 000

　　应收利息　20 000

　贷：银行存款　204 000

　　　债权投资——乙公司债券（利息调整）　16 000

三、债权投资的收益及摊余成本

企业应在债权投资持有期间，采用实际利率法，按照摊余成本和实际利率计算确认利息收入，计入投资收益。实际利率应当在取得债权投资时确定，实际利率与票面利率差别较小的，也可按票面利率计算利息收入，计入投资收益。

实际利率和摊余成本

处置债权投资时，应将所取得价款与债权投资账面价值之间的差额，计入当期损益。

【例9-16】2×19年1月1日，甲公司支付价款1 000万元（含交易费用）从上海证券交易所购入A公司同日发行的5年期公司债券12 500份，债券票面价值总额为1 250万元，票面年利率为4.72%，于每年年末支付本年度债券利息（即每年利息59万元），本金在债券到期时一次性偿还。合同约定，该债券的发行方在遇到特定情况时可以将债券赎回，且不需要为提前赎回支付额外款项。甲公司在购买该债券时，预计发行方不会提前赎回。甲公司根据其管理该债券的业务模式和该债券的合同现金流量特征，将该债券分类为以摊余成本计量的金融资产。假定不考虑所得税、减值损失等因素，计算该债券的实际利率为10%。

根据上述数据，甲公司的有关账务处理如下（会计分录金额以万元为单位）：

（1）2×19年1月1日，购入债券时，根据有关原始凭证，编制如下会计分录：

借：债权投资——A公司债券（成本）　1 250

　贷：银行存款　1 000

　　　债权投资——A公司债券（利息调整）　250

（2）2×19年12月31日，确认实际利息收入、收到票面利息时，根据有关原始凭证，编制如下会计分录：

借：应收利息　59

　　债权投资——A公司债券（利息调整）　41

　贷：投资收益　100

借：银行存款　59

　贷：应收利息　59

（3）2×20年12月31日，确认实际利息收入、收到票面利息时，根据有关原始凭证，编制如下会计分录：

借：应收利息　59

　　债权投资——A公司债券（利息调整）　45

　贷：投资收益　104

借：银行存款　59

　贷：应收利息　59

（4）2×21年12月31日，确认实际利息收入、收到票面利息时，根据有关原始凭证，编制如下会计分录：

借：应收利息　　59

　债权投资——A公司债券（利息调整）　　50

　贷：投资收益　　109

借：银行存款　　59

　贷：应收利息　　59

（5）2×22年12月31日，确认实际利息收入、收到票面利息时，根据有关原始凭证，编制如下会计分录：

借：应收利息　　59

　债权投资——A公司债券（利息调整）　　55

　贷：投资收益　　114

借：银行存款　　59

　贷：应收利息　　59

（6）2×23年12月31日，确认实际利息收入、收到票面利息时，根据有关原始凭证，编制如下会计分录：

借：应收利息　　59

　债权投资——A公司债券（利息调整）　　59

　贷：投资收益　　118

借：银行存款　　59

　贷：应收利息　　59

（7）2×24年1月1日，收到本金时，根据有关原始凭证，编制如下会计分录：

借：银行存款　　1 250

　贷：债权投资——A公司债券（成本）　　1 250

四、债权投资的处置与重分类

其他综合收益

企业将某金融资产划分为债权投资后，可能会发生到期前将该金融资产予以处置或重分类的情况，该情况表明企业违背了将投资持有至到期的最初意图。如果企业在本会计年度内出售或重分类为其他债权投资的某项债权投资金额，相对于在出售或重分类前该类投资总额较大的，企业在处置或重分类后应立即将剩余债权投资重分类为以公允价值计量且其变动计入其他综合收益的金融资产，即其他债权投资，并以公允价值进行后续计量。重分类日，该投资剩余部分的账面价值与其公允价值之间的差额计入其他综合收益，在该其他债权投资发生减值或终止确认时转出，计入当期损益。但是，遇到下列情况可以除外：

（1）出售日或重分类日距离该项投资到期日或赎回日较近（如到期前3个月内），且市场利率变化对该项投资的公允价值没有显著影响。

（2）根据合同约定的定期偿付或提前还款方式收回该投资几乎所有初始本金后，将剩余部分予以出售或重分类。

（3）出售或重分类是由企业无法控制、预期不会重复发生且难以合理预计的独立事项所引起的。

企业因出售或重分类债权投资的金额较大而将剩余债权投资重分类为其他债权投资

后，在本会计年度及以后两个完整的会计年度内不得再将金融资产划分为债权投资，直至两个完整的会计年度之后，企业才可以再将符合规定条件的金融资产划分为债权投资。

债权投资出售时，将该投资的账面价值冲减为零，同时将出售所得价款与债权投资账面价值的差额计入投资收益。

【例9-17】2×20年3月，甲公司持有的、原划分为债权投资的F公司债券价格持续下跌。为此，甲公司于4月1日对外出售该债权投资的10%，该部分资产的公允价值为2 400 000元。剩余部分转为以公允价值计量且其变动计入其他综合收益的金融资产，即其他债权投资。

（1）假定4月1日该债券出售前的账面余额（成本）为20 000 000元，不考虑债券出售等其他相关因素的影响，根据有关原始凭证，编制如下会计分录：

借：银行存款　　2 400 000

　贷：债权投资——F公司债券（成本）　　2 000 000

　　投资收益　　400 000

借：其他债权投资——F公司债券（成本）　　18 000 000

　　　　——F公司债券（公允价值变动）　　3 600 000

　贷：债权投资——F公司债券（成本）　　18 000 000

　　其他综合收益　　3 600 000

（2）假定4月23日，甲公司将该债券全部出售，收取价款23 600 000元，根据有关原始凭证，编制如下会计分录：

借：银行存款　　23 600 000

　贷：其他债权投资——F公司债券（成本）　　18 000 000

　　　　——F公司债券（公允价值变动）　　3 600 000

　　投资收益　　2 000 000

借：其他综合收益　　3 600 000

　贷：投资收益　　3 600 000

五、债权投资的减值

企业应当在资产负债表日对债权投资的账面价值进行检查，有客观证据表明该金融资产发生减值的，应当计提减值准备。

债权投资发生减值时，应当将该债权投资的账面价值减记至预计未来现金流量现值，减记的金额确认为资产减值损失，计入当期损益。

债权投资确认减值损失后，如有客观证据表明该金融资产价值得以恢复，且客观上与确认该损失后发生的事项有关，原确认的减值损失应当予以转回，计入当期损益。但是，该转回后的账面价值不应超过假定不计提减值准备情况下该债权投资在转回日的摊余成本。

模块五　其他债权投资的核算

一、其他债权投资概述

其他债权投资，是指以公允价值计量且其变动计入其他综合收益的金融资产，初始确认时即被指定为可供出售的非衍生金融资产，以及除下列各类资产以外的金融资产：贷款和应收款项；债权投资；以公允价值计量且其变动计入当期损益的金融资产。例如，企业购入的在活跃市场上有报价的股票、债券和基金等，以及没有划分为以公允价值计量且其变动计入当期损益的金融资产或债权投资等，均可归为此类。

“债权投资”与“其他债权投资”的区别

对于在活跃市场上有报价的金融资产，既可划分为以公允价值计量且其变动计入当期损益的金融资产，也可能划分为其他债权投资。如果该金融资产属于有固定到期日、回收金额固定或可确定的金融资产，则该金融资产还可能划分为债权投资。某项金融资产具体应划分为哪一类，主要取决于企业管理层的风险管理、投资决策等因素。金融资产的分类应是管理层意图的如实表达。

二、其他债权投资的账务处理

其他债权投资的会计处理，与以公允价值计量且其变动计入当期损益的金融资产的会计处理有类似之处，但也有不同。具体而言：

（1）初始确认时，都应按公允价值计量，但对于其他债权投资，相关交易费用应计入初始入账金额。

（2）在资产负债表日，都应按公允价值计量，但对于其他债权投资，公允价值变动不是计入当期损益，而通常应计入其他综合收益。

分类为以公允价值计量且其变动计入其他综合收益的金融资产所产生的所有利得或损失，除减值损失或利得和汇兑损益之外，均应当计入其他综合收益，直至该金融资产终止确认或被重分类。但是，采用实际利率法计算的该金融资产的利息应当计入当期损益。该金融资产计入各期损益的金额应当与视同其一直按摊余成本计量而计入各期损益的金额相等。

该金融资产终止确认时，之前计入其他综合收益的累计利得或损失应当从其他综合收益中转出，计入当期损益。

指定为以公允价值计量且其变动计入其他综合收益的非交易性权益工具投资，除了获得的股利（明确代表投资成本部分收回的股利除外）计入当期损益外，其他相关的利得或损失（包括汇兑损益）均应当计入其他综合收益，且后续不得转入当期损益。

当其终止确认时，之前计入其他综合收益的累计利得或损失应当从其他综合收益中转出，计入留存收益。

企业在对其他债权投资进行会计处理时，还应注意以下方面：

（1）企业取得其他债权投资支付的价款中包含的已到付息期但尚未领取的债券利息，应单独确认为应收项目。

其他债权投资持有期间取得的利息，应当计入投资收益。在资产负债表日，其他债权投资应当以公允价值计量，且公允价值变动计入其他综合收益。

（2）其他债权投资发生的减值损失，应计入信用减值损失。

（3）应按票面利率计算确定的应收未收利息，借记“其他债权投资——应计利息”账户，按债券的摊余成本和实际利率计算确定的利息收入，贷记“投资收益”账户，按其差额，借记或贷记“其他债权投资——利息调整”账户。

（4）处置其他债权投资时，应将取得的价款与该金融资产账面价值之间的差额，计入投资损益。同时，将原直接计入其他综合收益的公允价值变动累计额对应处置部分的金额转出，计入投资收益。

【例9-18】2×20年1月1日，甲公司支付价款1 000万元（含交易费用）从上海证券交易所购入A公司同日发行的5年期公司债券12 500份，债券票面价值总额为1 250万元，票面年利率为4.72%，于每年年末支付本年度债券利息（即每年利息59万元），本金在债券到期时一次性偿还。合同约定，该债券的发行方在遇到特定情况时可以将债券赎回，且不需要为提前赎回支付额外款项。甲公司在购买该债券时，预计发行方不会提前赎回。甲公司根据其管理该债券的业务模式和该债券的合同现金流量特征，将该债券分类为以公允价值计量且其变动计入其他综合收益的金融资产。假定不考虑所得税、减值损失等因素，计算该债券的实际利率为10%。

其他资料如下：

（1）2×20年12月31日，A公司债券的公允价值为1 200万元（不含利息）。

（2）2×21年12月31日，A公司债券的公允价值为1 300万元（不含利息）。

（3）2×22年12月31日，A公司债券的公允价值为1 250万元（不含利息）。

（4）2×23年12月31日，A公司债券的公允价值为1 200万元（不含利息）。

（5）2×24年1月20日，通过上海证券交易所出售了A公司债券12 500份，取得价款1 260万元。

甲公司的有关账务处理如下（会计分录金额以万元为单位）：

（1）2×20年1月1日，购入A公司债券时，根据有关原始凭证，编制如下会计分录：

借：其他债权投资——A公司债券（成本）　1 250
　贷：银行存款　1 000
　　其他债权投资——A公司债券（利息调整）　250

（2）2×20年12月31日，确认A公司债券实际利息收入、公允价值变动，收到债券利息时，根据有关原始凭证，编制如下会计分录：

借：应收利息　59
　其他债权投资——A公司债券（利息调整）　41
　贷：投资收益　100

借：银行存款　59
　贷：应收利息　59

借：其他债权投资——A公司债券（公允价值变动）　159
　贷：其他综合收益——其他债权投资公允价值变动　159

（3）2×21年12月31日，确认A公司债券实际利息收入、公允价值变动，收到债券利息时，根据有关原始凭证，编制如下会计分录：

借：应收利息　59
　其他债权投资——A公司债券（利息调整）　45
　贷：投资收益　104

借：银行存款　59
　贷：应收利息　59

借：其他债权投资——A公司债券（公允价值变动）（1 300-1 086-159=55（万元））　55

　贷：其他综合收益——其他债权投资公允价值变动　55

（4）2×22年12月31日，确认A公司债券实际利息收入、公允价值变动，收到债券利息时，根据有关原始凭证，编制如下会计分录：

借：应收利息　59

　　其他债权投资——A公司债券（利息调整）　50

　贷：投资收益　109

借：银行存款　59

　贷：应收利息　59

借：其他综合收益——其他债权投资公允价值变动　100

　贷：其他债权投资——A公司债券（公允价值变动）　100

（5）2×23年12月31日，确认A公司债券实际利息收入、公允价值变动，收到债券利息时，根据有关原始凭证，编制如下会计分录：

借：应收利息　59

　　其他债权投资——A公司债券（利息调整）　55

　贷：投资收益　114

借：银行存款　59

　贷：应收利息　59

借：其他综合收益——其他债权投资公允价值变动　105

　贷：其他债权投资——A公司债券（公允价值变动）　105

（6）2×24年1月20日，确认出售A公司债券实现的损益时，根据有关原始凭证，编制如下会计分录：

借：银行存款　1 260

　　其他综合收益——其他债权投资公允价值变动　9

　　其他债权投资——A公司债券（利息调整）　59

　贷：其他债权投资——A公司债券（成本）　1 250

　　　　　　　　——A公司债券（公允价值变动）　9

　　投资收益　69

模块六　其他权益工具投资的核算

一、其他权益工具投资概述

其他权益工具投资，是指指定为以公允价值计量且其变动计入其他综合收益的非交易性权益工具投资。该种情况下，现金流量并非本金与利息之和，但业务模式为长期持有、获取稳定分红、不关心价格的波动对损益的影响，即非交易性权益工具投资。

二、其他权益工具投资的账务处理

针对指定为以公允价值计量且其变动计入其他综合收益的非交易性权益工具投资，企业一般应当设置“其他权益工具投资”账户进行核算。该账户可按照其他权益工具投资的类别和品种，设置“成本”“公允价值变动”等明细账户进行明细核算。

指定为以公允价值计量且其变动计入其他综合收益的非交易性权益工具投资应当按照下列规定处理：

（1）获得的现金股利（明确代表投资成本部分收回的股利除外）计入当期损益。

（2）其他相关的利得和损失（包括汇兑损益）均应当计入其他综合收益。

（3）不确认减值损失。

（4）终止确认时，处置价款和账面价值之间的差额计入留存收益。

（5）终止确认时，之前计入其他综合收益的累计利得或损失转出计入留存收益。

【例9-19】2×20年5月6日，甲公司支付价款1 016万元（含交易费用1万元和已宣告发放的现金股利15万元），购入乙公司发行的股票200万股，占乙公司有表决权股份的0.5%。甲公司将其指定为以公允价值计量且其变动计入其他综合收益的非交易性权益工具投资。

（1）2×20年5月10日，甲公司收到乙公司发放的现金股利15万元。

（2）2×20年6月30日，该股票市价为每股5.2元。

（3）2×20年12月31日，甲公司仍持有该股票；当日，该股票的市价为每股5元。

（4）2×21年5月9日，乙公司宣告发放现金股利4 000万元。

（5）2×21年5月13日，甲公司收到乙公司发放的现金股利。

（6）2×21年5月20日，甲公司由于特殊原因，以每股4.9元的价格将股票全部转让。

假定不考虑其他因素，甲公司的账务处理如下：

（1）2×20年5月6日，购入股票时，根据有关原始凭证，编制如下会计分录：

借：应收股利　150 000

　　其他权益工具投资——乙公司股票（成本）　10 010 000

　贷：银行存款　10 160 000

（2）2×20年5月10日，收到现金股利时，根据有关原始凭证，编制如下会计分录：

借：银行存款　150 000

　贷：应收股利　150 000

（3）2×20年6月30日，确认股票价格变动时，根据有关原始凭证，编制如下会计分录：

借：其他权益工具投资——乙公司股票（公允价值变动）　390 000

　贷：其他综合收益——其他权益工具投资公允价值变动　390 000

（4）2×20年12月31日，确认股票价格变动时，根据有关原始凭证，编制如下会计分录：

借：其他综合收益——其他权益工具投资公允价值变动　400 000

　贷：其他权益工具投资——乙公司股票（公允价值变动）　400 000

（5）2×21年5月9日，确认应收现金股利时，根据有关原始凭证，编制如下会计分录：

借：应收股利　200 000

　贷：投资收益　200 000

（6）2×21年5月13日，收到现金股利时，根据有关原始凭证，编制如下会计分录：

借：银行存款　200 000

贷：应收股利 200 000

（7）2×21年5月20日，出售股票时，根据有关原始凭证，编制如下会计分录：

借：银行存款 9 800 000

其他权益工具投资——乙公司股票（公允价值变动） 10 000

盈余公积——法定盈余公积（乙公司股票） 21 000

利润分配——未分配利润（乙公司股票） 189 000

贷：其他权益工具投资——乙公司股票（成本） 10 010 000

其他综合收益——其他权益工具投资公允价值变动 10 000

模块七 长期股权投资的核算

一、长期股权投资概述

（一）长期股权投资的概念

长期股权投资，是指投资方对被投资单位能够实施控制或具有重大影响的权益性投资，以及对其合营企业的权益性投资。

（二）长期股权投资的核算范围

长期股权投资的核算范围包括：（1）投资企业能够对被投资单位实施控制的权益性投资，即对子公司的投资；（2）投资企业与其他合营方一同对被投资单位实施共同控制且对被投资单位净资产享有权利的权益性投资，即对合营企业的投资；（3）投资企业对被投资单位具有重大影响的权益性投资，即对联营企业的投资。

1.能够实施控制的权益性投资

控制，是指有权决定一个企业的财务和经营政策，并能据以从该企业的经营活动中获取利益。控制一般存在于以下情况：投资企业直接拥有被投资单位50%以上的表决权资本；投资企业直接拥有被投资单位50%或以下的表决权资本，但具有实质控制权。投资企业对被投资单位是否具有实质控制权，可以通过以下一种或几种情形进行判定：

（1）通过与其他投资者的协议，投资企业拥有被投资单位50%以上表决权资本的控制权。

（2）根据章程或协议，投资企业有权控制被投资单位的财务和经营政策。

（3）有权任免被投资单位董事会等类似权力机构的多数成员。这种情况是指，虽然投资企业仅拥有被投资单位50%或以下表决权资本，但根据章程或协议有权任免被投资单位董事会的多数董事，能够达到实质上控制的目的。

（4）在被投资单位董事会或类似权力机构会议上有半数以上投票权。这种情况是指，虽然投资企业仅拥有被投资单位50%或以下表决权资本，但能够控制被投资单位董事会等类似权力机构的会议，从而能够控制其财务和经营政策。

企业合并案例

投资企业能够对被投资单位实施控制的，被投资单位为其子公司，投资企业应当将子公司纳入合并财务报表的合并范围。投资企业在其个别财务报表中对子公司的长期股权投资，应当采用成本法核算，编制合并财务报表时按照权益法进行调整。

2.能够实施重大影响的权益性投资

重大影响，是指对一个企业的财务和经营政策有参与决策的权力，但并不能够控制或者与其他方一起共同控制这些政策的制定。投资企业直接或通过子公司拥有被投资单位20%以上但低于50%的表决权股份时，一般认为对被投资单位具有重大影响，除非有明确的证据表明该种情况下不能参与被投资单位的生产经营决策，不形成重大影响。投资企业拥有被投资单位有表决权股份的比例低于20%的，一般认为对被投资单位不具有重大影响，但符合下列情况之一的，应认为对被投资单位具有重大影响：

（1）在被投资单位的董事会或类似权力机构中派有代表。在这种情况下，由于在被投资单位的董事会或类似权力机构中派有代表，并享有相应的实质性的参与决策权，投资企业可以通过该代表参与被投资单位经营政策的制定，从而对被投资单位施加重大影响。

（2）参与被投资单位的政策制定过程，包括股利分配政策等的制定。在这种情况下，因可以参与被投资单位的政策制定过程，在制定政策过程中可以为其自身利益提出建议和意见，从而对被投资单位施加重大影响。

（3）与被投资单位之间发生重要交易。有关的交易因对被投资单位的日常经营具有重要性，进而在一定程度上可以影响被投资单位的生产经营决策。

（4）向被投资单位派出管理人员。在这种情况下，通过投资企业对被投资单位派出管理人员，管理人员有权力并负责被投资单位的财务和经营活动，从而能够对被投资单位施加重大影响。

（5）向被投资单位提供关键技术资料。因被投资单位的生产经营需要依赖投资企业的技术或技术资料，表明投资企业对被投资单位具有重大影响。

在确定能否对被投资单位施加重大影响时，一方面应考虑投资企业直接或间接持有被投资单位的表决权股份，同时要考虑企业及其他方持有的现行可执行潜在表决权在假定转换为对被投资单位的股权后产生的影响，如被投资单位发行的现行可转换的认股权证、股票期权及可转换公司债券等的影响，如果其在转换为对被投资单位的股权后，能够增加投资企业的表决权比例或是降低被投资单位其他投资者的表决权比例，从而使得投资企业能够参与被投资单位的财务和经营决策的，应当认为投资企业对被投资单位具有重大影响。

投资方能够对被投资单位施加重大影响的，被投资单位为其联营企业。

3.对合营企业的权益性投资

合营安排，是指一项由两个或两个以上的参与方共同控制的安排。共同控制，是指按照相关约定对某项安排所共有的控制，并且该安排的相关活动必须经过分享控制权的参与方一致同意后才能决策。合营安排可以分为共同经营和合营企业。共同经营是指合营方享有该安排相关资产且承担该安排相关负债的合营安排；合营企业是指合营方仅对该安排的净资产享有权利的合营安排。

长期股权投资仅指对合营安排享有共同控制的参与方（即合营方）对其合营企业的权益性投资，不包括对合营安排不享有共同控制的参与方的权益性投资，也不包括共同经营。

除能够实施控制的权益性投资、具有重大影响的权益性投资和对合营企业的权益性投资外，企业持有的其他权益性投资，应当按照金融工具确认和计量准则的规定，在初始确认时划分为以公允价值计量且其变动计入当期损益的金融资产或以公允价值计量且其变动计入其他综合收益的金融资产。

二、长期股权投资的初始计量

长期股权投资在取得时，应按初始投资成本入账。长期股权投资的初始投资成本应区别企业合并和非企业合并两种情况确定。

（一）企业合并形成的长期股权投资

企业合并形成的长期股权投资，应区分企业合并的类型，分为同一控制下控股合并与非同一控制下控股合并，确定形成的长期股权投资的初始投资成本。

1.同一控制下企业合并形成的长期股权投资

对于同一控制下的企业合并，从能够对参与合并各方在合并前及合并后均实施最终控制的一方来看，最终控制方在企业合并前及合并后能够控制的资产并没有发生变化。合并方通过企业合并形成的对被合并方的长期股权投资，其成本代表的是在被合并方所有者权益账面价值中按持股比例享有的份额。

（1）合并方以支付现金、转让非现金资产或承担债务方式作为合并对价的，应当在合并日按照所取得的被合并方在最终控制方合并财务报表中的净资产的账面价值的份额作为长期股权投资的初始投资成本。长期股权投资的初始投资成本与支付的现金、转让的非现金资产及所承担债务账面价值之间的差额，应当调整资本公积（资本溢价或股本溢价）；资本公积（资本溢价或股本溢价）的余额不足冲减的，应依次冲减盈余公积、未分配利润。

具体进行会计处理时，合并方在合并日按取得被合并方所有者权益账面价值的份额，借记“长期股权投资”账户，按应享有被投资单位已宣告但尚未发放的现金股利或利润，借记“应收股利”账户，按支付的合并对价的账面价值，贷记有关资产账户或借记有关负债账户，按其差额，贷记“资本公积——资本溢价（或股本溢价）”账户；如为借方差额，应借记“资本公积——资本溢价（或股本溢价）”账户，资本公积（资本溢价或股本溢价）不足冲减的，应依次借记“盈余公积”“利润分配——未分配利润”账户。

（2）合并方以发行权益性证券作为合并对价的，应按发行股份的面值总额作为股本，长期股权投资初始投资成本与所发行股份面值总额之间的差额，应当调整资本公积（资本溢价或股本溢价）；资本公积（资本溢价或股本溢价）不足冲减的，应依次冲减盈余公积、未分配利润。

具体进行会计处理时，在合并日应按取得被合并方所有者权益账面价值的份额，借记“长期股权投资”账户，按应享有被投资单位已宣告但尚未发放的现金股利或利润，借记“应收股利”账户，按发行权益性证券的面值贷记“股本”账户，按其差额，贷记“资本公积——资本溢价（或股本溢价）”账户；如为借方差额，应借记“资本公积——资本溢价（或股本溢价）”账户，资本公积（资本溢价或股本溢价）不足冲减的，应依次借记“盈余公积”“利润分配——未分配利润”账户。

合并方发生的审计、法律服务、评估咨询等中介费用以及其他相关管理费用，于发生时计入当期损益。与发行权益性工具作为合并对价直接相关的交易费用，应当冲减资本公积（资本溢价或股本溢价），资本公积（资本溢价或股本溢价）不足冲减的，依次冲减盈余公积和未分配利润。与发行债务性工具作为合并对价直接相关的交易费用，应当计入债务性工具的初始确认金额。

上述在按照合并日应享有被合并方账面所有者权益的份额确定长期股权投资的初始投资成本时，前提是合并前合并方与被合并方采用的会计政策应当一致。企业合并前合并方与被合并方采用的会计政策不同的，应首先按照合并方的会计政策对被合并方资产、负债的账面价值进行调整，在此基础上计算确定形成长期股权投资的初始投资成本。

【例9-20】2×20年6月30日，甲公司向同一集团内S公司的原股东定向增发1 500万股普通股股票（每股面值为1元，市价为13.02元），取得S公司100%的股权，并于当日起能够对S公司实施控制。合并后S公司仍维持其独立法人资格继续经营。两家公司在企业合并前采用的会计政策相同。合并日，S公司的账面所有者权益总额为6 606万元。

合并日，甲公司在其账簿及个别财务报表中应确认对S公司的长期股权投资，根据有关原始凭证，编制如下会计分录：

借：长期股权投资——S公司	66 060 000	
贷：股本		15 000 000
资本公积——股本溢价		51 060 000

2.非同一控制下企业合并形成的长期股权投资

非同一控制下的控股合并中，购买方应当按照确定的企业合并成本作为长期股权投资的初始投资成本。企业合并成本包括购买方付出的资产、发生或承担的负债、发行的权益性工具或债务性工具的公允价值之和。购买方为企业合并发生的审计、法律服务、评估咨询等中介费用以及其他相关管理费用，应于发生时计入当期损益；购买方作为合并对价发行的权益性工具或债务性工具的交易费用，应当计入权益性工具或债务性工具的初始确认金额。

【例9-21】甲公司于2×20年3月31日以公允价值43 000 000元的无形资产和27 000 000元的银行存款取得B公司70%的股权。该无形资产的账面价值为52 000 000元，至企业合并发生时已计提累计摊销12 000 000元。合并中，甲公司为核实B公司的资产价值，聘请专业资产评估机构对B公司的资产进行评估，用银行存款支付评估费用1 000 000元。假定合并前甲公司与B公司不存在任何关联方关系。

本例中，因甲公司与B公司在合并前不存在任何关联方关系，应作为非同一控制下的企业合并处理。甲公司对于合并形成的对B公司的长期股权投资，应按确定的企业合并成本作为其初始投资成本。

（1）确认取得的长期股权投资时，根据有关原始凭证，编制如下会计分录：

借：长期股权投资——B公司	70 000 000	
累计摊销	12 000 000	
贷：无形资产		52 000 000
银行存款		27 000 000
资产处置损益		3 000 000

（2）支付评估费用时，根据有关原始凭证，编制如下会计分录：

借：管理费用	1 000 000	
贷：银行存款		1 000 000

（二）企业合并以外的其他方式取得的长期股权投资

除企业合并形成的长期股权投资应遵循特定的会计处理原则外，其他方式取得的长期股权投资，取得时初始投资成本的确定应遵循以下规定。

（1）以支付现金取得的长期股权投资，应当按照实际支付的购买价款作为长期股权投资的初始投资成本，包括购买过程中支付的手续费、税费等必要支出。但所支付价款中包含的被投资单位已宣告但尚未发放的现金股利或利润应作为应收项目核算，不构成取得长期股权投资的成本。

【例9-22】甲公司于2×20年2月10日自公开市场中买入乙公司20%的股份，实际支付价款817 000元。另外，在购买过程中支付手续费等相关费用2 000元。甲公司取得该部分股权后，能够对乙公司的生产经营决策施加重大影响。假定甲公司取得该项投资时，乙公司已宣告但尚未发放现金股利，甲公司按其持股比例计算确定可分得1 500元。

甲公司应当按照实际支付的购买价款作为取得长期股权投资的成本，根据有关原始凭证，编制如下会计分录：

借：长期股权投资——乙公司　　817 500
　　应收股利　　1 500
　贷：银行存款　　819 000

（2）以发行权益性证券方式取得的长期股权投资，其成本为所发行权益性证券的公允价值，但不包括应自被投资单位收取的已宣告但尚未发放的现金股利或利润。

为发行权益性证券支付给有关证券承销机构等的手续费、佣金等与权益性证券发行直接相关的费用，不构成取得长期股权投资的成本。该部分费用按照《企业会计准则第37号——金融工具列报》的规定，应自权益性证券的溢价发行收入中扣除，权益性证券的溢价收入不足冲减的，应依次冲减盈余公积和未分配利润。

【例9-23】2×20年3月，甲公司通过增发9 000万股普通股（每股面值1元）取得B公司20%的股权，按照增发前后的平均股价计算，该9 000万股股票的公允价值为1.56亿元。为增发该部分股票，甲公司向证券承销机构等支付了600万元的佣金和手续费。假定甲公司取得B公司20%的股权后，能够对B公司的生产经营决策施加重大影响。

（1）甲公司应当以所发行股份的公允价值作为取得长期股权投资的成本，根据有关原始凭证，编制如下会计分录：

借：长期股权投资——B公司　　156 000 000
　贷：股本　　90 000 000
　　　资本公积——股本溢价　　66 000 000

（2）发行权益性证券过程中支付的佣金和手续费，应冲减权益性证券的溢价发行收入，根据有关原始凭证，编制如下会计分录：

借：资本公积——股本溢价　　6 000 000
　贷：银行存款　　6 000 000

（3）以债务重组、非货币性资产交换等方式取得的长期股权投资，其初始投资成本应按照《企业会计准则第12号——债务重组》和《企业会计准则第7号——非货币性资产交换》的规定确定。

三、长期股权投资的后续计量

长期股权投资在持有期间，根据投资企业对被投资单位的影响程度及是否存在活跃市场、公允价值是否能够可靠取得等进行划分，应当分别采用成本法及权益法进行核算。对子公司的长期股权投资应当按成本法核算，对合营企业、联营企业的长期股权投资应当按权益法核算。

（一）成本法

成本法，是指长期股权投资的账面价值按初始投资成本计量，除追加或收回投资外，一般不对长期股权投资的账面价值进行调整的一种会计处理方法。

长期股权投资为什么要区分成本法和权益法

1.成本法的适用范围

投资方对被投资单位能够实施控制的长期股权投资应当采用成本法核算。

2.成本法下投资成本的后续计量

采用成本法核算的长期股权投资，应按照初始投资成本计价，一般不予变更，只有在追加或收回投资时才调整长期股权投资的成本。初始投资或追加投资时，按照初始投资或追加投资时的成本增加长期股权投资的账面价值。

3.成本法下股利的处理

除取得投资时实际支付的价款中包含的已宣告但尚未发放的现金股利或利润外，投资企业应当按照享有被投资单位宣告发放的现金股利或利润确认投资收益，借记“应收股利”账户，贷记“投资收益”账户；收到上述现金股利或利润时，借记“银行存款”账户，贷记“应收股利”账户。

被投资单位宣告分派股票股利，投资方应于除权日作备忘记录。

投资企业在确认被投资单位应分得的现金股利或利润后，应当考虑有关长期股权投资是否发生减值。在判断该类长期股权投资是否存在减值迹象时，应当关注长期股权投资的账面价值是否大于享有被投资单位净资产（包括相关商誉）账面价值的份额等情况。出现类似情况时，企业应当按照《企业会计准则第8号——资产减值》的规定对长期股权投资进行减值测试，可收回金额低于长期股权投资账面价值的，应当计提减值准备。

【例9-24】甲公司于2×20年4月20日自非关联方处取得乙公司60%股权，成本为25 000 000元，相关手续于当日办理完成，并能够对乙公司实施控制。2×21年2月6日，乙公司宣告分派现金股利，甲公司按照持股比例可取得600 000元。乙公司于2×21年2月10日实际发放现金股利。不考虑相关税费等其他因素的影响。

（1）取得长期股权投资时，根据有关原始凭证，编制如下会计分录：

借：长期股权投资——乙公司　　25 000 000

　贷：银行存款　　25 000 000

（2）乙公司宣告分派现金股利时，根据有关原始凭证，编制如下会计分录：

借：应收股利　　600 000

　贷：投资收益　　600 000

（3）实际收到现金股利时，根据有关原始凭证，编制如下会计分录：

借：银行存款 600 000

贷：应收股利 600 000

进行上述处理后，如相关长期股权投资存在减值迹象，应当进行减值测试。

（二）权益法

权益法，是指投资以初始投资成本计量后，在投资持有期间根据投资企业享有被投资单位所有者权益份额的变动对投资的账面价值进行调整的方法。

1. 权益法的适用范围

投资企业对被投资单位具有共同控制或重大影响的长期股权投资，即对合营企业投资及联营企业投资，应当采用权益法核算。

2. 初始投资成本的调整

投资企业取得对联营企业或合营企业的投资以后，对于取得投资时投资成本与应享有被投资单位可辨认净资产公允价值份额之间的差额，应区别情况分别处理。

（1）初始投资成本大于取得投资时应享有被投资单位可辨认净资产公允价值份额的，该部分差额是投资方在取得投资过程中通过作价体现的与所取得股权份额相对应的商誉价值，这种情况下不要求对长期股权投资的成本进行调整。

（2）初始投资成本小于取得投资时应享有被投资单位可辨认净资产公允价值份额的，两者之间的差额体现为双方在交易作价过程中转让方的让步，该部分经济利益流入应作为收益处理，计入取得投资当期的营业外收入，同时调整增加长期股权投资的账面价值。

【例9-25】甲公司于2×20年1月取得乙公司30%的股权，支付价款80 000 000元。取得投资时被投资单位乙公司的净资产账面价值为225 000 000元（假定被投资单位各项可辨认资产、负债的公允价值与其账面价值相同）。

在乙公司的生产经营决策过程中，所有股东均按持股比例行使表决权。甲公司在取得乙公司的股权后，派人参与了乙公司的生产经营决策。因能够对乙公司施加重大影响，甲公司应当对该投资采用权益法核算。

取得投资时，根据有关原始凭证，编制如下会计分录：

借：长期股权投资——乙公司（成本） 80 000 000

贷：银行存款 80 000 000

长期股权投资的初始投资成本80 000 000元大于取得投资时应享有被投资单位可辨认净资产公允价值的份额67 500 000元（225 000 000×30%），两者之间的差额不调整长期股权投资的账面价值。

如果本例中取得投资时被投资单位可辨认净资产的公允价值为360 000 000元，甲公司按持股比例30%计算确定应享有的份额为108 000 000元，则初始投资成本与应享有被投资单位可辨认净资产公允价值份额之间的差额28 000 000元应计入取得投资当期的营业外收入。

根据有关原始凭证，编制如下会计分录：

借：长期股权投资——乙公司（成本） 108 000 000

贷：银行存款 80 000 000

营业外收入 28 000 000

3.投资损益的确认

长期股权投资权益法下未实现内部交易的处理

投资企业取得长期股权投资后，应当按照应享有（或分担）被投资单位实现净利润（或净亏损）的份额，调整长期股权投资的账面价值，并确认为当期投资损益。

【例9-26】甲公司于2×20年1月取得乙公司20%有表决权股份，能够对乙公司施加重大影响。假定甲公司取得该项投资时，乙公司各项可辨认资产、负债的公允价值与其账面价值相同。2×20年年底，乙公司实现净利润3 200万元。假定不考虑所得税因素。

甲公司在按照权益法确认应享有乙公司2×20年净损益时，根据有关原始凭证，编制如下会计分录：

借：长期股权投资——乙公司（损益调整）　6 400 000

　贷：投资收益　6 400 000

4.超额亏损的确认

关于权益法下有关投资净损失的会计处理

按照权益法核算的长期股权投资，投资企业确认应分担被投资单位发生的损失，原则上应以长期股权投资及其他实质上构成对被投资单位净投资的长期权益减记至零为限，投资企业负有承担额外损失义务的除外。“其他实质上构成对被投资单位净投资的长期权益”通常是指长期应收项目，比如企业对被投资单位的长期债权，该债权没有明确的清收计划，且在可预见的未来期间不准备收回的，实质上构成对被投资单位的净投资，但不包括投资企业与被投资单位之间因销售商品、提供劳务等日常活动所产生的长期债权。

投资企业在确认应分担被投资单位发生的亏损时，具体应按照以下顺序处理：

首先，减记长期股权投资的账面价值。

其次，在长期股权投资的账面价值减记至零的情况下，对于未确认的投资损失，考虑除长期股权投资以外，账面上是否有其他实质上构成对被投资单位净投资的长期权益项目，如果有，则应以其他长期权益的账面价值为限，继续确认投资损失，冲减长期应收项目等的账面价值。

最后，经过上述处理，按照投资合同或协议约定，投资企业仍需要承担额外损失弥补等义务的，应按预计将承担的义务金额确认预计负债，计入当期投资损失。

企业在实务操作过程中，在发生投资损失时，应借记“投资收益”账户，贷记“长期股权投资——损益调整”账户。在长期股权投资的账面价值减记至零以后，考虑其他实质上构成对被投资单位净投资的长期权益，继续确认的投资损失，应借记“投资收益”账户，贷记“长期应收款”等账户。因投资合同或协议约定导致投资企业需要承担额外义务的，按照或有事项准则的规定，对于符合确认条件的义务，应确认为当期损失，同时确认预计负债，借记“投资收益”账户，贷记“预计负债”账户。除上述情况外仍未确认的应分担被投资单位的损失，应在账外备查登记。

在确认了有关的投资损失以后，被投资单位于以后期间实现盈利的，应按以上相反顺序分别减记账外备查登记的金额、已确认的预计负债、恢复其他长期权益及长期股权投资的账面价值，同时确认投资收益，即应当按顺序分别借记“预计负债”“长期应收款”“长期股权投资”等账户，贷记“投资收益”账户。

【例9-27】甲公司持有乙公司40%的股权，能够对乙公司施加重大影响。2×20年12月31日，该项长期股权投资的账面价值为6 000万元。乙公司2×20年亏损1.8亿元，甲公司按其持股比例确认应分担的损失为7 200万元，甲公司账上有应收乙公司的长期应收款2 400万元，该款项从目前情况看，没有明确的清偿计划（并非产生于商品购销等日常活动）。

根据有关原始凭证，编制如下会计分录：

借：投资收益　　60 000 000

　贷：长期股权投资——乙公司（损益调整）　　60 000 000

借：投资收益　　12 000 000

　贷：长期应收款　　12 000 000

5.取得现金股利或利润的处理

按照权益法核算的长期股权投资，投资企业自被投资单位取得的现金股利或利润，应抵减长期股权投资的账面价值。在被投资单位宣告分派现金股利或利润时，借记“应收股利”账户，贷记“长期股权投资——损益调整”账户；自被投资单位取得的现金股利或利润超过已确认损益调整的部分应视同投资成本的收回，冲减长期股权投资的账面价值。

6.被投资单位其他综合收益的处理

被投资单位其他综合收益发生变动的，投资方应当按照归属于本企业的部分，相应调整长期股权投资的账面价值，同时增加或减少其他综合收益。

【例9-28】甲公司持有B企业30%的股份，能够对B企业施加重大影响。B企业因当期持有的其他债权投资公允价值变动计入其他综合收益的金额为1 800万元，除该事项外，B企业当期实现的净利润为9 600万元。假定甲公司与B企业适用的会计政策、会计期间相同，投资时B企业有关资产、负债的公允价值与其账面价值相同，双方当期及以前期间未发生任何内部交易。

甲公司在确认应享有被投资单位所有者权益的变动时，根据有关原始凭证，编制如下会计分录：

借：长期股权投资——B企业（损益调整）　　28 800 000

　贷：投资收益　　28 800 000

借：长期股权投资——B企业（其他综合收益）　　5 400 000

　贷：其他综合收益　　5 400 000

7.被投资单位除净损益、其他综合收益以及利润分配以外的所有者权益的其他变动

被投资单位除净损益、其他综合收益以及利润分配以外的所有者权益的其他变动的因素，主要包括被投资单位接受其他股东的资本性投入、被投资单位发行可分离交易的可转换公司债券中包含的权益成分、以权益结算的股份支付、其他股东对被投资单位增资导致投资方持股比例变动等。

投资方应当按照所持股权比例计算应享有的份额，调整长期股权投资的账面价值，同时计入资本公积（其他资本公积），并在备查簿中予以登记。投资方在后续处置股权投资，但对剩余股权仍采用权益法核算时，应按处置比例将这部分资本公积转入处置当期投资收益；对剩余股权终止采用权益法核算时，将这部分资本公积全部转入处置当期投资

收益。

8.股票股利的处理

被投资单位分派的股票股利，投资企业不作账务处理，但应于除权日注明所增加的股数，以反映股份的变化情况。

四、长期股权投资的处置

投资企业处置长期股权投资时，按照实际取得的价款与长期股权投资账面价值的差额确认投资损益。采用被投资单位直接处置相关资产或负债相同的基础，按相应比例对原记入“其他综合收益”账户的部分和“资本公积——其他资本公积”账户的部分进行会计处理。如果对长期股权投资计提了减值准备，还应当同时结转已计提的长期股权投资减值准备。

投资企业处置长期股权投资时按照实际收到的金额，借记“银行存款”等账户，按照已计提的减值准备，借记“长期股权投资减值准备”账户，按照该长期股权投资的账面余额，贷记“长期股权投资”账户，按照尚未领取的现金股利或利润，贷记“应收股利”账户，按照其差额，贷记或借记“投资收益”账户。

长期股权投资的六种转换

同时，应当采用与被投资单位直接处置相关资产或负债相同的基础，对相关的其他收益进行会计处理，即按照上述原则可以转入当期损益的其他综合收益，应按结转的长期股权投资的投资成本比例结转原记入“其他综合收益”账户的金额，借记或贷记“其他综合收益”账户，贷记或借记“投资收益”账户。

同时，还应将因被投资单位除净损益、其他综合收益和利润分配以外的其他所有者权益变动而确认的资本公积（其他资本公积）按相应比例结转，借记或贷记“资本公积——其他资本公积”账户，贷记或借记“投资收益”账户。

【例9-29】甲公司原持有B企业40%的股权，2×20年3月1日，甲公司决定将其全部出售，出售时甲公司账面上对B企业长期股权投资的构成为：投资成本360万元，损益调整借方余额96万元，其他综合收益借方余额60万元，其他权益变动借方余额20万元。不考虑相关税费等其他因素的影响。出售取得价款1 500万元。

（1）确认处置损益时，根据有关原始凭证，编制如下会计分录：

借：银行存款　　15 000 000

　贷：长期股权投资——B企业（成本）　　3 600 000

　　　　　　　　——B企业（损益调整）　　960 000

　　　　　　　　——B企业（其他综合收益）　　600 000

　　　　　　　　——B企业（其他权益变动）　　200 000

　　　投资收益　　9 640 000

（2）除应将实际取得价款与出售长期股权投资的账面价值进行结转，确认出售损益以外，还应将原计入其他综合收益和资本公积的部分按比例转入当期损益。根据有关原始凭证，编制如下会计分录：

借：其他综合收益　　600 000

　贷：投资收益　　600 000

借：资本公积　　200 000

贷：投资收益　　200 000

五、长期股权投资的减值

为什么长期股权投资减值准备一经确认在以后会计期间不得转回?

长期股权投资在按照规定进行核算确定其账面价值的基础上，如果存在减值迹象，应当按照《企业会计准则第8号——资产减值》的规定确定其可收回金额及应予计提的减值准备。

投资企业计提长期股权投资减值准备，应当通过设置“长期股权投资减值准备”账户进行核算。投资企业按照应减记的金额，借记“资产减值损失——计提的长期股权投资减值准备”账户，贷记“长期股权投资减值准备”账户。长期股权投资减值损失一经确认，在以后会计期间不得转回。

【复习思考】

1.什么是金融资产？如何进行分类？

2.简述交易性金融资产、债权投资和长期股权投资三者持有目的的区别。

3.企业在对其他债权投资进行会计处理时应当注意哪些方面？

4.在不同情况下如何确认长期股权投资初始投资成本？

5.长期股权投资成本法包括哪些内容？

6.长期股权投资权益法包括哪些内容？

【岗位训练】

1.ABC公司于2×20年5月26日以每股15元的价格从二级市场购入B公司普通股（法人股）10 000股，另付相关税费800元。ABC公司根据其管理该股票的业务模式和该股票的合同现金流量特征，将该股票分类为以公允价值计量且其变动计入当期损益的金融资产。B公司已于2×20年5月20日宣告分派每股1元的现金股利，并预定于2×20年6月26日实际支付。

要求：做出相关账务处理。

2.ABC公司2×20年1月3日购入B企业同年1月1日发行的3年期债券，票面利率为12%，债券面值为600 000元，每年6月30日和12月31日各付息一次。债券购买时的市场利率为14%，购买价格为571 400.40元（不考虑相关税费）。ABC公司有明确意图和能力持有至到期。

要求：做出相关账务处理。

3.甲公司为上市公司，2×20年12月31日，以21 909.19万元（包括交易费用9.19万元）的价格购入乙公司于2×20年1月1日发行的5年期一次还本、分期付息债券，债券面值总额为2亿元，付息日为每年1月5日，票面年利率为6%。甲公司于每年年末计提债券利息；甲公司根据其管理该债券的业务模式和该债券的合同现金流量特征，将该债券分类为以公允价值计量且其变动计入其他综合收益的金融资产。甲公司确定该债券实际利率为5%。

4.宏发公司2×20年2月2日以存款2 100万元购得B公司60%的股份，并支付相关审计、评估咨询费10万元，能够对B公司实施控制。2×20年3月1日B公司宣告于2×20年4月1日向投资者支付2×19年利润600万元。2×20年4月1日，宏发公司收到B公司分派的现金股利360万元。B公司2×20年实现净利润6 000万元。2×21年3月1日B公司宣告向投资者发放现金股利240万元。

要求：编制宏发公司相关会计分录。

5. 甲公司于2×20年2月10日自公开市场买入乙公司30%的股份，实际支付价款80 000 000元。在购买过程中支付手续费等相关费用1 000 000元。甲公司取得该部分股权后能够对乙公司施加重大影响。假定甲公司取得该项投资时，乙公司已宣告但尚未发放现金股利，甲公司按其持股比例计算确定可分得300 000元。取得投资时乙公司可辨认净资产公允价值为200 000 000元。

2×20年乙公司实现净利润8 000 000元，同时因其他债权投资增加计入其他综合收益3 000 000元。2×21年3月1日乙公司宣告发放现金股利2 000 000元。2×21年5月1日，甲公司将该长期股权投资全部处置，收到银行存款90 000 000元。

要求：编制甲公司相关会计分录。

项目十

财务成果岗位

学习目标

知识目标： 通过本项目的学习，要求了解财务成果岗位的核算任务和核算流程；掌握收入业务、营业成本及期间费用业务，以及所得税、利润、利润分配业务的计算和核算。

技能目标： 通过本项目的学习，要求能进行企业收入、营业成本、期间费用、利润、利润分配业务的核算，会计算所得税费用、主营业务利润、其他业务利润、营业利润、利润总额、净利润和应分配的利润；能编制收入、营业成本、期间费用、利润、利润分配业务和应交所得税等相关的原始凭证、记账凭证；能根据有关资料登记有关总账、明细账簿。

模块一 财务成果岗位概述

一、财务成果岗位的职责

（1）负责编制收入、利润计划；

（2）办理销售款项结算业务；

（3）负责收入和利润的明细核算；

（4）负责利润分配的明细核算；

（5）编制收入和利润报表，进行利润分析和考核；

（6）协助有关部门对产成品进行清查盘点。

二、财务成果岗位的工作任务

（1）认真贯彻执行《企业会计制度》等国家各项财经法规和企业各项财务规章制度。

（2）编制收入、利润计划，会同有关部门拟定企业利润管理与核算的实施办法。

（3）做好收入制证前各项票据的核对工作，负责销售发票的审核盖章和发货通知单的审核盖章，并建立发货通知单备查簿，发现问题及时处理。

（4）会同有关部门定期对产成品进行盘点清查。每月末与成品库对账一次，发现问题查明原因并提出处理意见，报企业领导批准，及时进行账务处理，确保账实相符。

（5）按照《会计基础工作规范》的要求，负责登记产品销售收入、其他业务收入、主营业务成本、其他业务成本等明细账。

（6）按月进行产品销售收入、产品销售成本升降原因分析，及时向企业有关领导提出建议和措施。

（7）办理销售款项结算业务，负责增值税专用发票票据认证工作并按月装订成册备查；普通发票的购领、申报、核销工作。

（8）核算各种管理费用、财务费用、销售费用。

（9）领导交办的其他与利润核算有关的管理工作。

模块二　财务成果概述

一、财务成果的概念

财务成果是企业在一定期间生产经营活动实现的利润或亏损，统称为盈亏。财务成果是收入与费用配比后相抵的差额，如果收入大于费用，其净额表现为利润；如果收入小于费用，其净额表现为亏损。

二、财务成果的内容

工业企业的财务成果一般由以下几部分构成：①商品销售利润（或亏损）。即企业产成品、自制半成品和工业性作业等商品的销售利润（或亏损），是企业实现利润（或发生亏损）的主要因素。②其他销售利润（或亏损）。如企业销售材料、提供运输劳务、出租包装物等所发生的利润（或亏损）。③营业外收入。④营业外支出。与其他单位联营的企业，还需加上从联营单位分得的利润，减去分给联营单位的利润。企业生产经营活动的全部收益超过全部支出的差额为利润；反之，为亏损。

模块三　收入的核算

一、收入的概念、特点及确认条件

（一）收入的概念及特点

收入，是指企业在日常活动中形成的、会导致所有者权益增加的、与所有者投入资本无关的经济利益的总流入。

根据收入的定义，收入具有以下几个方面的特征：

1.收入是企业在日常活动中形成的经济利益的流入

日常活动，是指企业为完成其经营目标所从事的经常性活动以及与之相关的活动。例如，工业企业制造并销售产品；企业一些活动属于与经常性活动相关的其他活动，如工业企业出售不需用的原材料、转让无形资产使用权、利用闲置资金对外投资等，也属于企业日常活动。企业的有些活动不是为完成其经营目标所从事的经常性活动，也不属于与经常性活动相关的其他活动，如企业固定资产、无形资产的报废等活动，由此产生的经济利益的总流入不构成收入，应当确认为营业外收入。

2.收入不包括所有者向企业投入资本导致的经济利益流入

收入应当会导致经济利益的流入，从而导致资产的增加。例如，企业销售商品，应当收到现金或者在未来有权收到现金，才表明该交易符合收入的定义。但是在实务中，经济利益的流入有时是所有者投入资本的增加所导致的，所有者投入资本的增加不应当确认为收入，应当将其直接确认为所有者权益。

3.收入会导致所有者权益的增加

与收入相关的经济利益的流入应当会导致所有者权益的增加，不会导致所有者权益增加的经济利益的流入不符合收入的定义，不应确认为收入。例如，企业向银行借入款项，尽管也导致了企业经济利益的流入，但该流入并不导致所有者权益的增加，反而使企业承担了一项现时义务。企业对于因借入款项所导致的经济利益的增加，不应将其确认为收入，应当确认为一项负债。

（二）收入的确认条件

企业在确认收入时，应遵循的基本原则是：确认收入的方式应当反映其向客户转让商品或提供服务的模式，收入的金额应当反映企业因转让商品或提供服务而预期有权收取的对价金额。通过收入确认和计量能进一步如实地反映企业的生产经营成果，准确核算企业实现的损益。

1.收入确认的原则

企业应当在履行了合同中的履约义务，即在客户取得相关商品控制权时确认收入。取得相关商品控制权，是指客户能够主导该商品的使用并从中获得几乎全部经济利益，也包括有能力阻止其他方主导该商品的使用并从中获得经济利益。取得商品控制权包括三个要素：一是客户必须拥有现时权利，能够主导该商品的使用并从中获得几乎全部经济利益。如果客户只能在未来的某一期间主导该商品的使用并从中获益，则表明其尚未取得该商品的控制权。二是客户有能力主导该商品的使用，即客户在其活动中有权使用该商品，或者能够允许或阻止其他方使用该商品。三是客户能够获得商品几乎全部的经济利益。商品的经济利益是指商品的潜在现金流量，既包括现金流入的增加，也包括现金流出的减少。客户可以通过使用、消耗、出售、处置、交换、抵押或持有等多种方式直接或间接地获得商品的经济利益。

2.收入确认的前提条件

企业与客户之间的合同同时满足下列五个条件的，企业应当在客户取得相关商品控制权时确认收入：

（1）合同各方已批准该合同并承诺将履行各自义务；

（2）该合同明确了合同各方与所转让商品相关的权利和义务；

（3）该合同有明确的与所转让商品相关的支付条款；

（4）该合同具有商业实质，即履行该合同将改变企业未来现金流量的风险、时间分布或金额；

（5）企业因向客户转让商品而有权取得的对价很可能收回。

二、收入的分类

（一）按企业从事日常活动的性质分类

按照企业从事日常活动的性质，可将收入分为销售商品收入、提供劳务收入、让渡资产使用权收入、建造合同收入等。

（1）销售商品收入，是指企业通过销售商品实现的收入，如工业企业制造并销售产品、商业企业销售商品等实现的收入。

（2）提供劳务收入，是指企业通过提供劳务实现的收入，如咨询公司提供咨询服务、软件开发企业为客户开发软件、安装公司提供安装服务等实现的收入。

（3）让渡资产使用权收入，是指企业通过让渡资产使用权实现的收入，如商业银行对外贷款、租赁公司出租资产等实现的收入。

（4）建造合同收入，是指企业承担建造合同所形成的收入。

（二）按企业经营业务的主次分类

按照企业从事日常活动在企业的重要性，可将收入分为主营业务收入、其他业务收入等。

（1）主营业务收入，是指企业为完成其经营目标从事的经常性活动实现的收入。如工业企业制造并销售产品、商业企业销售商品、保险公司签发保单、咨询公司提供咨询服务、软件开发企业为客户开发软件、安装公司提供安装服务、商业银行对外贷款、租赁公司出租资产等实现的收入。这些活动形成的经济利益的总流入构成收入，属于企业的主营业务收入。主营业务收入经常发生，并在收入中占有较大的比重。

（2）其他业务收入，是指企业通过除主要经营业务以外的其他经营活动实现的收入。例如，工业企业对外出售不需用的原材料、对外转让无形资产使用权等。这些活动形成的经济利益的总流入也构成收入，属于企业的其他业务收入。

三、收入的账务处理

（一）账户设置

为核算和监督销售业务情况，企业应设置如下账户：

1.“主营业务收入”账户

该账户为损益类账户，用于核算企业经营主要业务所取得的收入，贷方登记已经确认实现的销售收入，借方登记销货退回和期末结转至“本年利润”账户的本期销售收入。结转后，该账户无余额。具体会计处理为：

确认实现的销售收入时：

借：银行存款（应收账款、应收票据）

　贷：主营业务收入

　　　应交税费——应交增值税（销项税额）

发生销货退回时：

借：主营业务收入

　　应交税费——应交增值税（销项税额）

　贷：银行存款（应收账款、应收票据）

期末，结转本年利润时：

借：主营业务收入

贷：本年利润

2.“主营业务成本”账户

该账户为损益类账户，用于核算企业经营主要业务而发生的实际成本，借方登记本期发生的销售成本，贷方登记期末转入“本年利润”账户的主营业务成本。结转后，该账户无余额。该账户可按主营业务的种类进行明细核算，具体会计处理为：

结转已销商品的成本时：

借：主营业务成本

　贷：库存商品

期末，结转本年利润时：

借：本年利润

　贷：主营业务成本

3.“其他业务收入”账户

该账户为损益类账户，用于核算企业除经营业务外的其他销售或其他业务所取得的收入，贷方登记已经确认实现的其他业务收入，借方登记期末结转至“本年利润”账户的本期其他业务收入。结转后，该账户无余额。具体会计处理为：

确认实现的其他业务收入时：

借：银行存款（应收账款等）

　贷：其他业务收入

　　应交税费——应交增值税（销项税额）

期末，结转本年利润时：

借：其他业务收入

　贷：本年利润

4.“其他业务成本”账户

该账户为损益类账户，用于核算企业除主营业务以外的其他销售或其他业务所发生的支出，借方登记本期发生的其他业务支出，贷方登记期末结转至“本年利润”账户的本期其他业务支出。结转后，该账户无余额。具体会计处理为：

确认发生的其他业务支出时：

借：其他业务成本

　贷：原材料（累计摊销等）

期末，结转本年利润时：

借：本年利润

　贷：其他业务成本

5.“合同取得成本”账户

该账户为资产类账户，用于核算企业取得合同发生的、预计能够收回的增量成本。该账户借方登记发生的合同取得成本，贷方登记摊销的合同取得成本，期末借方余额，反映企业尚未结转的合同取得成本。该账户可按合同进行明细核算。具体会计处理为：

企业发生合同取得成本时：

借：合同取得成本

　贷：银行存款（其他应付款等）

对合同取得成本进行摊销时：

借：销售费用等

贷：合同取得成本

6.“合同履约成本”账户

该账户为资产类账户，用于核算企业为履行当前或预期取得的合同所发生的、不属于其他企业会计准则规范范围且按照收入准则应当确认为一项资产的成本。该账户借方登记发生的合同履约成本，贷方登记摊销的合同履约成本。期末借方余额，反映企业尚未结转的合同履约成本。该账户可按合同分别设置“服务成本”“工程施工”等进行明细核算。具体会计处理为：

企业发生合同履约成本时：

借：合同履约成本

贷：银行存款（应付职工薪酬等）

对合同履约成本进行摊销时：

借：主营业务成本（其他业务成本等）

贷：合同履约成本

7.“合同资产”账户

该账户为资产类账户，用于核算企业已向客户转让商品而有权收取对价的权利，且该权利取决于时间流逝之外的其他因素（如履行合同中的其他履约义务）。该账户借方登记因已转让商品而有权收取的对价金额，贷方登记取得无条件收款权的金额。期末借方余额，反映企业已向客户转让商品而有权收取的对价金额。该账户可按合同进行明细核算。

企业在客户实际支付合同对价或在该对价到期应付之前，已经向客户转让了商品的，应当按因转让商品而有权收取的对价金额，借记本账户或“应收账款”账户，贷记“主营业务收入”“其他业务收入”等账户；企业取得无条件收款权时，借记“应收账款”等账户，贷记本账户。涉及增值税的，还应进行相应的账务处理。具体的会计处理为：

企业在客户实际支付合同对价或在该对价到期应付之前，向客户转让商品时：

借：合同资产（应收账款）

贷：主营业务收入（其他业务收入等）

企业取得无条件收款权时：

借：应收账款

贷：合同资产

8.“合同负债”账户

该账户为负债类账户，用于核算企业已收或应收客户对价而应向客户转让商品的义务。该账户贷方登记企业在向客户转让商品之前，已经收到或已经取得无条件收取合同对价权利的金额；借方登记企业向客户转让商品时冲销的金额；期末贷方余额，反映企业在向客户转让商品之前，已经收到的合同对价或已经取得的无条件收取合同对价权利的金额。该账户按合同进行明细核算。具体会计处理为：

企业在向客户转让商品之前，客户已经支付了合同对价或企业已经取得了无条件收取合同对价权利的：

借：银行存款（应收账款等）

贷：合同负债

企业向客户转让相关商品时：

借：合同负债

贷：主营业务收入（其他业务收入等）

（二）收入确认和计量的步骤

根据《企业会计准则第14号——收入》（2017），收入确认和计量大致分为五步：

第一步，识别与客户订立的合同。合同是指双方或多方之间订立有法律约束力的权利义务的协议。合同有书面形式、口头形式以及其他形式。合同的存在是企业确认客户合同收入的前提，企业与客户之间的合同一经签订，企业即享有从客户取得与转移商品和服务对价的权利，同时负有向客户转移商品和服务的履约义务。

第二步，识别合同中的单项履约义务。履约义务是指合同中企业向客户转让可明确区分商品或服务的承诺。企业应当将向客户转让可明确区分商品（或者商品的组合）的承诺以及向客户转让一系列实质相同且转让模式相同的、可明确区分商品的承诺作为单项履约义务。例如，企业与客户签订合同向其销售商品并提供安装服务，该安装服务简单，除该企业外其他供应商也可以提供此类安装服务，该合同中销售商品和提供安装服务为两项单项履约义务。若该安装服务复杂且商品需要按客户定制要求修改，则合同中销售商品和提供安装服务合并为单项履约义务。

第三步，确定交易价格。交易价格是指企业因向客户转让商品而预期有权收取的对价金额，不包括企业代第三方收取的款项（如增值税）以及企业预期将退还给客户的款项。合同条款所承诺的对价，可能是固定金额、可变金额或两者兼有。例如，甲公司与客户签订合同为其建造一栋厂房，约定的价款为100万元，4个月完工，交易价格就是固定金额100万元；假如合同中约定若提前1个月完工，客户将额外奖励甲公司10万元，甲公司对合同估计工程提前1个月完工的概率为95%，则甲公司预计有权收取的对价为110万元，因此交易价格包括固定金额100万元和可变金额10万元，总计为110万元。

第四步，将交易价格分摊至各单项履约义务。当合同中包含两项或多项履约义务时，需要将交易价格分摊至各单项履约义务，分摊的方法是在合同开始日，按照各单项履约义务所承诺商品的单独售价（企业向客户单独销售商品的价格）的相对比例，将交易价格分摊至各单项履约义务。通过分摊交易价格，使企业分摊至各单项履约义务的交易价格能够反映其因向客户转让已承诺的相关商品而有权收取的对价金额。例如，企业与客户签订合同，向其销售A、B、C三件产品，不含增值税的合同总价款为10 000元。A、B、C产品的不含增值税单独售价分别为5 000元、3 500元和7 500元，合计16 000元。按照交易价格分摊原则，A产品应当分摊的交易价格为3 125元（5 000÷16 000×10 000），B产品应当分摊的交易价格为2 187.50元（3 500÷16 000×10 000），C产品应当分摊的交易价格为4 687.50元（7 500÷16 000×10 000）。

第五步，履行各单项履约义务时确认收入。当企业将商品转移给客户，客户取得了相关商品的控制权，意味着企业履行了合同履约义务，此时，企业应确认收入。企业将商品控制权转移给客户，可能是在某一时段内（即履行履约义务的过程中）发生，也可能在某一时点（即履约义务完成时）发生。企业应当根据实际情况，首先判断履约义务是否满足在某一时段内履行的条件，如不满足，则该履约义务属于在某一时点履行的履约义务。

收入确认和计量的五个步骤中，第一步、第二步和第五步主要与收入的确认有关，第三步和第四步主要与收入的计量有关。

需要说明的是，一般而言，确认和计量任何一项合同收入应考虑全部的五个步骤。但履行某些合同义务确认收入不一定都经过五个步骤，如企业按照第二步确定某项合同仅为单项履约义务时，可以从第三步直接进入第五步确认收入，不需要第四步（分摊交易价格）。

（三）履行履约义务确认收入的账务处理

企业应在履约义务得到履行时确认收入，当特定履约义务涉及的相应商品或服务的控制权转移给客户时，则履约义务得到履行。

企业应当在合同开始时确定商品或服务的控制权是在某一时段内还是在某一时点被转移。

1. 在某一时点履行履约义务确认收入

对于在某一时点履行的履约义务，企业应当在客户取得相关商品控制权时点确认收入。在判断控制权是否转移时，企业应当综合考虑下列迹象，如果满足下列条件之一，则控制权被视为在某一时点转移：

（1）企业就该商品享有现时收款权利，即客户就该商品负有现时付款义务。例如，甲企业与客户签订销售商品合同，约定客户有权定价且在收到商品无误后10日内付款。在客户收到甲企业开具的发票、商品验收入库后，客户能够自主确定商品的销售价格或商品的使用情况，此时甲企业享有收款权利，客户负有现时付款义务。

（2）企业已将该商品的法定所有权转移给客户，即客户已拥有该商品的法定所有权。例如，房地产企业向客户销售商品房，在客户付款后取得房屋产权证时，表明企业已将该商品房的法定所有权转移给客户。

（3）企业已将该商品实物转移给客户，即客户已占有该商品实物。例如，企业与客户签订交款提货合同，在企业销售商品并送货到客户指定地点，客户验收合格并付款，表明企业已将该商品实物转移给客户，即客户已占有该商品实物。

（4）企业已将该商品所有权上的主要风险和报酬转移给客户，即客户已取得该商品所有权上的主要风险和报酬。例如，甲房地产公司向客户销售商品房办理产权转移手续后，该商品房价格上涨或下跌带来的利益或损失全部属于客户，表明客户已取得该商品房所有权上的主要风险和报酬。

（5）客户已接受该商品。例如，企业向客户销售为其定制生产的节能设备，客户收到并验收合格后办理入库手续，表明客户已接受该商品。

（6）其他表明客户已取得商品控制权的迹象。

2. 在某一时点履行履约义务确认收入账务处理

（1）一般销售商品业务收入的账务处理

【例10-1】甲公司向乙公司销售商品一批，开具的增值税专用发票上注明的售价为400 000元，增值税税额为52 000元；甲公司收到乙公司开出的不带息银行承兑汇票一张，票面金额为452 000元，期限为2个月；甲公司以银行存款支付代垫运费，增值税专用发票上注明的运输费为2 000元，增值税税额为180元，所垫运费尚未收到；该批商品成本为320 000元；乙公司收到商品并验收入库。

本例中，甲公司已经收到乙公司开出的不带息银行承兑汇票，客户乙公司收到商品并验收入库，因此，销售商品为单项履约义务且属于在某一时点履行的履约义务。甲公司应编制如下会计分录：

确认收入时：

借：应收票据　　452 000

　贷：主营业务收入　　400 000

　　　应交税费——应交增值税（销项税额）　　52 000

借：主营业务成本　　320 000

　贷：库存商品　　320 000

代垫运费时：

借：应收账款　　2 180

　贷：银行存款　　2 180

（2）已经发出商品但不能确认收入的账务处理

企业按合同发出商品，合同约定客户只有在商品售出取得价款后才支付货款。企业向客户转让商品的对价未达到“很可能收回”的收入确认条件。在发出商品时，企业不应确认收入，而应将发出商品的成本记入“发出商品”账户，借记“发出商品”账户，贷记“库存商品”账户。如已发出的商品被客户退回应编制相反的会计分录。“发出商品”账户核算企业商品已发出但客户没有取得商品的控制权的商品成本。在收到货款或取得收取货款的权利时确认收入，借记“银行存款”“应收账款”账户，贷记“主营业务收入”“应交税费——应交增值税（销项税额）”账户；同时结转已销商品成本，借记“主营业务成本”账户，贷记“发出商品”账户。

【例10-2】甲公司与乙公司均为增值税一般纳税人。2×20年6月3日，甲公司与乙公司签订委托代销合同，甲公司委托乙公司销售W商品1 000件，W商品已经发出，每件商品成本为70元。合同约定乙公司应按每件100元对外销售，甲公司按不含增值税销售价格的10%向乙公司支付手续费。除非这些商品在乙公司存放期间内由于乙公司的责任发生毁损或丢失，否则在W商品对外销售之前，乙公司没有义务向甲公司支付货款。乙公司不承担包销责任，没有售出的W商品须退回给甲公司，同时，甲公司也有权要求收回W商品或将其销售给其他客户。至2×20年6月30日，乙公司实际对外销售1 000件，开出的增值税专用发票上注明的销售价款为100 000元，增值税税额为13 000元。

本例中，甲公司将W商品发送至乙公司后，乙公司虽然已经承担W商品的实物保管责任，但仅为接受甲公司的委托销售W商品并根据实际销售数量赚取一定比例的手续费。甲公司有权要求收回W商品或将其销售给其他客户，乙公司并不能主导这些商品的销售，这些商品对外销售与否、是否获利以及获利多少等不由乙公司控制，乙公司没有取得这些商品的控制权。因此，甲公司将W商品发送至乙公司时，不应确认收入，而应当在乙公司将W商品销售给最终客户时确认收入。

（1）2×20年6月3日，甲公司按合同约定发出商品时，应编制如下会计分录：

借：发出商品——乙公司　　70 000

　贷：库存商品——W商品　　70 000

（2）2×20年6月30日，甲公司收到乙公司开具的代销清单时，应编制如下会计分录：

借：应收账款　113 000

　贷：主营业务收入　100 000

　　应交税费——应交增值税（销项税额）　13 000

借：主营业务成本　70 000

　贷：发出商品　70 000

借：销售费用　10 000

　应交税费——应交增值税（进项税额）　600

　贷：应收账款　10 600

（3）收到乙公司支付的货款时：

借：银行存款　102 400

　贷：应收账款　102 400

（3）商业折扣、现金折扣和销售退回的账务处理

①商业折扣。

商业折扣是指企业为促进商品销售而给予的价格扣除。例如，企业为鼓励客户多买商品，可能规定购买100件以上商品给予客户10%的折扣。此外，企业为了尽快出售一些残次、陈旧、冷背的商品，也可能降价（即打折）销售。商业折扣在销售前即已发生，并不构成最终成交价格的一部分，企业应当按照扣除商业折扣后的金额确定商品销售价格和销售商品收入金额。

②现金折扣。

现金折扣是指债权人为鼓励债务人在规定的期限内付款而向债务人提供的债务扣除。现金折扣一般用符号“折扣率/付款期限”表示，例如，“2/10，1/20，N/30”表示：销货方允许客户最长的付款期限为30天，如果客户在10天内付款，销货方可按商品售价给予客户2%的折扣；如果客户在11～20天内付款，销货方可按商品售价给予客户1%的折扣；如果客户在21～30天内付款，将不能享受现金折扣。

现金折扣发生在商品销售之后，是否发生以及发生多少要视客户的付款情况而定，企业在确认销售商品收入时不能确定现金折扣金额。因此，企业销售商品涉及现金折扣的，应当按照扣除现金折扣前的金额确定销售商品收入金额。现金折扣实际上是企业为了尽快回笼资金而发生的理财费用，应在实际发生时计入当期财务费用。

在计算现金折扣时，还应注意是按不含增值税的价款计算确定，还是按含增值税的价款计算确定，两种情况下客户享有的折扣金额不同。例如，销售价格为1 000元的商品，增值税税额为130元，如计算现金折扣不考虑增值税，按1%折扣率计算，客户享有的现金折扣金额为10元；如果企业与客户约定计算现金折扣时一并考虑增值税，则客户享有的现金折扣金额为11.30元。

【例10-3】甲公司为增值税一般纳税人，2×20年9月1日销售A商品5 000件并开具增值税专用发票，每件商品的标价为200元（不含增值税），A商品适用的增值税税率为13%；每件商品的实际成本为120元；由于是成批销售，甲公司给予客户10%的商业折扣，并在销售合同中规定现金折扣条件为“2/10，1/20，N/30”；A商品于9月1日发出，客户于9月9日付款。该项销售业务属于在某一时点履行的履约义务。假定计算现金折扣不考虑增值税。

本例涉及商业折扣和现金折扣问题，销售商品收入的金额应是未扣除现金折扣但扣除商业折扣后的金额，现金折扣应在实际发生时计入当期财务费用。因此，甲公司应确认的销售商品收入的金额为900 000元（200×5 000-200×5 000×10%），增值税销项税额为117 000元（900 000×13%）。客户在10日内付款，享有的现金折扣为18 000元（900 000×2%）。甲公司应编制如下会计分录：

（1）9月1日确认收入时：

借：应收账款	1 017 000	
贷：主营业务收入		900 000
应交税费——应交增值税（销项税额）		117 000
借：主营业务成本	600 000	
贷：库存商品		600 000

（2）9月9日收到货款时：

借：银行存款	999 000	
财务费用	18 000	
贷：应收账款		1 017 000

③销售退回。

销售退回是指企业因售出商品在质量、规格等方面不符合销售合同规定条款的要求，客户要求企业予以退货。企业销售商品发生退货，表明企业履约义务的减少和客户商品控制权及其相关经济利益的丧失。已确认销售商品收入的售出商品发生销售退回的，除属于资产负债表日后事项的外，企业收到退回的商品时，应退回货款或冲减应收账款，并冲减主营业务收入和增值税销项税额，借记“主营业务收入”“应交税费——应交增值税（销项税额）”等账户，贷记“银行存款”“应收票据”“应收账款”等账户。收到退回商品验收入库，按照商品成本，借记“库存商品”账户，贷记“主营业务成本”账户。如该项销售退回已发生现金折扣，应同时调整相关财务费用的金额。

（4）销售材料等存货的账务处理

企业在日常活动中会发生对外销售不需用的原材料、随同商品对外销售单独计价的包装物等业务。企业销售原材料、包装物等存货取得收入的确认和计量原则比照商品销售。企业销售原材料、包装物等存货确认的收入作为其他业务收入处理，结转的相关成本作为其他业务成本处理。

【例10-4】甲公司向乙公司销售一批原材料，开具的增值税专用发票上注明的售价为100 000元，增值税税额为13 000元；甲公司收到乙公司支付的款项存入银行；该批原材料的实际成本为90 000元；乙公司收到原材料并验收入库。

本例中甲公司已经收到乙公司支付的货款，客户乙公司收到原材料并验收入库，因此，该项业务为单项履约义务且属于在某一时点履行的履约义务。甲公司应编制如下会计分录：

（1）确认收入时：

借：银行存款	113 000	
贷：其他业务收入		100 000
应交税费——应交增值税（销项税额）		13 000

（2）结转原材料成本时：

借：其他业务成本　90 000

　贷：原材料　90 000

3.在某一时段内履行履约义务确认收入

对于在某一时段内履行的履约义务，企业应当在该段时间内按照履约进度确认收入，履约进度不能合理确定的除外。

满足下列条件之一的，属于在某一时段内履行的履约义务：①客户在企业履约的同时即取得并消耗企业履约所带来的经济利益，这意味着如果另一企业接手向客户提供剩余的履约义务，其无须在实质上重新执行已由最初的供应商完成的工作，该标准适用于客户在提供服务的同时消耗服务所产生利益的服务合同。②客户能够控制企业履约过程中在建的商品，这适用于客户在企业建造商品的过程中控制在产品的情形。该资产可以是有形资产或无形资产。例如，在与政府的交易中，常见情形是政府主体（即客户）控制合同的任何在产品或其他产出。③企业履约过程中所产出的商品具有不可替代用途，且该企业在整个合同期间内有权就累计至今已完成的履约部分收取款项，该标准针对客户在资产被创建过程中对其无控制权或企业的履约义务不创建任何资产的情况。例如，建造只有客户能够使用的专项资产，或按照客户的指示建造资产。

4.在某一时段内履行履约义务确认收入账务处理

对于在某一时段内履行的履约义务，企业应当在该段时间内按照履约进度确认收入，但是，履约进度不能合理确定的除外。企业应当考虑商品的性质，采用产出法或投入法确定恰当的履约进度，并且在确定履约进度时，应当扣除那些控制权尚未转移给客户的商品。企业按照履约进度确认收入时，通常应当在资产负债表日按照合同的交易价格总额乘以履约进度扣除以前会计期间累计已确认的收入后的金额，确认为当期收入。

（1）产出法。产出法是根据已转移给客户的商品对于客户的价值确定履约进度，通常可采用实际测量的完工进度、评估已实现的结果、已达到的里程碑、时间进度、已完工或交付的产品等产出指标确定履约进度。实务中，为便于操作，当企业向客户开具发票的对价金额与向客户转让增量商品价值直接相一致时，企业直接按照发票对价金额确认收入也是一种恰当的产出法。

（2）投入法。投入法是根据企业为履行履约义务的投入确定履约进度，通常可采用投入的材料数量、花费的人工工时或机器工时、发生的成本和时间进度等投入指标确定履约进度。当企业从事的工作或发生的投入是在整个履约期间内平均发生时，企业也可以按照直线法确认收入。

【例10-5】甲公司为增值税一般纳税人，装修服务适用的增值税税率为9%。2×20年12月1日，甲公司与乙公司签订一项为期3个月的装修合同，合同约定装修价款为500 000元，增值税税额为45 000元，装修费用每月末按完工进度支付。2×20年12月31日，经专业测量师测量后，确定该项劳务的完工进度为25%；乙公司按完工进度支付价款及相应的增值税税款。截至2×20年12月31日，甲公司为完成该合同累计发生劳务成本100 000元（假定均为装修人员薪酬），估计还将发生劳务成本300 000元。

假定该业务属于甲公司的主营业务，全部由其自行完成；该装修服务构成单项履约义务，并属于在某一时段内履行的履约义务；甲公司按照实际测量的完工进度确定履约进度。

甲公司应编制如下会计分录：

（1）实际发生劳务成本100 000元：

借：合同履约成本　　100 000

　贷：应付职工薪酬　　100 000

（2）2×20年12月31日确认劳务收入并结转劳务成本：

2×20年12月31日确认的劳务收入=500 000×25%-0=125 000（元）

借：银行存款　　136 250

　贷：主营业务收入　　125 000

　　　应交税费——应交增值税（销项税额）　　11 250

借：主营业务成本　　100 000

　贷：合同履约成本　　100 000

2×21年1月31日，经专业测量师测量后，确定该项劳务的完工进度为70%；乙公司按完工进度支付价款同时支付对应的增值税税款。2×21年1月，为完成该合同发生劳务成本180 000元（假定均为装修人员薪酬），为完成该合同估计还将发生劳务成本120 000元。甲公司应编制如下会计分录：

（1）实际发生劳务成本180 000元：

借：合同履约成本　　180 000

　贷：应付职工薪酬　　180 000

（2）2×21年1月31日确认劳务收入并结转劳务成本：

2×21年1月31日确认的劳务收入=500 000×70%-125 000=225 000（元）

借：银行存款　　245 250

　贷：主营业务收入　　225 000

　　　应交税费——应交增值税（销项税额）　　20 250

借：主营业务成本　　180 000

　贷：合同履约成本　　180 000

2×21年2月28日，装修完工；乙公司验收合格，按完工进度支付价款同时支付对应的增值税税款。2×21年2月，为完成该合同发生劳务成本120 000元（假定均为装修人员薪酬）。甲公司应编制如下会计分录：

（1）实际发生劳务成本120 000元：

借：合同履约成本　　120 000

　贷：应付职工薪酬　　120 000

（2）2×21年2月28日确认劳务收入并结转劳务成本：

2×21年2月28日确认的劳务收入=500 000-125 000-225 000=150 000（元）

借：银行存款　　163 500

　贷：主营业务收入　　150 000

　　　应交税费——应交增值税（销项税额）　　13 500

借：主营业务成本　　120 000

　贷：合同履约成本　　120 000

【例10-6】甲公司经营一家健身俱乐部。2×20年7月1日，某客户与甲公司签订合同，成为甲公司的会员，并向甲公司支付会员费3 600元（不含税价），可在未来的12个月内在该俱乐部健身，且没有次数的限制。该业务适用的增值税税率为6%。

本例中，客户在会籍期间可随时来俱乐部健身，且没有次数限制，客户已使用俱乐部健身的次数不会影响其未来继续使用的次数，甲公司在该合同下的履约义务是承诺随时准备在客户需要时为其提供健身服务，因此，该履约义务属于在某一时段内履行的履约义务，并且该履约义务在会员的会籍期间内随时间的流逝而被履行。因此，甲公司按照直线法确认收入，每月应当确认的收入为300元（3 600÷12）。甲公司应编制如下会计分录：

（1）2×20年7月1日收到会员费时：

借：银行存款　　3 600

　贷：合同负债　　3 600

本例中，客户签订合同时支付了合同对价，可在未来的12个月内在该俱乐部进行健身消费，且没有次数的限制。企业在向客户转让商品之前已经产生一项负债，即合同负债。

（2）2×20年7月31日确认收入，开具增值税专用发票并收到税款时：

借：合同负债　　300

　　银行存款　　18

　贷：主营业务收入　　300

　　　应交税费——应交增值税（销项税额）　　18

2×20年8月至2×21年6月，每月确认收入的会计处理同上。

当履约进度不能合理确定时，企业已经发生的成本预计能够得到补偿的，应当按照已经发生的成本金额确认收入，直到履约进度能够合理确定为止。

模块四　费用的核算

一、费用的概念及确认条件

费用是指企业在日常活动中发生的、会导致所有者权益减少的、与向所有者分配利润无关的经济利益的总流出。

费用有狭义和广义之分。广义的费用泛指企业各种日常活动发生的所有耗费。狭义的费用仅指与本期营业收入相配比的那部分耗费。费用应按照权责发生制和配比原则确认，凡应属于本期发生的费用，不论其款项是否支付，均确认为本期费用；反之，不属于本期发生的费用，即使其款项已在本期支付，也不确认为本期费用。

二、费用的分类

费用按经济用途分为生产费用和期间费用，生产费用按不同的标准又可进行不同的分类。

1.生产费用按经济内容分类

生产过程中发生的生产费用，按其经济内容分类，可划分为三大类，即劳动对象方面的费用、劳动手段方面的费用和活劳动方面的费用。

生产费用按经济内容分类，就是在这一划分的基础上，将生产费用划分为以下若干要素费用：材料费用、燃料费用、外购动力费用、工资费用、职工福利费、折旧费、利息支出、税金、其他支出。

2. 生产费用按经济用途分类

生产费用按经济用途分类，一般可分为直接材料、直接人工、燃料及动力、制造费用等。

3. 生产费用按计入产品成本的方法分类

生产费用按计入产品成本的方法分类，一般可分为直接（计入）费用、间接（计入）费用。直接（计入）费用是指可分清哪种产品耗用，从而直接计入该种产品成本的生产费用。间接（计入）费用是指为几种产品共同耗用，不能直接计入某种产品成本的生产费用。

4. 期间费用按经济用途分类

期间费用按经济用途分类，可以分为销售费用、管理费用、财务费用。

三、产品生产成本的核算

（一）生产成本的概念

生产成本，是指一定期间生产产品所发生的直接费用和间接费用的总和。生产成本是一个与费用既有联系又有区别的概念。首先，成本是对象化的费用，生产成本是相对于一定的产品而言所发生的费用，它是按照产品品种等成本计算对象对当期发生的费用进行归集所形成的。在按照费用的经济用途分类中，企业一定期间发生的直接费用和间接费用构成一定期间产品的生产成本。费用的发生过程同时也是产品成本的形成过程。其次，成本与费用是相互转化的。企业在一定期间发生的直接费用按照成本计算对象进行归集；间接费用则通过分配计入各成本计算对象，使本期发生的费用予以对象化，转化为成本。

企业应设置“生产成本”账户，用来核算企业进行工业性生产发生的各项生产成本，包括生产各种产品（产成品、自制半成品等）、自制材料、自制工具、自制设备等发生的成本。该账户可按“基本生产成本”和“辅助生产成本”进行明细核算。

企业应设置“制造费用”账户，用来核算企业为生产产品和提供劳务而发生的各项间接费用，包括生产车间管理人员的职工薪酬、折旧费、修理费、办公费、水电费、机物料消耗、劳动保护费、租赁费、保险费、季节性和修理期间的停工损失等。

企业应将生产经营过程中发生的各种耗费，按其耗用情况直接或分配记入各有关成本类账户。对于基本生产车间发生的直接材料和直接人工等费用，记入“生产成本——基本生产成本”账户；对于基本生产车间发生的间接费用，记入“制造费用”账户；对于辅助生产车间发生的费用，记入“生产成本——辅助生产成本”账户。

各辅助生产车间在计算出各自的劳务成本后，按提供劳务量的情况分配记入各有关成本类账户。如果辅助生产车间也单独核算自身发生的制造费用，月末还应先将这些制造费用分配计入辅助生产成本。

（二）生产成本的账务处理

（1）企业发生的各项直接生产成本，借记“生产成本——基本生产成本（或辅助生产成本）”账户，贷记“原材料”“库存现金”“银行存款”“应付职工薪酬”等账户。

（2）各生产车间应负担的制造费用，借记“生产成本——基本生产成本（或辅助生产成本）”账户，贷记“制造费用”账户。

（3）辅助生产车间为基本生产车间、企业管理部门和其他部门提供的劳务和产品，期末按照一定的分配标准分配给各受益对象，借记“生产成本——基本生产成本”“管理费用”“销售费用”“其他业务成本”“在建工程”等账户，贷记“生产成本——辅助生产成本”账户。

（4）期末，按照一定的方法，将按产品归集的累计费用在已完工产品和在产品之间进行分配，计算出完工产品和期末在产品的实际成本。然后，将完工产品负担的生产费用从“生产成本”账户转入“库存商品”账户，借记“库存商品”等账户，贷记“生产成本——基本生产成本”账户。

（5）“生产成本”账户期末借方余额，反映企业尚未加工完成的在产品的成本。

【例10-7】根据“发料凭证汇总表”的记录，甲公司某月A材料的消耗（计划成本）为：基本生产车间领用1 000 000元，辅助生产车间领用300 000元，车间管理部门领用200 000元，企业行政管理部门领用50 000元。甲公司的账务处理如下：

借：生产成本——基本生产成本	1 000 000	
——辅助生产成本	300 000	
制造费用	200 000	
管理费用	50 000	
贷：原材料——A材料		1 550 000

四、期间费用的核算

期间费用是企业当期发生的费用中的重要组成部分，是指本期发生的、不能直接或间接归入某种产品成本的、直接计入损益的各项费用，包括管理费用、财务费用、销售费用。

（一）管理费用

1.管理费用的内容

管理费用是指企业为组织和管理企业生产经营所发生的费用，包括企业在筹建期间发生的开办费，董事会和行政管理部门在企业的经营管理中发生的或者应由企业统一负担的公司经费（包括行政管理部门职工工资及福利费、物料消耗、低值易耗品摊销、办公费和差旅费等）、工会经费、董事会费（包括董事会成员津贴、会议费和差旅费等），聘请中介机构费、咨询费（含顾问费）、诉讼费、业务招待费、技术转让费、研究费用，以及企业生产车间（部门）和行政管理部门等发生的固定资产修理费用等。

企业在筹建期间发生的开办费

企业发生的管理费用通过“管理费用”账户核算，并按费用项目设置明细账进行明细核算。期末，应将“管理费用”账户的余额结转至“本年利润”账户，结转后该账户无余额。

2.管理费用的账务处理

【例10-8】甲公司本月发生公司经费4 500元，其中管理人员工资2 000元，计提福利费340元，以银行存款支付办公费用2 160元。甲公司的账务处理如下：

借：管理费用	4 500	
贷：应付职工薪酬——工资		2 000
——职工福利		340
银行存款		2 160

（二）财务费用

1.财务费用的内容

财务费用是指企业为筹集生产经营所需资金等而发生的各项费用，包括利息净支出（利息支出减去利息收入的净额）、汇兑损益以及相关的手续费、企业发生的现金折扣或收到的现金折扣等。

企业发生的财务费用通过“财务费用”账户核算，并按费用项目设置明细账进行明细核算。期末，应将“财务费用”账户的余额结转至“本年利润”账户，结转后该账户无余额。

2.财务费用的账务处理

【例10-9】甲公司本月发生以下与财务费用有关的业务：支付发行债券的手续费50 000元。甲公司的账务处理如下：

借：财务费用——手续费　　50 000
　贷：银行存款　　50 000

（三）销售费用

1.销售费用的内容

销售费用是指企业在销售商品和材料、提供劳务的过程中发生的各种费用，包括企业在销售商品过程中发生的保险费、包装费、展览费、广告费、商品维修费、预计产品质量保证损失、运输费、装卸费等，以及为销售本企业商品而专设的销售机构（含销售网点、售后服务网点等）的职工薪酬、业务费、折旧费、固定资产修理费等费用。

企业发生的销售费用通过“销售费用”账户核算，并按费用项目设置明细账进行明细核算。期末，应将“销售费用”账户的余额结转至“本年利润”账户，结转后该账户无余额。

2.销售费用的账务处理

【例10-10】甲公司本月发生以下与产品销售费用有关的业务：以银行存款支付运输费用500元、装卸费用1 200元、产品展览费8 000元；应付销售部门人员工资7 200元。甲公司的账务处理如下：

借：销售费用——运输费用　　500
　　　　　——装卸费用　　1 200
　　　　　——产品展览费　　8 000
　　　　　——工资　　7 200
　贷：银行存款　　9 700
　　　应付职工薪酬——工资　　7 200

模块五　利润的核算

一、利润的概念及形成

（一）利润的概念

企业作为独立的经济实体，应当以其经营收入抵补其成本费用，并且实现盈利。企业盈利的大小在很大程度上反映了企业生产经营的经济效益，表明企业在每一个会计期间的最终经营成果。

利润是指企业在一定会计期间的经营成果。利润包括收入减去费用后的净额、直接计入当期利润的利得和损失等。其中，直接计入当期利润的利得和损失，是指应当计入当期损益、会导致所有者权益发生增减变动的、与所有者投入资本或者向所有者分配利润无关的利得或者损失。

虚增利润500万元北大荒被罚50万元

（二）利润的形成

1.营业利润的形成

营业利润=营业收入-营业成本-税金及附加-销售费用-管理费用-研发费用-财务费用-资产减值损失-信用减值损失+公允价值变动收益（-公允价值变动损失）+投资收益（-投资损失）+资产处置收益（-资产处置损失）+其他收益

其中，营业收入是指企业经营业务所取得的收入总额，包括主营业务收入和其他业务收入。营业成本是指企业经营业务所发生的实际成本总额，包括主营业务成本和其他业务成本。资产减值损失是指企业计提各项资产减值准备所形成的损失。公允价值变动收益（或损失）是指企业交易性金融资产等公允价值变动形成的应计入当期损益的利得（或损失）。投资收益（或损失）是指企业以各种方式对外投资所取得的收益（或发生的损失）。资产处置收益（或损失）是指企业出售划分为持有待售的非流动资产（金融工具、长期股权投资和投资性房地产除外）或处置组时确认的处置利得或损失，以及处置未划分为持有待售的固定资产、在建工程、生产性生物资产及无形资产而产生的处置利得或损失。其他收益是指计入其他收益的政府补助。

2.利润总额的形成

利润总额=营业利润+营业外收入-营业外支出

营业外收入，是指企业取得的与其日常活动无直接关系的各项利得。营业外收入并不是由企业经营资金耗费所产生的，不需要企业付出代价，实际上是一种纯收入，不可能也不需要与有关费用进行配比。因此，在会计核算上，应当严格区分营业外收入与营业收入的界限，不得以营业外支出直接冲减营业外收入，也不得以营业外收入冲减营业外支出。营业外收入主要包括：非流动资产处置利得、债务重组利得、政府补助、盘盈利得、捐赠利得等。企业应当通过“营业外收入”账户核算营业外收入的取得和结转情况。该账户可按营业外收入项目进行明细核算。期末，应将该账户余额转入“本年利润”账户，结转后该账户无余额。

营业外支出，是指企业发生的与日常活动无直接关系的各项损失。营业外支出主要包括：非流动资产处置损失、债务重组损失、公益性捐赠支出、非常损失、盘亏损失等。企业应通过“营业外支出”账户核算营业外支出的发生及结转情况。该账户可按营业外支出项目进行明细核算。期末，应将该账户余额转入“本年利润”账户，结转后该账户无余额。

虽然营业外收入、营业外支出与企业生产经营活动没有多大的关系，但从企业主体考虑，它们同样给企业带来收入或形成支出，也是增加或减少利润的因素，对企业的利润总额及净利润产生较大的影响。

3.净利润的形成

净利润=利润总额-所得税费用

其中，所得税费用是指企业确认的应从当期利润总额中扣除的所得税费用。

二、利润的分配

（一）利润分配的程序

企业当期实现的净利润，加上年初未分配利润（或减去年初未弥补亏损）后的余额，为可供分配的利润。可供分配的利润一般按下列顺序进行分配：

1.提取法定盈余公积

企业根据有关法律的规定，按照净利润的10%提取的盈余公积为法定盈余公积。法定盈余公积累计金额超过企业注册资本的50%以上时，可以不再提取。

公司的法定盈余公积不足以弥补以前年度亏损的，在提取法定盈余公积之前，应当先用当年利润弥补亏损。

2.提取任意盈余公积

任意盈余公积是指企业按股东大会决议提取的盈余公积。

股票股利

3.向投资者分配利润或股利

向投资者分配的利润或股利，是指公司弥补亏损和提取盈余公积后所余税后利润，按照利润分配方案分配给股东的现金股利，也包括非股份有限公司分配给投资者的利润。

股东会、股东大会或者董事会违反规定，在公司弥补亏损和提取法定盈余公积之前向股东分配利润的，股东必须将违反规定分配的利润退还公司。公司持有的本公司股份不得分配利润。

4.转作股本的股利

转作股本的股利，是指企业按照利润分配方案以分派股票股利的形式转作股本的股利，也包括非股份有限公司以利润转增的资本。

（二）盈余公积

盈余公积是指企业按照规定从净利润中提取的各种积累资金。公司制企业的盈余公积分为法定盈余公积和任意盈余公积。两者的区别就在于其各自计提的依据不同。前者以国家的法律或行政规章为依据提取；后者则由企业自行决定提取。

1.盈余公积的用途

企业提取盈余公积主要可以用于以下几个方面：

①弥补亏损。企业发生亏损时，应由企业自行弥补。弥补亏损的渠道主要有三条：一是用以后年度税前利润弥补。按照现行制度规定，企业发生亏损时，可以用以后5年内实现的税前利润弥补，即税前利润弥补亏损的期间为5年。二是用以后年度税后利润弥补。企业发生的亏损经过5年期间未弥补足额的，尚未弥补的亏损应用所得税税后的利润弥补。三是以盈余公积弥补亏损。企业以提取的盈余公积弥补亏损时，应当由公司董事会提议，并经股东大会批准。

②转增资本。企业将盈余公积转增资本时，必须经股东大会决议批准。在实际将盈余公积转增资本时，要按股东原有持股比例结转。

企业提取的盈余公积，无论是用于弥补亏损，还是用于转增资本，只不过是在企业所有者权益内部作结构上的调整。例如，企业以盈余公积弥补亏损时，实际是减少盈余公积留存的数额，以此抵补未弥补亏损的数额，并不引起企业所有者权益总额的变动；企业以盈余公积转增资本时，也只是减少盈余公积结存的数额，但同时增加企业实收资本或股本的数额，也并不引起所有者权益总额的变动。

③扩大企业生产经营。盈余公积的用途，并不是指其实际占用形态，提取盈余公积也并不是单独将这部分资金从企业资金周转过程中抽出。企业盈余公积的结存数，实际只表现为企业所有者权益的组成部分，表明企业生产经营资金的一个来源而已。其形成的资金可能表现为一定的货币资金，也可能表现为一定的实物资产，如存货和固定资产等随同企业的其他来源所形成的资金进行循环周转，用于企业的生产经营。

2.盈余公积的账务处理

为反映盈余公积的形成及使用情况，企业应设置“盈余公积”账户，并分别设置“法定盈余公积”“任意盈余公积”明细账户进行明细核算。

企业提取盈余公积时，借记“利润分配——提取法定盈余公积”“利润分配——提取任意盈余公积”账户，贷记“盈余公积——法定盈余公积”“盈余公积——任意盈余公积”账户。

企业用盈余公积弥补亏损或转增资本时，借记“盈余公积”账户，贷记“利润分配——盈余公积补亏”“实收资本”（或“股本”）账户。经股东大会决议，用盈余公积派送新股，按派送新股计算的金额，借记“盈余公积”账户，按股票面值和派送新股总数计算的股票面值总额，贷记“股本”账户。

（三）未分配利润

1.分配股利（利润）的账务处理

经股东大会或类似机构决议，分配给股东或投资者的现金股利或利润，借记“利润分配——应付现金股利或利润”账户，贷记“应付股利”账户。经股东大会或类似机构决议，分配给股东的股票股利，应在办理增资手续后，借记“利润分配——转作股本的股利”账户，贷记“股本”账户。

2.期末结转的账务处理

企业期末结转利润时，应将各损益类账户的余额转入“本年利润”账户，结平各损益类账户。结转后“本年利润”账户的贷方余额为当期实现的净利润，借方余额为当期发生的净亏损。年度终了，应将本年收入和支出相抵后结出的本年实现的净利润或净亏损，转入“利润分配——未分配利润”账户。同时，将“利润分配”账户所属的其他明细账户的余额转入“未分配利润”明细账户。结转后，“未分配利润”明细账户的贷方余额，就是未分配利润的金额；如出现借方余额，则表示未弥补亏损的金额。期末，“利润分配”账户所属的其他明细账户应无余额。

3.弥补亏损的账务处理

企业在生产经营过程中既有可能发生盈利，也有可能出现亏损。企业在当年发生亏损的情况下，与实现利润的情况相同，应当将本年发生的亏损自“本年利润”账户转入“利润分配——未分配利润”账户，借记“利润分配——未分配利润”账户，贷记“本年利润”账户。结转后“利润分配”账户的借方余额，即为未弥补亏损的数额。然后通过“利润分配”账户核算有关亏损的弥补情况。

由于未弥补亏损形成的时间长短不同，以前年度未弥补亏损有的可以以当年实现的税前利润弥补，有的则须用税后利润弥补。以当年实现的利润弥补以前年度结转的未弥补亏损，不需要进行专门的账务处理。企业应将当年实现的利润自“本年利润”账户转入“利润分配——未分配利润”账户的贷方，其贷方发生额与“利润分配——未分配利润”的借方余额自然抵补。无论是以税前利润还是以税后利润弥补亏损，其会计处理方法均相同。但是，两者在计算缴纳所得税时的处理是不同的。在以税前利润弥补亏损的情况下，其弥补的数额可以抵减当期企业应纳税所得额，而以税后利润弥补的数额，则不能作为纳税所得扣除处理。

【例10-11】甲公司的股本为100 000 000元，每股面值为1元。2×20年年初未分配利润为贷方80 000 000元，2×20年实现净利润50 000 000元。

假定甲公司按照2×20年实现净利润的10%提取法定盈余公积，按5%提取任意盈余公积，并于2×21年3月1日宣告向股东按每股0.2元派发现金股利，于3月15日，以银行存款支付了全部现金股利。3月16日，宣告按每10股送3股的比例派发股票股利，并于3月26日办理完新增股权登记和相关增资手续。甲公司的账务处理如下：

（1）2×20年度终了时，甲公司结转本年实现的净利润：

借：本年利润　　50 000 000
　贷：利润分配——未分配利润　　50 000 000

（2）提取法定盈余公积和任意盈余公积时：

借：利润分配——提取法定盈余公积　　5 000 000
　　　　　——提取任意盈余公积　　2 500 000
　贷：盈余公积——法定盈余公积　　5 000 000
　　　　　——任意盈余公积　　2 500 000

（3）结转利润分配的明细账户时：

借：利润分配——未分配利润　　7 500 000
　贷：利润分配——提取法定盈余公积　　5 000 000
　　　　　——提取任意盈余公积　　2 500 000

甲公司2×20年年底“利润分配——未分配利润”账户的余额为：

80 000 000+50 000 000−7 500 000=122 500 000（元）

即“利润分配——未分配利润”账户为贷方余额122 500 000元，反映企业的累计未分配利润为122 500 000元。

（4）宣告发放现金股利：

100 000 000×0.2=20 000 000（元）

借：利润分配——应付现金股利　　20 000 000
　贷：应付股利　　20 000 000

2×21年3月15日，实际发放现金股利时：

借：应付股利　　20 000 000
　贷：银行存款　　20 000 000

（5）发放股票股利时：

100 000 000×1×30%=30 000 000（元）

借：利润分配——转作股本的股利　　30 000 000
　贷：股本　　30 000 000

模块六　所得税的核算

一、企业所得税概述

（一）企业所得税相关概念

1.企业所得税

企业所得税是指对在中华人民共和国境内，企业和其他取得收入的组织（以下统称企业）就其来源于中国境内、境外的所得所征收的税。

2.税前会计利润与应纳税所得额

税前会计利润是根据会计规范确定的、企业某一会计时期内利润表中减除所得税费用之前的利润总额。

应纳税所得额是根据税收法规计算的应纳税所得额，企业某一时期的应付所得税就是根据应纳税所得额与当期现行税率计算确定的。

应纳税所得额=税前会计利润+纳税调整增加额-纳税调整减少额

纳税调整增加额，主要指税法规定扣除项目中，企业已计入当期费用但超过税法规定扣除标准的金额。

纳税调整减少额，主要包括按税法规定允许弥补的亏损和准予免税的项目。

3.所得税会计和所得税费用

所得税会计是研究处理会计收益和应税收益差异的会计理论和方法，是税务会计的一个分支，是反映企业所得税的确认、计量和报告的一整套会计原理、程序和方法。它诞生于西方的会计学领域，最早出现于20世纪初的美国。1953年，美国会计师协会宣布采用应付税款法，开启了所得税会计的历史进程。至今，所得税会计核算方法已经历了递延法、利润表债务法、资产负债表债务法，经长期研究和实践已发展得较为成熟。我国所得税会计还处于起步发展阶段。

所得税会计的关键在于确定资产、负债的计税基础。在确定资产、负债的计税基础时，应严格遵循税收法规中对于资产的税务处理以及可税前扣除的费用等的规定进行。

所得税费用是指应在会计税前利润中扣除的所得税费用，包括当期所得税费用和递延所得税费用。我国现行企业会计准则规定，所得税费用的确认应采用资产负债表债务法，既要确认当期所得税费用，也要确认递延所得税费用。

（二）计税基础

1.资产的计税基础

计税基础是一项资产或负债据以计税的基础。资产的计税基础，是指企业收回资产账面价值的过程中，计算应纳税所得额时按照税法规定可以自应税经济利益中抵扣的金额，即某一项资产在未来期间计税时按照税法规定可以税前扣除的金额。

资产在初始确认时，其计税基础一般为取得成本，即企业为取得某项资产支付的成本在未来期间准予税前扣除。在资产持续持有的过程中，其计税基础是指资产的取得成本减去以前期间按照税法规定已经税前扣除的金额后的余额。如固定资产、无形资产等非流动资产在某一资产负债表日的计税基础是指其成本扣除按照税法规定已在以前期间税前扣除的累计折旧额或累计摊销额后的金额。

2.负债的计税基础

负债的计税基础，是指负债的账面价值减去未来期间计算应纳税所得额时按照税法规定可予抵扣的金额。负债的确认与偿还一般不会影响企业的损益，也不会影响其应纳税所得额，未来期间计算应纳税所得额时按照税法规定可予抵扣的金额为零，此时其计税基础即为账面价值。但是，在某些情况下，负债的确认可能会影响企业的损益，进而影响不同期间的应纳税所得额，使得其计税基础与账面价值之间产生差额，如按照会计规定确认的某些预计负债。

（三）暂时性差异

暂时性差异是指资产、负债的账面价值与其计税基础不同产生的差额。因资产、负债的账面价值与其计税基础不同，产生了在未来收回资产或清偿负债的期间内，应纳税所得额增加或减少并导致未来期间应交所得税增加或减少的情况，形成企业的资产和负债，在有关暂时性差异发生当期，符合确认条件的情况下，应当确认相关的递延所得税负债或递延所得税资产。

根据暂时性差异对未来期间应纳税所得额的影响，可将其分为应纳税暂时性差异和可抵扣暂时性差异。

除因资产、负债的账面价值与其计税基础不同产生的暂时性差异以外，按照税法规定可以结转以后年度的未弥补亏损和税款抵减，也视同可抵扣暂时性差异处理。

1.应纳税暂时性差异

应纳税暂时性差异，是指在确定未来收回资产或清偿负债期间的应纳税所得额时，将导致产生应税金额的暂时性差异，即在未来期间不考虑该事项影响的应纳税所得额的基础上，由于该暂时性差异的转回会进一步增加转回期间的应纳税所得额和应交所得税金额，在其产生当期应当确认相关的递延所得税负债。

例如，一项资产的账面价值为500万元，计税基础为375万元，两者之间的差额会造成未来期间应纳税所得额和应交所得税的增加，在其产生当期，应确认相关的递延所得税负债。

2.可抵扣暂时性差异

可抵扣暂时性差异是指在确定未来收回资产或清偿负债期间的应纳税所得额时，将导致产生可抵扣金额的暂时性差异。该差异在未来期间转回时会减少转回期间的应纳税所得额，减少未来期间的应交所得税。在可抵扣暂时性差异产生当期，符合确认条件时，应当确认相关的递延所得税资产。

例如，一项资产的账面价值为500万元，计税基础为650万元，则企业在未来期间就该项资产可以在其自身取得经济利益的基础上多扣除150万元，未来期间应纳税所得额会减少，应交所得税也会减少，形成可抵扣暂时性差异。

（四）当期所得税和递延所得税

1.当期所得税

当期所得税是指企业按照税法规定计算确定的针对当期发生的交易和事项，应缴纳给税务部门的所得税金额，即当期应交所得税。

2.递延所得税

递延所得税是指按照所得税准则的规定当期应予确认的递延所得税资产和递延所得税

负债金额，即递延所得税资产及递延所得税负债当期发生额的综合结果，但不包括计入所有者权益的交易或事项的所得税影响。用公式表示即为：

$$递延所得税=\left(\begin{matrix}递延所得税负债\\的期末余额\end{matrix}-\begin{matrix}递延所得税负债\\的期初余额\end{matrix}\right)-\left(\begin{matrix}递延所得税资产\\的期末余额\end{matrix}-\begin{matrix}递延所得税资产\\的期初余额\end{matrix}\right)$$

递延所得税包括递延所得税负债和递延所得税资产。递延所得税资产是指按照可抵扣暂时性差异和现行税率计算确定的资产，其性质属于预付的税款，在未来期间抵扣应纳税款。递延所得税负债是指按照应纳税暂时性差异和现行税率计算确定的资产，其性质属于应付的税款，在未来期间转为应纳税款。

二、资产负债表债务法

（一）资产负债表债务法的概念

资产负债表债务法体现“资产负债观”，是以估计转销年度的所得税税率为依据，计算递延所得税款的一种所得税会计处理方法。该方法要求企业从资产负债表出发，通过比较资产负债表上列示的资产、负债按照企业会计准则规定确定的账面价值与按照税法规定确定的计税基础，对于两者之间的差异分别应纳税暂时性差异与可抵扣暂时性差异，确认相关的递延所得税负债与递延所得税资产，并在此基础上确定每一会计期间利润表中的所得税费用。

（二）资产负债表债务法的核算内容

（1）确定每项资产或负债的计税基础。

（2）依据该资产或负债的账面金额与计税基础之间的差额，确定暂时性差异。

（3）用暂时性差异乘以适用税率得到递延所得税资产和递延所得税负债的期末余额。

（4）本期发生或转回的递延所得税资产和递延所得税负债（所得税影响金额）应是其期末、期初余额的差额，即：

$$\begin{matrix}递延所得税\\资产\end{matrix}=\begin{matrix}发生的可抵扣暂时性差异\\的所得税影响金额\end{matrix}-\begin{matrix}已转回的可抵扣暂时性差异\\的所得税影响金额\end{matrix}\pm 调整金额$$

$$\begin{matrix}递延所得税\\负债\end{matrix}=\begin{matrix}发生的应纳税暂时性差异\\的所得税影响金额\end{matrix}-\begin{matrix}已转回的应纳税暂时性差异\\的所得税影响金额\end{matrix}\pm 调整金额$$

（5）确定所得税费用。

$$\begin{matrix}当期所得税\\费用\end{matrix}=\begin{matrix}当期应纳\\所得税税额\end{matrix}+\left(\begin{matrix}期末递延\\所得税负债\end{matrix}-\begin{matrix}期初递延\\所得税负债\end{matrix}\right)-\left(\begin{matrix}期末递延\\所得税资产\end{matrix}-\begin{matrix}期初递延\\所得税资产\end{matrix}\right)$$

$$=\begin{matrix}当期应纳\\所得税税额\end{matrix}+\begin{matrix}递延所得税\\净负债\end{matrix}-\begin{matrix}递延所得税\\净资产\end{matrix}$$

三、所得税费用的核算

（一）企业所得税费用的账户设置

根据《企业会计准则第18号——所得税》的规定，企业对所得税进行会计处理时，应设置如下账户：

（1）“应交税费——应交所得税”账户，用于核算企业应交未交所得税。

（2）“所得税费用”账户，用于核算企业计入当期损益的所得税费用。

（3）“递延所得税负债”账户，用于核算企业递延所得税负债的发生及转回。该账户属于负债类账户，余额在贷方。本期发生的递延所得税负债记在该账户的贷方，本期转回的递延所得税负债记在该账户的借方。

（4）“递延所得税资产”账户，用于核算企业递延所得税资产的发生及转回。该账户属于资产类账户，余额在借方。本期发生的递延所得税资产记在该账户的借方，本期转回的递延所得税资产记在该账户的贷方。

（二）企业所得税费用的主要账务处理

1.当期所得税费用的主要账务处理

资产负债表日，企业按照税法规定计算确定的当期应交所得税，借记“所得税费用——当期所得税费用”账户，贷记“应交税费——应交所得税”账户。

2.递延所得税负债的主要账务处理

资产负债表日，企业确认的递延所得税负债的应有余额大于其账面余额的，应按其差额确认所得税费用，借记“所得税费用——递延所得税费用”账户，贷记“递延所得税负债”账户。资产负债表日，递延所得税负债的应有余额小于其账面余额的，编制相反的会计分录。

3.递延所得税资产的主要账务处理

资产负债表日，企业确认的递延所得税资产的应有余额大于其账面余额的，应按其差额确认，借记“递延所得税资产”账户，贷记“所得税费用——递延所得税费用”账户。资产负债表日，递延所得税资产的应有余额小于其账面余额的，编制相反的会计分录。

【例10-12】甲公司2×20年实现税前收入2 000万元（其中包括产品销售收入1 800万元、购买国库券利息收入100万元）；发生各项成本费用共计1 000万元，其中包括：工资总额200万元（其中，超标的工资费用为28万元）、业务招待费100万元（其中，超支的业务招待费为91万元）；发生税收滞纳金10万元；提取固定资产减值准备100万元。另外，甲公司适用的所得税税率为20%。要求：计算该公司当年应纳的企业所得税税额。

甲公司2×20年应纳税所得额=2 000−100−1 000+（28+91+10+100）=1 129（万元）

甲公司2×20年应纳所得税税额=1 129×20%=225.80（万元）

【例10-13】甲公司2×20年12月31日购入不需要安装的设备一台，购入成本为80 000元，预计使用5年，预计净残值为0。公司采用直线法计提折旧，因符合税法规定的税收优惠政策，允许采用双倍余额递减法计提折旧。假设税法规定的使用年限及净残值与会计规定相同，年末未对该项设备计提减值准备。该公司适用的所得税税率为25%。要求：计算2×21年年末固定资产的账面价值和计税基础；计算2×21年暂时性差异及其对所得税的影响额；编制2×21年相关会计分录。

（1）固定资产2×21年年末账面价值=80 000−80 000÷5=64 000（元）

固定资产2×21年年末计税基础=80 000−80 000×40%=48 000（元）

（2）2×21年暂时性差异=64 000−48 000=16 000（元）

暂时性差异的所得税影响额（或递延所得税负债）=16 000×25%=4 000（元）

（3）2×21年所得税的会计分录如下：

借：所得税费用　　4 000

　贷：递延所得税负债　　4 000

【复习思考】

1.收入的确认条件有哪些？

2.简述利润的分配程序。

3.简述资产负债表债务法的核算内容。

4.举例说明什么是应纳税暂时性差异与可抵扣暂时性差异。

【岗位训练】

1.2×20年1月1日，H飞机制造厂承接了一项定制商用飞机的订单，并与委托方D航空公司签订了一份合同，3年内要制造完成并交付3架飞机给D航空公司，合同总价为6亿元。H飞机制造厂预计总建造成本为4.5亿元，2×20年年底已发生成本1.8亿元。截至2×20年年12月31日，H飞机制造厂已建造完成并交付1架飞机给D航空公司。

要求：编制H飞机制造厂有关上述经济业务的会计分录。

2.2×20年1月1日，甲公司与乙公司签订一项大型设备建造工程合同，根据合同，该工程造价为6 300万元，工程期限为一年半，甲公司负责工程的施工及全面管理，乙公司按照第三方工程监理公司确认的工程完工量，每半年与甲公司结算一次；预计2×21年6月30日竣工；预计发生的总成本为4 000万元。假定该建造工程整体构成单项履约义务，并属于在某一时段内履行的履约义务，甲公司采用投入法确定履约进度，增值税税率为9%，不考虑其他相关因素。

2×20年6月30日，工程累计实际发生成本1 500万元，甲公司与乙公司结算合同价款2 500万元，甲公司实际收到价款2 000万元；2×20年12月31日，工程累计实际发生成本3 000万元，甲公司与乙公司结算合同价款1 100万元，甲公司实际收到1 000万元；2×21年6月30日，工程累计实际发生成本4 100万元，乙公司与甲公司结算合同价款2 700万元，并支付剩余工程款3 300万元。上述价格均不含增值税。假定甲公司与乙公司结算时即发生增值税纳税义务，乙公司在实际支付工程价款的同时支付对应的增值税税款。

要求：编制上述有关会计分录。

项目十一

总账报表岗位

学习目标

知识目标： 通过本项目的学习，要求明确财务报表的构成、分类，掌握财务报表列报的基本要求。熟练掌握资产负债表、利润表及现金流量表各项目的填列方法。了解所有者权益变动表的内容、结构及各项目的填列方法。了解财务报表附注的意义及其内容。

技能目标： 通过本项目的学习，要求能够根据岗位工作案例编制资产负债表、利润表及现金流量表。

模块一 总账报表岗位概述

一、总账报表岗位的职责与工作任务

（一）总账报表岗位的职责

（1）登记总账。

（2）编制资产负债表、利润表、现金流量表等有关财务会计报表。

（3）管理会计凭证和财务会计报表。

（二）总账报表岗位的工作任务

（1）登记总账并保管总账和明细账，年底按会计档案管理的要求整理并装订总账及明细账。

（2）编制资产负债表、利润表、现金流量表等有关财务会计报表，对报表进行分析并写出综合分析报告。

（3）督促各岗位人员整理会计凭证，并将凭证、报表等会计资料及时归档保管。

（4）督促会计核算流程各时间节点，按照内控要求及时清理或督促清理总账、分类账。

(5) 其他与账务处理有关的事项。

二、总账报表岗位业务核算程序

总账报表岗位业务核算程序如图11-1所示。

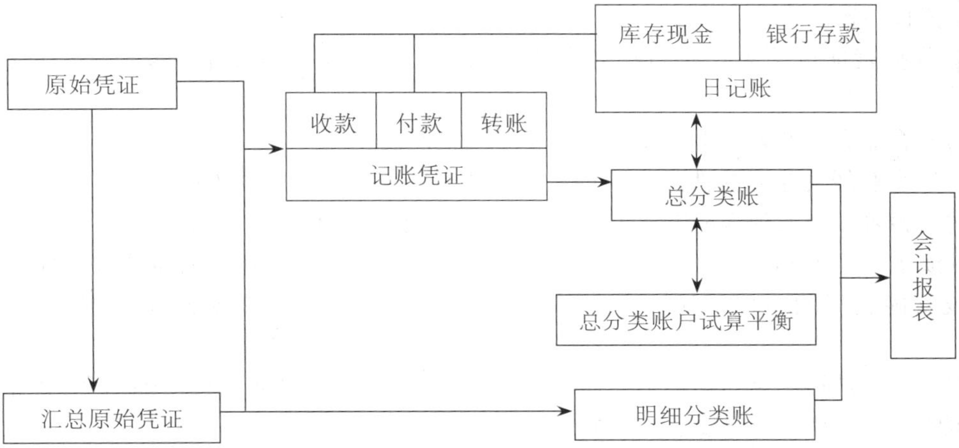

图11-1　总账报表岗位业务核算程序

模块二　财务报表概述

一、财务报表列报概述

（一）财务报表的构成和分类

财务报表是对企业财务状况、经营成果和现金流量的结构性表述。财务报表至少应当包括下列组成部分：①资产负债表；②利润表；③现金流量表；④所有者权益（或股东权益，下同）变动表；⑤附注。

财务报表可以按照不同的标准进行分类：

(1) 按编报期间的不同，财务报表可以分为中期财务报表和年度财务报表。中期财务报表是以短于一个完整会计年度的报告期间为基础编制的财务报表，包括月报、季报和半年报。中期财务报表至少应当包括资产负债表、利润表、现金流量表和附注，其中，中期资产负债表、利润表、现金流量表应当是完整报表，其格式和内容应当与年度财务报表相一致。与年度财务报表相比，中期财务报表中的附注披露可适当简略。

(2) 按编报主体的不同，财务报表可以分为个别财务报表和合并财务报表。个别财务报表是由企业在自身会计核算基础上对账簿记录进行加工而编制的财务报表，主要用以反映企业自身的财务状况、经营成果和现金流量。合并财务报表是以母公司和子公司组成的企业集团为会计主体，根据母公司和所属子公司的财务报表，由母公司编制的综合反映企业集团财务状况、经营成果和现金流量的财务报表。

母公司与子公司

（二）财务报表列报的基本要求

1. 编报基础

根据《企业会计准则第30号——财务报表列报》的规定，企业应当以持续经营为基础，根据实际发生的交易和事项，按照《企业会计准则——基本准则》和其他各项会计准则的规定进行确认和计量，在此基础上编制财务报表。企业不应以附注披露代替确认和计量。以持续经营为基础编制财务报表不再合理的，企业应当采用其他基础编制财务报表，并在附注中披露这一事实。

2. 列报一致性

财务报表项目的列报应当在各个会计期间保持一致，不得随意变更，但下列情况除外：

（1）企业会计准则要求改变财务报表项目的列报。

（2）企业经营业务的性质发生重大变化或对企业经营影响较大的交易或事项发生后，变更财务报表项目的列报能够提供更可靠、更相关的会计信息。

性质或功能不同的项目，应当在财务报表中单独列报，但不具有重要性的项目除外。性质或功能类似的项目，其所属类别具有重要性的，应当按其类别在财务报表中单独列报。

重要性，是指在合理预期下，财务报表某项目的省略或错报会影响使用者据此做出经济决策的，该项目具有重要性。重要性应当根据企业所处的具体环境，从项目的性质和金额两个方面予以判断，且对各项目重要性的判断标准一经确定，不得随意变更。

3. 列报金额

财务报表中的资产项目和负债项目的金额、收入项目和费用项目的金额、直接计入当期利润的利得项目和损失项目的金额不得相互抵销，即不得以净额列报，但其他会计准则另有规定的除外。

以下三种情况不属于抵销，可以以净额列示：

（1）一组类似交易形成的利得和损失应当以净额列示，但具有重要性的除外。

（2）资产或负债项目按扣除备抵项目后的净额列示，不属于抵销。

（3）非日常活动产生的损益，以收入扣减费用后的净额列示，不属于抵销。非日常活动产生的利得和损失，以同一交易形成的收益扣减相关费用后的净额列示更能反映交易实质的，不属于抵销。

4. 列报项目的可比性

当期财务报表的列报，至少应当提供所有列报项目上一可比会计期间的比较数据，以及与理解当期财务报表相关的说明，但其他会计准则另有规定的除外。

5. 列报项目变更

财务报表的列报项目发生变更的，应当对可比期间的数据按照当期的列报要求进行调整，并在附注中披露调整的原因和性质，以及调整的各项目金额。对可比数据进行调整不切实可行的，应当在附注中披露不能调整的原因。不切实可行，是指企业在做出所有合理努力后仍然无法采用某项规定。

6. 列报内容

企业应当在财务报表的显著位置至少披露下列各项：编报企业的名称；资产负债表日或财务报表涵盖的会计期间；人民币金额单位；财务报表是合并财务报表的，应当予以标明。

7. 列报期间

企业至少应当按年编制财务报表。年度财务报表涵盖的期间短于一年的，应当披露年度财务报表的涵盖期间、短于一年的原因以及报表数据不具可比性的事实。对外提供中期财务报告的，还应遵循《企业会计准则第32号——中期财务报告》的规定。

企业月度财务报表应于月度终了后6日内对外提供；季度财务报表应于季度终了后15日内对外提供；半年度中期财务报表应于年度中期结束后60日内对外提供；年度财务报表应于年度终了后4个月内对外提供。

二、财务报表列报涉及的相关岗位以及岗位工作流程

（1）期末，各主管会计根据《企业会计制度》、企业会计准则、《会计基础工作规范》等规定按照权责发生制的要求对有关账项进行调整。

（2）各有关部门按照相关规定，全面清查资产、核实债务，确保账实相符。

（3）各主管会计根据《会计基础工作规范》对总账和明细账科目余额进行认真仔细的核对，做到账证相符、账账相符。

（4）财务报表编制人员根据公司总账、明细账余额等资料，按照财务报表列报的基本要求编制公司的财务报表，若有下属单位，还应根据有关规定编制合并财务报表。

（5）财务主管审核财务报表的真实性、准确性，判断是否需要对特殊事项进行补充说明。

（6）将财务报表报请有关领导审批，签字确认后，打印、复印财务报表，按照规定装订、加盖相关印章，并归档保管。

（7）财务部门按规定将财务报表报送有关领导及相关单位（税务、银行等），以供相关单位和人员使用。

模块三　资产负债表

一、资产负债表概述

（一）资产负债表的概念

资产负债表是反映企业在某一特定日期财务状况的会计报表。它反映企业在某一特定日期所拥有或控制的经济资源、所承担的现时义务和所有者对净资产的要求权。

（二）资产负债表的作用

资产负债表能够提供资产、负债和所有者权益的全貌，有着极其重要的作用，主要表现在：

（1）资产负债表可以提供企业某一特定日期的资产总额及其结构，表明企业拥有或控制的资源及其分布情况，该报表是分析企业生产经营能力的重要资料。

（2）资产负债表可以提供企业某一特定日期的负债总额及其结构，表明企业未来需要用多少资产或劳务清偿债务以及清偿时间。

（3）资产负债表可以反映所有者所拥有的权益，据以判断资本保值、增值的情况以及对负债的保障程度。

（4）资产负债表可以提供企业进行财务分析的基本资料，通过资产负债表可以计算流动比率、速动比率等，以了解企业的变现能力、偿债能力和资金周转能力，有助于报表使用者做出经济决策。

（三）资产负债表的内容

负债与所有者权益

1.资产

资产是指反映由过去的交易或事项形成的、企业在某一特定日期所拥有或控制的、预期会给企业带来经济利益的资源。资产应当按照流动资产和非流动资产两大类别在资产负债表中列示，在流动资产和非流动资产类别下再进一步按性质分项列示。

满足下列条件之一的资产应当划分为流动资产：（1）预计在一个正常营业周期中变现、出售或耗用；（2）主要为交易目的而持有；（3）预计在资产负债表日起一年内（含一年）变现；（4）自资产负债表日起一年内，交换其他资产或清偿负债的能力不受限制的现金或现金等价物。资产负债表中列示的流动资产项目通常包括：货币资金、交易性金融资产、应收票据、应收账款、预付款项、其他应收款、存货和一年内到期的非流动资产等。

非流动资产是指流动资产以外的资产。资产负债表中列示的非流动资产项目通常包括：长期股权投资、固定资产、在建工程、无形资产、开发支出、长期待摊费用以及其他非流动资产等。

2.负债

负债是指反映在某一特定日期企业所承担的、预期会导致经济利益流出企业的现时义务。负债应当按照流动负债和非流动负债两大类别在资产负债表中进行列示，在流动负债和非流动负债类别下再进一步按性质分项列示。

满足下列条件之一的负债应当划分为流动负债：（1）预计在一个正常营业周期中清偿；（2）主要为交易目的而持有；（3）自资产负债表日起一年内（含一年）到期应予以清偿；（4）企业无权自主地将清偿义务推迟至资产负债表日后一年以上。资产负债表中列示的流动负债项目通常包括：短期借款、交易性金融负债、应付票据、应付账款、预收款项、应付职工薪酬、应交税费、其他应付款、一年内到期的非流动负债等。

非流动负债是指流动负债以外的负债。非流动负债项目通常包括：长期借款、应付债券和其他非流动负债等。

3.所有者权益

所有者权益是指企业资产扣除负债后的剩余权益，反映企业在某一特定日期股东（或投资者）拥有的净资产的总额，它一般按照实收资本（或股本，下同）、其他权益工具、资本公积、其他综合收益、专项储备、盈余公积和未分配利润分项列示。

二、资产负债表的结构

我国企业的资产负债表采用账户式结构，报表分为左右两方列报。左方列示资产各项目，大体按资产的流动性大小排列，流动性大的资产如货币资金、交易性金融资产等排在前面，流动性小的资产如长期股权投资、固定资产等排在后面；右方列示负债和所有者权益各项目，一般按要求清偿时间的先后顺序排列，如短期借款、交易性金融负债、应付票据、应付账款等需要在一年以内或者长于一年的一个正常营业周期内偿还的流动负债排在前面，长期借款等在一年以上才需偿还的非流动负债排在中间，在企业清算之前不需要偿还的所有者权益项目排在后面。资产负债表左右两方平衡，即资产总计等于负债和所有者权益总计，其平衡基础为会计恒等式“资产=负债+所有者权益”。

我国一般企业资产负债表格式见表11-1。

表11-1　**资产负债表**　会企01表

编制单位：　年　月　日　单位：元

资　产	期末余额	上年年末余额	负债和所有者权益（或股东权益）	期末余额	上年年末余额
流动资产：			流动负债：		
货币资金			短期借款		
交易性金融资产			交易性金融负债		
衍生金融资产			衍生金融负债		
应收票据			应付票据		
应收账款			应付账款		
应收款项融资			预收款项		
预付款项			合同负债		
其他应收款			应付职工薪酬		
存货			应交税费		
合同资产			其他应付款		
持有待售资产			持有待售负债		
一年内到期的非流动资产			一年内到期的非流动负债		
其他流动资产			其他流动负债		
流动资产合计			流动负债合计		
非流动资产：			非流动负债：		
债权投资			长期借款		
其他债权投资			应付债券		
长期应收款			其中：优先股		
长期股权投资			永续债		
其他权益工具投资			租赁负债		
其他非流动金融资产			长期应付款		
投资性房地产			预计负债		
固定资产			递延收益		

续表

资　产	期末余额	上年年末余额	负债和所有者权益（或股东权益）	期末余额	上年年末余额
在建工程			递延所得税负债		
生产性生物资产			其他非流动负债		
油气资产			非流动负债合计		
使用权资产			负债合计		
无形资产			所有者权益（或股东权益）：		
开发支出			实收资本（或股本）		
商誉			其他权益工具		
长期待摊费用			其中：优先股		
递延所得税资产			永续债		
其他非流动资产			资本公积		
非流动资产合计			减：库存股		
			其他综合收益		
			专项储备		
			盈余公积		
			未分配利润		
			所有者权益（或股东权益）合计		
资产总计			负债和所有者权益（或股东权益）总计		

三、资产负债表的编制

（一）上年年末余额栏的填列方法

资产负债表“上年年末余额”栏内各项数字，应根据上年末资产负债表“期末余额”栏内所列数字填列。如果上年度资产负债表规定的各个项目的名称和内容同本年度不一致，应对上年末资产负债表各项目名称和数字按照本年度的规定和内容进行调整，填入表中的“上年年末余额”栏内。

（二）期末余额栏的填列方法

资产负债表“期末余额”是指相关项目某一资产负债表日的金额，即：月末、季末、半年末或年末的金额。“期末余额”一般应根据资产、负债和所有者权益类账户的期末余额填列，主要包括以下几种填列方法：

1. 根据总账账户余额填列

（1）根据总账账户的余额直接填列。

如“交易性金融资产”“递延所得税资产”“短期借款”“应付票据”“应交税费”“实

收资本（或股本）”“库存股”“资本公积”“其他综合收益”“盈余公积”等项目，应根据总账账户的余额直接填列。

（2）根据多个总账账户的期末余额计算填列。

如“货币资金”项目，需要根据“库存现金”“银行存款”“其他货币资金”三个总账账户的期末余额的合计数填列。

2.根据明细账账户余额计算填列

（1）“应付账款”项目，需要根据“应付账款”和“预付账款”两个账户所属的相关明细账户的期末贷方余额计算填列，即：应付账款=应付账款所属明细账户贷方余额+预付账款所属明细账户贷方余额。

（2）“预付款项”项目，需要根据“应付账款”和“预付账款”两个账户所属的相关明细账户的期末借方余额及相关坏账准备贷方余额计算填列，即：预付款项=应付账款所属明细账户借方余额+预付账款所属明细账户借方余额-相关坏账准备贷方余额。

（3）“应收账款”项目，需要根据“应收账款”和“预收账款”两个账户所属的相关明细账户的期末借方余额及相关坏账准备贷方余额计算填列，即：应收账款=应收账款所属明细账户借方余额+预收账款所属明细账户借方余额-相关坏账准备贷方余额。

（4）“预收款项”项目，需要根据“应收账款”和“预收账款”两个账户所属的相关明细账户的期末贷方余额计算填列，即：预收款项=应收账款所属明细账户贷方余额+预收账款所属明细账户贷方余额。

（5）“应付职工薪酬”项目，应根据“应付职工薪酬”账户的明细账户期末余额分析填列。

3.根据总账账户和明细账账户余额分析计算填列

（1）“长期借款”项目，需要根据“长期借款”总账账户余额扣除“长期借款”账户所属的明细账户中将在一年内到期且企业不能自主地将清偿义务展期的长期借款后的净额计算填列，即：长期借款=长期借款总账账户余额-长期借款所属明细账户中将在一年内到期且企业不能自主地将清偿义务展期的长期借款金额。

（2）“长期应收款”项目，需要根据“长期应收款”总账账户余额扣除“未实现融资收益”明细账户和“坏账准备”账户所属相关明细账户期末余额，再减去将在一年内到期的长期应收款后的净额计算填列，即：长期应收款=长期应收款总账账户余额-未实现融资收益账户相关金额-坏账准备账户所属相关明细账户期末余额-将在一年内到期的长期应收款金额。

（3）“长期应付款”项目，需要根据“长期应付款”总账账户余额扣除“未确认融资费用”总账账户余额，再减去所属相关明细账户中将在一年内到期的长期应付款后的净额计算填列，即：长期应付款=长期应付款总账账户余额-未确认融资费用总账账户余额-相关明细账户中将在一年内到期的长期应付款。

4.根据有关账户余额减去其备抵账户余额后的净额填列

如资产负债表中的“长期股权投资”项目，应当根据“长期股权投资”账户的期末余额减去“长期股权投资减值准备”账户余额后的净额填列；“无形资产”项目，应当根据“无形资产”账户的期末余额减去“累计摊销”“无形资产减值准备”备抵账户余额后的净额填列。

5.综合运用上述填列方法分析计算填列

如资产负债表中的“存货”项目，需要根据“原材料”“库存商品”“委托加工物资”“周转材料”“材料采购”“在途物资”“发出商品”“材料成本差异”等总账账户期末余额的分析汇总数，减去“受托代销商品款”“存货跌价准备”账户余额后的净额填列。

（三）资产负债表项目的填列说明

资产负债表中资产、负债和所有者权益主要项目的填列说明如下：

1.资产项目的填列说明

（1）“货币资金”项目，反映企业库存现金、银行结算户存款、外埠存款、银行汇票存款、银行本票存款、信用卡存款、信用证保证金存款等的合计数。该项目应根据“库存现金”“银行存款”“其他货币资金”科目期末余额的合计数填列。

（2）“交易性金融资产”项目，反映资产负债表日企业分类为以公允价值计量且其变动计入当期损益的金融资产，以及企业持有的指定为以公允价值计量且其变动计入当期损益的金融资产的期末账面价值。该项目应根据“交易性金融资产”科目的相关明细科目期末余额分析填列。自资产负债表日起超过一年到期且预期持有超过一年的以公允价值计量且其变动计入当期损益的非流动金融资产的期末账面价值，在“其他非流动金融资产”项目反映。

（3）“应收票据”项目，反映资产负债表日以摊余成本计量的、企业因销售商品、提供服务等收到的商业汇票，包括银行承兑汇票和商业承兑汇票。该项目应根据“应收票据”科目的期末余额，减去“坏账准备”科目中相关坏账准备期末余额后的金额分析填列。

（4）“应收账款”项目，反映资产负债表日以摊余成本计量的、企业因销售商品、提供服务等经营活动应收取的款项。该项目应根据“应收账款”和“预收账款”科目所属各明细科目的期末借方余额合计数，减去“坏账准备”科目中相关坏账准备期末余额后的金额分析填列。

（5）“应收款项融资”项目，反映资产负债表日以公允价值计量且其变动计入其他综合收益的应收票据和应收账款等。

（6）“预付款项”项目，反映企业按照购货合同规定预付给供应单位的款项等。该项目应根据“预付账款”和“应付账款”科目所属各明细科目的期末借方余额合计数，减去“坏账准备”科目中有关预付账款计提的坏账准备期末余额后的净额填列。如“预付账款”科目所属明细科目期末为贷方余额的，应在资产负债表“应付账款”项目内填列。

（7）“其他应收款”项目，反映企业除应收票据、应收账款、预付账款等经营活动以外的其他各种应收、暂付的款项。该项目应根据“应收利息”、“应收股利”和“其他应收款”科目的期末余额合计数，减去“坏账准备”科目中相关坏账准备期末余额后的金额填列。其中的“应收利息”仅反映相关金融工具已到期可收取但于资产负债表日尚未收到的利息。基于实际利率法计提的金融工具的利息应包含在相应金融工具的账面余额中。

（8）“存货”项目，反映企业期末在库、在途和在加工中的各种存货的可变现净值或成本（成本与可变现净值孰低）。存货包括各种材料、商品、在产品、半成品、包装物、低值易耗品、发出商品等。该项目应根据“材料采购”“原材料”“库存商品”“周转材料”

“委托加工物资”“发出商品”“生产成本”“受托代销商品”等科目的期末余额合计数，减去“受托代销商品款”“存货跌价准备”科目期末余额后的净额填列。材料采用计划成本法核算，以及库存商品采用计划成本法核算或售价核算的企业，还应按加或减材料成本差异、商品进销差价后的金额填列。

（9）“合同资产”项目，反映企业按照《企业会计准则第14号——收入》（2017）的相关规定，根据本企业履行履约义务与客户付款之间的关系在资产负债表中列示的合同资产。“合同资产”项目应根据“合同资产”科目的相关明细科目期末余额分析填列，同一合同下的合同资产和合同负债应当以净额列示，其中净额为借方余额的，应当根据其流动性在“合同资产”或“其他非流动资产”项目中填列，已计提减值准备的，还应以减去“合同资产减值准备”科目中相关的期末余额后的金额填列；其中净额为贷方余额的，应当根据其流动性在“合同负债”或“其他非流动负债”项目中填列。

（10）“持有待售资产”项目，反映资产负债表日划分为持有待售类别的非流动资产及划分为持有待售类别的处置组中的流动资产和非流动资产的期末账面价值。该项目应根据“持有待售资产”科目的期末余额，减去“持有待售资产减值准备”科目的期末余额后的金额填列。

（11）“一年内到期的非流动资产”项目，反映企业预计自资产负债表日起一年内变现的非流动资产。该项目应根据有关科目的期末余额分析填列。

（12）“债权投资”项目，反映资产负债表日企业以摊余成本计量的长期债权投资的期末账面价值。该项目应根据“债权投资”科目的相关明细科目期末余额，减去“债权投资减值准备”科目中相关减值准备的期末余额后的金额分析填列。自资产负债表日起一年内到期的长期债权投资的期末账面价值，在“一年内到期的非流动资产”项目反映。企业购入的以摊余成本计量的一年内到期的债权投资的期末账面价值，在“其他流动资产”项目反映。

（13）“其他债权投资”项目，反映资产负债表日企业分类为以公允价值计量且其变动计入其他综合收益的长期债权投资的期末账面价值。该项目应根据“其他债权投资”科目的相关明细科目期末余额分析填列。自资产负债表日起一年内到期的长期债权投资的期末账面价值，在“一年内到期的非流动资产”项目反映。企业购入的以公允价值计量且其变动计入其他综合收益的一年内到期的债权投资的期末账面价值，在“其他流动资产”项目反映。

（14）“长期应收款”项目，反映企业租赁产生的应收款项和采用递延方式分期收款、实质上具有融资性质的销售商品和提供劳务等经营活动产生的应收款项。该项目应根据“长期应收款”科目的期末余额，减去相应的“未实现融资收益”科目和“坏账准备”科目所属相关明细科目期末余额后的金额填列。

（15）“长期股权投资”项目，反映投资方对被投资单位实施控制、重大影响的权益性投资，以及对其合营企业的权益性投资。该项目应根据“长期股权投资”科目的期末余额，减去“长期股权投资减值准备”科目的期末余额后的净额填列。

（16）“其他权益工具投资”项目，反映资产负债表日企业指定为以公允价值计量且其变动计入其他综合收益的非交易性权益工具投资的期末账面价值。该项目应根据“其他权益工具投资”科目的期末余额填列。

（17）“固定资产”项目，反映资产负债表日企业固定资产的期末账面价值和企业尚未清理完毕的固定资产清理净损益。该项目应根据“固定资产”科目的期末余额，减去“累计折旧”和“固定资产减值准备”科目的期末余额后的金额，以及“固定资产清理”科目的期末余额填列。

（18）“在建工程”项目，反映资产负债表日企业尚未达到预定可使用状态的在建工程的期末账面价值和企业为在建工程准备的各种物资的期末账面价值。该项目应根据“在建工程”科目的期末余额，减去“在建工程减值准备”科目的期末余额后的金额，以及“工程物资”科目的期末余额，减去“工程物资减值准备”科目的期末余额后的金额填列。

（19）“使用权资产”项目，反映资产负债表日承租企业持有的使用权资产的期末账面价值。该项目应根据“使用权资产”科目的期末余额，减去“使用权资产累计折旧”和“使用权资产减值准备”科目的期末余额后的金额填列。

（20）“无形资产”项目，反映企业持有的专利权、非专利技术、商标权、著作权、土地使用权等无形资产的成本减去累计摊销和减值准备后的净值。该项目应根据“无形资产”科目的期末余额，减去“累计摊销”和“无形资产减值准备”科目期末余额后的净额填列。

（21）“开发支出”项目，反映企业开发无形资产过程中能够资本化形成无形资产成本的支出部分。该项目应当根据“研发支出”科目中所属的“资本化支出”明细科目期末余额填列。

（22）“长期待摊费用”项目，反映企业已经发生但应由本期和以后各期负担的分摊期限在一年以上的各项费用。长期待摊费用中在一年内（含一年）摊销的部分，在资产负债表“一年内到期的非流动资产”项目填列。该项目应根据“长期待摊费用”科目的期末余额，减去将于一年内（含一年）摊销的数额后的金额分析填列。

（23）“递延所得税资产”项目，反映企业根据所得税准则确认的可抵扣暂时性差异产生的所得税资产。该项目应根据“递延所得税资产”科目的期末余额填列。

（24）“其他非流动资产”项目，反映企业除上述非流动资产以外的其他非流动资产。该项目应根据有关科目的期末余额填列。

2. 负债项目的填列说明

（1）“短期借款”项目，反映企业向银行或其他金融机构等借入的期限在一年以下（含一年）的各种借款。该项目应根据“短期借款”科目的期末余额填列。

（2）“交易性金融负债”项目，反映企业资产负债表日承担的交易性金融负债，以及企业持有的直接指定为以公允价值计量且其变动计入当期损益的金融负债的期末账面价值。该项目应根据“交易性金融负债”科目的相关明细科目期末余额填列。

（3）“应付票据”项目，反映资产负债表日以摊余成本计量的、企业因购买材料、商品和接受服务等开出、承兑的商业汇票，包括银行承兑汇票和商业承兑汇票。该项目应根据“应付票据”科目的期末余额填列。

（4）“应付账款”项目，反映资产负债表日以摊余成本计量的、企业因购买材料、商品和接受服务等经营活动应支付的款项。该项目应根据“应付账款”和“预付账款”科目所属的相关明细科目的期末贷方余额合计数填列。

（5）“预收款项”项目，反映企业按照购货合同规定预收供应单位的款项。该项目应根据“预收账款”和“应收账款”科目所属各明细科目的期末贷方余额合计数填列。如“预收账款”科目所属明细科目期末为借方余额的，应在资产负债表“应收账款”项目内填列。

（6）“合同负债”项目，反映企业按照《企业会计准则第14号——收入》（2017）的相关规定，根据本企业履行履约义务与客户付款之间的关系在资产负债表中列示的合同负债。“合同负债”项目应根据“合同负债”科目相关明细科目期末余额分析填列。

（7）“应付职工薪酬”项目，反映企业为获得职工提供的服务或解除劳动关系而给予的各种形式的报酬或补偿。企业提供给职工配偶、子女、受赡养人、已故员工遗属及其他受益人等的福利，也属于职工薪酬。职工薪酬主要包括短期薪酬、离职后福利、辞退福利和其他长期职工福利。该项目应根据“应付职工薪酬”科目所属各明细科目的期末贷方余额分析填列。外商投资企业按规定从净利润中提取的职工奖励及福利基金，也在该项目列示。

（8）“应交税费”项目，反映企业按照税法规定计算应缴纳的各种税费，包括增值税、消费税、城市维护建设税、教育费附加、企业所得税、资源税、土地增值税、房产税、城镇土地使用税、车船税等。企业预扣预缴的个人所得税，也通过该项目列示。企业所缴纳的税金不需要预计应交数的，如印花税、耕地占用税等，不在该项目列示。该项目应根据“应交税费”科目的期末贷方余额填列，如“应交税费”科目期末为借方余额，应以“-”号填列。需要说明的是，“应交税费”科目下的“应交增值税”“未交增值税”“待抵扣进项税额”“待认证进项税额”“增值税留抵税额”等明细科目期末借方余额应根据情况，在资产负债表中的“其他流动资产”或“其他非流动资产”项目列示；“应交税费——待转销项税额”等科目期末贷方余额应根据情况，在资产负债表中的“其他流动负债”或“其他非流动负债”项目列示；“应交税费”科目下的“未交增值税”“简易计税”“转让金融商品应交增值税”“代扣代交增值税”等科目期末贷方余额应在资产负债表中的“应交税费”项目列示。

（9）“其他应付款”项目，反映企业除应付票据、应付账款、预收账款、应付职工薪酬、应交税费等经营活动以外的其他各项应付、暂收的款项。该项目应根据“应付利息”“应付股利”“其他应付款”科目的期末余额合计数填列。其中，“应付利息”科目仅反映相关金融工具已到期应支付但于资产负债表日尚未支付的利息。基于实际利率法计提的金融工具的利息应包含在相应金融工具的账面余额中。

（10）“持有待售负债”项目，反映资产负债表日处置组中与划分为持有待售类别的资产直接相关的负债的期末账面价值。该项目应根据“持有待售负债”科目的期末余额填列。

（11）“一年内到期的非流动负债”项目，反映企业非流动负债中将于资产负债表日后一年内到期部分的金额，如将于一年内偿还的长期借款。该项目应根据有关科目的期末余额分析填列。

（12）“长期借款”项目，反映企业向银行或其他金融机构借入的期限在一年以上（不含一年）的各项借款。该项目应根据“长期借款”科目的期末余额，扣除“长期借款”科目所属的明细科目中将在资产负债表日起一年内到期且企业不能自主地将清偿义务展期的长期借款后的金额计算填列。

（13）“应付债券”项目，反映企业为筹集长期资金而发行的债券本金及应付的利息。该项目应根据“应付债券”科目的期末余额分析填列。对于资产负债表日企业发行的金融工具分类为金融负债的，应在该项目填列，对于优先股和永续债，还应在该项目下的“优先股”项目和“永续债”项目分别填列。

（14）“租赁负债”项目，反映资产负债表日承租企业尚未支付的租赁付款额的期末账面价值。该项目应根据“租赁负债”科目的期末余额填列。自资产负债表日起一年内到期应予以清偿的租赁负债的期末账面价值，在“一年内到期的非流动负债”项目反映。

（15）“长期应付款”项目，应根据“长期应付款”科目的期末余额，减去相关的“未确认融资费用”科目的期末余额后的金额，以及“专项应付款”科目的期末余额填列。

（16）“预计负债”项目，反映企业根据或有事项等相关准则确认的各项预计负债，包括对外提供担保、未决诉讼、产品质量保证、重组义务以及固定资产和矿区权益弃置义务等产生的预计负债。该项目应根据“预计负债”科目的期末余额填列。企业按照《企业会计准则第22号——金融工具确认和计量》（2017）的相关规定，对贷款承诺等项目计提的损失准备，应当在该项目中填列。

（17）“递延收益”项目，反映尚待确认的收入或收益。该项目核算包括企业根据政府补助准则确认的应在以后期间计入当期损益的政府补助金额、售后租回形成融资租赁的售价与资产账面价值差额等其他递延性收入。该项目应根据“递延收益”科目的期末余额填列。该项目中摊销期限只剩一年或不足一年的，或预计在一年内（含一年）进行摊销的部分，不得归类为流动负债，仍在该项目中填列，不转入“一年内到期的非流动负债”项目。

（18）“递延所得税负债”项目，反映企业根据所得税准则确认的应纳税暂时性差异产生的所得税负债。该项目应根据“递延所得税负债”科目的期末余额填列。

（19）“其他非流动负债”项目，反映企业除以上非流动负债以外的其他非流动负债。该项目应根据有关科目期末余额，减去将于一年内（含一年）到期偿还数后的余额分析填列。非流动负债各项目中将于一年内（含一年）到期的非流动负债，应在“一年内到期的非流动负债”项目反映。

3.所有者权益项目的填列说明

（1）“实收资本（或股本）”项目，反映企业各投资者实际投入的资本（或股本）总额。该项目应根据“实收资本（或股本）”科目的期末余额填列。

（2）“其他权益工具”项目，反映资产负债表日企业发行在外的除普通股以外分类为权益工具的金融工具的期末账面价值，并下设“优先股”和“永续债”两个项目，分别反映企业发行的分类为权益工具的优先股和永续债的账面价值。

（3）“资本公积”项目，反映企业收到投资者出资超出其在注册资本或股本中所占的份额以及直接计入所有者权益的利得和损失等。该项目应根据“资本公积”科目的期末余额填列。

（4）“其他综合收益”项目，反映企业其他综合收益的期末余额。该项目应根据“其他综合收益”科目的期末余额填列。

（5）“专项储备”项目，反映高危行业企业按国家规定提取的安全生产费的期末账面价值。该项目应根据“专项储备”科目的期末余额填列。

（6）“盈余公积”项目，反映企业盈余公积的期末余额。该项目应根据“盈余公积”科目的期末余额填列。

（7）“未分配利润”项目，反映企业尚未分配的利润。该项目应根据“本年利润”科目和“利润分配”科目的余额计算填列。未弥补的亏损在该项目内以“-”号填列。

【例11-1】甲有限责任公司（以下简称甲公司）和A、B公司均为增值税一般纳税人，其有关资料如下：

（1）甲公司销售的产品、材料均为应纳增值税货物，增值税税率为13%，产品、材料销售价格中均不含增值税。

（2）甲公司材料和产品均按实际成本核算，其销售成本随着销售同时结转。

（3）A公司为甲公司的联营企业，甲公司对A公司的投资占A公司有表决权资本的25%，甲公司对A公司的投资按权益法核算。

（4）甲公司2×20年1月1日的科目余额表见表11-2。

表11-2　**甲公司科目余额表**

2×20年1月1日　单位：元

科目名称	借方余额	科目名称	贷方余额
库存现金	600	短期借款	510 000
银行存款	410 000	应付票据	40 000
应收票据	240 000	应付账款	170 000
应收账款	200 000	应付职工薪酬	4 000
坏账准备	-1 000	应交税费	13 000
其他应收款	300	长期借款	1 270 000
原材料	360 000	实收资本	2 010 000
周转材料	20 000	盈余公积	119 000
库存商品	70 000	利润分配（未分配利润）	8 700
长期股权投资——A公司	600 000		
固定资产	2 800 000		
累计折旧	-560 000		
无形资产	4 800		
合　计	4 144 700	合　计	4 144 700

（5）甲公司2×20年度发生如下经济业务：

①销售给A公司一批产品，销售价格为40 000元，产品成本为32 000元。产品已经发出，开出增值税专用发票，款项尚未收到（除增值税以外，不考虑其他税费）。

②购入原材料一批，增值税专用发票上注明的增值税税额为39 000元，原材料实际成本为300 000元。材料已经到达，并验收入库。企业开出商业承兑汇票。

③出售一台不需用设备给B公司，设备账面原值为150 000元，已提折旧24 000元，

出售价格为180 000元。出售设备价款已经收到并存入银行（假设出售该项设备不需缴纳增值税等有关税费）。

④对外销售一批原材料，销售价格为26 000元，材料实际成本为18 000元。销售材料已经发出，开出增值税专用发票。款项已经收到并存入银行（除增值税以外，不考虑其他税费）。

⑤按应收账款年末余额的5‰计提坏账准备。

⑥用银行存款偿还到期应付票据20 000元，缴纳所得税2 300元。

⑦A公司本年实现净利润280 000元，甲公司按投资比例确认其投资收益。

⑧摊销无形资产价值1 000元；计提管理用固定资产折旧8 766元。

⑨本年度所得税费用和应交所得税为32 500元（所得税税率为25%）；实现净利润97 508元；计提法定盈余公积9 750.80元。

要求：

（1）编制甲公司2×20年上述经济业务的有关会计分录。

（2）编制甲公司2×20年12月31日的科目余额表。

（3）编制甲公司2×20年12月31日的资产负债表。

参考答案如下：

（1）甲公司应对上述经济业务进行如下账务处理：

①借：应收账款——A公司	45 200	
贷：主营业务收入		40 000
应交税费——应交增值税（销项税额）		5 200
借：主营业务成本	32 000	
贷：库存商品		32 000
②借：原材料	300 000	
应交税费——应交增值税（进项税额）	39 000	
贷：应付票据——商业承兑汇票		339 000
③借：固定资产清理	126 000	
累计折旧	24 000	
贷：固定资产		150 000
借：银行存款	180 000	
贷：固定资产清理		180 000
借：固定资产清理	54 000	
贷：资产处置损益		54 000
④借：银行存款	29 380	
贷：其他业务收入		26 000
应交税费——应交增值税（销项税额）		3 380
借：其他业务成本	18 000	
贷：原材料		18 000

⑤应计提坏账准备=（200 000+45 200）×5‰−1 000=226（元）

借：信用减值损失	226	

贷：坏账准备 226

⑥借：应付票据 20 000

应交税费——应交所得税 2 300

贷：银行存款 22 300

⑦借：长期股权投资——A公司（损益调整） 70 000

贷：投资收益 70 000

⑧借：管理费用 1 000

贷：累计摊销 1 000

借：管理费用 8 766

贷：累计折旧 8 766

⑨借：所得税费用 32 500

贷：应交税费——应交所得税 32 500

借：本年利润 97 508

贷：利润分配——未分配利润 97 508

借：利润分配——提取法定盈余公积 9 750.80

贷：盈余公积 9 750.80

（2）甲公司2×20年12月31日的科目余额表见表11-3。

表11-3 **甲公司科目余额表**

2×20年12月31日 单位：元

科目名称	借方余额	科目名称	贷方余额
库存现金	600	短期借款	510 000
银行存款	597 080	应付票据	359 000
应收票据	240 000	应付账款	170 000
应收账款	245 200	应付职工薪酬	4 000
坏账准备	−1 226	应交税费	12 780
其他应收款	300	长期借款	1 270 000
原材料	642 000	实收资本	2 010 000
周转材料	20 000	盈余公积	128 750.80
库存商品	38 000	利润分配（未分配利润）	96 457.20
长期股权投资——A公司	670 000		
固定资产	2 650 000		
累计折旧	−544 766		
无形资产	4 800		
累计摊销	−1 000		
合　计	4 560 988	合　计	4 560 988

（3）甲公司2×20年12月31日的资产负债表见表11-4（年初余额略）。

表11-4　**资产负债表**　会企01表

编制单位：甲公司　2×20年12月31日　单位：元

资产	期末余额	负债和所有者权益	期末余额
流动资产：		流动负债：	
货币资金	597 680	短期借款	510 000
应收票据	240 000	应付票据	359 000
应收账款	243 974	应付账款	170 000
其他应收款	300	应付职工薪酬	4 000
存货	700 000	应交税费	12 780
流动资产合计	1 781 954	流动负债合计	1 055 780
非流动资产：		非流动负债：	
长期股权投资——A公司	670 000	长期借款	1 270 000
固定资产	2 105 234	非流动负债合计	1 270 000
无形资产	3 800	负债合计	2 325 780
非流动资产合计	2 779 034	所有者权益：	
		实收资本	2 010 000
		盈余公积	128 750.80
		未分配利润	96 457.20
		所有者权益合计	2 235 208
资产总计	4 560 988	负债和所有者权益总计	4 560 988

模块四　利润表

一、利润表概述

（一）利润表的概念

利润表是反映企业在一定会计期间的经营成果的会计报表。利润表把一定会计期间的收入与同一会计期间的费用进行配比，以计算出企业一定时期的净利润（或净亏损）。

（二）利润表的作用

利润表的列报必须充分反映企业经营业绩的主要来源和构成，有助于信息使用者判断净利润的质量及风险，预测净利润的持续性，从而做出正确的决策。具体表现在以下几个方面：

（1）利润表可以反映企业一定会计期间的收益实现情况，如实现的营业收入有多少、投资收益有多少、营业外收入有多少等。

（2）利润表可以反映一定会计期间的损耗发生情况，如耗费的营业成本有多少，销售费用、管理费用、财务费用各有多少，营业外支出有多少等。

（3）利润表可以反映企业生产经营活动的成果，即净利润的实现情况，据以判断资本保值、增值情况等。

（4）利润表可以反映企业不同时期的比较数字（本月数、本年累计数、上年数），便于财务报告使用者分析判断企业未来利润的发展趋势和获利能力，做出正确的经营决策。

（三）利润表的内容

（1）构成营业利润的各项要素：营业收入、营业成本、税金及附加、销售费用、管理费用、研发费用、财务费用、其他收益、投资收益（投资损失）、净敞口套期收益、公允价值变动收益（公允价值变动损失）、信用减值损失、资产减值损失、资产处置收益（资产处置损失）。

（2）构成利润总额（或亏损总额）的各项要素：营业利润、营业外收入、营业外支出。

（3）构成净利润（或净亏损）的各项要素：利润总额（或亏损总额）、所得税费用。

（4）构成综合收益总额的各项要素：净利润、其他综合收益的税后净额

（5）构成每股收益的各项要素：基本每股收益、稀释每股收益。

二、利润表的结构

我国企业利润表采用多步式结构，即通过对当期的收益、损耗项目按性质加以归类，按利润形成的环节列示一些中间性利润指标，分步计算当期净损益。

我国一般企业利润表格式见表11-5。

表11-5　**利润表**　会企02表

编制单位：　年　月　单位：元

项　目	本期金额	上期金额
一、营业收入		
减：营业成本		
税金及附加		
销售费用		
管理费用		
研发费用		
财务费用		
其中：利息费用		
利息收入		
加：其他收益		
投资收益（损失以“-”号填列）		
其中：对联营企业和合营企业的投资收益		

续表

项　目	本期金额	上期金额
以摊余成本计量的金融资产终止确认收益（损失以“-”号填列）		
净敞口套期收益（损失以“-”号填列）		
公允价值变动收益（损失以“-”号填列）		
信用减值损失（损失以“-”号填列）		
资产减值损失（损失以“-”号填列）		
资产处置收益（损失以“-”号填列）		
二、营业利润（亏损以“-”号填列）		
加：营业外收入		
减：营业外支出		
三、利润总额（亏损总额以“-”号填列）		
减：所得税费用		
四、净利润（净亏损以“-”号填列）		
（一）持续经营净利润（净亏损以“-”号填列）		
（二）终止经营净利润（净亏损以“-”号填列）		
五、其他综合收益的税后净额		
（一）不能重分类进损益的其他综合收益		
1.重新计量设定受益计划变动额		
2.权益法下不能转损益的其他综合收益		
3.其他权益工具投资公允价值变动		
4.企业自身信用风险公允价值变动		
……		
（二）将重分类进损益的其他综合收益		
1.权益法下可转损益的其他综合收益		
2.其他债权投资公允价值变动		
3.金融资产重分类计入其他综合收益的金额		
4.其他债权投资信用减值准备		
5.现金流量套期储备		
6.外币财务报表折算差额		

续表

项　目	本期金额	上期金额
……		
六、综合收益总额		
七、每股收益：		
（一）基本每股收益		
（二）稀释每股收益		

三、利润表的填列方法

（一）上期金额栏的填列方法

利润表“上期金额”栏内各项数字，应根据上年该期利润表“本期金额”栏内所列数字填列。如果上年该期利润表规定的各个项目的名称和内容同本期不一致，应对上年该期利润表各项目的名称和数字按照本期的规定进行调整，填入报表中的“上期金额”栏内。

（二）本期金额栏的填列方法

利润表“本期金额”栏内各项数字除“基本每股收益”和“稀释每股收益”项目外，一般应根据损益类账户的发生额分析填列。

（1）“营业收入”项目，反映企业经营主要业务和其他业务所确认的收入总额。该项目应根据“主营业务收入”和“其他业务收入”科目的发生额分析填列。企业一般应当以“主营业务收入”和“其他业务收入”总账科目的贷方发生额之和，作为利润表中“营业收入”项目的金额。当年发生销售退回的，应以冲减销售退回主营业务收入后的金额，填列“营业收入”项目。

（2）“营业成本”项目，反映企业经营主要业务和其他业务所发生的成本总额。该项目应根据“主营业务成本”和“其他业务成本”科目的发生额分析填列。企业一般应当以“主营业务成本”和“其他业务成本”总账科目的借方发生额之和，作为利润表中“营业成本”项目的金额。当年发生销售退回的，应以加上销售退回商品成本后的金额，填列“营业成本”项目。

（3）“税金及附加”项目，反映企业经营业务应负担的消费税、城市维护建设税、资源税、土地增值税和教育费附加等。该项目应根据“税金及附加”科目的发生额分析填列。

（4）“销售费用”项目，反映企业在销售商品过程中发生的包装费、广告费等费用和为销售本企业商品而专设的销售机构的职工薪酬、业务费等经营费用。该项目应根据“销售费用”科目的发生额分析填列。

（5）“管理费用”项目，反映企业为组织和管理生产经营发生的管理费用。该项目应根据“管理费用”科目的发生额分析填列。

（6）“研发费用”项目，反映企业进行研究与开发过程中发生的费用化支出以及计入管理费用的自行开发无形资产的摊销。该项目应根据“管理费用”科目下的“研发费用”

明细科目的发生额以及“管理费用”科目下“无形资产摊销”明细科目的发生额分析填列。

（7）“财务费用”项目，反映企业为筹集生产经营所需资金等而发生的应予费用化的利息支出。该项目应根据“财务费用”科目的相关明细科目发生额分析填列。其中：“利息费用”项目，反映企业为筹集生产经营所需资金等而发生的应予费用化的利息支出，该项目应根据“财务费用”科目的相关明细科目的发生额分析填列。“利息收入”项目，反映企业应冲减财务费用的利息收入，该项目应根据“财务费用”科目的相关明细科目的发生额分析填列。

（8）“其他收益”项目，反映计入其他收益的政府补助，以及其他与日常活动相关且计入其他收益的项目。该项目应根据“其他收益”科目的发生额分析填列。企业作为个人所得税的扣缴义务人，根据《中华人民共和国个人所得税法》收到的扣缴税款手续费，应作为其他与日常活动相关的收益在该项目中填列。

（9）“投资收益”项目，反映企业以各种方式对外投资所取得的收益。该项目应根据“投资收益”科目的发生额分析填列。如为投资损失，该项目以“-”号填列。

（10）“净敞口套期收益”项目，反映净敞口套期下被套期项目累计公允价值变动转入当期损益的金额或现金流量套期储备转入当期损益的金额。该项目应根据“净敞口套期损益”科目的发生额分析填列。如为套期损失，该项目以“-”号填列。

（11）“公允价值变动收益”项目，反映企业应当计入当期损益的资产或负债公允价值变动收益。该项目应根据“公允价值变动损益”科目的发生额分析填列。如为净损失，该项目以“-”号填列。

（12）“信用减值损失”项目，反映企业按照《企业会计准则第22号——金融工具确认和计量》（2017）的要求计提的各项金融工具信用减值准备所确认的信用损失。该项目应根据“信用减值损失”科目的发生额分析填列。

（13）“资产减值损失”项目，反映企业各项资产发生的减值损失。该项目应根据“资产减值损失”科目的发生额分析填列。企业应当以“资产减值损失”总账科目借方发生额减去贷方发生额后的余额，作为利润表中“资产减值损失”项目的金额。

（14）“资产处置收益”项目，反映企业出售划分为持有待售的非流动资产（金融工具、长期股权投资和投资性房地产除外）或处置组（子公司和业务除外）时确认的处置利得或损失，以及处置未划分为持有待售的固定资产、在建工程、生产性生物资产及无形资产而产生的处置利得或损失。债务重组中因处置非流动资产（金融工具、长期股权投资和投资性房地产除外）产生的利得或损失和非货币性资产交换中换出非流动资产（金融工具、长期股权投资和投资性房地产除外）产生的利得或损失也包括在该项目内。该项目应根据“资产处置损益”科目的发生额分析填列。如为处置损失，该项目以“-”号填列。

（15）“营业利润”项目，反映企业实现的营业利润。如为亏损，该项目以“-”号填列。

（16）“营业外收入”项目，反映企业发生的除营业利润以外的收益，主要包括与企业日常活动无关的政府补助、盘盈利得、捐赠利得（企业接受股东或股东的子公司直接或间接的捐赠，经济实质属于股东对企业的资本性投入的除外）等。该项目应根据“营业外收入”科目的发生额分析填列。

（17）“营业外支出”项目，反映企业发生的除营业利润以外的支出，主要包括公益性捐赠支出、非常损失、盘亏损失、非流动资产毁损报废损失等。该项目应根据“营业外支出”科目的发生额分析填列。

（18）“利润总额”项目，反映企业实现的利润。如为亏损，该项目以“-”号填列。

（19）“所得税费用”项目，反映企业应从当期利润总额中扣除的所得税费用。该项目应根据“所得税费用”科目的发生额分析填列。

（20）“净利润”项目，反映企业实现的净利润。如为亏损，该项目以“-”号填列。

（21）“其他综合收益的税后净额”项目，反映企业根据企业会计准则规定未在损益中确认的各项利得和损失扣除所得税影响后的净额。

（22）“综合收益总额”项目，反映企业净利润与其他综合收益（税后净额）的合计金额。

（23）“每股收益”项目，包括基本每股收益和稀释每股收益两项指标，反映普通股或潜在普通股已公开交易的企业，以及正处在公开发行普通股或潜在普通股过程中的企业的每股收益信息。

【例11-2】乙股份有限公司（以下简称乙公司）为增值税一般纳税企业，适用的增值税税率为13%，适用的所得税税率为25%，采用债务法核算所得税，不考虑其他相关税费，商品销售价格中均不含增值税税额，商品销售成本按发生的经济业务逐项结转。销售商品及提供劳务均为主营业务，资产销售（出售）均为正常的商业交易，采用公允的交易价格结算，除特别指明外，所售资产均未计提减值准备。

乙公司2×20年12月发生的经济业务及相关资料如下：

（1）12月1日，向A公司销售商品一批，增值税专用发票上注明的销售价格为100万元。增值税税额为13万元。提货单和增值税专用发票已交A公司，款项尚未收取。为及时收回货款，给予A公司的现金折扣条件为“2/10，1/20，N/30”（假定现金折扣按销售价格计算），该批商品的实际成本为75万元。

（2）12月3日，收到B公司来函，要求对当年11月5日所购商品在销售价格上给予5%的折让（乙公司在该批商品售出时，已确认销售收入200万元，但款项尚未收取）。经核查，该批商品存在外观质量问题，乙公司同意了B公司提出的折让要求。当日，收到B公司交来的税务机关开具的索取折让证明单，并开具红字增值税专用发票。

（3）12月10日，收到A公司支付的货款，并存入银行。

（4）12月15日，与C公司签订一项专利技术使用权转让合同。合同规定：C公司有偿使用乙公司的该项专利技术，使用期为2年，一次性支付使用费100万元，增值税税率为6%。乙公司在合同签订日提供该专利技术相关资料，不提供后续服务，与该项交易有关的手续已办妥，从C公司收取的使用费已存入银行。

（5）12月20日，与F公司签订协议销售商品一批，销售价格为800万元。根据协议，协议签订日预收价款400万元，余款于2×21年1月31日交货时付清。当日，收到F公司预付的款项，并存入银行。

（6）12月21日，收到先征后返的增值税34万元，并存入银行。

（7）除上述经济业务外，登记本月发生的其他经济业务形成的有关账户发生额见表11-6。

表11-6　**有关账户发生额**　单位：万元

账户名称	借方发生额	贷方发生额
其他业务成本	20	
销售费用	15	
管理费用	12.2	
财务费用	10.3	
税金及附加	6.5	
投资收益		14.2
营业外收入		8
营业外支出	12.2	

乙公司应对上述有关经济业务进行如下相关账务处理（金额单位：万元）：

（1）借：应收账款——A公司　113
　　贷：主营业务收入　100
　　　　应交税费——应交增值税（销项税额）　13
借：主营业务成本　75
　贷：库存商品　75

（2）借：主营业务收入　10
　　　　应交税费——应交增值税（销项税额）　1.3
　　贷：应收账款——B公司　11.3

（3）借：银行存款　111
　　　　财务费用　2
　　贷：应收账款——A公司　113

（4）借：银行存款　106
　　贷：其他业务收入　100
　　　　应交税费——应交增值税（销项税额）　6

（5）借：银行存款　400
　　贷：预收账款——F公司　400

（6）借：银行存款　34
　　贷：营业外收入　34

编制乙公司2×20年度利润表，见表11-7。

表11-7　**利润表**　会企02表

编制单位：乙公司　2×20年12月　单位：万元

项　目	本期金额	上期金额
一、营业收入	190	
减：营业成本	95	
税金及附加	6.5	
销售费用	15	
管理费用	12.2	
研发费用		
财务费用	12.3	
其中：利息费用		
利息收入		
加：其他收益		
投资收益（损失以“-”号填列）	14.2	
其中：对联营企业和合营企业的投资收益		
以摊余成本计量的金融资产终止确认收益（损失以“-”号填列）		
净敞口套期收益（损失以“-”号填列）		
公允价值变动收益（损失以“-”号填列）		
信用减值损失（损失以“-”号填列）		
资产减值损失（损失以“-”号填列）		
资产处置收益（损失以“-”号填列）		
二、营业利润（亏损以“-”号填列）	63.2	
加：营业外收入	42	
减：营业外支出	12.2	
三、利润总额（亏损总额以“-”号填列）	93	
减：所得税费用		
四、净利润（净亏损以“-”号填列）	93	
（一）持续经营净利润（净亏损以“-”号填列）		
（二）终止经营净利润（净亏损以“-”号填列）		

模块五　现金流量表

一、现金流量表概述

（一）现金流量表的概念

现金流量表是反映企业在一定会计期间现金和现金等价物流入和流出的报表。其中，现金指企业库存现金以及可以随时用于支付的存款，包括库存现金、银行存款和其他货币资金（如外埠存款、银行汇票存款、银行本票存款等）等。不能随时用于支付的存款不属于现金。现金等价物，是指企业持有的期限短、流动性强、易于转换为已知金额现金、价值变动风险很小的投资。期限短，一般是指从购买日起三个月内到期。现金等价物通常包括三个月内到期的短期债券等。权益性投资变现的金额通常不确定，因而不属于现金等价物。企业应当根据具体情况，确定现金等价物的范围，一经确定不得随意变更。

现金流量是指一定会计期间内企业现金和现金等价物的流入和流出。企业从银行提取现金、用现金购买短期到期的国库券等现金和现金等价物之间的转换不属于现金流量。

（二）现金流量表的作用

（1）现金流量表有助于评价企业的支付能力、偿债能力和周转能力。

（2）现金流量表有助于预测企业未来的现金流量。

（3）现金流量表有助于分析企业收益的质量及影响现金净流量的因素。

（三）现金流量表的内容

1.经营活动产生的现金流量

经营活动，是指企业投资活动和筹资活动以外的所有交易和事项。经营活动产生的现金流量主要包括销售商品或提供劳务、购买商品或接受劳务、收到的税费返还、经营性租赁、支付工资、支付广告费、缴纳税款等流入和流出的现金和现金等价物。

2.投资活动产生的现金流量

投资活动，是指企业长期资产的购建和不包括在现金等价物范围内的投资及其处置活动。投资活动产生的现金流量主要包括取得和收回投资、购建和处置固定资产、处置子公司及其他营业单位等流入和流出的现金和现金等价物。

3.筹资活动产生的现金流量

筹资活动，是指导致企业资本及负债规模和构成发生变化的活动。筹资活动产生的现金流量主要包括吸收投资、发行股票、分配利润、取得和偿还银行借款、发行和偿还债券等流入和流出的现金和现金等价物。偿还应付账款、应付票据等应付款项属于经营活动，不属于筹资活动。

二、现金流量表的结构

我国企业现金流量表采用报告式结构，分类反映经营活动产生的现金流量、投资活动产生的现金流量和筹资活动产生的现金流量，最后汇总反映企业在某一会计期间现金及现金等价物的净增加额。

我国一般企业现金流量表格式见表11-8。现金流量表补充资料见表11-9。

表11-8　**现金流量表**　会企03表

编制单位：　年　月　单位：元

项　目	本期金额	上期金额
一、经营活动产生的现金流量：		
销售商品、提供劳务收到的现金		
收到的税费返还		
收到其他与经营活动有关的现金		
经营活动现金流入小计		
购买商品、接受劳务支付的现金		
支付给职工以及为职工支付的现金		
支付的各项税费		
支付其他与经营活动有关的现金		
经营活动现金流出小计		
经营活动产生的现金流量净额		
二、投资活动产生的现金流量：		
收回投资收到的现金		
取得投资收益收到的现金		
处置固定资产、无形资产和其他长期资产收回的现金净额		
处置子公司及其他营业单位收到的现金净额		
收到其他与投资活动有关的现金		
投资活动现金流入小计		
购建固定资产、无形资产和其他长期资产支付的现金		
投资支付的现金		
取得子公司及其他营业单位支付的现金净额		
支付其他与投资活动有关的现金		
投资活动现金流出小计		
投资活动产生的现金流量净额		
三、筹资活动产生的现金流量：		
吸收投资收到的现金		
取得借款收到的现金		
收到其他与筹资活动有关的现金		
筹资活动现金流入小计		
偿还债务支付的现金		
分配股利、利润或偿付利息支付的现金		
支付其他与筹资活动有关的现金		
筹资活动现金流出小计		
筹资活动产生的现金流量净额		
四、汇率变动对现金及现金等价物的影响		
五、现金及现金等价物净增加额		
加：期初现金及现金等价物余额		
六、期末现金及现金等价物余额		

表 11-9　　**现金流量表补充资料**　　单位：元

补充资料	本期金额	上期金额
1.将净利润调节为经营活动现金流量：		
净利润		
加：资产减值准备		
固定资产折旧、油气资产折耗、生产性生物资产折旧		
无形资产摊销		
长期待摊费用摊销		
处置固定资产、无形资产和其他长期资产的损失（收益以“-”号填列）		
固定资产报废损失（收益以“-”号填列）		
公允价值变动损失（收益以“-”号填列）		
财务费用（收益以“-”号填列）		
投资损失（收益以“-”号填列）		
递延所得税资产减少（增加以“-”号填列）		
递延所得税负债增加（减少以“-”号填列）		
存货的减少（增加以“-”号填列）		
经营性应收项目的减少（增加以“-”号填列）		
经营性应付项目的增加（减少以“-”号填列）		
其他		
经营活动产生的现金流量净额		
2.不涉及现金收支的重大投资和筹资活动：		
债务转为资本		
一年内到期的可转换公司债券		
融资租入固定资产		
3.现金及现金等价物净变动情况：		
现金的期末余额		
减：现金的期初余额		
加：现金等价物的期末余额		
减：现金等价物的期初余额		
现金及现金等价物净增加额		

三、现金流量表的填列方法

（一）经营活动产生的现金流量项目

根据《企业会计准则第31号——现金流量表》的规定，企业应当采用直接法列示经营活动产生的现金流量。

直接法，是指通过现金收入和现金支出的主要类别列示经营活动的现金流量。

1.“销售商品、提供劳务收到的现金”项目

该项目反映企业销售商品、提供劳务实际收到的现金（含销售收入和应向购买者收取的增值税税额），包括本期销售商品、提供劳务收到的现金，以及前期销售和前期提供劳务本期收到的现金和本期预收的账款，扣除本期退回本期销售的商品和前期销售本期退回的商品支付的现金。企业销售材料和代购代销业务收到的现金，也在该项目反映。

该项目通常可以采用以下公式计算分析填列：

销售商品、提供劳务收到的现金 = 当期销售商品、提供劳务收到的现金 + 当期收回前期的应收账款和应收票据 + 当期预收款项 − 当期销售退回支付的现金 + 当期收回前期核销的坏账损失

在具体应用时，可以“当期销售商品、提供劳务产生的营业收入和增值税销项税额”为基础，结合“应收账款”“应收票据”“预收账款”等账户的变动额进行调整。

2.“收到的税费返还”项目

该项目反映企业收到返还的各种税费，如收到的增值税、消费税、所得税、教育费附加返还等。

3.“收到其他与经营活动有关的现金”项目

该项目反映企业除了上述各项目外，所收到的其他与经营活动有关的现金，如收到的罚款、流动资产损失中由个人赔偿的现金、经营租赁租金等。

4.“购买商品、接受劳务支付的现金”项目

该项目反映企业购买商品、接受劳务所支付的现金（包括增值税进项税额），包括本期购入商品、接受劳务支付的现金，以及本期支付前期购入商品、接受劳务的未付款项和本期预付款项。本期发生的购货退回收到的现金应从该项目中扣除。

该项目通常可以采用以下公式计算分析填列：

购买商品、接受劳务支付的现金 = 当期购买商品、接受劳务支付的现金 + 当期支付前期的应付账款 + 当期支付前期的应付票据 + 当期预付账款 − 当期因购货退回收到的现金

在具体运用时，可以“当期销售成本和增值税进项税额”为基础，结合存货期初、期末余额的变动额，以及“应付账款”“应付票据”“预付账款”等账户的变动额进行调整。

5.“支付给职工以及为职工支付的现金”项目

该项目反映企业实际支付给职工以及为职工支付的现金，包括本期实际支付给职工的工资、奖金、津贴和补贴等，以及为职工支付的其他费用，不包括支付给离退休人员的各项费用和支付给在建工程人员的工资等。企业支付给离退休人员的各项费用，包括支付的统筹退休金以及未参加统筹的退休人员的费用，在“支付其他与经营活动有关的现金”项目反映；支付给在建工程人员的工资等，在“购建固定资产、无形资产和其他长期资产支付的现金”项目反映。

6.“支付的各项税费”项目

该项目反映企业按规定支付的各项税费，但不包括实际支付的计入固定资产价值的耕

地占用税，也不包括本期退回的增值税、所得税，本期退回的增值税、所得税在“收到的税费返还”项目反映。

7.“支付其他与经营活动有关的现金”项目

该项目反映企业除上述各项目外，所支付的其他与经营活动有关的现金，如经营租赁支付的租金、罚款支出、业务招待费支出、保险费支出等。

（二）投资活动产生的现金流量项目

1.“收回投资收到的现金”项目

该项目反映企业出售、转让或到期收回除现金等价物以外的交易性金融资产、其他债权投资、长期股权投资（除处置子公司及其他营业单位）以及收回债权投资本金而收到的现金，包括转让收益，但不包括收到的现金股利和利息。

2.“取得投资收益收到的现金”项目

该项目反映企业因各种对外投资而收到的现金股利、利润、利息等，但不包括收到的属于购买时实际支付的价款中包含的已宣告派发但尚未发放的现金股利或已到付息期但尚未支付的利息等，收到的这些现金应在投资活动产生的现金流量的“收到其他与投资活动有关的现金”项目反映。

3.“处置固定资产、无形资产和其他长期资产收回的现金净额”项目

该项目反映企业处置固定资产、无形资产和其他长期资产所取得的现金，扣除为处置这些资产而支付的有关费用后的净额。由于自然灾害造成的固定资产等长期资产损失而收到的保险赔偿收入，也在该项目反映。

4.“处置子公司及其他营业单位收到的现金净额”项目

该项目反映企业处置子公司及其他营业单位收到的现金，减去相关税费以后的净额。

5.“收到其他与投资活动有关的现金”项目

该项目反映企业除上述各项目外，收到的其他与投资活动有关的现金。

6.“购建固定资产、无形资产和其他长期资产支付的现金”项目

该项目反映企业购买、建造固定资产，取得无形资产和其他长期资产所支付的现金，不包括为购建固定资产而发生的借款利息资本化的部分，以及融资租入固定资产支付的租赁费。为购建固定资产而发生的借款利息资本化的部分以及融资租入固定资产所支付的租赁费，应在筹资活动产生的现金流量项目中单独反映。

7.“投资支付的现金”项目

该项目反映企业进行各种性质的对外投资所支付的现金，包括企业取得的除现金等价物以外的交易性金融资产投资、债权投资、长期股权投资、其他债权投资所支付的现金。但不包括购买股票和债券时实际支付的价款中包含的已宣告派发但尚未发放的现金股利或已到付息期但尚未支付的利息等，这些现金支出应在投资活动产生的现金流量的“支付其他与投资活动有关的现金”项目反映。

8.“取得子公司及其他营业单位支付的现金净额”项目

该项目反映企业取得子公司及其他营业单位支付的现金。

9.“支付其他与投资活动有关的现金”项目

该项目反映企业除上述各项目外，支付的其他与投资活动有关的现金。如购买股票和债券时，支付的买价中所包含的已宣告发放但尚未领取的现金股利或已到付息期但尚未领

取的利息等。

（三）筹资活动产生的现金流量项目

1.“吸收投资收到的现金”项目

该项目反映企业实际收到的投资者投入的现金，包括企业以发行股票、债券等方式筹集资金实际收到的款项，减去直接支付的佣金、手续费、宣传费、咨询费、印刷费等发行费用后的净额。

2.“取得借款收到的现金”项目

该项目反映企业举借各种短期、长期借款所实际收到的现金。

3.“收到其他与筹资活动有关的现金”项目

该项目反映企业除上述各项目外，所收到的其他与筹资活动有关的现金。

4.“偿还债务支付的现金”项目

该项目反映企业偿还债务本金所支付的现金，包括偿还金融企业的借款本金、偿还债券本金等。企业以现金支付的借款利息和债券利息在“分配股利、利润或偿付利息支付的现金”项目反映，不包括在该项目内。

5.“分配股利、利润和偿付利息支付的现金”项目

该项目反映企业实际支付的现金股利、支付给其他投资单位的利润或用现金支付的借款利息、债券利息等。

6.“支付其他与筹资活动有关的现金”项目

该项目反映企业除上述各项目外，支付的其他与筹资活动有关的现金，如支付的筹资费用、支付的融资租赁费、分期付款购建固定资产除第一期外其他各期支付的款项等。

（四）“汇率变动对现金及现金等价物的影响”项目

该项目反映企业外币现金流量及境外子公司的现金流量折算为记账本位币时，所采用的现金流量发生日的汇率或按照系统合理的方法确定的、与现金流量发生日即期汇率近似的汇率折算的记账本位币金额与“现金及现金等价物净增加额”项目中外币现金净增加额按资产负债表日的即期汇率折算的记账本位币之间的差额。

（五）“现金及现金等价物净增加额”项目

该项目反映企业本期现金及现金等价物期末比期初净增加（减少）的金额。

（六）“期末现金及现金等价物余额”项目

该项目反映期末现金及现金等价物的余额。

【例11-3】丙公司为增值税一般纳税人，适用的增值税税率为13%。2×20年有关资料如下：

（1）资产负债表有关账户年初、年末余额和部分账户发生额见表11-10。

表11-10　**资产负债表有关账户年初、年末余额和部分账户发生额**　单位：万元

账户名称	年初余额	本年增加	本年减少	年末余额
应收账款	3 510			5 850
应收票据	585			351
交易性金融资产	300		100（出售）	200

续表

账户名称	年初余额	本年增加	本年减少	年末余额
应收股利	20	30		10
存货	2 500			2 400
长期股权投资	500	200（以固定资产投资）		700
应付账款	1 755			2 340
应交税费				
应交增值税	250		306（已交） 476（进项税额）	180
应交所得税	30	100		40
短期借款	600	400		700

（2）利润表有关账户本年发生额见表11-11。

表11-11　　**利润表有关账户本年发生额**　　单位：万元

账户名称	借方发生额	贷方发生额
主营业务收入		5 000
主营业务成本	3 000	
投资收益		
现金股利		10
出售交易性金融资产		20

（3）其他有关资料如下：

交易性金融资产均为非现金等价物；出售交易性金融资产已收到现金；应收、应付款项均以现金结算；应收账款变动额中含有本期计提的坏账准备100万元。不考虑丙公司本年度发生的其他交易和事项。

根据以上资料，编制丙公司2×20年度的现金流量表，见表11-12。

表11-12　　**现金流量表**　　会企03表

编制单位：丙公司　　2×20年度　　单位：元

项　目	本期金额	上期金额（略）
一、经营活动产生的现金流量：		
销售商品、提供劳务收到的现金	34 440 000	
收到的税费返还	0	
收到其他与经营活动有关的现金	0	
经营活动现金流入小计	34 440 000	

续表

项　目	本期金额	上期金额（略）
购买商品、接受劳务支付的现金	27 910 000	
支付给职工以及为职工支付的现金	0	
支付的各项税费	3 960 000	
支付其他与经营活动有关的现金	0	
经营活动现金流出小计	31 870 000	
经营活动产生的现金流量净额	2 570 000	
二、投资活动产生的现金流量：		
收回投资收到的现金	1 200 000	
取得投资收益收到的现金	400 000	
处置固定资产、无形资产和其他长期资产收回的现金净额	0	
处置子公司及其他营业单位收到的现金净额	0	
收到其他与投资活动有关的现金	0	
投资活动现金流入小计	1 600 000	
购建固定资产、无形资产和其他长期资产支付的现金	0	
投资支付的现金	0	
取得子公司及其他营业单位支付的现金净额	0	
支付其他与投资活动有关的现金	0	
投资活动现金流出小计	0	
投资活动产生的现金流量净额	1 600 000	
三、筹资活动产生的现金流量：		
吸收投资收到的现金	0	
取得借款收到的现金	4 000 000	
收到其他与筹资活动有关的现金	0	
筹资活动现金流入小计	4 000 000	
偿还债务支付的现金	3 000 000	
分配股利、利润或偿付利息支付的现金	0	
支付其他与筹资活动有关的现金	0	
筹资活动现金流出小计	3 000 000	
筹资活动产生的现金流量净额	1 000 000	
四、汇率变动对现金及现金等价物的影响	0	
五、现金及现金等价物净增加额	5 170 000	
加：期初现金及现金等价物余额	0	
六、期末现金及现金等价物余额	5 170 000	

有关分析计算过程如下：

（1）销售商品、提供劳务收到的现金=（5 000+5 000×13%）+（3 510−5 850）+（585−351）−100
=3 444（万元）

（2）购买商品、接受劳务支付的现金=（3 000+476）+（2 400−2 500）+（1 755−2 340）=2 791（万元）

（3）支付的各项税费=306+（30+100−40）=396（万元）

（4）收回投资收到的现金=20+100=120（万元）

（5）取得投资收益收到的现金=20+30−10=40（万元）

（6）取得借款收到的现金=400万元

（7）偿还债务支付的现金=300万元

模块六　所有者权益变动表

一、所有者权益变动表概述

（一）所有者权益变动表的内容

所有者权益变动表是反映构成所有者权益的各组成部分当期的增减变动的报表。根据《企业会计准则第30号——财务报表列报》的规定，所有者权益变动表应当反映构成所有者权益的各组成部分当期的增减变动情况。综合收益和与所有者（或股东，下同）的资本交易导致的所有者权益的变动，应当分别列示。

与所有者的资本交易，是指企业与所有者以其所有者身份进行的、导致企业所有者权益变动的交易。

所有者权益变动表至少应当单独列示反映下列信息的项目：

（1）综合收益总额，在合并所有者权益变动表中还应单独列示归属于母公司所有者的综合收益总额和归属于少数股东的综合收益总额。

（2）会计政策变更和前期差错更正的累积影响金额。

（3）所有者投入资本和向所有者分配利润等。

（4）按照规定提取的盈余公积。

（5）所有者权益各组成部分的期初和期末余额及其调节情况。

（二）所有者权益变动表的结构

1.以矩阵的形式列报

为了清楚地表明构成所有者权益的各组成部分当期的增减变动情况，所有者权益变动表应当以矩阵的形式列示。一方面，列示导致所有者权益变动的交易或事项，改变了以往仅仅按照所有者权益的各组成部分来反映所有者权益变动情况，而是从所有者权益变动的来源对一定时期所有者权益变动情况进行全面反映；另一方面，按照所有者权益各组成部分（包括实收资本、其他权益工具、资本公积、盈余公积、其他综合收益、专项储备、未分配利润和库存股）及其总额列示交易或事项对所有者权益的影响。

2.列示所有者权益变动的比较信息

根据财务报表列报准则的规定，企业需要提供比较所有者权益变动表，因此，所有者权益变动表还就各项目再分为“本年金额”和“上年金额”两栏分别填列。

我国一般企业所有者权益变动表格式见表11-13。

表 11-13

所有者权益变动表

编制单位：　　　　　　　　　　　　年度　　　　　　　　　　　　会企 04 表

单位：元

项目	本年金额											上年金额										
	实收资本（或股本）	其他权益工具			资本公积	减：库存股	其他综合收益	专项储备	盈余公积	未分配利润	所有者权益合计	实收资本（或股本）	其他权益工具			资本公积	减：库存股	其他综合收益	专项储备	盈余公积	未分配利润	所有者权益合计
		优先股	永续债	其他									优先股	永续债	其他							
一、上年年末余额																						
加：会计政策变更																						
前期差错更正																						
其他																						
二、本年年初余额																						
三、本年增减变动金额（减少以“-”号填列）																						
（一）综合收益总额																						
（二）所有者投入和减少资本																						
1.所有者投入的普通股																						
2.其他权益工具持有者投入资本																						
3.股份支付计入所有者权益的金额																						
4.其他																						
（三）利润分配																						
1.提取盈余公积																						
2.对所有者（或股东）的分配																						
3.其他																						
（四）所有者权益内部结转																						
1.资本公积转增资本（或股本）																						
2.盈余公积转增资本（或股本）																						
3.盈余公积弥补亏损																						
4.设定受益计划变动额结转留存收益																						
5.其他综合收益结转留存收益																						
6.其他																						
四、本年年末余额																						

二、所有者权益变动表的填列方法

（一）所有者权益变动表各项目的列报说明

1.“上年年末余额”项目

“上年年末余额”项目，反映企业上年资产负债表中实收资本（或股本）、其他权益工具、资本公积、库存股、其他综合收益、专项储备、盈余公积、未分配利润等项目的上年年末余额。

2.“会计政策变更”和“前期差错更正”项目

“会计政策变更”和“前期差错更正”项目，分别反映企业采用追溯调整法处理的会计政策变更的累积影响金额和采用追溯重述法处理的会计差错更正的累积影响金额。

3.“本年增减变动金额”项目

（1）“综合收益总额”项目。

该项目反映企业在某一期间除与所有者以其所有者身份进行的交易之外的其他交易或事项所引起的所有者权益变动，其金额为净利润和其他综合收益扣除所得税影响后的净额相加后的合计金额。

（2）“所有者投入和减少资本”项目。

该项目反映企业当年所有者投入的资本和减少的资本。

①“所有者投入的普通股”项目，反映企业接受投资形成的资本（或股本）和资本溢价或股本溢价，并对应列在“实收资本”和“资本公积”栏。

②“其他权益工具持有者投入资本”项目，反映企业接受其他权益工具持有者投入形成的实收资本（或股本）和资本公积，该项目应根据“实收资本”“资本公积”等账户的发生额分析填列。

③“股份支付计入所有者权益的金额”项目，反映企业处于等待期中的权益结算的股份支付当年计入资本公积的金额，并对应列在“资本公积”栏。

（3）“利润分配”项目。

该项目反映企业当年对所有者（或股东）分配的利润（或股利）金额和按照规定提取的盈余公积金额，并对应列在“未分配利润”和“盈余公积”栏。

①“提取盈余公积”项目，反映企业按照规定提取的盈余公积金额。

②“对所有者（或股东）的分配”项目，反映对所有者（或股东）分配的利润（或股利）金额。

（4）“所有者权益内部结转”项目。

该项目反映不影响当年所有者权益总额的所有者权益各组成部分之间当年的增减变动，包括资本公积转增资本（或股本）、盈余公积转增资本（或股本）、盈余公积弥补亏损等的金额。

①“资本公积转增资本（或股本）”项目，反映企业当年资本公积转增资本（或股本）的金额。

②“盈余公积转增资本（或股本）”项目，反映企业当年盈余公积转增资本（或股本）的金额。

③“盈余公积弥补亏损”项目，反映企业当年盈余公积弥补亏损的金额。

④“设定受益计划变动额结转留存收益”项目，主要反映重新计量设定受益计划净负债或者净资产的变动计入其他综合收益，在原设定受益计划终止时应当在权益范围内将原

计入其他综合收益的部分全部结转至未分配利润。该项目应根据“其他综合收益”账户的相关明细账户的发生额分析填列。

⑤对于已执行新金融准则或新收入准则的企业，其所有者权益变动表中的“其他综合收益结转留存收益”项目，主要反映：a.企业指定为以公允价值计量且其变动计入其他综合收益的非交易性权益工具投资终止确认时，之前计入其他综合收益的累计利得或损失从其他综合收益中转入留存收益的金额；b.企业指定为以公允价值计量且其变动计入当期损益的金融负债终止确认时，之前由企业自身信用风险变动引起而计入其他综合收益的累计利得或损失从其他综合收益中转入留存收益的金额等。该项目应根据“其他综合收益”账户的相关明细账户的发生额分析填列。

（二）上年金额栏的列报方法

所有者权益变动表“上年金额”栏内各项数字，应根据上年度所有者权益变动表“本年金额”栏内所列数字填列。如果上年度所有者权益变动表规定的各个项目的名称和内容同本年度不一致，应对上年度所有者权益变动表各项目的名称和数字按本年度的规定进行调整，填入所有者权益变动表“上年金额”栏内。

（三）本年金额栏的列报方法

所有者权益变动表“本年金额”栏内各项数字一般应根据“实收资本（或股本）”“其他权益工具”“专项储备”“资本公积”“盈余公积”“利润分配”“库存股”“以前年度损益调整”等账户的发生额分析填列。

模块七　财务报表附注

一、财务报表附注概述

（一）财务报表附注的概念和作用

附注是对在资产负债表、利润表、现金流量表和所有者权益变动表等报表中列示项目的文字描述或明细资料，以及对未能在这些报表中列示项目的说明等。

通过附注与资产负债表、利润表、现金流量表和所有者权益变动表等报表中列示的项目相互参照关系，以及对未能在报表中列示项目的说明，可以使报表使用者全面了解企业的财务状况、经营成果和现金流量。

（二）财务报表附注披露的基本要求

（1）附注披露的信息应是定量、定性信息的结合，从而能从量和质两个角度对企业经济事项进行完整的反映，也才能满足信息使用者的决策需求。

（2）附注应当按照一定的结构进行系统合理的排列和分类，有顺序地披露信息。由于附注的内容繁多，因此更应按逻辑顺序排列，分类披露，条理清晰，具有一定的组织结构，以便于使用者理解和掌握，也更好地实现财务报表的可比性。

（3）附注相关信息应当与资产负债表、利润表、现金流量表和所有者权益变动表等报表中列示的项目相互参照，以有助于使用者联系相关联的信息，并由此从整体上更好地理解财务报表。

（三）财务报表附注的形式

在会计实务中，财务报表附注可采用旁注、附表和底注等形式。

1. 旁注

旁注是指在财务报表的有关项目旁直接用括号加注说明。旁注是最简单的报表注释方法，如果报表上有关项目的名称或金额受到限制或需简要补充时，可以直接用括号加注说明。为了保持报表项目的简明扼要、清晰明了，旁注只适用个别需要简单补充的信息项目。

2. 附表

附表是指为了保持财务报表的简明易懂而另行编制一些反映其构成项目及年度内的增减来源与金额的表格。附表反映的内容，有些已直接包括在脚注之内，有些则附在报表和脚注之后，作为财务报表的一个单独组成部分。必须注意的是，附表与补充报表的含义并不相同。附表所反映的是财务报表中某一项目的明细信息，而补充报表则往往反映一些附加的信息或按不同基础编制的信息。最常见的补充报表是揭示物价变动对企业财务状况和经营成果影响的附表。

3. 底注

底注也称脚注，是指财务报表后面用一定文字和数字所作的补充说明。一般而言，每一种报表都可以有底注，其篇幅大小随各种报表的复杂程度而定。底注的主要作用是揭示那些不便于列入报表正文的有关信息。但是，底注作为财务报表的组成部分，仅是对报表正文的补充，它不能取代或更正报表正文中的正常分类、计价和描述。凡列入财务报表正文部分的信息项目都必须符合会计要素的定义和一系列确认与计量的标准。财务报表正文主要是表格形式描述有关企业财务状况与经营绩效的定量信息，这一特征使报表正文所能包含的信息受到限制；而底注则比较灵活，它可提供有关报表编制基础等方面的定性信息、报表项目的性质、比报表正文更为详细的信息、一些相对次要的信息，这些信息对理解和使用报表信息是十分有益的。由于这一优点，底注在财务报表中已发挥越来越重要的作用。

二、财务报表附注披露的内容

按照《企业会计准则第30号——财务报表列报》的规定，财务报表附注应当按照下列顺序披露附注内容：

1. 企业的基本情况

（1）企业注册地、组织形式和总部地址。

（2）企业的业务性质和主要经营活动。

（3）母公司以及集团最终母公司的名称。

（4）财务报告的批准报出者和财务报告批准报出日。

2. 财务报表的编制基础

财务报表的编制基础包括：会计年度、记账本位币、会计计量所运用的计量基础、现金和现金等价物的构成。

3. 遵循企业会计准则的声明

企业应当明确说明编制的财务报表符合企业会计准则的要求，真实、完整地反映了企业的财务状况、经营成果和现金流量等有关信息。

4. 重要会计政策和会计估计

企业应当披露采用的重要会计政策和会计估计，并结合企业的具体实际披露其重要会计政策的确定依据和财务报表项目的计量基础，以及会计估计中所采用的关键假设和不确定因素。

5.会计政策和会计估计变更以及差错更正的说明

企业应当按照《企业会计准则第28号——会计政策、会计估计变更和差错更正》及其应用指南的规定，披露会计政策和会计估计变更以及差错更正的有关情况。

6.报表重要项目的说明

企业对报表重要项目的说明，应当按照资产负债表、利润表、现金流量表、所有者权益变动表及其报表项目列示的顺序，采用文字和数字描述相结合的方式进行披露。报表重要项目的明细金额合计，应当与报表项目金额相衔接。

关联方关系的认定

7.或有和承诺事项、资产负债表日后非调整事项、关联方关系及其交易等需要说明的事项

8.有助于财务报表使用者评价企业管理资本的目标、政策及程序的信息

9.其他需要披露的说明

【复习思考】

1.什么是财务报表？财务报表一般应当包括哪些组成部分？

2.资产负债表中的资产类、负债类、所有者权益类至少应当单独列示反映哪些信息项目？

3.利润表至少应当单独列示反映哪些信息项目？

4.经营活动产生的现金流量、投资活动产生的现金流量、筹资活动产生的现金流量至少应当单独列示反映哪些信息项目？

5.什么是现金？什么是现金等价物？

6.所有者权益变动表反映怎样的信息？所有者权益变动表至少应当单独列示反映哪些信息项目？

7.什么是财务报表附注？附注一般应当按照怎样的顺序披露？

【岗位训练】

1.甲公司2×20年年末部分账户余额见表11-14。

表11-14　**甲公司2×20年年末部分账户余额**　单位：元

账户名称	期末余额	账户名称	期末余额
库存现金	3 600	材料采购	6 000
银行存款	900 000	发出商品	6 300
其他货币资金	100 000	生产成本	30 000
应收账款（总账）	9 000	材料成本差异（贷方余额）	5 000
——A公司（明细账借方余额）	8 000		
——B公司（明细账借方余额）	2 000		
——C公司（明细账贷方余额）	1 000		

续表

账户名称	期末余额	账户名称	期末余额
预付账款（总账） ——E公司（明细账借方余额） ——F公司（明细账贷方余额）	40 000 60 000 20 000	债权投资 其中：一年内到期的投资	300 000 20 000
坏账准备（贷方余额） ——应收账款	800 800	应付账款（总账） ——M公司（明细账贷方余额） ——N公司（明细账借方余额）	2 000 7 000 5 000
原材料	180 000	应交税费（借方余额）	340
委托加工物资	50 500	预收账款（总账） ——U公司（明细账贷方余额） ——V公司（明细账借方余额） ——W公司（明细账贷方余额）	6 000 7 000 4 000 3 000
周转材料	1 000	长期借款 其中：一年内到期的借款	300 000 100 000
库存商品	50 000	利润分配（借方余额）	400

要求：根据上述资料在表11-15中填列甲公司资产负债表有关项目的金额。

表11-15　**资产负债表部分项目金额计算表**

资产负债表项目	计算过程
货币资金	
应收账款	
预收款项	
应付账款	
预付款项	
存货	
一年内到期的非流动资产	
债权投资	
应交税费	
一年内到期的非流动负债	
长期借款	
未分配利润	

2. 乙公司为增值税一般纳税人，适用的增值税税率为13%，适用的所得税税率为25%。该公司商品销售价格中均不含增值税税额，按每笔销售业务分别结转销售成本。

2×20年12月，乙公司发生的经济业务及相关资料如下：

（1）向A公司销售商品一批。该批商品的销售价格为600 000元，实际成本为350 000元。商品已经发出，开具了增值税专用发票，并收到购货方签发并承兑的不带息商业承兑汇票一张，面值为702 000元。

（2）委托B公司代销商品3 000件。代销合同规定乙公司按已售商品售价的5%向B公司支付手续费，该批商品的销售价格为400元/件，实际成本为250元/件。乙公司已将该批商品交付B公司。

（3）月末收到了B公司的代销清单。B公司已将代销的商品售出1 000件，款项尚未支付给乙公司。乙公司向B公司开具了增值税专用发票，并按合同规定确认了应向B公司支付的代销手续费。

（4）以交款提货方式向C公司销售商品一批。该批商品的销售价格为100 000元，实际成本为60 000元，提货单和增值税专用发票已交C公司，收到的款项已存入银行。

（5）12月31日，交易性金融资产公允价值上升50 000元。

（6）12月31日，计提存货跌价准备50 000元。

（7）除上述经济业务外，乙公司12月份有关损益类账户的发生额见表11-16。

表11-16　**12月份有关损益类账户的发生额**　单位：元

账户名称	借方发生额	贷方发生额
其他业务收入		30 000
其他业务成本	20 000	
税金及附加	15 000	
管理费用	60 000	
财务费用	22 000	
营业外收入		70 000
营业外支出	18 000	

（8）计算本月应交所得税（假定乙公司不存在纳税调整因素）。

要求：

（1）对乙公司上述第（1）至（6）和第（8）项经济业务进行相关的会计处理（“应交税费”账户要求写出明细账户及专栏）。

（2）根据上述资料，编制乙公司2×20年12月的利润表（见表11-17）。

表11-17　**利润表**

编制单位：乙公司　2×20年12月　单位：元

项目	本期金额
一、营业收入	
减：营业成本	
税金及附加	
销售费用	
管理费用	

续表

项目	本期金额
研发费用	
财务费用	
其中：利息费用	
利息收入	
加：其他收益	
投资收益（损失以“-”号填列）	
其中：对联营企业和合营企业的投资收益	
以摊余成本计量的金融资产终止确认收益（损失以“-”号填列）	
净敞口套期收益（损失以“-”号填列）	
公允价值变动收益（损失以“-”号填列）	
信用减值损失（损失以“-”号填列）	
资产减值损失（损失以“-”号填列）	
资产处置收益（损失以“-”号填列）	
二、营业利润（亏损以“-”号填列）	
加：营业外收入	
减：营业外支出	
三、利润总额（亏损总额以“-”号填列）	
减：所得税费用	
四、净利润（净亏损以“-”号填列）	

3. 丙企业为增值税一般纳税企业，适用的增值税税率为13%。2×20年有关资料如下：

（1）资产负债表有关项目年初、年末余额和部分账户发生额见表11-18。

表11-18　**资产负债表有关项目年初、年末余额和部分账户发生额**　单位：万元

账户名称	年初余额	本年增加	本年减少	年末余额
应收账款	3 000			2 800
应收票据	600			650
长期股权投资	200		50（出售）	250
存货	2 500			2 200
应付账款	900			800
应交税费				
应交增值税	100	527（销项税额）	207（已交） 300（进项税额）	120
应交所得税	30	100		40
短期借款	500	400		700

（2）利润表有关账户本年发生额见表11-19。

表11-19　**利润表有关账户本年发生额**　单位：万元

账户名称	借方发生额	贷方发生额
营业收入		3 000
营业成本	1 700	
投资收益		
出售长期股权投资		20

（3）其他有关资料如下：

取得长期股权投资已支付现金，出售长期股权投资已收到现金；应收、应付款项均以现金结算；应收账款变动额中含有本期计提的坏账准备5万元；存货本期减少额中含有工程项目领用本企业商品80万元，该批产品计税价为100万元。不考虑该企业本年度发生的其他交易和事项。

要求：根据上述资料，计算丙企业以下各项目的现金流量（列出计算过程）：

（1）销售商品、提供劳务收到的现金；

（2）购买商品、接受劳务支付的现金；

（3）支付的各项税费；

（4）收回投资收到的现金；

（5）取得借款收到的现金；

（6）偿还债务支付的现金；

（7）投资支付的现金。

项目十二

特殊岗位——非货币性资产交换

学习目标

知识目标： 通过本项目的学习，要求掌握非货币性资产交换的概念、特点、认定条件，以及非货币性资产交换的会计核算方法。

技能目标： 通过本项目的学习，要求具备非货币性资产交换的认定能力、对商业实质的判断能力，以及对有关非货币性资产交换业务的核算能力。

模块一 非货币性资产交换概述

非货币性资产

一、非货币性资产交换相关概念

（一）非货币性资产的概念

资产按未来经济利益流入（表现形式是货币金额）是否固定或可确定，分为货币性资产和非货币性资产。非货币性资产是相对于货币性资产而言的。货币性资产，是指企业持有的货币资金和收取固定或可确定金额的货币资金的权利，包括库存现金、银行存款、应收账款和应收票据等。非货币性资产，是指货币性资产以外的资产，如存货（原材料、包装物、低值易耗品、库存商品等）、固定资产，在建工程、生产性生物资产、无形资产、投资性房地产、长期股权投资等。非货币性资产有别于货币性资产的最基本特征是，其在将来为企业带来的经济利益（即货币金额）是不固定的或不可确定的。如果资产在将来为企业带来的经济利益（即货币金额）是固定的或可确定的，则该资产是货币性资产；反之，如果资产在将来为企业带来的经济利益（即货币金额）是不固定的或不确定的，则该资产是非货币性资产。例如，企业持有固定资产的主要目的是用于生产经营，通过折旧方式将其磨损价值转移到产品成本或服务中，然后通过销售产品或提供服务获利，固定资产在将来为企业带来的经济利益（即货币金额）是不固定的或不可确定的，因此，固定资产属于非货币性资产。

（二）非货币性资产交换的概念

非货币性资产交换，是指企业主要以固定资产、无形资产、投资性房地产和长期股权投资等非货币性资产进行的交换。该交换不涉及或只涉及少量的货币性资产（即补价）。从非货币性资产交换的定义可以看出，非货币性资产交换具有如下特征：

第一，非货币性资产交换的交易对象主要是非货币性资产。企业用货币性资产（如库存现金、银行存款）来交换非货币性资产（如存货、固定资产等）的交易最为普遍；但是在有些情况下，企业为了满足各自生产经营的需要，同时减少货币性资产的流入和流出而进行非货币性资产交换交易，比如，A企业需要B企业闲置的生产设备，B企业需要A企业闲置的办公楼，双方在货币性资产短缺的情况下，可能会出现非货币性资产交换的交易行为。

第二，非货币性资产交换是以非货币性资产进行交换的行为。交换，通常是指一个企业和另一个企业之间的互惠转让，通过转让，企业以让渡其他资产或劳务或者承担其他义务而取得资产或劳务（或偿还负债）。非互惠的非货币性资产转让不属于本项目所述的非货币性资产交换的范畴，如企业捐赠非货币性资产等。

第三，非货币性资产交换一般不涉及货币性资产，但有时也可能涉及少量的货币性资产。

通常情况下，交易双方对于某项交易是否为非货币性资产交换的判断是一致的。需要注意的是，对非货币性资产交换进行判断企业应从自身的角度，根据交易的实质判断相关交易是否属于本项目定义的非货币性资产交换，不应基于交易双方的情况进行判断。例如，投资方以一项固定资产出资取得对被投资方的权益性投资，对投资方来说，换出资产为固定资产，换入资产为长期股权投资，属于非货币性资产交换；对于被投资方来说，则是接受换入的实物资产，属于接受权益性投资，不属于非货币性资产交换。

（三）非货币性资产交换的认定

非货币性资产交换一般不涉及货币性资产，或只涉及少量货币性资产即补价。非货币性资产交换准则规定，认定涉及少量货币性资产的交换为非货币性资产交换，通常以补价占整个资产交换金额的比例是否低于25%作为参考比例。具体来说：从收到补价的企业来看，收到的补价的公允价值占换出资产公允价值（或换入资产公允价值和收到的货币性资产之和）的比例低于25%的，视为非货币性资产交换；从支付补价的企业来看，支付的货币性资产占换出资产公允价值与支付的补价的公允价值之和（或占换入资产公允价值）的比例低于25%的，视为非货币性资产交换；如果上述比例高于25%（含25%）的，则视为货币性资产交换，适用《企业会计准则第14号——收入》等相关准则的规定。

二、非货币性资产交换不涉及的交易和事项

本项目所指非货币性资产交换不涉及以下交易和事项：

（一）换出资产为存货的非货币性资产交换

企业以存货换取客户的非货币性资产（如固定资产、无形资产等）的，换出存货的企业相关的会计处理适用《企业会计准则第14号——收入》。

（二）在企业合并中取得的非货币性资产

非货币性资产交换中涉及企业合并的，适用《企业会计准则第20号——企业合并》《企业会计准则第2号——长期股权投资》《企业会计准则第33号——合并财务报表》。

（三）交换的资产包括属于非货币性资产的金融资产

非货币性资产交换中涉及由《企业会计准则第22号——金融工具确认和计量》规范的金融资产的，金融资产的确认、终止确认和计量适用《企业会计准则第22号——金融工具确认和计量》和《企业会计准则第23号——金融资产转移》。

（四）非货币性资产交换中涉及使用权资产或应收融资租赁款

非货币性资产交换中涉及由《企业会计准则第21号——租赁》规范的使用权资产或应收融资租赁款等的，相关资产的确认、终止确认和计量适用《企业会计准则第21号——租赁》。

（五）非货币性资产交换构成权益性交易

非货币性资产交换的一方直接或间接对另一方持股且以股东身份进行交易，或者非货币性资产交换的双方均受同一方或相同的多方最终控制，且该非货币性资产交换的交易实质是交换的一方向另一方进行了权益性分配或交换的一方接受了另一方权益性投入，应当适用权益性交易的有关会计处理规定。例如，集团重组中发生的非货币性资产划拨、划转行为，在股东或最终控制方的安排下，企业无代价或以明显不公平的代价将非货币性资产转让给其他企业或接受其他企业的非货币性资产，该类转让的实质是企业进行了权益性分配或接受了权益性投入，不适用本项目所述的非货币性资产交换会计处理，应当适用权益性交易的有关会计处理规定。企业应当遵循实质重于形式的原则判断非货币性资产交换是否构成权益性交易。

（六）其他不适用非货币性资产交换准则的交易和事项

1. 企业从政府无偿取得非货币性资产（如政府无偿提供非货币性资产给企业建造固定资产等）的，适用《企业会计准则第16号——政府补助》。

2. 企业将非流动资产或处置组分配给所有者的，适用《企业会计准则第42号——持有待售的非流动资产、处置组和终止经营》。

3. 企业以非货币性资产向职工发放非货币性福利的，适用《企业会计准则第9号——职工薪酬》。

4. 企业以发行股票形式取得的非货币性资产，相当于以权益工具换入非货币性资产，其成本确定适用《企业会计准则第37号——金融工具列报》。

5. 企业用于非货币性资产交换的非货币性资产应当符合资产的定义并满足资产的确认条件，且作为资产列报于企业的资产负债表上。因此，企业用于交换的资产目前尚未列报于资产负债表上，或不存在或尚不属于本企业的，适用其他相关会计准则。

模块二　非货币性资产交换的确认和计量

一、非货币性资产交换的确认原则

企业应当分别按照下列原则对非货币性资产交换中的换入资产进行确认，对换出资产终止确认：对于换入资产，应当在其符合资产定义并满足资产确认条件时予以确认；对于换出资产，应当在其满足资产终止确认条件时终止确认。例如，某企业在非货币性资产交换中的换入资产或换出资产均为固定资产，按照《企业会计准则第4号——固定资产》和《企业会计准则第14号——收入》的规定，换入的固定资产应当在与该固定资产有关的经济利益很可能流入企业，且成本能够可靠地计量时确认；换出的固定资产应当以换入企业取得该固定资产控制权时点作为处置时点终止确认。

非货币性资产交换中的资产应当符合资产的定义并满足资产的确认条件，且作为资产列报于企业的资产负债表上。因此，通常情况下，换入资产的确认时点与换出资产的终止确认时点应当相同或相近。在换入资产的确认时点与换出资产的终止确认时点存在不一致的情形下，在资产负债表日，企业应当按照下列原则进行会计处理：换入资产满足资产确认条件，换出资产尚未满足终止确认条件的，在确认换入资产的同时将交付换出资产的义务确认为一项负债；换入资产尚未满足资产确认条件，换出资产满足终止确认条件的，在终止确认换出资产的同时将取得换入资产的权利确认为一项资产。

二、非货币性资产交换的计量原则

在非货币性资产交换的情况下，不论是一项资产换入一项资产、一项资产换入多项资产、多项资产换入一项资产，还是多项资产换入多项资产，非货币性资产交换准则规定了换入资产成本的计量基础和交换所产生损益的确认原则。

（一）以公允价值为基础计量

非货币性资产交换同时满足下列两个条件的，应当以公允价值和应支付的相关税费作为换入资产的成本，公允价值与换出资产账面价值的差额计入当期损益：

1.该项交换具有商业实质；

2.换入资产或换出资产的公允价值能够可靠地计量。

换入资产和换出资产公允价值均能够可靠计量的，应当以换出资产公允价值作为确定换入资产成本的基础，一般来说，取得资产的成本应当按照所放弃资产的对价来确定，在非货币性资产交换中，换出资产就是放弃的对价，如果其公允价值能够可靠确定，应当优先考虑按照换出资产的公允价值作为确定换入资产成本的基础；如果有确凿证据表明换入资产的公允价值更加可靠的，应当以换入资产公允价值为基础确定换入资产的成本。

对于非货币性资产交换中换入资产和换出资产的公允价值均能够可靠计量的情形，企业在判断是否有确凿证据表明换入资产的公允价值更加可靠时，应当考虑确定公允价值所使用的输入值层次，企业可以参考以下情况：第一层次输入值为公允价值提供了最可靠的证据，第二层次直接或间接可观察的输入值比第三层次不可观察输入值为公允价值提供更确凿的证据。实务中，在考虑了补价因素的调整后，正常交易中换入资产的公允价值和换出资产的公允价值通常是一致的。

（二）以账面价值为基础计量

不具有商业实质或交换所涉及资产的公允价值均不能可靠计量的非货币性资产交换，应当按照换出资产的账面价值和应支付的相关税费，作为换入资产的成本，无论是否支付补价，均不确认损益；收到或支付的补价作为确定换入资产成本的调整因素。

三、商业实质的判断

非货币性资产交换具有商业实质，是换入资产能够采用公允价值计量的重要条件之一。在确定资产交换是否具有商业实质时，企业应当重点考虑由于发生了该项资产交换预期使企业未来现金流量发生变动的程度，通过比较换出资产和换入资产预计产生的未来现金流量或其现值，确定非货币性资产交换是否具有商业实质。只有当换出资产和换入资产预计未来现金流量或其现值两者之间的差额较大时，才能表明交易的发生使企业经济状况发生了明显改变，非货币性资产交换因而具有商业实质。

（一）判断条件

企业发生的非货币性资产交换，满足下列条件之一的，视为具有商业实质：

1.换入资产的未来现金流量在风险、时间分布或金额方面与换出资产显著不同。

企业应当对比考虑换入资产与换出资产的未来现金流量在风险、时间分布或金额三个方面，对非货币性资产交换是否具有商业实质进行综合判断。通常情况下，只要换入资产和换出资产的未来现金流量在其中某个方面存在显著不同，即表明满足商业实质的判断条件。

例如，某企业以对联营企业的投资换入一项设备，对联营企业的投资与设备两者产生现金流量的时间相差较大，则可以判断上述对联营企业投资与固定资产的未来现金流量显著不同，因而该两项资产的交换具有商业实质。又如，A企业以其用于经营出租的一幢公寓楼，与B企业同样用于经营出租的一幢公寓楼进行交换，两幢公寓楼的租期、每期租金总额均相同，但是A企业是租给一家财务及信用状况良好的企业（该企业租用该公寓是给其单身职工居住），B企业的客户则是单个租户，相比较而言，A企业取得租金的风险较小，B企业由于租给散户，租金的取得依赖于各单个租户的财务和信用状况。因此，两者现金流量流入的风险或不确定性程度存在明显差异，则两幢公寓楼的未来现金流量显著不同，进而可判断该两项资产的交换具有商业实质。

2.使用换入资产所产生的预计未来现金流量现值与继续使用换出资产所产生的预计未来现金流量现值不同，且其差额与换入资产和换出资产的公允价值相比是重大的。

企业如按照上述第一个条件难以判断某项非货币性资产交换是否具有商业实质，即可根据第二个条件，通过计算换入资产和换出资产的预计未来现金流量现值，进行比较后判断。资产预计未来现金流量现值，应当按照资产在持续使用过程和最终处置时预计产生的税后未来现金流量，根据企业自身而不是市场参与者对资产特定风险的评价，选择恰当的折现率对预计未来现金流量折现后的金额加以确定，即国际财务报告准则所称的“主体特定价值”。

从市场参与者的角度分析，换入资产和换出资产预计未来现金流量在风险、时间分布或金额方面可能相同或相似，但是，鉴于换入资产的性质和换入企业经营活动的特征等因素，换入资产与换入企业其他现有资产相结合，能够比换出资产产生更大的作用，使换入企业受该换入资产影响的经营活动部分产生的现金流量，与换出资产明显不同，即换入资产对换入企业的使用价值与换出资产对该企业的使用价值明显不同，使换入资产预计未来现金流量现值与换出资产产生明显差异，因而表明该两项资产的交换具有商业实质。

例如，某企业以一项专利权换入另一企业拥有的长期股权投资，假定从市场参与者来看，该项专利权与该项长期股权投资的公允价值相同，两项资产未来现金流量的风险、时间分布或金额亦相同，但是，对换入企业来讲，换入该项长期股权投资使该企业对被投资方由重大影响变为控制关系，从而对换入企业产生的预计未来现金流量现值与换出的专利权有较大差异；另一企业换入的专利权能够解决生产中的技术难题，从而对换入企业产生的预计未来现金流量现值与换出的长期股权投资有明显差异，因而该两项资产的交换具有商业实质。

（二）交换涉及的资产类别与商业实质的关系

企业在判断非货币性资产交换是否具有商业实质时，还可以从资产是否属于同一类别进行分析，因为不同类非货币性资产因其产生经济利益的方式不同，一般来说其产生的未来现金流量的风险、时间分布或金额也不相同，因而不同类非货币性资产之间的交换是否具有商业实质，通常较易判断。不同类非货币性资产是指在资产负债表中列示的不同大类的非货币性资产，比如固定资产、投资性房地产、生产性生物资产、长期股权投资、无形资产等都是不同大类的资产。例如，企业以一项用于出租的投资性房地产交换一项固定资产自用，属于不同类非货币性资产交换，在这种情况下，企业就将未来现金流量由每期产生的租金流，转化为该项资产独立产生，或包括该项资产的资产组协同产生的现金流。通常情况下，由定期租金带来的现金流量与用于生产经营的固定资产产生的现金流量在风险、时间分布或金额方面有所差异，因此，该两项资产的交换应当视为具有商业实质。

同类非货币性资产交换是否具有商业实质，通常较难判断，需要根据上述两项判断条件综合判断。企业应当重点关注的是换入资产和换出资产为同类资产的情况，同类资产产生的未来现金流量既可能相同，也可能显著不同，其之间的交换因而可能具有商业实质，也可能不具有商业实质。比如，A企业将自己拥有的一幢建筑物，与B企业拥有的在同一地点的另一幢建筑物相交换，两幢建筑物的建造时间、建造成本等均相同，但两者未来现金流量的风险、时间分布或金额可能不同。

模块三 非货币性资产交换的会计处理

一、以公允价值为基础计量的会计处理

非货币性资产交换具有商业实质且公允价值能够可靠计量的，应当以换出资产的公允价值和应支付的相关税费作为换入资产的成本，除非有确凿证据表明换入资产的公允价值比换出资产公允价值更加可靠。其中，计入换入资产成本的应支付的相关税费应当符合相关会计准则对资产初始计量成本的规定。例如，换入资产为存货的，包括相关税费、使该资产达到目前场所和状态所发生的运输费、装卸费、保险费，以及可归属于该资产的其他成本；换入资产为固定资产的，包括相关税费、使该资产达到预定可使用状态前所发生的可归属于该资产的运输费、装卸费、安装费和专业人员服务费等。

在以公允价值为基础计量的情况下，不论是否涉及补价，只要换出资产的公允价值与其账面价值不相同，就一定会涉及损益的确认，因为非货币性资产交换损益通常是换出资产公允价值与换出资产账面价值的差额，通过非货币性资产交换予以实现。

企业应当在换出资产终止确认时，将换出资产的公允价值与其账面价值之间的差额计入当期损益。换出资产的公允价值不能够可靠计量，或换入资产和换出资产的公允价值均能够可靠计量但有确凿证据表明换入资产的公允价值更加可靠的，应当在终止确认时，将换入资产的公允价值与换出资产账面价值之间的差额计入当期损益。

非货币性资产交换的会计处理，视换出资产的类别不同而有所区别：

1.换出资产为固定资产、在建工程、生产性生物资产、无形资产的，换出资产公允价值和换出资产账面价值的差额，计入资产处置损益。

2.换出资产为长期股权投资的，换出资产公允价值和换出资产账面价值的差额，计入

投资收益。

3.换出资产为投资性房地产的，按换出资产公允价值或换入资产公允价值确认其他业务收入，按换出资产账面价值结转其他业务成本，二者之间的差额计入当期损益。

换入资产与换出资产涉及相关税费的，按照相关税收规定计算确定。

（一）不涉及补价的情况

【例12-1】2×20年9月，A公司以生产经营过程中使用的一台设备交换B公司生产的一批打印机，换入的打印机作为固定资产管理。A、B公司均为增值税一般纳税人，适用的增值税税率为13%。设备的账面原价为150万元，在交换日的累计折旧为45万元，公允价值为90万元。打印机的账面价值为110万元，在交换日的市场价格为90万元，计税价格等于市场价格。B公司换入的设备是生产打印机过程中需要使用的设备。

假设A公司此前没有为该项设备计提资产减值准备，在整个交易过程中，除支付该项设备的运杂费15 000元外，没有发生其他相关税费。假设B公司此前也没有为库存打印机计提存货跌价准备，其在整个交易过程中没有发生除增值税以外的其他税费。

分析：整个资产交换过程没有涉及收付货币性资产，因此，该项交换属于非货币性资产交换。本例中，对A公司来讲，换入的打印机是生产经营过程所必需的资产，对B公司来讲，换入的设备是生产打印机过程中必须使用的机器，两项资产交换后对换入企业的特定价值显著不同，两项资产的交换具有商业实质；同时，两项资产的公允价值都能够可靠地计量，符合以公允价值计量的两个条件，因此，A公司和B公司均应当以换出资产的公允价值为基础，确定换入资产的成本，并确认产生的损益。

A公司的账务处理如下：

A公司换入资产的增值税进项税额=900 000×13%=117 000（元）

A公司换出设备的增值税销项税额=900 000×13%=117 000（元）

借：固定资产清理	1 050 000	
累计折旧	450 000	
贷：固定资产——设备		1 500 000
借：固定资产清理	15 000	
贷：银行存款		15 000
借：固定资产——打印机	900 000	
应交税费——应交增值税（进项税额）	117 000	
资产处置损益	165 000	
贷：固定资产清理		1 065 000
应交税费——应交增值税（销项税额）		117 000

B公司的账务处理如下：

根据增值税的有关规定，企业以库存商品换入其他资产，视同销售行为发生，应计算增值税销项税额，缴纳增值税。

B公司换出打印机的增值税销项税额=900 000×13%=117 000（元）

B公司换入设备的增值税进项税额=900 000×13%=117 000（元）

假定B公司换出存货的交易符合《企业会计准则第14号——收入》规定的收入确认条件。

借：固定资产——设备　900 000
　　应交税费——应交增值税（进项税额）　117 000
　贷：主营业务收入　900 000
　　　应交税费——应交增值税（销项税额）　117 000

借：主营业务成本　1 100 000
　贷：库存商品——打印机　1 100 000

（二）涉及补价的情况

在以公允价值为基础确定换入资产成本的情况下，发生补价的，支付补价方和收到补价方应当分别情况处理：

1.支付补价方：（1）以换出资产的公允价值为基础计量的，应当以换出资产的公允价值，加上支付补价的公允价值和应支付的相关税费，作为换入资产的成本，换出资产的公允价值与其账面价值之间的差额计入当期损益。（2）有确凿证据表明换入资产的公允价值更加可靠的，即以换入资产的公允价值为基础计量的，应当以换入资产的公允价值和应支付的相关税费作为换入资产的初始计量金额，换入资产的公允价值减去支付补价的公允价值，与换出资产账面价值之间的差额计入当期损益。

2.收到补价方：（1）以换出资产的公允价值为基础计量的，应当以换出资产的公允价值，减去收到补价的公允价值，加上应支付的相关税费，作为换入资产的成本，换出资产的公允价值与其账面价值之间的差额计入当期损益。（2）有确凿证据表明换入资产的公允价值更加可靠的，即以换入资产的公允价值为基础计量的，应当以换入资产的公允价值和应支付的相关税费作为换入资产的初始计量金额，换入资产的公允价值加上收到补价的公允价值，与换出资产账面价值之间的差额计入当期损益。

在涉及补价的情况下，对于支付补价方而言，作为补价的货币性资产构成换入资产所放弃对价的一部分，对于收到补价方而言，作为补价的货币性资产构成换入资产的一部分。

二、以账面价值为基础计量的会计处理

非货币性资产交换不具有商业实质，或者虽然具有商业实质但换入资产和换出资产的公允价值均不能可靠计量的，应当以换出资产的账面价值为基础确定换入资产成本，无论是否支付补价，均不确认损益。

（一）不涉及补价的情况

在以账面价值为基础计量的情况下，对于换入资产，应当以换出资产的账面价值和应支付的相关税费作为换入资产的初始计量金额；对于换出资产，终止确认时不确认损益。

（二）涉及补价的情况

对于以账面价值为基础计量的非货币性资产交换，涉及补价的，应当将补价作为确定换入资产初始计量金额的调整因素，分别下列情况进行处理：

1.支付补价方：应当以换出资产的账面价值，加上支付补价的账面价值和应支付的相关税费，作为换入资产的初始计量金额，不确认损益。

2.收到补价方：应当以换出资产的账面价值减去收到补价的公允价值，加上应支付的相关税费，作为换入资产的初始计量金额，不确认损益。

【例12-2】丙公司拥有一台专有设备，该设备账面原价为450万元，已计提折旧330

万元，丁公司拥有一项长期股权投资，账面价值为90万元，两项资产均未计提减值准备。丙公司决定以其专有设备交换丁公司的长期股权投资，该专有设备是生产某种产品必需的设备。由于该专有设备系当时专门制造的，性质特殊，其公允价值不能可靠计量；丁公司拥有的长期股权投资的公允价值也不能可靠计量。经双方商定，丁公司支付了20万元补价。假定交易不考虑相关税费。

分析：该项资产交换涉及收付货币性资产，即补价20万元。对丙公司而言，收到的补价20万元÷换出资产账面价值120万元×100%=16.7%<25%。因此，该项交换属于非货币性资产交换，丁公司的情况也类似。由于两项资产的公允价值不能可靠计量，因此，丙、丁公司换入资产的成本均应当以换出资产的账面价值为基础确定。

丙公司的账务处理如下：

借：固定资产清理　1 200 000

　　累计折旧　3 300 000

　贷：固定资产——专有设备　4 500 000

借：长期股权投资　1 000 000

　　银行存款　200 000

　贷：固定资产清理　1 200 000

丁公司的账务处理如下：

借：固定资产——专有设备　1 100 000

　贷：长期股权投资　900 000

　　　银行存款　200 000

以上例可以看出，尽管丁公司支付了20万元的补价，但由于整个非货币性资产交换是以账面价值为基础计量的，支付补价方和收到补价方均不确认损益。对丙公司而言，换入资产是长期股权投资和银行存款20万元，换出资产专有设备的账面价值为120万元（450-330），因此，长期股权投资的成本就是换出设备的账面价值减去货币性资产补价的差额，即100万元（120-20）；对丁公司而言，换出资产是长期股权投资和银行存款20万元，换入资产专有设备的成本等于换出资产的账面价值，即110万元（90+20）。由此可见，在以账面价值计量的情况下，发生的补价是用来调整换入资产成本的，不涉及确认损益的问题。

三、涉及多项非货币性资产交换的会计处理

企业以一项非货币性资产同时换入另一企业的多项非货币性资产，或同时以多项非货币性资产换入另一企业的一项非货币性资产，或以多项非货币性资产同时换入多项非货币性资产，也可能涉及补价。涉及多项资产的非货币性资产交换，企业无法将换出的某一资产与换入的某一特定资产相对应。与单项非货币性资产之间的交换一样，涉及多项资产的非货币性资产交换的计量，企业也应当首先判断是否符合以公允价值计量的两个条件，再分情况确定各项换入资产的成本。

（一）以公允价值为基础计量的情况

1.以换出资产的公允价值为基础计量的

（1）对于同时换入的多项资产，由于通常无法将换出资产与换入的某项特定资产相对应，应当按照各项换入资产的公允价值的相对比例（换入资产的公允价值不能够可靠计量的，可以按照换入的金融资产以外的各项资产的原账面价值的相对比例或其他合理的比例)，将换出资产公允价值总额（涉及补价的，加上支付补价的公允价值或减去收到补价的公允价值）扣除换入金融资产公允价值后的净额进行分摊，分摊至各项换入资产，以分摊额和应支付的相关税费作为各项换入资产的成本进行初始计量。需要说明的是，如果同时换入的多项非货币性资产中包含由《企业会计准则第22号——金融工具确认和计量》规范的金融资产，应当按照《企业会计准则第22号——金融工具确认和计量》的规定进行会计处理，在确定换入的其他多项资产的初始计量金额时，应当将金融资产公允价值从换出资产公允价值总额中扣除。

（2）对于同时换出的多项资产，应当将各项换出资产的公允价值与其账面价值之间的差额，在各项换出资产终止确认时计入当期损益。

2.以换入资产的公允价值为基础计量的

（1）对于同时换入的多项资产，应当以各项换入资产的公允价值和应支付的相关税费作为各项换入资产的初始计量金额。

（2）对于同时换出的多项资产，由于通常无法将换出资产与换入的某项特定资产相对应，应当按照各项换出资产的公允价值的相对比例（换出资产的公允价值不能可靠计量的，可以按照各项换出资产的账面价值的相对比例)，将换入资产的公允价值总额（涉及补价的，减去支付补价的公允价值或加上收到补价的公允价值）分摊至各项换出资产，分摊额与各项换出资产账面价值之间的差额，在各项换出资产终止确认时计入当期损益。需要说明的是，如果同时换出的多项非货币性资产中包含由《企业会计准则第22号——金融工具确认和计量》规范的金融资产，该金融资产应当按照《企业会计准则第22号——金融工具确认和计量》和《企业会计准则第23号——金融资产转移》的规定判断换出的该金融资产是否满足终止确认条件并进行终止确认的会计处理。在确定其他各项换出资产终止确认的相关损益时，终止确认的金融资产公允价值应当从换入资产公允价值总额中扣除。

【例12-3】甲公司和乙公司均为增值税一般纳税人，适用的增值税税率均为13%。2×20年8月，为适应业务发展的需要，经协商，甲公司决定以生产经营过程中使用的机器设备和专用货车换入乙公司生产经营过程中使用的小汽车和客运汽车。甲公司机器设备的账面原价为1 800万元，在交换日的累计折旧为300万元，公允价值为1 350万元；专用货车的账面原价为600万元，在交换日的累计折旧为480万元，公允价值为100万元。乙公司小汽车的账面原价为1 300万元，在交换日的累计折旧为690万元，公允价值为709.5万元；客运汽车的账面原价为1 300万元，在交换日的累计折旧为680万元，公允价值为700万元。乙公司另外向甲公司支付银行存款45.765万元，其中包括由于换出和换入资产公允价值不同而支付的补价40.5万元，以及换出资产销项税额与换入资产进项税额的差额5.265万元。

假定甲公司和乙公司都没有为换出资产计提减值准备；甲公司换入乙公司的小汽车、客运汽车作为固定资产使用和管理；乙公司换入甲公司的设备、货车作为固定资产使用和管理。假定甲公司和乙公司上述交易涉及的增值税进项税额按照税法规定可以抵扣且已得到认证；不考虑其他相关税费。

分析：本例涉及收付货币性资产，应当计算甲公司收到的货币性资产占甲公司换出资产公允价值总额的比例（等于乙公司支付的货币性资产占乙公司换入资产公允价值的比例），即：40.5÷（1 350+100）×100%=2.79%<25%，可以认定这一涉及多项资产的交换行为属于非货币性资产交换。对于甲公司而言，为了拓展运输业务，需要小汽车、客运汽车等，而乙公司为了扩大产品生产，需要设备和货车，换入资产对换入企业均能发挥更大的作用。因此，该项涉及多项资产的非货币性资产交换具有商业实质；同时，各单项换入资产和换出资产的公允价值均能可靠计量，因此，甲、乙公司均应当以公允价值为基础确定换入资产的总成本，确认产生的相关损益。同时，按照各单项换入资产的公允价值占换入资产公允价值总额的比例，确定各单项换入资产的成本。

甲公司的账务处理如下：

（1）根据税法的有关规定：

换出设备的增值税销项税额=1 350×13%=175.5（万元）

换出货车的增值税销项税额=100×13%=13（万元）

换入小汽车、客运汽车的增值税进项税额=（709.5+700）×13%=183.235（万元）

（2）计算换入资产、换出资产公允价值总额：

换出资产公允价值总额=1 350+100=1 450（万元）

换入资产公允价值总额=709.5+700=1 409.5（万元）

（3）计算换入资产总成本：

换入资产总成本=换出资产公允价值-补价+应支付的相关税费

=1 450-40.5+0=1 409.5（万元）

（4）计算确定换入各项资产的公允价值占换入资产公允价值总额的比例：

小汽车公允价值占换入资产公允价值总额的比例=709.5÷1 409.5×100%=50.34%

客运汽车公允价值占换入资产公允价值总额的比例=700÷1 409.5×100%=49.66%

（5）计算确定换入各项资产的成本：

小汽车的成本=1 409.5×50.34%=709.5（万元）

客运汽车的成本=1 409.5×49.66%=700（万元）

（6）编制如下会计分录：

借：固定资产清理	16 200 000	
累计折旧	7 800 000	
贷：固定资产——设备		18 000 000
——货车		6 000 000
借：固定资产——小汽车	7 095 000	
——客运汽车	7 000 000	
应交税费——应交增值税（进项税额）	1 832 350	
银行存款	457 650	
资产处置损益	1 700 000	
贷：固定资产清理		16 200 000
应交税费——应交增值税（销项税额）		1 885 000

乙公司的账务处理如下：

（1）根据税法的有关规定：

换入货车的增值税进项税额=100×13%=13（万元）

换入设备的增值税进项税额=1 350×13%=175.5（万元）

换出小汽车、客运汽车的增值税销项税额=（709.5+700）×13%=183.235（万元）

（2）计算换入资产、换出资产公允价值总额：

换入资产公允价值总额=1 350+100=1 450（万元）

换出资产公允价值总额=709.5+700=1 409.5（万元）

（3）确定换入资产总成本：

换入资产总成本=换出资产公允价值+支付的补价=1 409.5+40.5=1 450（万元）

（4）计算确定换入各项资产的公允价值占换入资产公允价值总额的比例：

设备公允价值占换入资产公允价值总额的比例=1 350÷1 450×100%=93.10%

货车公允价值占换入资产公允价值总额的比例=100÷1 450×100%=6.90%

（5）计算确定换入各项资产的成本：

设备的成本=1 450×93.10%=1 350（万元）

货车的成本=1 450×6.90%=100（万元）

（6）编制如下会计分录：

借：固定资产清理	12 300 000	
累计折旧	13 700 000	
贷：固定资产——小汽车		13 000 000
——客运汽车		13 000 000
借：固定资产——设备	13 500 000	
——货车	1 000 000	
应交税费——应交增值税（进项税额）	1 885 000	
贷：固定资产清理		12 300 000
应交税费——应交增值税（销项税额）		1 832 350
银行存款		457 650
资产处置损益		1 795 000

（二）以账面价值为基础计量的情况

对于以账面价值为基础计量的非货币性资产交换，如涉及换入多项资产或换出多项资产，或者同时换入和换出多项资产的，应当分别对换入的多项资产、换出的多项资产进行会计处理。

1.对于换入的多项资产，由于通常无法将换出资产与换入的某项特定资产相对应，应当按照各项换入资产的公允价值的相对比例（换入资产的公允价值不能够可靠计量的，也可以按照各项换入资产的原账面价值的相对比例或其他合理的比例），将换出资产的账面价值总额（涉及补价的，加上支付补价的账面价值或减去收到补价的公允价值）分摊至各项换入资产，加上应支付的相关税费，作为各项换入资产的初始计量金额。

2.对于同时换出的多项资产，各项换出资产终止确认时均不确认损益。

【例12-4】2×20年5月，甲公司因经营战略发生较大转变，产品结构发生较大调整，原生产产品的专有设备、生产产品的专利技术等已不符合生产新产品的需要，经与乙公司协商，将其专用设备连同专利技术与乙公司正在建造中的一幢建筑物及其对丙公司的长期股权投资进行交换。甲公司换出专有设备的账面原价为1 200万元，已提折旧750万元；

专利技术账面原价为450万元，已摊销金额为270万元。乙公司在建工程截止到交换日的成本为525万元，对丙公司的长期股权投资账面余额为150万元。由于甲公司持有的专有设备和专利技术市场上已不多见，因此其公允价值不能可靠计量。乙公司的在建工程完工程度难以合理确定，其公允价值不能可靠计量，乙公司对丙公司长期股权投资的公允价值也不能可靠计量。假定甲、乙公司均未对上述资产计提减值准备，假定不考虑相关税费等因素。

分析：本例不涉及收付货币性资产，属于非货币性资产交换。由于换入资产、换出资产的公允价值均不能可靠计量，甲、乙公司均应当以换出资产账面价值总额为基础确定换入资产的成本，各项换入资产的成本，应当按各项换入资产的账面价值占换入资产账面价值总额的比例分配后确定。

甲公司的账务处理如下：

（1）计算换入资产、换出资产账面价值总额：

换入资产账面价值总额=525+150=675（万元）

换出资产账面价值总额=（1 200−750）+（450−270）=630（万元）

（2）确定换入资产总成本：

换入资产总成本=630万元

（3）计算各项换入资产账面价值占换入资产账面价值总额的比例：

在建工程占换入资产账面价值总额的比例=525÷675×100%=77.8%

长期股权投资占换入资产账面价值总额的比例=150÷675×100%=22.2%

（4）确定各项换入资产成本：

在建工程成本=630×77.8%=490.14（万元）

长期股权投资成本=630×22.2%=139.86（万元）

（5）编制如下会计分录：

借：固定资产清理	4 500 000	
累计折旧	7 500 000	
贷：固定资产——专有设备		12 000 000
借：在建工程	4 901 400	
长期股权投资	1 398 600	
累计摊销	2 700 000	
贷：固定资产清理		4 500 000
无形资产——专利技术		4 500 000

乙公司的账务处理如下：

（1）计算换入资产、换出资产账面价值总额：

换入资产账面价值总额=（1 200−750）+（450−270）=630（万元）

换出资产账面价值总额=525+150=675（万元）

（2）确定换入资产总成本：

换入资产总成本=675万元

（3）计算各项换入资产账面价值占换入资产账面价值总额的比例：

专有设备占换入资产账面价值总额的比例=450÷630×100%=71.4%

专利技术占换入资产账面价值总额的比例=180÷630×100%=28.6%

（4）确定各项换入资产成本：

专有设备的成本=675×71.4%=481.95（万元）

专利技术的成本=675×28.6%=193.05（万元）

（5）编制如下会计分录：

借：固定资产——专有设备	4 819 500	
无形资产——专利技术	1 930 500	
贷：在建工程		5 250 000
长期股权投资		1 500 000

【复习思考】

1.非货币性资产交换的定义是什么？

2.非货币性资产交换中以公允价值计量的条件有哪些？

3.商业实质的判断标准是什么？

【岗位训练】

1.甲公司以库存商品换入乙公司的材料。换出的库存商品的账面余额为120万元，已计提存货跌价准备20万元，公允价值为110万元；换入材料的账面成本为140万元，已计提存货跌价准备30万元，公允价值为110万元。甲公司另支付运费1万元（假设运费不抵扣增值税）。假设甲、乙公司均为增值税一般纳税人，适用的增值税税率为13%，该交换具有商业实质，公允价值能够可靠计量。

要求：编制甲公司的会计分录。

2.甲公司以一台设备换入乙公司的一辆小客车和一辆货运汽车。换出设备的账面原值为60万元，已提折旧10万元，公允价值为48万元；换入小客车的账面原值为44万元，已提折旧10万元，公允价值为32万元；货运汽车的账面原值为20万元，已提折旧2万元，公允价值为16万元。假设在交换过程中甲公司支付了过户费、运费，共计0.8万元，并假定该交换具有商业实质，公允价值能够可靠计量。

要求：做出甲公司有关业务的账务处理。

项目十三

特殊岗位——债务重组

学习目标

知识目标： 通过本项目的学习，要求掌握债务重组的概念和方式；掌握债务重组方式的会计处理。

技能目标： 通过本项目的学习，要求掌握以资产清偿债务、将债务转为权益工具、修改其他条款、组合方式四种债务重组方式下债务人和债权人的账务处理。

模块一 债务重组概述

债务重组、破产重整、和解、破产清算

一、债务重组的定义

债务重组涉及债权人和债务人，对债权人而言为“债权重组”，对债务人而言为“债务重组”，为便于表述统称为“债务重组”。债务重组是指在不改变交易对手方的情况下债权人和债务人协定或法院裁定，就清偿债务的时间、金额或方式等重新达成协议的交易。

1.关于交易对手

债务重组是在不改变交易对手方的情况下进行的交易。实务中经常出现第三方参与相关交易的情形，例如，某公司以不同于原合同条款的方式代债务人向债权人偿债；又如，新组建的公司承接原债务人的债务，与债权人进行债务重组；再如，资产管理公司从债权人处购得债权，再与债务人进行债务重组。在上述情形下，企业应当首先考虑债权和债务是否发生终止确认，适用《企业会计准则第22号——金融工具确认和计量》和《企业会计准则23号——金融资产转移》等准则，债务重组交易适用《企业会计准则第12号——债务重组》。

债务重组不强调在债务人发生财务困难的背景下进行，也不论债权人是否做出让步。

也就是说，无论何种原因导致债务人未按原定条件偿还债务，也无论双方是否同意债务人以低于债务的金额偿还债务，只要债权人和债务人就债务条款重新达成了协议，就符合债务重组的定义。例如，债权人在减免债务人部分债务本金的同时提高剩余债务的利息，或者债权人同意债务人用等值的库存商品抵偿到期债务等，均属于债务重组。

2.关于债权和债务的范围

债务重组涉及的债权和债务，是指《企业会计准则第22号——金融工具确认和计量》规范的债权和债务，不包括合同资产、合同负债、预计负债，但包括租赁应收款和租赁应付款。债务重组涉及的债权、重组债权、债务、重组债务和其他金融工具的确认、计量和列报，适用《企业会计准则第22号——金融工具确认和计量》和《企业会计准则第37号——金融工具列报》等金融工具相关准则。

3.关于债务重组的范围

通过债务重组形成企业合并的，适用《企业会计准则第20号——企业合并》，债务人以股权投资清偿债务或者将债务转为权益工具，可能导致债权人取得对被投资单位或债务人的控制权，在合并财务报表层面，债权人取得资产和负债的确认和计量适用《企业会计准则第20号——企业合并》的有关规定。

债务重组构成权益性交易的，应当适用权益性交易的有关会计准则规定，债权人和债务人不确认构成权益性交易的债务重组相关损益。债务重组构成权益性交易的情形包括：（1）债权人直接或间接对债务人持股，或者债务人直接或间接对债权人持股，且持股方以股东身份进行债务重组；（2）债权人与债务人在债务重组前后均受同一方或相同的多方最终控制，且该债务重组的交易实质是债权人或债务人进行了权益性分配或接受权益性投入。

例如，甲公司是乙公司的股东，为了弥补乙公司临时性经营现金流短缺，甲公司向乙公司提供1 000万元的无息借款，并约定6个月后收回。借款期满时，尽管乙公司具有充足的现金流，甲公司仍然决定免除乙公司部分本金还款义务，仅收回200万元借款。此项交易中，如果甲公司不以股东身份而是以市场交易者身份参与交易，在乙公司具有足够偿债能力的情况下不会免除其部分本金。因此，甲公司和乙公司应将该交易作为权益性交易，不确认债务重组相关损益。

债务重组中不属于权益性交易的部分仍然应当确认债务重组相关损益。例如，假定前例中债务人乙公司确实出现财务困难，其他债权人对其债务普遍进行了减半的豁免，那么甲公司作为股东比其他债务人多豁免300万元债务的交易应当作为权益性交易，正常豁免500万元债务的交易应当确认债务重组相关损益。

企业在判断债务重组是否构成权益性交易时，应当遵循实质重于形式原则。例如，假设债权人对债务人的权益性投资通过其他人代持，债权人不具有股东身份，但实质上，以股东身份进行债务重组，债权人和债务人应当认为该债务重组构成权益性交易。

二、债务重组的方式

债务重组的方式主要包括：债务人以资产清偿债务、将债务转为权益工具、修改其他条款，以及前述一种以上方式的组合。这些债务重组方式都是通过债权人和债务人重新协定或者法院裁定达成的，与原来约定的偿债方式不同。

1.债务人以资产清偿债务

债务人以资产清偿债务，是指债务人转让其资产给债权人以清偿债务的债务重组方式。债务人用于偿债的资产通常是已经在资产负债表中确认的资产，例如，库存现金、应收账款、长期股权投资、投资性房地产、固定资产、在建工程、生产性生物资产、无形资产等。债务人以日常活动产出的商品或服务清偿债务的，用于清偿债务的资产可能体现为存货等资产。

在受让上述资产后，按照相关会计准则要求及本企业会计核算要求，债权人核算相关受让资产的类别可能与债务人不同。例如，债务人以作为固定资产核算的房产抵偿债务，债权人可能将受让的房产作为投资性房地产核算；债务人以部分长期股权投资清偿债务，债权人可能将受让的投资作为金融资产核算；债务人以存货清偿债务，债权人可能将受让的资产作为固定资产核算。

除上述已经在资产负债表中确认的资产外，债务人也可能以不符合确认条件而未予确认的资产清偿债务。例如，债务人以未确认的内部产生品牌清偿债务，债权人在获得的商标权符合无形资产确认条件的前提下作为无形资产核算。在少数情况下，债务人还可能以处置组（即一组资产和同这些资产直接相关的负债）清偿债务。

2.债务人将债务转为权益工具

债务人将债务转为权益工具，这里的权益工具，是指根据《企业会计准则第37号——金融工具列报》分类为权益工具的金融工具，会计处理上体现为股本、实收资本、资本公积等。

实务中，有些债务重组名义采用“债转股”的方式，但同时附加相关条款，如约定债务人未来某个时点以某一金额回购股权，或债权人持有的股份享有强制分红权等。对于债务人，这些“股权”可能并不是根据《企业会计准则第37号——金融工具列报》分类为权益工具的金融工具，从而不属于债务人将债务转为权益工具的债务重组方式。债权人和债务人还可能协议以一项同时包含金融负债成分和权益工具成分的复合金融工具替换原债权债务，这类交易也不属于债务人将债务转为权益工具的债务重组方式。

3.修改其他条款

修改债权和债务的其他条款，是指债务人不以资产抵偿债务，也不将债务转为权益工具，而是改变债权和债务的其他条款的债务重组方式，如调整债务本金、改变债务利息、变更还款期限等。经修改其他条款的债权和债务分别形成重组债权和重组债务。

4.组合方式

组合方式，是指采用债务人以资产清偿债务、债务人将债务转为权益工具、修改其他条款三种方式中一种以上方式的组合清偿债务的债务重组方式。例如，债权人和债务人约定，债务人以机器设备清偿部分债务，将另一部分债务转为权益工具，调减剩余债务的本金，但利率和还款期限不变；又如，债务人以现金清偿部分债务，同时将剩余债务展期等。

模块二　债务重组的会计处理

一、债权和债务的终止确认

债务重组中涉及的债权和债务的终止确认，应当按照《企业会计准则第22号——金融工具确认和计量》和《企业会计准则第23号——金融资产转移》有关金融资产和金融负债终止确认的规定。债权人在收取债权现金流量的合同权利终止时终止确认债权，债务人在债务的现时义务解除时终止确认债务。

由于债权人和债务人之间进行的债务重组涉及债权和债务的认定，以及清偿方式和期限等的协商，通常需要经历较长时间。例如破产重整中进行的债务重组，只有符合上述终止确认条件时才能终止确认相关债权和债务，并确认债务重组损益。对于报告期间已经开始协商，但在报告期资产负债表日后的债务重组，不属于资产负债表日后调整事项。

对于终止确认的债权，债权人应当结转已计提的减值准备中对应该债权终止确认部分的金额。对于终止确认的分类为以公允价值计量且其变动计入其他综合收益的债权，之前计入其他综合收益的累计利得或损失应当从其他综合收益中转出，记入“投资收益”账户。

二、债权人的会计处理

（一）以资产清偿债务或将债务转为权益工具

债务重组采用以资产清偿债务或者将债务转化为权益工具方式进行的，债权人应当在受让的相关资产符合其定义和确认条件时确认。

1.债权人受让金融资产

债权人受让包括现金在内的单项或多项金融资产的，应当按照《企业会计准则第22号——金融工具确认和计量》的规定进行确认和终止。金融资产初始确认时应当以其公允价值计量，金融资产确认金额与债权终止确认日账面价值之间的差额，记入“投资收益”账户。但是，收取的金融资产的公允价值与交易价格（即放弃债权的公允价值）存在差异的，应当按照《企业会计准则第22号——金融工具确认和计量》第十四条的规定处理。

2.债权人受让非金融资产

债权人初始确认受让的金融资产以外的资产时，应当按照下列原则以成本计量：（1）存货的成本，包括放弃债权的公允价值，以及使该资产达到当前位置和状态所发生的可直接归属于该资产的税金、运输费、装卸费、保险费等其他成本。（2）对联营企业或合营投资的成本，包括放弃债权的公允价值，以及可直接归属于该资产的税金等其他成本。（3）投资性房地产的成本，包括放弃债权的公允价值，以及可直接归属于该资产的税金等其他成本。（4）固定资产的成本，包括放弃债权的公允价值，以及使该资产达到预定可使用状态前所发生的可直接归属于该资产的税金、运输费、装卸费、安装费、专业人员服务费等其他成本。确定固定资产成本时，应考虑预计弃置费用因素。（5）生物资产的成本，包括放弃债权的公允价值，以及可直接归属于该资产的税金、运输费、保险费等其他成本。（6）无形资产的成本，包括放弃债权的公允价值，以及可直接归属于使该资产达到预定用途所发生的税金等其他成本。放弃债权的公允价值与账面价值之间的差额，记入“投资收益”账户。

3. 债权人受让多项资产

债权人受让多项非金融资产，或者包括金融资产、非金融资产在内的多项资产的，应当按照《企业会计准则第22号——金融工具确认和计量》的规定确认和计量受让的金融资产；按照受让的金融资产以外的各项资产在债务重组合同生效日的公允价值比例，对放弃债权在合同生效日的公允价值扣除受让金融资产的公允价值后的净额进行分配，并以此为基础分别确定各项资产的成本。放弃债权的公允价值和账面价值之间的差额，记入“投资收益”账户。

4. 债权人受让处置组

债务人以处置组清偿债务的，债权人应分别按照《企业会计准则第22号——金融工具确认和计量》和其他相关准则的规定，对处置组中的金融资产和负债进行初始计量，然后按照金融资产以外的各项资产在债务重组合同生效日的公允价值比例，对放弃债权合同生效日的公允价值以及承担的处置组中负债的确认金额之和，扣除受让金融资产公允价值后的净额进行分配，并以此为基础分别确定各项资产的成本。放弃债权的公允价值和账面价值之间的差额，记入“投资收益”账户。

5. 债权人将受让的资产或处置组划分为持有待售类别

债务人以资产或处置组清偿债务，且债权人在取得日未将受让的相关资产或处置组作为流动资产或者流动负债核算，而是将其划分为持有待售类别的，债权人应当在初始计量时，比较假定其不划分为持有待售类别情况下的初始计量金额和公允价值减去出售费用后的净额，以两者孰低计量。

（二）修改其他条款

债务重组采用以修改其他条款方式进行的，如果修改其他条款导致全部债权终止确认，债权人应按照修改后的条款以公允价值初始计量新的金融资产，新金融资产的确认金额与债权终止确认日账面价值之间的差，记入“投资收益”账户。

如果修改其他条款未导致债权终止确认，债权人应根据其分类，继续以摊余成本、以公允价值计量且其变动计入其他综合收益，或者以公允价值计量且其变动计入当期损益进行后续计量。对于以摊余成本计量的债权，债权人应当根据重新议定合同的现金流量变化情况，重新计量债务重组债权的账面余额，并将相关利得或损失记入“投资收益”账户。重新计量的该重组债权的账面余额，应当根据将重新议定或修改的合同现金流量按债权原实际利率折现的现值确定，购买或源生的已发生信用减值的重组债权，应按经过信用调整的实际利率折现。对于修改或重新议定合同所产生的成本或费用，债权人应当调整修改后的重组债权的账面价值，并在修改后重组债权的剩余期限内摊销。

（三）组合方式

债务重组采用组合方式进行的，一般可以认为对全部债权的合同条款做出了实质性修改，债权人应当按照修改后的条款，以公允价值初始计量新的金融资产和受让的新金融资产，按照受让的金融资产以外的各项资产在债务重组合同生效日的公允价值比例，对放弃债权在合同生效日的公允价值扣除受让金融资产在重组债权日公允价值后的净额进行分配，并以此为基础分别确定各项资产的成本。放弃债权的公允价值与账面价值之间的差额，记入“投资收益”账户。

三、债务人的会计处理

（一）债务人以资产清偿债务

债务重组采用以资产清偿债务方式进行的，债务人应当将所清偿债务账面价值与转让资产账面价值之间的差额计入当期损益。

1.债务人以金融资产清偿债务

债务人以单项或多项金融资产清偿债务的，债务的账面价值与偿债金融资产账面价值的差额，记入“投资收益”账户。偿债金融资产已计提减值准备的，应结转已计提的减值准备。对于以分类为以公允价值计量且其变动计入其他综合收益的债务工具投资清偿债务的，之前计入其他综合收益的累计利得或损失应从其他综合收益中转出，记入“投资收益”账户。对于以指定为以公允价值计量且其变动计入其他综合收益的非交易性金融工具投资清偿债务的，之前计入其他综合收益的累计利得或损失应当从其他综合收益中转出，记入“盈余公积”“利润分配——未分配利润”账户。

2.债务人以非金融资产清偿债务

债务人以单项或多项非金融资产清偿债务，或者以包括金融资产和非金融资产在内的多项资产清偿债务的，不需要区分资产处置损益和债务重组损益，也不需要区分不同资产的处置损益，而应将所清偿债务账面价值与转让资产账面价值之间的差额，记入“其他收益——债务重组收益”账户。偿债资产已计提减值准备的，应结转已计提的减值准备。

债务人以包含非金融资产的处置组清偿债务的，应当将所清偿债务和处置组中负债的账面价值之和，与处置组中资产的账面价值之间的差额，记入“其他收益——债务重组收益”账户。处置组所属的资产组或资产组组合按照《企业会计准则第8号——资产减值》分摊了企业合并中取得的商誉的，该处置组应当包含分摊至处置组的商誉。处置组中的资产已经计提减值准备的，应结转已计提的减值准备。

债务人以日常活动产出的商品或服务清偿债务的，应当将所清偿债务账面价值与存货等相关资产账面价值之间的差额，记入“其他收益——债务重组收益”账户。

【例13-1】2×20年6月18日，甲公司向乙公司销售商品一批，应收乙公司款项的入账金额为95万元。甲公司将该应收款项分类为以摊余成本计量的金融资产。乙公司将该应付账款分类为以摊余成本计量的金融负债。2×20年10月18日，双方签订债务重组合同，乙公司以一项作为无形资产核算的非专利技术偿还该欠款。该无形资产的账面余额为100万元，累计摊销额为10万元，已计提减值准备2万元。10月22日，双方办理完成该无形资产转让手续，甲公司支付评估费用4万元。当日，甲公司应收款项的公允价值为87万元，已计提坏账准备7万元，乙公司应付款项的账面价值仍为95万元（假设不考虑相关税费）。

（1）债权人的会计处理。

2×20年10月22日，债权人甲公司取得该无形资产的成本为债权公允价值87万元与评估费用4万元的合计91万元。甲公司的账务处理如下：

借：无形资产	910 000
坏账准备	70 000
投资收益	10 000

贷：应收账款 950 000

银行存款 40 000

（2）债务人的会计处理。

乙公司10月22日的账务处理如下：

借：应付账款 950 000

累计摊销 100 000

无形资产减值准备 20 000

贷：无形资产 1 000 000

其他收益——债务重组收益 70 000

【例13-2】承接【例13-1】，假设甲公司管理层决议，受让该非专利技术后将在半年内将其出售，当日无形资产的公允价值为87万元，预计未来出售该非专利技术时将发生1万元的出售费用，该非专利技术满足持有待售资产确认条件。

分析：10月22日，甲公司对该非专利技术进行初始确认时，按照无形资产入账价值91万元与公允价值减出售费用86万元（87-1）较低者计量。债权人甲公司的账务处理如下：

借：持有待售资产——无形资产 860 000

坏账准备 70 000

资产减值损失 60 000

贷：应收账款 950 000

银行存款 40 000

佳兆业集团债务重组案例分析

（二）债务人将债务转为权益工具

债务重组采用将债务转为权益工具方式进行的，债务人初始确认权益工具时，应当按照权益工具的公允价值计量，权益工具的公允价值不能可靠计量的，应当按照所清偿债务的公允价值计量。所清偿债务账面价值与权益工具确认金额之间的差额，记入“投资收益”账户。债务人因发行权益工具而支出的相关税费，应依次冲减资本溢价、盈余公积、未分配利润等。

【例13-3】2×19年2月10日，甲公司从乙公司购买一批材料，约定6个月后甲公司应结清款项100万元（假定无重大融资成分），乙公司将该应收款项分类为以公允价值计量且其变动计入当期损益的金融资产；甲公司将该应付款项分类为以摊余成本计量的金融负债。2×19年8月12日，甲公司因无法支付货款与乙公司协商进行债务重组，双方商定乙公司将该债权转为对甲公司的股权投资。10月20日，乙公司办结了对甲公司的增资手续，甲公司和乙公司分别支付手续费等相关费用1.5万元和1.2万元。债转股后甲公司总股本为100万元，乙公司持有的抵债股权占甲公司总股本的25%，对甲公司具有重大影响，甲公司股权公允价值不能可靠计量。甲公司应付款项的账面价值仍为100万元。

2×19年6月30日，应收款项和应付款项的公允价值均为85万元。

2×19年8月12日，应收款项和应付款项的公允价值均为76万元。

2×19年10月20日，应收款项和应付款项的公允价值仍为76万元。

假定不考虑其他相关税费。

（1）债权人的会计处理

乙公司的账务处理如下：

6月30日：

借：公允价值变动损益　150 000

　贷：交易性金融资产——公允价值变动　150 000

8月12日：

借：公允价值变动损益　90 000

　贷：交易性金融资产——公允价值变动　90 000

10月20日，乙公司对甲公司长期股权投资的成本为应收款项公允价值76万元与相关税费1.2万元的合计77.2万元。

借：长期股权投资——甲公司　772 000

　　交易性金融资产——公允价值变动　240 000

　贷：交易性金融资产——成本　1 000 000

　　　银行存款　12 000

（2）债务人的会计处理

10月20日，由于甲公司股权的公允价值不能可靠计量，初始确认权益工具公允价值时应当按照所清偿债务的公允价值76万元计量，并扣除因发行权益工具支出的相关税费1.5万元。甲公司的账务处理如下：

借：应付账款　1 000 000

　贷：实收资本　250 000

　　　资本公积——资本溢价　495 000

　　　银行存款　15 000

　　　投资收益　240 000

（三）修改其他条款

债务重组采用修改其他条款方式进行的，如果修改其他条款导致债务终止确认，债务人应当按照公允价值计量重组债务，终止确认的债务账面价值与重组债务确认金额之间的差额，记入“投资收益”账户。

如果修改其他条款未导致债务终止确认，或者仅导致部分债务终止确认，对未终止确认的部分债务，债务人应当根据其分类，继续以摊余成本计量、以公允价值计量且其变动计入当期损益或采用其他适当方法进行后续计量。对于以摊余成本计量的债务，债务人应当根据新议定合同的现金流量变化情况，重新计量该重组债务的账面价值，并将相关利得或损失记入“投资收益”账户。重新计量的该重组债务的账面价值，应当根据新议定或修改的合同现金流量按债务的原实际利率或按《企业会计准则第24号——套期会计》规定重新计算的实际利率（如适用）折现的现值确定。对于修改或重新议定合同所产生的成本或费用，债务人应当调整修改后的重组债务的账面价值，并在修改后重组债务的剩余期限内摊销。

【例13-4】2×19年11月5日，甲公司向乙公司赊购一批材料，含税价为234万元，2×20年9月10日，甲公司因发生财务困难，无法按合同约定偿还债务，双方协商进行债务重组。乙公司同意甲公司用其生产的商品、作为固定资产管理的机器设备和一项债券投资抵偿欠款。当日，该债权的公允价值为210万元，甲公司用于抵债的商品市价（不含增值税）为90万元，抵债设备的公允价值为75万元，用于抵债的债券投资市价为23.55万元。

抵债资产于2×20年9月20日转让完毕，甲公司发生设备运输费用0.65万元，乙公司发生设备安装费用1.5万元。

乙公司以摊余成本计量该项债权，2×20年9月20日，乙公司对该债权已计提坏账准备19万元，债券投资市价为21万元。乙公司将受让的商品、设备和债券投资分别作为低值易耗品、固定资产和以公允价值计量且其变动计入当期损益的金融资产核算。

甲公司以摊余成本计量该项债务。2×20年9月20日，甲公司用于抵债的商品成本为70万元；抵债设备的账面原价为150万元，累计折旧为40万元，已计提减值准备18万元；甲公司以摊余成本计量用于抵债的债券投资，债券票面价值总额为15万元，票面利率与实际利率一致，按年付息。当日，该项债务的账面价值仍为234万元。

甲、乙公司均为增值税一般纳税人，适用的增值税税率为13%，经税务机关核定，该项交易中商品和设备的计税价格分别为90万元和75万元。不考虑其他相关税费。

（1）债权人的会计处理。

低值易耗品可抵扣增值税=90×13%=11.7（万元）

设备可抵扣增值税=75×13%=9.75（万元）

低值易耗品和固定资产的成本应当以其公允价值比例（90：75）对放弃债权公允价值扣除受让金融资产公允价值后的净额进行分配后的金额为基础确定。

低值易耗品的成本=90÷（90+75）×（210−23.55−11.7−9.75）=90（万元）

固定资产的成本=75÷（90+75）×（210−23.55−11.7−9.75）=75（万元）

2×20年9月20日，乙公司的账务处理如下：

结转债务重组相关损益：

借：低值易耗品	900 000	
在建工程——在安装设备	750 000	
应交税费——应交增值税	214 500	
交易性金融资产	210 000	
坏账准备	190 000	
投资收益	75 500	
贷：应收账款——甲公司		2 340 000

支付安装成本：

借：在建工程——在安装设备	15 000	
贷：银行存款		15 000

安装完毕达到可使用状态：

借：固定资产——××设备	765 000	
贷：在建工程——在安装设备		765 000

（2）债务人的会计处理。

甲公司9月20日账务处理如下：

借：固定资产清理	920 000	
累计折旧	400 000	

借：固定资产减值准备　　180 000
　贷：固定资产　　1 500 000
借：固定资产清理　　6 500
　贷：银行存款　　6 500
借：应付账款　　2 340 000
　贷：固定资产清理　　926 500
　　　库存商品　　700 000
　　　应交税费——应交增值税　　214 500
　　　债权投资——成本　　150 000
　　　其他收益——债务重组收益　　349 000

（四）组合方式

债务重组采用以资产清偿债务、将债务转为权益工具、修改其他条款等方式的组合进行的。对于权益工具，债务人应当在初始确认时按照权益工具的公允价值计量。权益工具的公允价值不能可靠计量的，应当按照所清偿债务的公允价值计量。修改其他条款形成的重组债务，债务人应当参照上文“（三）修改其他条款”部分的内容，确认和计量重组债务。所清偿债务的账面价值与转让资产的账面价值以及权益工具和重组债务的确认金额之和的差额，记入“其他收益——债务重组收益”或“投资收益”（仅涉及金融工具时）账户。

债务重组经典案例

【例13-5】A公司为上市公司，2×16年1月1日，A公司取得B银行贷款5 000万元，约定贷款期限为4年（即2×19年12月31日到期），年利率为6%，按年付息，A公司已按时支付所有利息。2×19年12月31日，A公司出现严重资金周转问题，多项债务违约，信用风险倍加，无法偿还贷款本金。2×20年1月10日，B银行同意与A公司就该项贷款重新达成协议，新协议约定：（1）A公司将一项作为固定资产核算的房产转让给B银行，用于抵偿债务本金1 000万元，该房产账面原值为1 200万元，已计提累计折旧400万元，未计提减值准备；（2）A公司向B银行增发股票500万股，面值1元/股，占A公司股份总额的1%，用于抵偿债务本金2 000万元，A公司股票于2×20年1月10日的收盘价为4元/股；（3）在A公司履行上述偿债义务后，B银行免除A公司500万元债务本金，并将尚未偿还的债务本金1 500万元展期至2×20年12月31日，年利率8%；如果A公司未能履行（1）、（2）所述偿债义务，B银行有权终止债务重组协议，尚未履行的债权调整承诺随之失效。

B银行以摊余成本计量该贷款，已计提贷款损失准备300万元。该贷款于2×20年1月10日的公允价值为4 600万元，予以展期的贷款的公允价值为1 500万元。2×20年3月2日，双方办理完成房产转让手续，B银行将该房产作为投资性房地产核算。2×20年3月31日，B银行为该笔贷款补提了100万元的损失准备。2×20年5月9日，双方办理完成股权转让手续，B银行将该股权投资分类为以公允价值计量且其变动计入当期损益的金融资产，A公司股票当日收盘价为4.02元/股。

A公司以摊余成本计量该贷款，截至2×20年1月10日，该贷款的账面价值为5 000万元。不考虑相关税费。

（1）债权人的会计处理。

A公司与B银行以组合方式进行债务重组，同时涉及以资产清偿债务、将债务转为权益工具、包括债务豁免的修改其他条款等方式，可以认为对全部债权的合同条款做出了实质性修改，债权人在收取债权现金流量的合同权利终止时应当终止确认全部债权，即在2×20年5月9日该债务重组协议的执行过程和结果不确定性消除时，可以确认债务重组相关损益，并按照修改后的条款确认新金融资产。

债权人B银行的账务处理如下：

3月2日：

投资性房地产成本=放弃债权公允价值4 600万元-受让股权公允价值2 000万元-重组债权公允价值1 500万元=1 100（万元）

借：投资性房地产　　11 000 000

　贷：贷款——本金　　11 000 000

3月31日：

借：信用减值损失　　1 000 000

　贷：贷款损失准备　　1 000 000

5月9日：

受让股权的公允价值=4.02×500=2 010（万元）

借：交易性金融资产　　20 100 000

　　贷款——本金　　15 000 000

　　贷款损失准备　　4 000 000

　贷：贷款——本金　　39 000 000

　　　投资收益　　100 000

（2）债务人的会计处理。

该债务重组协议的执行过程和结果不确定性于2×20年5月9日消除时，债务人清偿该部分债务的现时义务已经解除，可以确认债务重组相关损益，并按照修改后的条款确认新金融负债。

债务人A公司的账务处理如下：

3月2日：

借：固定资产清理　　8 000 000

　　累计折旧　　4 000 000

　贷：固定资产　　12 000 000

借：长期借款——本金　　8 000 000

　贷：固定资产清理　　8 000 000

5月9日：

借款的新现金流量=1 500×（1+8%）÷（1+6%）=1 528.30（万元）

现金流变化=（1 528.30-1 500）÷1 500×100%=1.9%<10%

因此，针对1 500万元本金部分合同条款的修改不构成实质性修改，不终止确认该部分负债。

借：长期借款——本金　　42 000 000

　贷：股本　　5 000 000

　　　资本公积　　15 100 000

贷：长期借款——本金　15 283 000

　　其他收益——债务重组收益　6 617 000

本例中，即使没有“公司未能履行（1）、（2）所述偿债义务，B银行有权终止债务重组协议，其他债权调整承诺随之失效”的条款，债务人仍然应当谨慎处理，考虑在债务的现时义务解除时终止确认原债务。

【复习思考】

1.什么是债务重组？债务重组的特征是什么？

2.企业进行债务重组的方式主要有哪些？

3.各种债务重组方式下如何对债务重组损益进行计量？

【岗位训练】

甲公司于2×20年1月20日销售一批材料给乙公司，不含税价为20万元，适用的增值税税率为13%，按合同规定，乙公司应于2×20年4月1日前偿付货款。甲公司将该应收款项分类为以摊余成本计量的金融资产。乙公司将该应付账款分类为以摊余成本计量的金融负债。2×20年4月1日，双方签订债务重组合同，由于乙公司发生财务困难，无法按合同规定的期限偿还债务，经双方协议于5月10日进行债务重组。乙公司以一项作为无形资产核算的非专利技术偿还该欠款。该无形资产的账面余额为24万元，累计摊销额为2万元，已计提减值准备1万元。5月10日，双方办理完成该无形资产转让手续，甲公司支付评估费用1万元。当日，甲公司应收款项的公允价值为20万元，已计提坏账准备1.6万元，乙公司应付款项的账面价值仍为22.6万元（假设不考虑相关税费）。

要求：分别编制甲、乙公司有关债务重组的会计分录。

项目十四

特殊岗位——借款费用

学习目标

知识目标： 通过本项目的学习，要求了解借款费用的定义；掌握借款费用的内容、借款费用资本化的范围和符合资本化条件的资产的范围；掌握借款费用开始资本化的条件、暂停资本化和停止资本化的条件，以及借款利息资本化金额的确定和账务处理。

技能目标： 通过本项目的学习，要求能够判断借款费用的内容、符合资本化条件的资产范围；能够判断借款费用的资本化期间，正确计算借款利息资本化的金额及计入当期损益的金额，并进行账务处理。

模块一 借款费用概述

一、借款费用的范围

（一）借款费用的定义

融资租赁的会计处理

借款费用是企业因借入资金所付出的代价，是指企业因借款而发生的利息及其他相关成本。它主要包括下列内容：借款利息、折价或者溢价的摊销，辅助费用以及因外币借款而发生的汇兑差额等。承租人确认的融资租赁发生的融资费用属于借款费用，但企业发生的权益性融资费用，不属于借款费用。

（二）借款费用的内容

1.因借款而发生的利息

因借款而发生的利息，包括企业向银行或其他金融机构等借入资金发生的利息、发行公司债券或企业债券发生的利息，以及为购建或者生产符合资本化条件的资产而发生的带息债务所承担的利息等。

2.因借款而发生的溢（折）价的摊销

因借款而发生的溢（折）价主要是指发行债券等所发生的溢（折）价，发行债券中的溢（折）价，其实质是对债券票面利息的调整（即将债券票面利率调整为实际利率），属于借款费用的范畴。例如，甲公司发行公司债券，每张公司债券票面价值为1 000元，票面年利率为6%，期限为5年，而同期市场利率为年利率8%，由于公司债券的票面利率低于市场利率，为成功发行公司债券，甲公司采取了折价发行的方式，折价金额在实质上是用于补偿投资者在购入债券后所收到的名义利息上的损失，应当作为以后各期利息费用的调整额。

3.因借款而发生的辅助费用

因借款而发生的辅助费用，是指企业为安排借款而发生的诸如手续费、佣金、印刷费等必要的费用。由于这些费用是因安排借款而发生的，如果企业不发生这些费用，就无法取得借款，因此辅助费用是企业借入款项所付出的一种代价，是借款费用的有机组成部分。

4.因外币借款而发生的汇兑差额

因外币借款而发生的汇兑差额，是指由于汇率变动导致市场汇率与账面汇率出现差异，从而对外币借款本金及其利息的记账本位币金额所产生的影响金额。由于汇率的变化往往和利率的变化相关，是企业外币借款所需承担的风险，因此，外币借款相关汇率变化所导致的汇兑差额属于借款费用的有机组成部分。

账面汇率

二、借款费用应予资本化的借款范围

借款包括专门借款和一般借款。

专门借款是指为购建或者生产符合资本化条件的资产而专门借入的款项。专门借款通常应当有明确的用途，即为购建或者生产某项符合资本化条件的资产而专门借入的，并通常应当具有标明该用途的借款合同。例如，甲公司为了建造一条新生产线向某银行专门贷款2 000万元、乙房地产开发企业为了开发建造某住宅小区向某银行专门贷款6 000万元等，均属于专门借款，其使用目的明确，而且其使用受与银行签订的相关合同限制。

一般借款是指除专门借款之外的借款，相对于专门借款而言，一般借款在借入时，其用途通常没有特指用于符合资本化条件的资产的购建或者生产。企业在购建或者生产符合资本化条件的资产时，如果专门借款资金不足，便会占用一般借款资金，或者为购建或者生产符合资本化条件的资产并没有借入专门借款，而占用的都是一般借款资金。

因此，借款费用应予资本化的借款范围既包括专门借款，也包括一般借款。对于一般借款，只有在购建或者生产某项符合资本化条件的资产占用了一般借款时，才应将与该部分一般借款相关的借款费用资本化；否则，所发生的借款费用应当计入当期损益。

三、符合资本化条件的资产

符合资本化条件的资产是指需要经过相当长时间的购建或者生产活动才能达到预定可使用或者可销售状态的固定资产、投资性房地产和存货等资产。建造合同成本、确认为无形资产的开发支出等在符合条件的情况下，也可以认定为符合资本化条件的资产。其中，“相当长时间”应当是指为资产的购建或者生产所必要的时间，通常为1年以上（含1年）。

符合资本化条件的存货，主要包括房地产开发企业开发的用于对外出售的房地产开发产品、企业制造的用于对外出售的大型机械设备等，这类存货通常需要经过相当长时间的建造或者生产过程，才能达到预定可销售状态。

模块二 借款费用的核算

一、借款费用的确认

借款费用有两种确认方法：一是将借款费用资本化计入相关资产的成本；二是将借款费用费用化计入当期损益。借款费用确认的基本原则是：企业发生的借款费用，可直接归属于符合资本化条件的资产的购建或者生产的，应当予以资本化，计入相关资产成本；其他借款费用，应当在发生时根据其发生额确认为费用，计入当期损益。

只有发生在资本化期间内的有关借款费用，才允许资本化，因此资本化期间的确定是借款费用确认和计量的重要前提。借款费用资本化期间，是指从借款费用开始资本化时点到停止资本化时点的期间，但不包括借款费用暂停资本化的期间。

（一）借款费用开始资本化的时点

借款费用允许开始资本化必须同时满足三个条件，即资产支出已经发生、借款费用已经发生、为使资产达到预定可使用或者可销售状态所必要的购建或者生产活动已经开始。

1.资产支出已经发生的界定

资产支出是指企业以支付现金、转移非现金资产或者承担带息债务等形式所发生的支出。

（1）支付现金，是指用货币资金支付符合资本化条件的资产的购建或者生产支出。例如，某企业为建造一个建设期1年以上的仓库，用现金或者银行存款购买所需原材料，支付职工薪酬，向工程承包商支付工程进度款等，这些支出均属于资产支出。

（2）转移非现金资产，是指企业将自己的非现金资产直接用于符合资本化条件的资产的购建或者生产。例如，某企业将自己生产的产品用于建造建设期1年以上的厂房，这些产品成本属于资产支出。

（3）承担带息债务，是指企业为了购建或者生产符合资本化条件的资产所需用物资等而承担的带息应付款项，如带息应付票据。企业以赊购方式购买这些物资所产生的债务可能带息，也可能不带息。如果企业赊购这些物资承担的是不带息债务，该债务在偿付前不需要承担利息，也没有占用借款资金，因此就不应当将购买价款计入资产支出。企业只有等到实际偿付债务，发生了资源流出时，才能将其作为资产支出。如果企业赊购物资承担的是带息债务，则企业要为这笔债务支付利息，与企业向银行借入款项支付利息在性质上是一致的。所以，企业为购建或者生产符合资本化条件的资产而承担的带息债务应当作为资产支出，当该带息债务发生时，视同资产支出已经发生。例如，某企业因建设长期工程所需，于2×20年5月1日购入一批工程物资，开出一张50万元的带息银行承兑汇票，期限为6个月，票面年利率为6%。该事项中，企业尽管没有直接支付现金，但承担了带息债务，所以应当将50万元的购买工程物资款作为资产支出，自5月1日开出承兑汇票开始即表明资产支出已经发生。

2.借款费用已经发生的界定

借款费用已经发生，是指企业已经发生了因购建或者生产符合资本化条件的资产而专门借入款项的借款费用或者所占用的一般借款的借款费用。例如，某企业于2×20年3月1

日为建造一条建设期1年以上的生产线从银行专门借入款项5 000万元，当日开始计息。那么在2×20年3月1日即应当认为借款费用已经发生。

3. 为使资产达到预定可使用或可销售状态所必要的购建或者生产活动已经开始的界定

为使资产达到预定可使用或者可销售状态所必要的购建或者生产活动已经开始，是指符合资本化条件的资产的实体建造或者生产工作已经开始，例如主体设备的安装、厂房的实际开工建造等。它不包括仅仅持有资产但没有发生为改变资产形态而进行的实质上的建造或者生产活动。例如，某企业为了建设写字楼购置了建筑用地，但是尚未开工兴建房屋，有关房屋实体建造活动也没有开始，在这种情况下即使企业为了购置建筑用地已经发生了支出，也不应当认为为使资产达到预定可使用状态所必要的购建活动已经开始。

只有在上述三个条件同时满足的情况下，有关借款费用才可以开始资本化，只要其中一个条件没有满足，借款费用就不能开始资本化。

（二）借款费用暂停资本化的时间

符合资本化条件的资产在购建或者生产过程中发生非正常中断，且中断时间连续超过3个月的，应当暂停借款费用的资本化。中断的原因必须是非正常中断，属于正常中断的，相关借款费用仍可资本化。企业应当遵循“实质重于形式”等原则来判断借款费用暂停资本化的时间，如果相关资产购建或者生产的中断时间较长而且满足其他规定条件，相关借款费用应当暂停资本化。

非正常中断，通常是由于企业管理决策上的原因或者其他不可预见的原因等所导致的中断。例如，企业因与施工方发生了质量纠纷，或者工程、生产用料没有及时供应，或者资金周转发生了困难，或者施工、生产发生了安全事故，或者发生了与资产购建、生产有关的劳动纠纷等原因，导致资产购建或者生产活动发生中断，均属于非正常中断。

非正常中断与正常中断显著不同。正常中断通常仅限于因购建或者生产符合资本化条件的资产达到预定可使用或者可销售状态所必要的程序，或者事先可预见的不可抗力因素导致的中断。例如，某些工程建造到一定阶段必须暂停下来进行质量或者安全检查，检查通过后才可继续下一阶段的建造工作，这类中断是在施工前可以预见的，而且是工程建造必须经过的程序，属于正常中断。某些地区的工程在建造过程中，由于可预见的不可抗力因素（如雨季或冰冻季节等原因）导致施工出现停顿，也属于正常中断。

（三）借款费用停止资本化的时点

购建或者生产符合资本化条件的资产达到预定可使用或者可销售状态时，借款费用应当停止资本化。在符合资本化条件的资产达到预定可使用或者可销售状态之后所发生的借款费用，应当在发生时根据其发生额确认为费用，计入当期损益。购建或者生产符合资本化条件的资产达到预定可使用或者可销售状态，具体可从以下几个方面进行判断：

（1）符合资本化条件的资产的实体建造（包括安装）或者生产工作已经全部完成或者实质上已经完成。

（2）所购建或者生产的符合资本化条件的资产与设计要求、合同规定或者生产要求相符或者基本相符，即使有极个别与设计、合同或者生产要求不相符的地方，也不影响其正常使用或者销售。

（3）继续发生在所购建或生产的符合资本化条件的资产上的支出金额很少或者几乎不再发生。

所购建或者生产的资产如果是分别建造、分别完工的，企业应当区别情况界定借款费用停止资本化的时点。

（1）购建或者生产的符合资本化条件的资产的各部分分别完工，且每部分在其他部分继续建造或者生产过程中可供使用或者可对外销售，且为使该部分资产达到预定可使用或可销售状态所必要的购建或者生产活动实质上已经完成的，应当停止与该部分资产相关的借款费用的资本化，因为该部分资产已经达到了预定可使用或者可销售状态。

【例14-1】甲公司借入款项建造由若干幢厂房组成的生产车间，每幢厂房完工时间不一样，但每幢厂房在其他厂房继续建造期间均可单独使用。因此，当其中一幢厂房完工并达到预定可使用状态时，企业应当停止该幢厂房相关借款费用的资本化。

（2）如果企业购建或者生产的资产的各部分分别完工，但必须等到整体完工后才可使用或者对外销售，应当在该资产整体完工时停止借款费用的资本化。在这种情况下，即使各部分资产已经完工，也不能够认为该部分资产已经达到了预定可使用或者可销售状态，企业只能在所购建固定资产整体完工时，才能认为资产已经达到了预定可使用或者可销售状态，借款费用方可停止资本化。

【例14-2】甲公司在建设一条由若干条分生产线组成的新生产线，每条分生产线都是根据各自的工序设计建造的，因此只有在每条分生产线都建造完毕后，整个生产线才能正式运转，达到生产和设计要求，所以每一条分生产线完工后不应认为资产已经达到了预定可使用状态，甲公司只有等到整条生产线全部完工，达到预定可使用状态时，才能停止借款费用的资本化。

【例14-3】甲公司于2×20年1月1日利用专门借款开工兴建一幢办公楼，已经使用银行存款购置了水泥、钢材等，发生了资产支出，相关借款费用已经发生，同时固定资产的实体建造工作也已开始。甲公司满足了借款费用开始资本化的三个条件，因此借款费用从当日起开始资本化。

工程预计于2×21年4月完工。2×20年5月1日，由于工程施工发生了安全事故，导致工程中断，直到9月5日才复工。该中断属于非正常中断，而且连续中断时间超过3个月，因此，上述专门借款在5月1日至9月5日期间所发生的借款费用应当暂停资本化，作为财务费用计入当期损益。

2×21年4月，该工程的实体建造工程已经完工，达到预定可使用状态，因此应当停止借款费用的资本化，其后发生的借款费用，应当在发生时根据其发生额确认为费用，计入当期损益。

二、借款费用的计量

（一）借款利息资本化金额的确定

在借款费用资本化期间内，要确定每一个会计期间的利息（包括折价或溢价的摊销，下同）资本化金额，应当首先判断符合资本化条件的资产在购建或者生产过程中所占用的资金来源，即占用的是专门借款还是一般借款。具体应当按照下列规定确定：

（1）为购建或者生产符合资本化条件的资产而借入专门借款的，应当以专门借款当期实际发生的利息费用，减去将尚未动用的借款资金存入银行取得的利息收入或进行暂时性投资取得的投资收益后的金额确定。

（2）为购建或者生产符合资本化条件的资产而占用了一般借款的，企业应当根据累计资产支出超过专门借款部分的资产支出加权平均数乘以所占用一般借款的资本化率，计算确定一般借款应予资本化的利息金额。

即企业占用一般借款购建或者生产符合资本化条件的资产时，一般借款的利息资本化金额的确定应当与资产支出相挂钩。有关计算公式如下：

$$\text{一般借款利息资本化金额}=\text{累计资产支出超过专门借款部分的资产支出加权平均数}\times\text{所占用一般借款的资本化率}$$

①累计资产支出加权平均数的确定：

$$\text{累计资产支出加权平均数}=\sum\left(\text{每笔资产支出金额}\times\frac{\text{每笔资产支出在当期所占用的天数}}{\text{当期天数}}\right)$$

②所占用一般借款的资本化率的确定：

如果只有一笔一般借款，则该笔借款的实际利率就是资本化率；如果存在多笔一般借款，则要计算加权平均资本化率。

$$\text{所占用一般借款的资本化率}=\text{所占用一般借款加权平均利率}=\frac{\text{所占用一般借款当期实际发生的利息之和}}{\text{所占用一般借款本金加权平均数}}$$

$$\text{所占用一般借款本金加权平均数}=\sum\left(\text{所占用每笔一般借款本金}\times\frac{\text{每笔一般借款在当期所占用的天数}}{\text{当期天数}}\right)$$

（3）每一会计期间的利息资本化金额，不应当超过当期相关借款实际发生的利息金额。

【例14-4】甲公司于2×20年1月1日正式动工兴建一幢厂房，工期预计为1年零6个月，工程采用出包方式，分别于2×20年1月1日、2×20年7月1日和2×21年1月1日支付工程进度款。厂房于2×21年6月30日完工，达到预定可使用状态。

公司为建造该厂房发生支出如下：

2×20年1月1日，支出1 500万元。

2×20年7月1日，支出2 500万元，累计支出4 000万元。

2×21年1月1日，支出1 500万元，累计支出5 500万元。

甲公司为建造厂房于2×20年1月1日借入专门借款2 000万元，借款期限为3年，年利率为6%。除此之外，没有其他专门借款。在厂房建造过程中还占用两笔一般借款，具体如下：

（1）向A银行借入长期借款2 000万元，期限为2×19年12月1日至2×22年12月1日，年利率为6%。

（2）于2×19年1月1日发行公司债券1亿元，期限为5年，年利率为8%。

借款利息按年支付。闲置借款资金均用于固定收益债券短期投资，该短期投资月收益率为0.5%。假定全年按360天计算。

甲公司借款利息资本化金额的计算及账务处理如下：

（1）确定借款费用资本化期间为2×20年1月1日至2×21年6月30日。

甲公司应当首先计算专门借款利息的资本化金额，然后计算所占用一般借款利息的资本化金额。

（2）计算2×20年度建造厂房应予资本化的利息金额：

①专门借款利息资本化金额：

$$\text{2×20年专门借款利息资本化金额}=\text{2×20年专门借款发生的利息金额}-\text{2×20年短期投资收益}=2\,000\times6\%-500\times0.5\%\times6=120-15=105\text{（万元）}$$

②一般借款利息资本化金额：

在建造厂房过程中，自2×20年7月1日起已经有2 000万元占用了一般借款。该笔资产支出的加权平均数为：

2×20年占用的一般借款的资产支出加权平均数=2 000×180÷360=1 000（万元）

一般借款资本化率（年）=（2 000×6%+10 000×8%）÷（2 000+10 000）=7.67%

因此，2×20年应予资本化的一般借款利息金额=1 000×7.67%=76.70（万元）

③2×20年公司建造厂房应予资本化的利息金额：

2×20年利息资本化金额=105+76.70=181.70（万元）

④2×20年实际借款利息=2 000×6%+2 000×6%+10 000×8%=1 040（万元）

2×20年应计入当期损益的借款利息=1 040−181.70−15=843.30（万元）

⑤有关账务处理如下：

2×20年12月31日：

借：在建工程	1 817 000	
财务费用	8 433 000	
应收利息（或银行存款）	150 000	
贷：应付利息		10 400 000

（3）计算2×21年1—6月建造厂房应予资本化的利息金额：

①专门借款利息资本化金额：

2×21年专门借款利息资本化金额=2 000×6%×180÷360=60（万元）

②一般借款利息资本化金额：

在建造厂房过程中，自2×20年7月1日起已经有2 000万元占用了一般借款，另外，2×21年1月1日支出的1 500万元也占用了一般借款。这两笔资产支出的加权平均数为：

2×21年占用一般借款的累计资产支出加权平均数=（2 000+1 500）×180÷360=1 750（万元）

一般借款利息资本化率为7.67%。

所以，2×21年应予资本化的一般借款利息金额=1 750×7.67%=134.23（万元）

③2×21年利息资本化金额=60+134.23=194.23（万元）

④2×21年1月1日至6月30日的实际借款利息=1 040÷2=520（万元）

⑤有关账务处理如下：

2×21年6月30日：

借：在建工程	1 942 300	
财务费用	3 257 700	
贷：应付利息		5 200 000

（二）借款辅助费用资本化金额的确定

对于专门借款辅助费用，在所购建或者生产的符合资本化条件的资产达到预定可使用或者可销售状态之前发生的，应当在发生时根据其发生额予以资本化；在所购建或者生产的符合资本化条件的资产达到预定可使用或者可销售状态之后发生的，应当在发生时根据其发生额确认为费用，计入当期损益。

一般借款发生的辅助费用，也应当按照上述原则确定其发生额并进行处理。

（三）外币专门借款汇兑差额资本化金额的确定

当企业借入的是外币借款时，由于取得外币借款日、使用外币借款日和会计结算日往往并不一致，而外汇汇率又在随时发生变化，因此，外币借款会产生汇兑差额。

为了简化核算，当企业借入的是外币专门借款时，在借款费用资本化期间内，外币专门借款本金及其利息的汇兑差额，应当予以资本化，计入符合资本化条件的资产的成本。当企业借入的是外币一般借款时，其本金及其利息所产生的汇兑差额应当作为财务费用，计入当期损益。

【复习思考】

1.借款费用的范围是什么？

2.借款费用资本化的范围是什么？

3.符合资本化条件的资产有哪些？

4.怎样理解资本化期间？

5.一般借款及专门借款的利息资本化金额如何计算？

【岗位训练】

1. 2×20年，甲公司为建造一座厂房发生如下相关经济业务：

（1）1月1日，厂房动工兴建，预计2×22年12月31日建造完工。

（2）1月1日，为该厂房的建造向银行借入专门借款3 000万元，款项已划入甲公司账户，当日开始计息，该项借款年利率为12%，期限为3年，每年付息到期还本。

（3）2×20年工程建造期间占用了两笔一般借款，具体如下：

①甲公司于2×19年11月1日向乙银行借入的长期贷款，借款期限为3年，本金为1 800万元，年利率为6%，每年1月1日付息，到期一次还本。

②甲公司于2×19年12月1日向丙银行借入的长期贷款，借款期限为5年，本金为1 500万元，年利率为8%，每年1月1日付息，到期一次还本。

（4）2×20年发生如下支出：

①1月1日，支付工程物资购买价款和增值税1 800万元。

②2月1日，支付工程建造人员职工薪酬200万元。

③3月1日，该工程领用自产建材一批，成本为1 800万元，其中原材料成本为1 500万元，当初购买该批原材料时的增值税进项税额为255万元，该产品计税价格为3 200万元，增值税税率为13%。

④3月31日，为本月该项工程领用的自产建材缴纳增值税289万元。

假定公司按月计算应予资本化的利息金额，每月按30天计算，全年按360天计算。闲置专门借款资金用于固定收益债券短期投资，月收益率为0.5%，收益于每月月末收取。

要求：

（1）计算2×20年1—3月该项工程的相关资产支出，填入表14-1中。

（2）计算甲公司2×20年1月份的利息资本化金额和费用化金额，并做出相关的账务处理。

（3）计算甲公司2×20年2月份的利息资本化金额和费用化金额，并做出相关的账务处理。

表 14-1　　2×20 年 1—3 月相关资产支出　　单位：万元

日　期	资产支出	累计资产支出	闲置资金投资收益	占用的一般借款
2×20 年 1 月 1 日				
2×20 年 2 月 1 日				
2×20 年 3 月 1 日				
2×20 年 3 月 31 日				

（4）计算甲公司 2×20 年 3 月份的利息资本化金额和费用化金额，并做出相关的账务处理。

2. 甲公司于 2×20 年 1 月 1 日从银行借入 3 年期借款 1 000 万元用于生产线工程建设，年利率为 8%，利息按年支付。其他有关资料如下：

（1）2×20 年 1 月 1 日，工程开工，甲公司于当日支付给建筑承包商乙公司 300 万元；2×20 年 1 月 1 日至 3 月末，该借款闲置的资金取得的存款利息收入为 4 万元，已存入银行。

（2）2×20 年 4 月 1 日，工程因纠纷停工，直到 8 月 1 日继续施工。第二季度取得的该笔借款闲置资金存款利息收入为 4 万元，已存入银行。

（3）2×20 年 8 月 1 日，支付工程款 400 万元。第三季度，甲公司用该借款的闲置资金 300 万元购入交易性金融资产，获得投资收益 9 万元（不含非正常中断期间），已存入银行。

（4）2×20 年 10 月 1 日，甲公司从工商银行借入短期借款 500 万元，期限为 1 年，年利率为 6%，利息按季度支付。当日，甲公司支付工程进度款 500 万元。

（5）截至 2×20 年年末，该工程尚未完工。

要求：

（1）确定专门借款在 2×20 年的资本化期间。

（2）按季度计算 2×20 年与工程有关的利息、利息资本化金额，并进行账务处理。

主要参考文献

［1］中华人民共和国财政部．企业会计准则［M］．北京：经济科学出版社，2020.

［2］中华人民共和国财政部．企业会计准则——应用指南［M］．上海：立信会计出版社，2020.

［3］中国注册会计师协会．会计［M］．北京：中国财政经济出版社，2020.

［4］刘尚林，邓青．财务会计［M］．6版．北京：高等教育出版社，2018.

［5］戴德明，林钢，赵西卜．财务会计学［M］．12版．北京：中国人民大学出版社，2019.

［6］刘永泽，陈立军．中级财务会计［M］．6版．大连：东北财经大学出版社，2018.

［7］企业会计准则编审委员会．企业会计准则［M］．上海：立信会计出版社，2017.

［8］企业会计准则编审委员会．企业会计准则应用指南［M］．上海：立信会计出版社，2017.

［9］企业会计准则编审委员会．企业会计准则案例讲解［M］．上海：立信会计出版社，2017.